『호토토기스』의 변용

일본과 한국에서의 텍스트의 '번역'

2012년도
대한민국학술원 선정

우수학술도서

이 도서는 대한민국학술원에서 선정한
"2012년도 우수학술도서"로서 교육과학기술부의
지원으로 구입 배부한 것임.

/지은이/

권정희(權丁熙, Kwon, Junghee)는 성균관대학교 국어국문학과를 졸업하고 일본 동경대 총합문화
연구과 초역문화과학전공 비교문학비교문화 코스에서 학술박사학위를 받았다. 역서에『대중지의 원
류—메이지기 소신문 연구』, 공저『한국근대문학과 일본』등이 있으며 성균관대학교에서 강의하고
있다. 한국과 일본의 소설과 희곡을 중심으로 다양한 서사의 변형 방식에 관심을 갖고 있다.

『호토토기스』의 변용

초판 1쇄 발행 2011년 9월 15일 **초판 2쇄 발행** 2012년 8월 25일
지은이 권정희 **펴낸이** 박성모 **펴낸곳** 소명출판 **출판등록** 제13-522호
주소 서울시 서초구 서초동 1621-18 란빌딩 1층
전화 02-585-7840 **팩스** 02-585-7848 **전자우편** somyong@korea.com **홈페이지** www.somyong.co.kr

값 29,000원
ISBN 978-89-5626-617-6 93910

ⓒ 2011, 권정희

『곤지키야샤[金色夜叉]』의 주인공 칸이치[貫一]와 오미야[お宮]의 동상(靜岡縣熱海市)

나카자와 히로미츠[中澤弘光]의 『호토토기스화보[不如歸畵譜]』
삽화(左久良書房, 1911)

현실과 괴리된 폐결핵의 낭만적 이미지 형성에 영향을 미친 화가 다케히사 유지[竹久夢二]의 그림엽서 미인화
(1912)

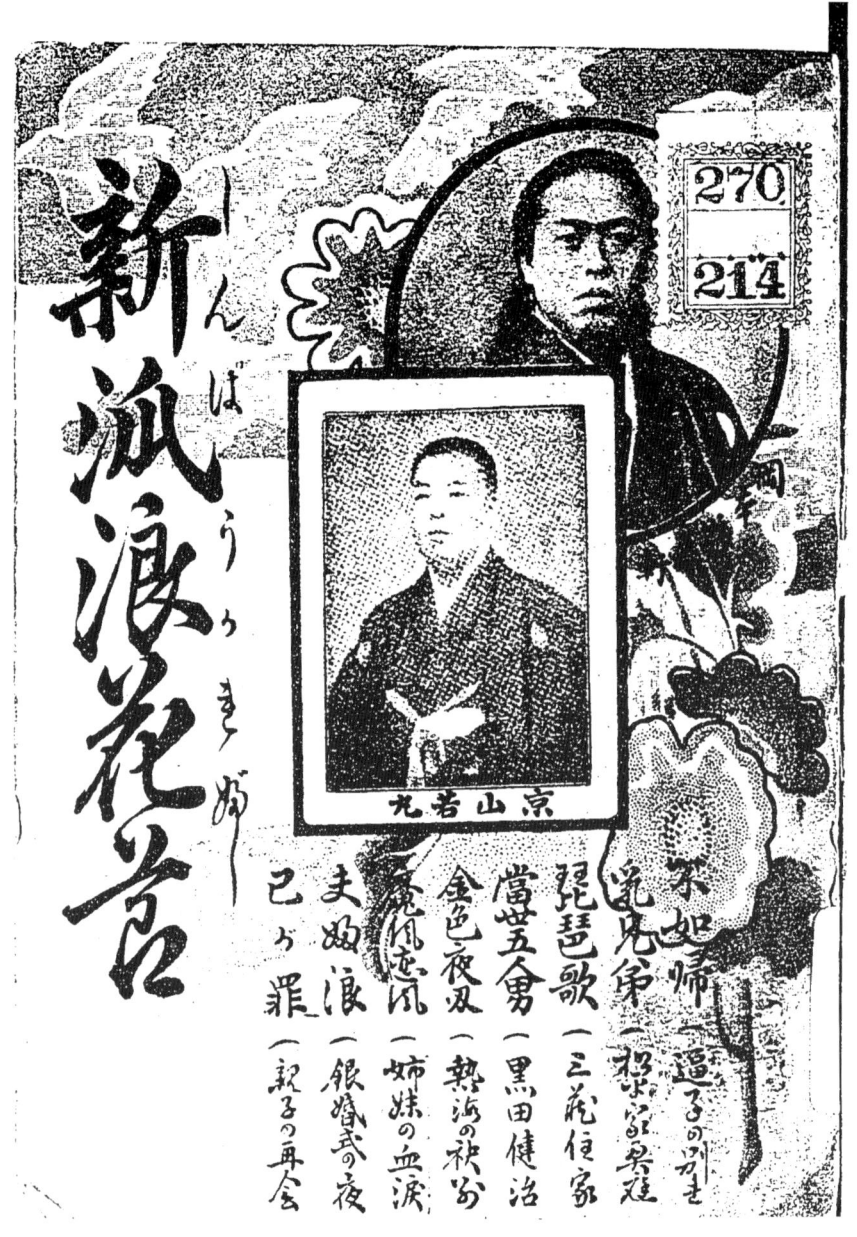

新派浪花節

270
214

京山若丸

琵琶歌（三花住家）
當世五勇（黒田健治）
金色夜叉（熱海の祝宴）
魔風恋風（姉妹の血涙）
夫婦浪（銀婚式の夜）
己が罪（親子の再会）
不如帰（逢子の別れ）
兄弟（恕家の喜難）

사미센의 반주와 함께 소설을 이야기로 들려주는 나니와부시[浪花節]를 예인(芸人) 에노모토 마츠노스케[榎本松之助]가 책으로 엮었다(「新派浪花節」, 榎本書店, 1912)

에드바르드 뭉크의 〈멜랑코리〉(1893). 구로다 세이키[黑田淸輝]의 권두화 〈나미코상〉과 인물의 포즈와 화면구성이 유사하다

도쿠토미 로카[德富蘆花]의 마지막 거주지 고슈엔[恒春園](東京世田谷區粕谷1-25)

『호토토기스』의 변용

일본과 한국에서의 텍스트의 '번역'

The Transformation of *Hototogisu* : Translation of the Text in Japan and Korea

권정희

소명출판

1. 일본어 고유명사 표기는 외래어 표기법에 따라 일본어 발음대로 한글로 표기하며 초출에
   는 한자를 병기했다. 인용문과 각주는 한자표기를 원칙으로 하되, 필요에 따라서 한글을
   병기하였다.
2. 한글표기와 한자표기의 음가가 다른 경우 [ ], 같은 경우 ( ), 번역문 뒤에 오는 원문을 나
   타내는 경우에도 [ ]를 사용하였다.
3. 서기 표기를 원칙으로 하고 연호를 괄호 안에 병기하였다.
4. 일본어 원문의 반복 기호는 표시하지 않는다. 일본어 2자 이상의 반복의 경우 원문에 표기
   된 반복기호는 사용하지 않고 해당 단어를 반복하여 표기했다.

 석사논문을 마친 해 여름방학 한국의 도서관 빼꼭한 서가에 꽂혀 있
는 한 권의 서적 『불여귀』가 나의 가슴에 꽂혔다. 컴퓨터에서 검색한
『불여귀』는 제자리를 찾지 못한 듯 귀중본이나 깊은 서고도 아닌 개가
서고 통속소설 틈바구니에 뒤섞여 있었다. 개강 후 개설된 조선문학 특
강 시간 내 시선을 끈 이 한 권의 서적을 사에구사 교수님은 '신자료의
발견'이라고 말씀하셨다. 누구나 드나드는 대학교 도서관에 소장된 '신
자료'라니. 그 학기의 끝 무렵 『불여귀』에 관한 발표를 했다. '신자료'의
진가를 알지 못해 무턱대고 원작과 한 문장 한 문장 비교 대조하면서
더듬더듬 읽어 내려가는 지루한 작업 끝에 텍스트와 친숙해질 수 있었
으며 원작과 번역의 기본적인 구성 대조표를 작성할 수 있었다. 그로부
터 수년, 『호토토기스不如歸』와 번역 『불여귀』를 매개로 수많은 만남
을 겪으며 함께 성장했다. 그에 관한 것이라면 난 어디든 달려갔고 나
름대로 치열했다. 그것이 어떠한 장이든 제도이든 어느 영역인가가 중
요한 것이 아니라 그에 대한 깊이 있는 이해에 도달할 수 있다면 내게
는 누구에게나 스승이었다. 내게 『호토토기스不如歸』는 그렇게 세계
를 여는 창이었고 파고들수록 바닥을 알 수 없는 심연으로 이끄는 무궁
무진한 보고였다. 끝이 어디인지 알 수 없을지라도 운명과 같은 그 길
로 내처 달리기로 했다. 비교문학에서 출발한 나의 학문적 탐사의 역정

은 일본근대문학, 국문학자료연구관, 민족문학사연구 등 이질적인 장으로 발표 지면을 달리하며 남다른 횡보를 걷게 된 것도 내게는 미로와 같았던『호토토기스不如歸』의 얽혀 있는 매듭을 푸는 과정에서 넓혀 준 지평이었다. 오만과 편견일지라도 내게는 나름의 세상과의 소통방식이었다고 변명한다. 그 사이에 놓친 정겹고 살가운 풍경, 그 너머의 꿈에 이끌려 삶을 꿈꾸며 살았던가, 꿈을 살았던가. 어느덧 삶의 일부가 되어 버린 '꿈'의 육화의 흔적들.

1900년『호토토기스不如歸』가 뿌린 씨앗은 백여 년의 세월 속에 영역을 나누지 않으며 억척스러운 생명력으로 새로운 가지를 치며 뻗어 가는 '사후의 생'을 살아갔다. 접합, 분열, 변형하는 것은 질긴 생명력의 이유이다. 비루한 사물일지라도 나름의 제각기의 향기가 있는 법, 이러한 생명의 본래의 특성, 텍스트의 제각각의 빛깔에 공들이고 싶었다. 그것에 가장 적절한 빛을 낼 수 있는 방법론을 모색하면서 번역론, 독자론, 포스트콜로니얼에서 미디어론, 장르론, 내러티브, 문화 비평 등등을 기웃거렸다. 텍스트의 질료적 특성에 맞는 요리법과 공구를 찾고자 이론과 선학의 비평적 논고를 섭렵하려 했으나 어쩌면 길을 잃고 오독했을지도 모르겠다. 오랜 시간에 걸쳐 씌어진 박사 논문은 각기 독립된 장으로 그 시기의 학문적 담론의 자장에서 자기 갱신을 거듭하려는 탐색의 궤적으로 돌아보면 철지난 옷처럼 빛바랜 세월의 더께가 더해졌을 것이다. 당초의 일관된 방법론과 거대담론의 틀을 벗어나 버렸지만 번역이란 무엇인가에 대한 문제의식을 놓치지 않으려 했다. 번역을 관통하는 핵심논리를 찾기 위한 탐색에서 모방의 개념은 원본과 복제를 둘러싼 사유로 확장된 지평으로 이끌었으며 텍스트의 변용, 변주의 동력을 규명하고자 했다. 메이지에서 다이쇼를 거쳐 쇼와 시대에 이르는 반세기에 걸친 근대 일본『호토토기스』의 오랜 수용의 역사는 영화(榮華)와 영락으로 점멸했다. 이와 대비되는 1910년대 식민지 조선의

'호토토기스' 수용의 역사는 한국의 압축적 근대의 축소판이다. 『두견성』과 『불여귀』라는 새로운 텍스트 안에 세계의 비전을 담아내려는 욕망은 단숨에 형식과 장르와 제도를 만들어냈다. 이 점이 한국문학·문화의 최대의 공헌일 것이다. 소설 장르의 형식과 규범, 연극과 영화의 미디어가 뿌리내리기도 전에 닻을 올린 '호토토기스'는 '불여귀'로 수용되는 과정에서 그 형식과 제도가 만들어졌다는 점에서 한국에서 '불여귀'는 미디어 그 자체였다. 원작 '호토토기스'가 내장한 통속소설 장치의 핵심은 세상에 대한 순응의 논리를 미덕으로 하는 도덕적 교훈에 있으며 순문학에서 통속소설로의 분기를 가파르게 진행시켰다. 1910년대 식민지 조선에서 이러한 통속소설의 미덕은 시공간의 변화에 따라 변주되면서 통속소설의 문법을 만들어냈다. 그것을 텍스트의 '번역'이라 명명했다.

　매 순간 전력 질주한 것은 아니지만 허점 많은 이 논문들 사이로 달라진 인식 변화의 지점들을 오롯이 기억할 수 있다. 거친 폭풍과 굵은 빗줄기를 가르며 질주하는 동안 천둥 번개 치는 섬광과 같이 훌쩍 넘겨버린 고비의 험난한 높이에 아찔하다. 어쩌자고 아득한 절벽을 가파른 벼랑인지도 모른 채 넘어온 것인가. 막다른 길, 그 길이 끝나는 곳에 새로운 길이 시작될 것이라는 말을 위안 삼으며 이제 '호토토기스'와 '불여귀'를 품안에서 떠나보낸다. 멀리 높이 힘차게 비상하여 어둠 속 길 헤매는 이들에게 작은 빛이 되길.

　따스한 격려와 애정 어린 조언, 질책, 채찍과 비판과 비난까지 나를 키워 낸 바람이 된 모든 사람들께 감사드리고 싶다. 연구생에서 박사과정에 이르는 오랜 세월 연구자로서 거듭나도록 동경대학 비교문학 비교문화 연구실은 튼튼한 울타리를 쳐주셨다. 지금은 고인이 되신 오사와 요시히로[大澤吉博] 선생님을 비롯하여 비교문학의 너른 품을 보여주셨던 가와모토 고지[川本皓嗣] 교수님, 학위 논문을 심사해 주셨던 다케우치 노부히로[竹內信夫], 사이토 마레시[齋藤希史] 교수님과 매서운 독설로 애정을 표해주시던 사에구사 도시카츠[三枝壽勝] 선생님. 일본 근대문학의 가네코 아키오[金子明雄] 교수님 등 각 분야 최고의 위용으로 논문 심사를 꾸려주시던 스가와라 가츠야[菅原克也] 지도교수님과 식민주의의 시각을 일깨워주셨던 고모리 요이치[小森陽一] 교수님, 일본인 친구들과 유학 선후배의 동학. 늦깎이의 박사논문에 전념할 수 있도록 배려해주신 엄기주 선배님, 이 모든 만남이 있었기에 지적인 자극을 나누며 학문에 매진할 수 있었던 고마바 캠퍼스의 유학 시절은 그 무엇과도 바꿀 수 없는 소중한 기억이다. 귀국 후 경원대에서 한일 번역 강의를 맡겨주신 박진수 선배님, 성균관대학 동아시아학술원 동아시아학 BK융합사업단 박사후 연구원을 지내며 박사논문을 대폭 수정할 기회를 주신 한기형 교수님, 진재교 교수님께도 감사드린다. 이 시기 2006년 제출한 박사학위논문을 특히 제2부 한국편은 거의 새로 쓰면서, 한국문학에 대한 갈증을 해갈할 수 있었다. 한국어 논문을 교정해 준 유석환 군에게도 고마움을 느낀다. 이 책이 나오기까지 소명출판의 박성모 사장님을 비롯하여 편집장님, 편집부 식구들의 정성어린 손길에도 감사드린다.

세상에 태어나 유일하게 생산자로서의 기쁨을 갖게 한 이 작은 결실을 어머니, 아버지께 바친다. 오랜 유학 시절 뒷바라지해주신 부모님의 크신 사랑에 비하면 턱없이 작은 선물이지만 얼마간 셋째 딸의 불효를 씻고 싶다. 말로 진 빚으로 깊어진 불화를 풀어낼 수 있는 글쓰기에 정진하는 것으로 삶의 평정을 되찾으련다.

2011년 8월 12일
권정희

서
장

'호토토기스'란 무엇인가

제1절 '호토토기스'를 둘러싼 담론―'통속'이란 무엇인가

이 글은 도쿠토미 로카[德富蘆花 : 1868~1927]의 소설 『호토토기스[不如
歸]』[1]의 발표 이후 약 반세기에 걸쳐 다양한 버전으로 변주된 일본과 한국
에서의 텍스트[2]의 변용을 하나의 체계적인 관점에서 파악히려는 시도이

---

1   『호토토기스[不如歸]』는 1898(메이지 31)년 11월 29일에서 1899(메이지 32)년 5월
     24일까지 『國民新聞』에 연재되어 이듬해 단행본으로 간행되었다.
2   롤랑 바르트의 '작자' '텍스트' 개념에 근거한다. 바르트에 따르면 작자와 서적은 양
     면으로 나누어진 동일선상에 위치하여 개인의 인격적 통일체로서의 작자가 생산한
     물질의 단편이 '작품'이라면 텍스트는 방법론적인 장으로 언어활동 속에서만 존재
     한다. 롤랑 바르트[ロラン・バルト], 花輪光 譯, 『物語の構造』, みすず書房 참조.

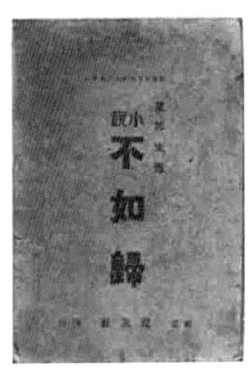

그림 1 소설 『호토토기스[不如
歸]』(민유샤民友社), 1900(메
이지 33).1)의 초판본 표지

다. 『호토토기스』는 『국민신문(國民新聞)』(1898.11~1899.5)
에 연재된 이듬해 단행본으로 발간된 후 약 10여 년이 경과
한 1905년에 100만부를 돌파하여 일본 근대문학 최대의
베스트셀러를 기록했다. 소설로 발표된 이후 다른 작가
들에 의해 영화 · 신체시 · 노래 등의 다양한 장르로 변
형된 '광의의 번역서'[3]와 『호토토기스』를 모방한 '속서
(俗書)' 등이 속출하는 등 오랜 시기에 걸쳐 원작을 모방
하여 다양하게 변형된 텍스트로 파급되었다.

　오늘날 문학 작품이 베스트셀러가 되었을 때 그것
을 모방한 아류의 작품이 속출하거나 연극이나 영화
등의 다른 장르로 변주되어 확산되는 것은 당연한
현상으로 이례적인 것은 아니다. 원작에서 파생된 모방 아류작의 출현
이 원작의 인기를 상승시키는 시너지 효과를 일으키며 사회의 트렌드
를 이루는 문화 산업으로 정착했다. 이러한 일반적인 수용의 방식은 메
이지 30년대인 1900년대 소설 『호토토기스』 수용에서 틀이 지어졌다.
소설이라는 예술의 상품성[4]을 극대화하는 대량 복제의 기술시대 산업
의 진전과 함께 『호토토기스』를 원본으로 하는 '번역서'와 '속서'의 복
제를 산출함으로써 예술과 통속의 분기에 관한 논의를 불러일으키는
등 문단을 넘어 대중 사회에 파급된 『호토토기스』 수용의 역사의 궤적
은 예술의 상품화의 저변에 자리하는 원본과 복제를 둘러싼[5] 문제의 소
재를 명확하게 보여주는 예이다. 낭만주의 문학의 성장과 함께 등장한

3　佐藤勝, 『北村透谷 · 德富蘆花集』, 日本近代文學大系 第9券, 角川書店, 1972. 이에
　　대해서는 제1장 3절 참조.
4　하우저에 따르면 예술의 상품성은 예술이 상품으로서 시장에 대해 교환가치로서
　　생산된다는 점과 예술이 시장에서 모든 사람들에 의해 매입될 수 있다는 점이다. 아
　　르놀트 하우저, 백낙청 역, 『문학과 예술의 사회사』, 창작과비평사, 1999 참조.
5　벤야민은 예술의 상품화를 위한 본질적인 전제는 재생 가능성의 발전에 있다고 보았다.
　　볼프하르트 헹크만 · 콘라드 로터, 김진수 역, 『미학사전』, 예경출판사, 1998, 243면.

『호토토기스』는 자연주의가 대두하면서 급속도로 시대에 뒤떨어진 작품으로 취급되어 "'통속'을 두려워하는 인텔리에 의하여 메이지문학사의 방류로 밀려"[6]나 원작은 읽지 않았지만 스토리는 알고 싶어 하는 "교육이 낮은 층"[7]을 위한 '번역서'와 '속서'를 산출함으로써 텍스트를 평가하는 축의 변화를 뚜렷하게 드러낸다. 대중의 성장과 함께 상호 작용하는 방식으로 텍스트를 변형하여 폭넓은 계층에 향유된 '호토토기스'[8] 변용의 문제는 대중적인 인기와 문학사적인 평가가 판이하게 다른 양상으로 전개되는 문단과 대중성의 역학의 문제에 대한 천착이기도 하다. 따라서 대중에 의하여 변형된 여러 텍스트를 정면으로 돌파하여 대중의 의식이나 욕망을 읽어낼 때 비로소 '호토토기스'가 어떠한 조건에서 수용되었는가의 문제가 해명될 것이다. 문단의 환영을 받던 『호토토기스』가 '번역서'와 '속서'를 생성하며 대중문화로 가파르게 이동하며 뿌리내릴 수 있었던 요인은 무엇인가. 다양한 버전의 '호토토기스'는 원본의 권위에 의거한 문단 중심의 기존의 문학 논의에서는 잉여에 지나지 않은 복제인데 이러한 원본과 복제의 관계는 예술과 통속의 문제로서 동전의 양면처럼 하나의 문학사로 구축되는 양상을 가시화할 것이다. 이 과정에서 예술적인 가치와 도덕적인 가치를 둘러싼 경합과 갈등이 전개되는데 이러한 힘의 관계는 '호토토기스'의 수용에서 명징하게 드러난다.

따라서 이 글에서는 '호토토기스'의 수용의 시공간적 변화의 동태를 파악하면서 그 특징을 기술하고자 한다. 이를 위한 방법으로써 '호토토기스'의 수용을 담론의 변화와 텍스트의 변화라는 두 가지의 측면에서

---

6   桑原武夫, 「不如歸」, 『國民の文學−近代篇』(桑原武夫 編), お茶の水書房, 1955, 80면.
7   佐藤勝, 「近代文學硏究の方法的反省−『不如歸』を一例として」, 『日語日文學硏究』 13호, 韓國日語日文學會, 1988, 26면.
8   『호토토기스(不如歸)』에서 파생한 다양한 작품군과 그것들이 만들어낸 이미지의 총체를 '호토토기스'로 표기했다.

분석한다. 첫째, 원작 『호토토기스』를 둘러싼 담론의 변화를 추적한다. 원작과 장르를 달리한 '번역서'와 '속서'를 囮함하여 '호토토기스'에 관한 담론의 생성과 변화 과정을 다루어 시대에 따라 '호토토기스' 담론이 발화되는 장과 맥락을 분석한다. 원작의 탄생 이후 시간적 추이에 따른 담론의 변화를 통해 『호토토기스』가 어떤 시점에서 '가정소설'의 틀로 분류되는가, 혹은 '통속'으로 규정되는가를 주시하면서 담론의 변화를 결정짓는 맥락을 가시화할 것이다. 이를 통하여 '호토토기스'의 수용이 텍스트 이전의 텍스트를 바라보는 시각의 변화에 의한 것임을 고찰한다.

둘째, 텍스트 자체의 변화 양상을 분석할 것이다. 원작인 소설 『호토토기스』의 수용에서 산출된 일련의 변용된 텍스트의 분석을 통하여 원작의 선택과 배제 원리를 규명함으로써 원작의 새로운 해석의 가능성을 발견하고 시대와 문단, 장르와 독자층 등에 따른 재구성 방식을 조명할 것이다. 다양한 장르로 변형된 '호토토기스'의 텍스트를 원작에서 파생된 동일 언어의 '번역'이라는 관점에서 원작과 비교 분석함으로써 '호토토기스'의 수용을 분절하여 '호토토기스'의 구체적인 텍스트와 관련지어 그 특징을 조명할 것이다.

제2절 『호토토기스[不如歸]』 담론의 변화—순문학과 통속문학의 분기

1) 『호토토기스[不如歸]』의 동시대평

『호토토기스[不如歸]』는 『國民新聞』(1898.11~1899.5)에 연재된 1898 (메이지 31)년부터 러일전쟁 후의 자연주의의 전성기에 이르는 약 10여년의 기간에 집중적으로 수용되었다. 다이쇼[大正]까지 연극·영화·엔카 등 다양한 장르의 '호토토기스'가 대중적으로 널리 향유되는 것과 대조적으로 문단의 평단에서 사라져갔다.

메이지 30년을 전후로 하는 1900년대 일본의 문단은 낭만주의 시대를 구가하여 새로운 문학 정신이 싹트고 사회와 인생에 대한 깊은 관심의 추구에서 현실주의(리얼리즘)가 성장하여 메이지 30년대 말부터 40년대 초에 걸쳐 자연주의 전성시대를 맞이했다. 이러한 변화를 시마무라 호게츠[島村抱月][9]는 「문예상의 자연주의」에서 청일전쟁이 발발하던 1900(메이지 33)년의 전반기까지를 자연주의의 전기로, 러일전쟁까지를 후기로 나누어 이분했다.[10] 이러한 관점에 따르면 당시 전기의 소설은 관념소설·비참소설·심각소설 등이 주류를 이루었으며 그 곁가지로서 심리소설·사회소설 등의 여러 경향과 유파가 발생했다.

청일전쟁을 전후로 한 이 시기의 문학계의 동향을 아스카이 마사미치[飛鳥井雅道]는 사회소설 논쟁을 중핵으로 하여 민유샤[民友社] 좌파의 해체 이후 사회소설파로 집결하는 과정을 분석하여 메이지 30년대 초 민유샤파 등에 의하여 사회소설파 논의가 제창된 이후 1899(메이지 32)년부터 1902(메이지 35)년에 걸쳐서 로안[魯庵]·류로[柳浪]·로카[蘆花] 등에 의하여 실제 작품이 등장하기 시작했지만 내용적으로는 대부분 '이에[家]'를 중심으로 하는 것이 많았다고 기술했다.[11] 이렇게 사회소설파의 논쟁 끝에 메이지 30년 초두의 문학의 주제가 가정의 문제에 집중된 것은 일종의 사회소설논의를 반영한 것이고 "사회소설적인 경향이 확산되는 가운데 가정소설적인 측면을 보이게[12] 되었다. 또한 이 과정을

---

9 島村抱月(1871~1918), 문학자. 와세대[早稻田] 대학 교수 역임. 잡지 『와세다 문학[早稻田文學]』 주재. 자연주의 문학운동에 주력, 문학협회 조직에 공헌, 서양 근대극 소개. 평론집 『風雲集』 등 다수.
10 島村抱月, 「文芸上の自然主義」, 『近代文芸之研究』, 早稻田大學出版部, 1910, 33~34면.
11 飛鳥井雅道, 「社會小說の發展-明治30年代社會小說(2)」, 『文學』 27, 岩波書店, 1959, 9면.

청일전쟁 후의 사회의 모순을 파헤쳐 하층 계층의 비참한 현실을 폭로하는 "심각소설, 비참소설이 지나치게 어둡고 음울한 비참한 형상에 경사한데 대한 반동으로 광명소설(光明小說)의 대망론이 전개되면서 가정소설"이 등장하여 "가정소설의 기원을 비참소설의 반동으로서 광명 있는 소설이 요청되었다"는 견해가 제출되었다.[13] 국권주장의 정치소설과 가정, 가족 문제는 결코 무관하지 않고 모순도 없는데 국권주의의 정치소설은 연애, 가정소설과 많이 중첩된 이면폭로 위주의 정치소설과도 관련한다.[14] 이와 같이 청일전쟁 전후의 문단의 여러 유파나 경향이 상호 연관 속에 다양한 명칭의 소설로 분기해 가는 도정에서 가정소설이 발생했는데 사회소설의 맥락에서 태동된 가정소설의 출발점에 『호토토기스』를 자리매김하는 견해가 정설로 정착했다고 요약할 수 있다.

가네코 아키오(金子明雄)는 메이지 30년대 가정소설과 그 수용의 특징을 다음과 같이 서술했다. 첫째, 여성을 중심으로 하는 광범위한 독자의 획득 둘째, 동시대적으로도 통속적으로 간주된 점 셋째, 가정소설은 당대 '가정'의 질서에 적합한 '건전한 도덕성'을 기준으로 평가되었다는 점 넷째, 소설의 통속성이나 도덕적인 건전함이 작자의 창작 의도로서 의식화되었다고 기술했다.[15] 또한 이 논문에서 가정소설의 수용은 "『호토토기스(不如歸)』『곤지키야샤(金色夜叉)』 이후 급속히 '작자─비평가─독자'의 삼자가 함께 읽는 준거의 틀이나 기반이 마련되고 구조화됨으로써 소설의 유행을 가능하게 했다"고 부연하여 앞에서 열거한 특징이 『호토토기스』와 『곤지키야샤』 이후 급증한 가정소설에 대

---

12 瀧藤滿義,「社會小說」,『別冊 國文學 近代文學史 必携』(三好行雄 編), 學燈社, 1987, 88면.
13 위의 책, 89면.
14 畑實,「明治三十年代の政治小說─政治と家庭の間」,『帝京大學文學部紀要國語國文學』15号, 帝京大學文學部國文學科, 1983, 427면; 森榮一,『明治三十年代文學の研究』, 櫻楓社, 1988, 40면.
15 金子明雄,「明治30年代の讀者と小說「社會小說」論爭とその後」,『東京大學新聞研究所紀要』41, 東京大學新聞研究所, 1990, 132~133면.

한 의식에서 비롯되었음을 시사한 바 있다.

이는 메이지 30년대의 가정소설을 포괄하는 핵심적 논의이다. 그런데 가정소설 발생 무렵의 『곤지키야샤』나 『호토토기스』의 경우 이러한 규정에서 벗어나는 측면도 있다. 예를 들면 『호토토기스』는 신문에 연재되던 발표 당시 남성 독자의 지지도 적지 않았으며 당대 청신한 풍취로 문단의 호평을 받았다. 이는 오래 지속되지 못한 채 극히 단기간에 "여성을 중심으로 한 광범위한 독자의 획득"과 "통속적으로 간주"되는 변화가 가파르게 전개됨으로써 망각되었다. 가정소설의 논의와는 배치되는 초기의 남성 독자층의 문제와 통속성의 문제는 가정소설의 장르 형성에서 갖는 독자층의 의미와 통속성에 대한 깊이 있는 이해와 함께 가정소설의 범주 그 자체를 상대화하는 폭넓은 지평을 여는 단서가 될 것이다.

가정소설의 탄생 무렵의 논의는 오늘날 고정화된 가정소설의 범주와는 차이가 있다. 1897(메이지 30)년 5월의 『제국문학(帝國文學)』의 논설 「가정소설」[16]은 이러한 차이의 연원을 살피는데 유용하다. 여기에서는 "가정의 독서에 합당한 '광명'있는 소설을 구하는 목소리" "'사랑'이나 '가정의 일상'이 소설의 제재로 되어야" 한다는 주장이 대두한다.[17]

구체적으로 이 논의에서는 '가정의 사랑'이나 '가정의 일상'이 소설가가 취급해야할 가치 있는 것임을 부각하여 "사랑[愛]의 반면(半面)을 발휘하는 한편 사회개량의 일조"가 된다는 점에서 '가정소설'이 추천되었다. 이 논설에서 특징적인 기술은 '가정의 취미'를 깊이 알지 못하는 변변치 않은 '싸구려 소설가'나 '소설가'의 임무를 망각한 사람들에게 "가정소설을 촉망(囑望)하지 않"는다는 점이다. 즉, "가정의 취미를 깊게 이해하는" 것을 "소설가의 임무"로 제창하는 논설에서 가정에 대한 시선

---

16   무기명, 「○家庭小說」, 『帝國文學』 7卷 1号, 1897(메이지 30), 583면.
17   瀨沼茂樹, 「家庭小說の展開」, 『明治家庭小說集』 41卷, 筑摩書房, 1969, 421면.

의 변화를 감지할 수 있다. 전근대의 문학에서 '가정의 일상'을 소설에서 다루는 방식과는 판이하게 다르다. 메이지 30년대 초 '가정소설'은 소설가 본연의 자세를 추구하려는 소설가의 사명감에 호소하여 사회 개량에 일조하는 의미를 지닌 것이다. 과거의 가정의 일상을 제재로 하는 '싸구려 소설가'에 의한 이미지와 단호하게 분리하는 것에 주안점을 두었다. 논설에서 제기하는 '가정소설'이란 사회 개량을 목적으로 하는 소설가를 주체로 하여 가정 취미를 제고하는 데 기여하는 것이었다. 이러한 과거와는 다른 '가정소설'을 제창하는 논의에는 '가정의 취미'에 대한 새로운 시선이 담겨있다. '가정의 취미' 그 자체가 부정된 것은 아니며 '가정소설' 또한 저급한 것과 결부되지 않았으며 여성 독자로 한정하지 않았다. 다시 말하면 과거의 '가정의 사랑'이나 '가정의 일상' 등의 제재는 '통속'적이라는 전제하에 이것과의 차이 속에 새로운 '가정소설' 개념을 제창하는 것이 논설의 취지라고 할 것이다. 다만 여기에서의 '가정소설'은 아직 구체적인 작품이 부재한 메이지 30년 초의 『제국신문』이 제창하는 개념으로 '실작품(實作品)'이 수반되지 않은 상태에서 도래해야 할 '가정소설'의 규범적 논의라는 것에 유의해야 한다. 『제국신문』을 필두로 하는 문단의 이상적인 '가정소설' 논의에 입각한다면 『호토토기스』와 '통속'이 연결되는 근거는 희박하다. 메이지 30년대 이후의 '가정소설'의 특징인 '통속성'과 '도덕적인 건전함'이 연루되는 관계는 당초 그 개념의 출현 단계에서는 확고하지 않았다는 것을 알 수 있다. 이러한 가정소설의 태동을 전후로 한 사정은 『호토토기스』 수용의 '통속'이 결부되는 담론이 등장하는 역사성에 대한 탐색에서 규명될 것이다.

오늘날 가정소설에 대해서는 "가정의 단란(團欒)함을 도모하기 적합한 읽을거리", "건전한 기성도덕에 순응한, 혹은 그것을 보다 높이 제창하는 것과 같은 가정의 읽을거리"로 정의하는 개념이 폭넓게 정착했다. 여기에는 '건전한 도덕'이라는 요소가 근본적으로 자리하는데, 이는 가정소설의 가치를 결정하는 요인이기도 했다. 가정소설에 대한 이러한 인식은 전술한 바와 같이 발생 시기 사회 개량의 일환으로서 정치적 · 사회적 요소가 분리되면서 "가정 대상의 여자의 읽을거리"라는 시각이 고정화되는 것과 관련한다. 가정소설의 생성 초기인 메이지 30년대 초는 '사회소설'과 '가정'의 요소가 혼재되었던 점이 특징이었다. 현대적인 의미의 가정소설은 발생 초기의 그것과는 다르게 의미의 틈이 발생하는데 이러한 간극은 남성 독자층을 여성 독자층으로 대체하는 것을 통해서 봉합되었다고 할 수 있다.

한편, 가정소설에서 언급되는 '도덕'의 문제는 '도덕' 그 자체가 반드시 '통속성'과 결부되지 않는다는 의미를 함축하며 '도덕'에 대한 재고를 요하는 대목이다. '도덕'을 우위에 두는 관점으로 일관하던 메이지 문화는 어느 시기에 이르러서 '도덕'은 새로운 질서 속에 변경된 가치 체계로 편제된다.

시마무라 호게츠(島村抱月)에 의하면, 낭만주의 문예가 자연주의에 이르는 도정에는 "메이지 34~35년 무렵의 이른바 니체 열기와 미적 생활의 발흥에서 37~38년까지" '소로만티시즘'의 이상을 구하여 '눈물과 동정' 등이 부각되었다. 이렇게 '도덕계의 조류(潮流)에 영향을 받는 '낭만주의' 문예와는 달리 자연주의는 '문예독자의 목적'에 가치를 두었다.[18] 자연주의의 유입과 '도덕'의 가치 전환이 맞물려 작동되는 방식에서 '미적 가치'는 '도덕 가치'보다 우위를 점하는 역전이 발생하여 '문예'의 가치를 새롭게 추동하였다. 이러한 '도덕'과 '문예'를 둘러싼 급격한 가치 전환의 정점인 1909(메이지 41)년을 "자연주의와 도덕과의 충돌의 해"로 회상한 시마무라 호게츠의 진술은 이러한 전후의 사정을 명쾌하게 요약하는 것이었다. 자연주의가 주류를 이루고 '문예'의 가치가 우선되는

---

18   島村抱月,「自然主義の価値」,『近代文芸之研究』, 早稻田大學出版部, 1910, 91면.

시대에 '순문학(純文學)'[19]과 '통속문학'을 대비시키며 부정적인 대상으로 '통속문학'을 발견하게 했다. 특히 '건전한 도덕'을 표방하는 가정소설은 새로운 '미적 가치'의 관점에서 '문예'의 대립물로서 부정되지 않으면 안 되었다. 자연주의 시대의 '문예 미학적'가치 체계 속에서 '건전한 도덕'은 급격히 '통속'의 틀과 결속되면서 '건전한 도덕'의 가치는 달라진다. "이른바 고급문학과 통속문학의 구별이 현저해짐에 따라 문단 일반으로부터는 문예의 통속성이 한층 경멸되어 『곤지키야샤[金色夜叉]』나 『호토토기스』에 그 영향력이 미치게 됨으로써 평가가 확연히 달라"[20]졌다는 견해는 자연주의 문학이 확립되는 이 시기를 전후로 문단의 예술소설과 잡지의 통속소설이라는 경계가 뚜렷해졌음을 의미했다.

이와 같이 전환기의 문단의 지표는 소설이 '예술'로서 범주화하는 것과 '도덕'의 가치 전환이 동일한 선상에서 작동되고 있으며 이러한 문맥이 '통속'에 대한 시선을 변경하게 만드는 것을 목도하게 한다.

이러한 예술로서의 문학 개념의 구축과 관련한 문제는 문학의 어(語)가 학문에서 분기되며 문학이 학문에서 예술로서의 문예로 이행하는 과정[21]과 중첩되는 연관성에서 이해되어야 한다.

이런 의미에서 '고급'과 '저급'의 구분은 자연주의 이후의 현상이고 이 '고급'과 '저급'의 개념에 '순문학'과 '통속문학'이 중첩되었다. 소설이 도덕과 단절되고 '예술'로 자립해가는 과정은 도덕의 가치를 지닌 소설을 '예술'에서 배제하는 과정이며 예술소설은 통속소설을 전제로 그것과 구별되는 의미로서 범주를 확정했다.

---

19 기타무라 도코쿠[北村透谷]가 순문학의 개념을 "학문을 위한 문장이 아니라 미적 형성에 중점을 둔 문학 작품"으로 정의한 이래 시대에 따라 순문학 개념은 변용된다. 「人生に相渉るとは何の謂ぞ」, 『文學界』2号, 早稻田大學出版部, 1893.

20 日夏耿之介, 「文學の変遷及価値-文學扇情文芸概論の結語」, 『日夏耿之介全集』4卷, 河出書房新社, 1976, 349~350면.

21 齋藤希史, 『한문맥과 근대 일본-또 하나의 언어 세계[漢文脈と近代日本-もう一つのことばの世界]』, 日本放送出版協會, 2007, 139면.

이와 같은 맥락에서 가정소설은 그 발생 단계에서 '통속'적인 것으로 간주되지 않았으며 가정소설과 통속소설이 결합되는 것은, 자연주의가 '고급'과 '저급'의 구별을 짓는 위계의 질서 속에서 '저급하고 통속적'이라는 도식이 정착해 간 단계에서부터이다. "가정소설에서 연극과 소설의 결합이 가정소설과 여성과 '통속'을 연결하는 근거"[22]라는 이다 유코[飯田裕子]의 견해는 '가정소설'과 '통속소설'이 영구불변하게 고정되는 결합이 아니라 독자층의 매개를 통해 결합되었다는 것이다. 이는 『호토토기스』와도 연계되는 맥락을 제공한다. 가정소설을 둘러싼 담론은 '통속성'이란 무엇인가에 대한 근본적인 물음을 제기한다. 가정소설 담론의 핵심에는 '통속성'을 둘러싼 문제들이 관통하는데 '통속성'이 내재하는 것인가에 대한 물음을 제기한다.

가정소설이 태동할 무렵 문단의 논의에는 정치적 차원의 시야도 병존해 있다. '신작가대망론'에서부터 '심각소설'론으로 나아가 '사회소설'에서 '정치소설'론으로 논쟁이 확산되는 가운데 '국민문학'을 둘러싼 논쟁도 더해진다. 이는 『호토토기스』 간행 이전 시기인 1895(메이지 28)년 1월 『제국문학』 창간호의 서문에서 이 시대의 과제를 '국민문학의 요망'으로 제시하거나 1898(메이지 31)년을 '정치소설 대망론이 분출한 해'[23]로 회고하는 진술에서 뒷받침된다. 특히 도쿠토미 소호[德富蘇峰]는 당대 유행하는 정치소설의 기교의 조야함을 비난하며 "기교에 뛰어난, 독자를 잘 감화할 수 있는 정치소설"을 '이상적인' 정치소설로 주장하였다. 소호의 저서 『신일본의 청년[新日本之靑年]』에서 제기한 '지식 세계의 제이의 혁명[知識世界 / 第二 / 革命]'론의 '청년'의 주체화의 문제와 동일한 맥락의 주장인 것이다.[24] 더욱이 다카야마 초큐[高山樗牛][25]

22   飯田裕子, 『彼らの物語-日本近代文學とジェンダー』, 名古屋大學出版會, 1998, 59면.
23   齋藤希史, 『漢文脈の近代』, 名古屋大學出版會, 2005, 63면.
24   위의 책, 60~61면.
25   高山樗牛(1871~1902), 평론가. 잡지 『帝國文學』의 창간에 참가, 『太陽』지의 편집

로 시작하는 '국민문학론'[26]을 제창하여 "국민적 견지에서 일국의 문예를 비평"[27]하는 것이 문예비평가의 임무라며 당시의 겐유샤[硯友社][28] 문학과 츠보우치 쇼요[坪內逍遙]의 『소설신수(小說神髓)』에서 제기된 '문예의 독립'과 '사실주의'를 비판하는 논의를 전개했다. 이러한 논의는 정치소설 논쟁과 겹쳐지며 "국민적으로는 자각했지만 개인으로서는 무자각"[29]의 상태가 지배적이었던 청일전쟁 전후의 동향 속에서 '국민적 자각'에서 '개인의 자각'의 문제로 인식의 전환을 촉구했다.

한편, 『국민신문』에 『호토토기스』가 연재된 1898(메이지 31)년과 그 이듬해는 신문의 투서 붐이 일던 시기로서 작가를 격려하는 투서가 많았다. 『요미우리신문100년사[讀賣新聞百年史]』의 "본지의 투고란은 메이지 18년에서부터 20년에 걸쳐 근대문학 부흥에 앞선 과도기의 문단, 혹은 신진작가의 훈련장으로서의 역할을 수행했다"[30]는 기술에서 짐작되는 바와 같이 메이지 초반부터 일기 시작한 신문의 투서 붐은 메이지 30년대 전반에 이르러서 절정에 달하여 일본신문사상 공전의 엽서 붐이 일었다.[31]

이러한 엽서의 투서 붐이 일던 시기 『호토토기스』는 연재 후 단행본으로 간행되었다. 1900(메이지 33)년 1월, 로카의 자필에 의한 단행본의 광고문에는 "호토토기스를 칭송함에 이른다. (…중략…) 그 울림의 침

주간 역임, 『帝國文學』과 『太陽』 등을 무대로 일본주의를 고취하는 문예평론 발표, 니체의 사상에 심취하며 최종적으로는 일본 불교의 종파인 일련주의(日蓮主義)로 사상의 변모를 거듭하였으며 메이지 후기 청년들의 인기를 얻었다.

26 木戶雄一, 「'국민'이라는 독자와 '소설개혁' – 다카야마 초큐의 「국민문학론」을 둘러싸고' – [「〈國民〉という讀者と〈小說改革〉 – 高山樗牛の「國民文學論」をめぐって」, 『日本近代文學』 56집, 日本近代文學會, 1997.5.

27 猪野謙二, 『明治文學史』 下, 講談社, 1985, 20면.

28 1885(메이지 18)년 2월, 오자키 고요[尾崎紅葉]가 야마다 비묘[山田美妙], 이시바시 시안[石橋思案] 등과 결성한 문학상의 결사(結社). 주로 게사쿠[戲作]풍의 경문학을 이루었다.

29 加藤武雄, 『明治大正文學の輪郭』, 新潮社, 1921, 61면.

30 宗像和重, 『投書家時代の森鷗外』, 法政大學出版局, 1981, 92면.

31 山本武利, 『近代日本の新聞讀者層』, 法政大學出版局, 1981, 92면.

통함에 경복하옵나이다"(三峽生), "문정(文情) 두루 빼어나 흡사 두견제혈(杜鵑啼血)의 감개있음"(子日松), "아무개의 선정적인 작품[艶物]과는 달리 우리들은 사군자 앞에서 음독하기를 부끄러워하지 않는 바입니다"(무명씨)[32] 등의 당대의 투서를 소개하는 문안이 게재되었는데 한문의 소양을 갖춘 '사군자'층이 주요한 독자층으로 설정되었음을 알 수 있다.

당대의 『국민신문』의 구독층은 주로 상인·군인·지방관 등 '상공(商工) 독자층'이라는 '신흥 독자층'에 의존했다.[33] 이런 점에서 『국민신문』은 지식인 독자층이 다수를 이루는 『아사히신문[朝日新聞]』 『오사카마이니치신문[大阪每日新聞]』, 실업가·지식인 대상의 『시사신보(時事新報)』, 교육자·학생 대상의 『만조보(万朝報)』 등과 구별되며 상인층을 주요 대상으로 하는 『호치신문[報知新聞]』에 가깝다고 할 것이다.[34]

1893(메이지 26)년의 『국민신문』의 발행부수는 3,387,792부이고 연재되던 해인 1898(메이지 31)년에는 10,331,439부, 1899(메이지 32)년에는 9,927,791부로 집계된다.[35] 이 통계에 따르면 『호토토기스』가 연재된 무렵 『국민신문』의 판매 부수는 신장했지만 그것이 『호토토기스』의 인기에 힘입은 것인가의 여부에 대해서는 확인되지 않는다. 구체적 요인은 밝혀지지 않았다 하더라도 『호토토기스』의 독자층이 신문의 독자층과 중복되었다고 추정할 수 있을 것이다.

발간 당대에 "동정이 보편적인 것이 성공의 원인"(『오사카아사히신문[大阪朝日新聞]』), "음악이다"(『동경일일신문(東京日日新聞)』) 등의 찬사를 받았으며 다카하마 교시[高浜虛子][36]는 "다 읽고 나서 순결의 피가 용솟음

32 德富健次郎, 『偶感偶想』(蘆花全集 19), 新潮社, 1929, 511면.
33 山本武利, 앞의 책, 119면. 직종으로 분류된 신문의 독자층을 지식인 독자층 외의 상인, 상점점원, 실업가, 회사 은행원 등의 상공 독자층, 직공, 직인, 차부, 배달인 등의 독자층을 하층 독자층으로 분류했다.
34 田所周, 「明治三十年代の新聞=家庭小說」, 『東洋研究』 第23号, 大東文化大學東洋研究所, 1970, 12면.
35 有山輝雄, 『德富蘇峰と國民新聞』, 吉川弘文館, 1992, 55면.

치는 마음 있사옵니다. 소설에 눈물을 흘리는 화분일까" 하는 편지를 로카에게 보낸 것으로도 유명하다.[37] 이와 같이 당대의 평판에서 동정과 눈물은 호평의 근거가 되었다. 한편, 『요미우리신문[讀賣新聞]』의 지상에는 혹평이 실렸다는 기록도 있다.[38]

한편 단행본 광고 문안에는 편집의 방향을 다음과 같이 제시했다.

> 메이지의 나이는 삼십을 넘었다고는 해도 사회의 섬유(纖維)에는 두려워해야 할 구습의 유세(猶勢)를 마음껏 하는 자가 적지 않다. 저자는 은밀히 가장 가까이 하나를 파악하려고 시도했도다. 스스로 큰북을 두드리고 나팔을 불으려 하지 않았지만 강력하게 불건전한 문자를 끊고 청정한 가정에도 들어가야 할 것을 믿는 바이라.(1899(메이지 32).12)

'건전한 문학'이야말로 '청정한 가정'에 필수라는 단행본 광고 문안은 향후 『호토토기스』의 가정과 결부되는 방향성이 의식적으로 선택된 전략임을 천명하는 것이었다. 특히 "문학사상 가정소설과 세상에서 일컬어지는 서적의 기본적 성격을 예리하게 표명한 광고"[39]로 평해지는 것처럼 이러한 전략은 이후 '가정소설'이라는 평의 근거가 되고 "'서생사회'에서부터 중류 '가정'"[40]으로 독서시장을 확장하는 길을 열게 했다.

단행본 간행과 거의 동시에 『만조보(萬朝報)』(1900(메이지 33).12.6)는

---

36 高浜虚子(1874~1959), 소설가 하이진[俳人]. 잡지 『호토토기스(ホトトギス)』를 주재하여 花鳥諷詠의 客觀寫生을 주장.

37 "독자들로부터 대갈채를 받은 『호토토기스』가 출판 당시에는 평가가 좋은 것만은 아니었다"는 기술이 그것이다. 무서명, 「作家と作品」, 『新潮』 第3編 第3号, 1905, 89면.

38 前田河廣一郎, 『蘆花伝』, 興風館, 1947, 363면.

39 紅野敏朗, 「『不如歸』周辺」, 『日本文學』 11号, 日本文學協會, 1957, 2면.

40 金子明雄, 「홈드라마의 아득한 고향-'가정소설'이라는 사건[ホームドラマの遙かなる故郷-「家庭小說」という事件], 『문학이 더 재미있어진다-근대 일본문학을 여는 서른셋의 문[文學がもっと面白くなる-近代日本文學を讀み解く33の扉](金子景子外 編), ダイヤモンド社, 1998, 108면.

사카이 도시히코[堺利彦][41]의 「『호토토기스』를 읽는다」는 제목의 다음과 같은 감상문을 실었다.

　　도쿠토미 로카 씨의 작품인 소설『不如歸』를 읽고 느끼는 것 많음. 우선 그 문장의 건전함을 기뻐한다. (…중략…) 오늘날의 소설이 많은 사대부들에게 읽히지 않는 것은 당연하다고 해야 할 것이다. 그런데 이 「不如歸」의 문자는 소위 소설가의 악취를 발하지 않고 청신하게 온건한 것은 가장 기뻐해야 할 것이다. 다음은 현금의 사회를 잘 비추고 있는 것을 기뻐함. 육군중장의 자작인 가정. (…중략…) 다음에 역사상의 사실에 의해서 취향을 마련한 것, 곧 청일전쟁을 중간에 삽입하고 전편의 취향을 활동하게 함을 기뻐함. (…중략…) 나는 「不如歸」에서 이 유감적인 것을 기뻐할 것이라. 최후로 작품 중 조금도 불건전한 사상 없음을 기뻐함. (…중략…) 가정의 읽을거리의 결핍은 또한 이와 같은 작품에 보다 충실해야 할 것을 믿는 바이라.[42]

　위의 기사에서 발표 당시의 소설『호토토기스』를 바라보는 비평계 일각의 시각을 엿볼 수가 있다.『호토토기스』의 "'문장의 건전한" "현금의 사회를 비추는" "역사상의 사실에 의거해서 취향을 설계하는" 점이 '가정의 읽을거리'로서 주목을 받게 된 요인으로 지적되었다. 여기에는 이미 언급한 것처럼 "현금의 사회를 비추는" 것보다 "자작인 사람의 가정"을 제재로 했다는 점에서 사회소설의 여파로서 발생한 가정소설의 성격이 여실히 표출되었다. 또한 "사대부들에게 읽히지 않는" 당대의 소설과 달리『호토토기스』에서는 사대부를 독자층으로 기대할 수 있다는 논지를 폈다.

41　堺利彦(1870~1933), 政治家. 호는 枯川. 福岡縣 출생. 幸德秋水 등과『平民新聞』創刊, 사회주의를 신봉하여 非戰論 주장, 賣文社 설립. 일본공산당 초대위원장, 후에 노농파로 바뀜.
42　堺枯川, 「『不如歸』を讀む」, 『万朝報』, 1900(메이지 33).2.6.

이와 같은 논조의 기사는 일 년 전인 1899(메이지 32)년 11월 24일, 사카이 도시히코가『만조보(萬潮報)』의 「가정읽을거리의 결핍」이라는 제목으로 "가정의 읽을거리라고 하기에는 적합하지 않"은 소설이 많으므로 "선량한 가정의 읽을거리"를 요청하는 논의를 전개한 바 있다. 이듬해 그는『호토토기스』를 이에 부합하는 작품으로서 환영한 것이다.

이러한 비평담론에서 '가정의 읽을거리'와 '사대부'의 독서는 배치되는 개념이 아닌 것이다. '건전한 사상'이나 '도덕'이 "선량한 가정의 읽을거리"가 될 수 있는 요건이라는 견해는 오늘날의 가정소설의 특징으로 지적되는 바이지만 그것이 곧 '통속'과 결부되지 않았다.

이러한 평에서『호토토기스』는 신문연재소설과 단행본의 구별은 명시되지 않았지만 단행본의 광고 문안과 일맥상통하는 바 "가정소설의 이름과 내용의 형태를 만들어가는 것에 크게 이바지"했다는 평과 같이『호토토기스』의 수용은 곧 가정소설이라는 장르의 규범을 마련하는 것이었다.

한편, 1900(메이지 33)년 3월, 문예잡지인『문고(文庫)』의 「호중소의[壺中小議]」라는 투서란에『호토토기스』에 관한 감상문이 게재되었다. 이 투서가는 "(…전략…) 경조부박(輕浮)한 기운이 결핍되고 건전한 사상 넘치고 뛰어나 요즘 소설에 닮지 않고 장점의 둘째, 어떻게든 붓을 상류에 붙인다. 장점의 셋째, 남자주인공 다케오의 남자다운 거동, 장점의 넷째, 해전" 등『호토토기스』의 장단점을 열거하는 글을 투고했다.[43] 이것을 앞선 사카이 도시히코의 평과 견주어보면 '건전한 사상'을 공통적으로 지적하지만 '가정의 읽을거리'에 관한 언급은 보이지 않는다. '건전한 사상'이 반드시 '가정의 읽을거리'와 결부되는 것은 아니다. 대략 학생, 관료, 샐러리맨 등의 남성 투서가들은 '가정의 읽을거리'에 관심을 두었던 것이 아니라 '남자다운 거동'이나 '상류사회' '해전' 등과 같은

---

43   紅野敏朗, 앞의 논문, 4면.

사회를 향한 시선이 집중되었다. 이것은 '건전한 사상'과 '가정의 읽을 거리'를 관련짓는 발상이 당시의 비평가 등에 의하여 의식적으로 제출된 것이라는 점을 시사한다. 발표 당시의 독자층, 주로 남성 지식인층에 의하여 향수되고 평판을 얻은 『호토토기스』는 오히려 다케오의 '남자다움' '남성미'에 대한 찬사가 많았던 것이 이러한 견해를 뒷받침한다.

같은 해 4월호의 '청년문예잡지'를 표방하는 『신성(新聲)』에는 「유망의 이문사[有望の二文士]」라는 제목으로 로카[蘆花]와 가정소설 『오노가츠미[己が罪]』를 쓴 기쿠치 유호[菊地幽芳][44] 두 사람을 다루었다. 특히, 로카에 관해서는 "『호토토기스』는 일부에 있어서 뛰어난 호평이다. 그러나 로카생의 이름이 현저히 상승하지 않는 까닭은, 문단의 파벌에 관계하지 않은 탓이라는 목소리가 있다. 다소 수긍해야 할 터이다. 생각건대 로카생의 문기(文技), 이것이 필주(匹儔)[45]를 구한다면 결코 불지암(不知庵)[46] 이하에 있지 않고, 청신의 기운은 그 특색이라"[47]고 기술하였다. 당시의 문단에서 문인들과의 교류를 멀리했던 로카의 소극적인 태도가 문단의 평판을 얻는 것에 불리하게 작용한다며 문단의 교제를 독려하면서 『호토토기스』의 특색을 '청신한 기운'으로 힘을 실어주어 호평한 것이다. 기존의 문단에 '청신한 기운'을 던지는 로카의 작품 세계를 가정소설을 표방하는 기쿠치 유호의 작품과 나란히 특집으로 다룬 『신성(新聲)』의 편집 방식에서 청년 독자층의 독서라는 관점으로 두 작품 세계가 공유될 수 있다는 기획 의도를 엿볼 수 있다.

이미 언급한 바와 같이 로카 자신에 의한 회상이나 당시 신문의 투서

---

44 기쿠치 유호[菊地幽芳](1870~1947), 소설가, 『오사카마이니치신문(大阪毎日新聞)』의 기자 역임. 『오노가츠미[己が罪]』 『유자매(乳姉妹)』 등의 가정소설 작가로 유명.
45 동료라는 뜻.
46 우치다 로앤[內田魯庵](1868~1929)의 호. 소설 외에 톨스토이의 『부활』 등 번역, 수필을 집필한 메이지의 문학자.
47 무기명, 「有望の二文士」, 『新聲』 第3編第4号, 新聲社, 1900(메이지 33).4, 3면.

로 살펴보는 동시대 독자층의 반응은 "불건전의 사상 없음을 기뻐하다" "건전한 사상 횡일" "남자 주인공 다케오의 남자다운 거동" 등 주로 '건전한 사상'과 '남자다움'에 중점을 두었다. 이 시기 남성 독자가 확보되었던 1900(메이지 33)년의 『호토토기스』는 '통속'과 직결되지 않았던 것이다.

훗날 마에다 아이[前田愛]는 쇼와[昭和] 10년대 국민문학론의 독자론(讀者論)으로서 다카쿠라 데르[高倉テル]의 「일본 국민문학의 확립」[48]이라는 논문을 꼽았다. 다카쿠라는 메이지 이후의 문학의 대중화를 논하면서 『곤지키야샤[金色夜叉]』와 『호토토기스[不如歸]』의 독자층의 차이를 비교하여 "『곤지키야샤』가 예술소설, 『호토토기스』는 통속소설이라는 종래의 평가는 작품의 내용이 아니라 각각의 독자층의 차이에서 기인"하는 것으로 기술했다. 『곤지키야샤』의 독자는 "에도말기의 문학에서 줄곧 계통을 이은, 주로 도시의 전통적인 독자" 곧 "전통적인 '사족(士族)적 독자층'"인 데 비해 『호토토기스』의 독자는 "새롭게 부상한 신흥의 '평민적 독자층'"이라는 것이다. 독자론적 관점의 선구적 연구인 이 논고에서 작품의 '예술'과 '통속'을 가르는 잣대는 독자층에 있다는 입장을 견지했다.

전술한 『국민신문』의 독자층이 주로 상인·군인·지방관 등의 상공 독자층의 구독자가 많았다는 사실과 관련지어 본다면 『호토토기스』가 "신흥의 '평민적 독자층'"으로 파고들어갔던 물적 토대를 파악할 수 있다. 즉, 지식인 독자층이 다수를 이루는 『아사히신문[朝日新聞]』『오사카마이니치신문[大阪每日新聞]』과 달리 『국민신문』은 자본주의 발전과 함께 새롭게 부상한 상인층과 관리·회사원 등의 "신흥의 '평민적 독자층'"을 주요 대상으로 하였다는 점에서 전통적인 지식인의 문화적 강박

---

48 高倉テル, 「일본 국민문학의 확립―독자층 편성 교체상에 나타난 메이지 문학 발전의 경로와 문학 대중화의 기초로서의 국어·국자의 문제[日本國民文學の確立―讀者層編制替えの上に現れた明治文學發展の経路と文學大衆化のキソとして國語·國字の問題]」(上), 『思想』第171号, 岩波書店, 1936, 47면.

에서 비교적 자유로울 수 있었을 것이다. 이러한 신문 매체의 독자층은 연재소설 『호토토기스』의 독자층으로 이어져 도시의 전통적인 독자층을 벗어나 "신흥의 '평민적 독자층'"이라는 새로운 독자층을 개척했지만 이는 통속소설화를 앞당겼다는 것이다.

2) 메이지 40년대―여성 독자층의 전유

러일전쟁을 전후로 한 문단에서 자연주의 문학의 주장이 부쩍 커진 것은 1906(메이지 39)년경이다. 그 해 1월 『와세다문학(早稲田文學)』이 창간되면서 자연주의는 집단적 문학운동으로 부상했다.

1905(메이지 38)년 9월의 『신조(新潮)』에 실린 「도쿠토미 로카와 『호토토기스』평」에서 "신구(新旧)사상의 충돌을 그렸다"는 점이 평가되고 이듬해 1906(메이지 39)년 1월의 『와세다 문학』에는 "상류사회의 가정에서 일어난 일을 바탕으로 순결한 부부의 애정을 그린 것"이라는 격찬을 받았다. 이 논평에서는 발표 당시의 사회나 역사상의 의의는 강조되지 않았으며 '가정의 사건'이나 "순결한 부부의 애정"이라는 관점에서 주목되었다.

동년 2월의 『와세다 문학』에서는 "여학생 내지는 여학교를 거친 부녀자를 주인공으로 한 「호토토기스」, 「오노가츠미[己が罪]」 등이 열렬히 환영받기에 이른 사실"[49]을 지적하면서 '부부애'나 '여성' '가정' 등에 주안점을 두어 평했다. 이 시기 『와세다 문학』의 일련의 평은 『호토토기스』를 '순결한 부부의 애정'이나 "부녀자를 주인공으로 하는 「호토토기스」"의 표상으로 고착화하고 가정소설이라는 틀을 확고부동한 것으로 만들었다. 『호토토기스』의 담론은 "가정의 도덕을 조화하는 것"[50]이나

---

49 무서명, 「小說界 「不如歸」 「己が罪」 「不如歸」 「無花果」」, 『早稲田文學』, 早稲田文學社, 1906(메이지 39), 23~24면.
50 무서명, 「小說界 「○所胃家政小說○家庭小說の功過」, 『早稲田文學』, 早稲田文學

"가정도덕과 충돌함이 없는 소설"[51] "엄숙 순결한 가정에 들어가야 할 취미 있는 읽을거리"[52] 등 '가정물'의 범주 안에서 구성되었다. 『호토토기스』의 발표 당시의 독자층은 자연주의나 '예술'과 '통속' 개인주의의 등장 등 다양한 조건의 변화를 거쳐 메이지 40년대의 시점에서 남성 독자층에서 여성 독자층으로 교체되어 간 것이다. 이러한 여성 독자층 확장의 배경에는 1886(메이지 19)년 학교령의 제정 이후 의무교육의 취학률의 상승이라는 요인이 작용했다. 학령아동의 취학률은 청일전쟁에서 러일전쟁의 10년간에 급속히 상승하여 1895(메이지 28)년에는 약 61%, 1900(메이지 33)년에는 80%, 나아가서 1905(메이지 38)년에는 약 96%에 달했다. 취학률의 남녀의 격차가 현저하게 줄어든 것이다.[53] 특히, 여자의 취학률은 1895(메이지 28)년에는 약 44%, 1900(메이지 33)년에는 72%, 또한 1905(메이지 38)년에는 약 93%, 1910(메이지 43)년에는 약 97%로 상승함으로써 남녀의 의무교육의 취학률의 격차는 거의 없어졌다.[54] 이러한 여성의 의무교육에 따른 취학률의 신장을 토대로 여성의 리터러시(literacy)의 확대와 그것에 동반하는 여성의 사회 진출과 지위 향상에 따른 경제력 신장 등의 사회적 여러 조건이 구비된 결과로써 여성 독자로 확장되었다.

이 무렵 '여학생' 독자가 남성 독자를 대체하는 방식으로 등장하는 독서계의 정황은 다음과 같은 『요미우리신문(讀賣新聞)』(1907(메이지 40).5)에 실린 「대여점문학」이라는 제목의 기사를 통해 살필 수 있다.

社, 1906(메이지 39), 7면.
51 登張作風, 「가정물이란 무엇인가(家庭物とは何ぞや)」, 『讀賣新聞』, 讀賣新聞社, 1905(메이지 38).10.29, 10면.
52 무서명, 「小說界○所胃家政小說○家庭小說の功過」, 앞의 책, 13면.
53 學制百年史編輯委員會 編, 『學制百年史-記述編, 資料編共』, 文部省, 1973, 296~297면.
54 위의 책, 321~322면.

대학생과 일고(一高)생[55]은 열 가운데 칠팔이 근세식의 순문학적 소설을 선호, 대여본의 출고는 나츠메 소세키 씨의 작품을 제일로 하고 다음은 고스기 덴가이[小杉天外] 씨의 『마풍연풍(魔風戀風)』, 고다 로한[幸田露伴]씨의 『하늘을 치는 나미[天うつ浪]』, 시마자키 도손[島崎藤村]씨의 『파계(破戒)』, 구니기다 돗보[國木田獨步] 씨의 『운명』 및 이즈미 교카[泉鏡花]씨 등, 한때 한창 유행한 도쿠토미 로카씨의 『호토토기스』 『추억의 기』 따위는 상당히 유행이 식은 감이 있고, (…중략…) 구의 여학생에 관해서 (…중략…) 애독하는 것의 순서를 기록하면 로카씨의 『호토토기스』를 제일로 하고 (…후략…)[56]

이 기사는 동경대학이 위치한 '홍고[本鄕]'라는 특정 지역의 대여점의 독서 경향을 기술한 것이다. 이 기사에서 『호토토기스』는 "한때 한창 유행한" "유행이 식은 감"으로 언급되는데 이를 통해 메이지 40년대의 『호토토기스』는 남성 독자가 중심이 되었던 메이지 30년대 초와는 크게 다른 풍경임을 짐작해 볼 수 있다. 전술한 바와 같이 '중학생'을 포함한 '서생사회'와 같은 남성 독자의 지지를 받은 메이지 30년대와는 달리 메이지 40년대에는 '여학생'들의 환영을 받았다. 이러한 여성 독자의 등장은 『여자문단(女子文壇)』이나 『여학세계(女學世界)』 등의 잡지의 독자 투고에 『호토토기스』의 교환을 구하는 투고나 감상문이 게재되는 형태로 가시화되었다.[57] 이렇게 여성 독자는 『호토토기스』를 매개

---

55 제일고등학교의 약칭으로 동경대학의 전신.
56 金子明雄, 「小說に似る小說 : 『虞美人草』」, 『漱石研究』 16호, 翰林書房, 2003, 147~148면; 「代書店文學」, 『讀賣新聞』, 讀賣新聞社, 1907(메이지 40).5.12.
57 그 예를 들자면, 『女子文壇』의 독자 투고란에는 "여러분 나한테는 소설 『不如歸』, 『後の不如歸』, 「慘風悱雨世路日記」, 「女學世界」, 「小女界」, 「文藝俱樂部」, 「女子文壇」 등이 있으니까 『金色夜叉』, 「하이칼라영양ハイカラ令嬢」, 「婦人日常生活」, 「家庭菓子製法」 名所 그림엽서 등과 교환해주십시오"(제6년 제1호, 1910(메이지 43).1)에 있는 것처럼 서적교환을 희망하는 독자 투고가 매회 끊이지 않았다.

로 가치관이나 취미를 공유하는 '독자 공동체'[58]나 '독서의 공동체'와 유사한 방식으로 형성되었다.

메이지 30년대 『신성(新聲)』 등을 중심으로 하는 『호토토기스』 담론은 메이지 40년대 『신가정(新家政)』 『여자문단(女子文壇)』 등의 여성 독자층의 대중잡지들로 매체를 바꾸어 등장하여 과거 청년들이 환영했던 것과 마찬가지로 10년 후 남성 독자와 자리를 바꾼 여학생들이 열광적으로 『호토토기스』를 향유했다는 점에서도 시대에 따라 『호토토기스』의 담론 공간과 독자층이 뚜렷이 변화했음을 알 수 있다.

1912년 다이쇼[大正] 이후부터 1920년에 이르는 시기 『호토토기스』 담론에서는 "가와시마 다케오라는 해군사관과 가장 사랑하는 아내 나미코와의 사이에 일어난 생별사별의 비극" "가정생활의 권위" "저급하고 통속적인 가정소설"[59] "청일전역의 로망" "별리의 애수" "젊은 부인의 동정에 호소" "당시의 가정소설의 백미"[60] 등 '로망' '별리' '사랑' 등의 담론이 부각되면서 그 이전과는 현격한 차이를 드러냈다. 1921(다이쇼 9)년 『여학세계(女學世界)』의 애독서 조사에 따르면 다이쇼 초기 여학생에게 도쿠토미 로카는 구라다 햐쿠조[倉田百三]와 인기 수위를 다툴 만큼 애독자가 많았다.[61]

1920년대 『호토토기스』의 담론 변화는 1927년 11월 『부인공론(婦人公論)』의 「호토토기스 좌담회」[62]에서 단적으로 드러나는데 이 좌담회의 참석자는 한 사람을 제외하고는 모두 '모던 걸'이라는 점도 여성 독자의 부상을 상징하는 장면이다. 이 좌담회에서는 발표 당시의 '남자다운

58 金子明雄, 앞의 논문, 1990 참조.
59 加藤武雄, 『明治文學の輪郭』, 新潮社, 1921, 61면.
60 小島德彌, 『明治大正新文學史觀』, 教文社, 1921, 244~246면.
61 永峰重敏, 『雜誌と讀者の近代』, 日本エディタースタイル出版部, 1997, 197면.
62 若杉鳥子・山田邦子・吉屋信子・金子しげり・山川菊榮・岡本かの子・鳥中雄作・大塚矮文子・佐藤澄子・三宅ひさ子, 「不如歸座談會」, 『婦人公論』 12卷11号, 中央公論社, 1926.11, 80~94면.

선택'이라는 평이 자취를 감추고 다케오의 행동에 관해서 상반된 의견을 제출하고 있는 점이 흥미롭다. 예컨대 "부모가 남편의 부재 중 처와 이혼시킨다, 그래도 남편이 그것을 아무렇지도 않게 감수하고 있다" "왜 다케오가 가타오카 자작의 집으로 달려가 따지지 않는지……" "가지 않으면 안 되지요" 하고 다케오의 행동을 비판하는 발언이 적지 않았는데 메이지 30년대와는 다른 반응이라 하겠다. 모친의 일방적인 이혼이라 하더라도 그것을 거스를 수 없었던 다케오의 행동을 '어쩔 수 없는' 것으로 받아들이던 이전 시대와는 뚜렷한 차이를 보인다. 당연하지만 '남자다움' '여자다움'의 기준이 시대에 따라 현저히 달라져 성과 젠더 규범이 역사적·문화적으로 구성되었음을 여실히 보여준다 하겠다.

또한 이 좌담회에서 독자의 문제와 관련해 눈에 띄는 것은 복수의 합평자가 "게이샤(芸者)에게서 빌려 읽었다" "간호사에게 빌려 읽었다" "아버지의 책상에 있던 것을 울면서 읽었다" "조모로부터의 세뱃돈으로 받았다"고 말하면서 자신이 주체적으로 직접 선택한 것이 아니라 제삼자를 경유해서 『호토토기스』를 읽었다고 고백하는 점이다. 이 시기 『호토토기스』는 지식인이라면 선택하지 않고 "아마추어에 지지되어, 옹호된"[63] 것이라는 이미지가 정착했다는 것을 알 수 있게 한다.

한편, 단행본의 초판 인쇄는 2천부(정가 35전), 연내에 8판 9천부의 발행부수를 기록하고 이듬해 1만부, 1902(메이지 35)년 1만부, 1903(메이지 36)년 1만 2천부로 판매를 늘리고, 1909(메이지 42)년 2월에 제100판, 1927(쇼와 2)년 9월에 190판, 발행 총 부수 50만부를 돌파했다.[64] 『호토토기스』의 발행 부수는 여성 독자를 중심으로 하는 독자층의 확장을 토대로 1904(메이지 37)년의 러일전쟁 이후 비약적으로 증가했다.

---

63 紅野敏郎, 앞의 논문, 5면.
64 瀬沼茂樹,「徳富蘆花『不如帰』」,『本の百年史—ベスト・セラーの今昔』, 出版ニュース社, 1965, 78면.

3) 문제의 소재

『호토토기스』의 수용을 중점적으로 다룬 연구는 매우 미흡하지만, 그 전반에 관한 선행 연구는 후지이 히데타다[藤井淑禎]에 의한 '작품연구사'[65]에 상세히 정리되어 있다.

약 반세기간에 걸쳐 수용된 『호토토기스』 연구는 현재까지 후지이 히데타다에 의한 성과에 빚지고 있다. 예컨대 후지이 히데타다는 '전쟁, 결핵, 사랑'을 '호토토기스[不如歸]적 주제'로 부각시키고, 『호토토기스』가 당대의 문학취향에 미친 영향을 '호토토기스 시대'로 명명하여 청년들의 번민과 '호토토기스적 주제'를 결부시킴으로써 문단과 시대에 미친 영향력을 폭넓게 논하였다.[66] 『호토토기스』의 개별적인 작품 분석을 넘어 동시대로의 영향이라는 형태로 『호토토기스』 연구의 지평을 넓혔다는 의의가 있다. 이것은 현재에 이르기까지 『호토토기스』 연구의 기본 틀을 형성했다.

본고에서는 후지이 히데타다의 '호토토기스 시대' 구분 즉, '협의의 호토토기스 시대'와 '광의의 호토토기스 시대'라는 일본사회의 변화와 맞물린 시대 구분에 대체로 동의한다. 따라서 이에 입각하여 시대의 특징과 구체적인 텍스트를 대응시켜 장르나 서적의 차이를 의식하면서 독자론의 관점에서 수용의 특징을 분석했다.

후지이 히데타다의 연구를 의식하며 다음과 같은 사항을 비판적으로 검토하면서 논의를 전개했다. 첫째, 구체적인 작품 분석이 결여된 점 둘째, 나미코의 '투신' 모티브를 "동시대 청년의 '자연'에 대한 몰입"의 의미로 파악하여 '『호토토기스』의 본질'을 "'자연'에 의한 구제"라는 문맥에서 파악한 점. 동시대의 '황해'로 표상되는 청일전쟁 문맥의 배

---

65   藤井淑禎, 「德富蘆花『不如歸』」, 『國文學―解釋と鑑賞』 第57卷 第4号, 至文堂, 1992, 76~81면.
66   藤井淑禎, 『『不如歸』の時代』, 名古屋大學出版部, 1990.

제가 '자연'에 과잉적인 의미를 발생시킨 것이다. 셋째, 『호토토기스』가 시대에 미친 영향을 문단에서의 '『호토토기스』의 감염력'과 '『호토토기스』의 모방사건'에 한정한 점. 『호토토기스』를 모방한 버전을 대량 출현시켰던 원동력이 무엇인가를 규명하기 위해서 수용의 범위를 문단을 넘어 대중문화로 확장시켜 분석할 것이다.

한편, 사토 마사루佐藤勝는 『호토토기스』의 간행 이후 등장한 '광의의 번역서'와 '속서'를 시야에 넣어 『호토토기스』 수용의 특이성에 주목했다.[67] 신문연재소설과 단행본을 '별도의 작품'으로 간주한 사토 마사루의 지적을 이어받아 수용의 단계를 분절하고 구체적인 텍스트를 대응시키며 단계별 수용의 변화를 가시화하고자 한다. 또한 사토 마사루의 연구에서는 '광의의 번역서'와 '속서'의 특징을 '일방적인 내셔널리즘'의 '강화'로 언급하는 것에 머물렀다. 이것에 대해서 이 글에서는 작품을 '이데올로기'나 '내셔널리즘'의 문제로 환원하지 않고 '호토토기스' 수용의 특이성 그 자체의 의미를 제기하고자 했다.

종래의 일부 연구는 『호토토기스』를 부부애나 여성의 입장에 대한 공감 등의 페미니즘 입장에서 논의되어 왔다. "순수한 부부의 사랑이 봉건적인 이에[家]의 관념 때문에 파괴",[68] "가족주의의 논리와 인간주의의 감정과의 상극",[69] '전근대적'인 "이에[家]에 의한 개인의 억압"이라는 틀로 주로 '이에[家]와 개인의 충돌' '사랑[愛]과 가족주의의 대립'[70] 표상으로 논의되어 왔다. 이와 같은 『호토토기스』의 연구사를 검토하면서 다음과 같은 문제를 설정했다.

---

67 佐藤勝, 앞의 논문 참조.

68 福田淸人, 「明治の文學－小說30年代」, 『日本近代史 近代』1(久松潛一・吉田精一 編), 至文堂, 1981, 101면.

69 神田重幸, 「『不如歸』－夫婦愛、その理想と悲劇」, 『國文學－解釋と鑑賞』 38卷3 號, 至文堂, 1987, 46면.

70 佐藤勝, 「『不如歸』の位置－明治三十年代の文學・その二」, 『東京女了大學創立50 周年記念論义集・日本文學篇』, 東京女子大學學會, 1968, 85면.

첫째, 지금까지『호토토기스』의 선행 연구는 일본이라는 공동체 내부의 시점에 제한되었다. 물론 세계 각국의 번역을 중심으로 그 차이를 논하거나 번역의 성립 현황을 다룬 개별적인 연구가 전혀 없는 것은 아니다. 그러나 이러한 논의는 주로 일본문학이 세계 각국에도 통하는 '보편성'을 확인하는 형태에 제한되어 기존의 시점에 재고를 촉구하는 방식으로밖에 이루어지지 않았다. 물론 공동체의 외부라는 것이 별도로 존재하는가에 대한 논란의 여지는 존재하지만, 핏슈의 용어를 빌면 '해석공동체'[71]를 달리 하는 것으로 일본에서의 '호토토기스' 수용 담론을 상대화하는 시점이 필요하다는 의미에서이다. 이러한 문맥에서 이 글은『호토토기스』의 변용을 시간 · 공간 · 장르의 벽을 넘어서 즉, 메이지부터 쇼와에 이르기까지 식민지 조선을 시야에 넣어『호토토기스』의 변용을 논하고자 한다.

둘째,『호토토기스』와 독자층의 문제는 발표 당시의 남성 독자가 무시되어 왔다는 점이다. 종래의 연구에서는『호토토기스』를 여성을 위한 문학이라고 전제해버림으로써 남성 독자의 문제 영역은 고려되지 않았다. 그러나『호토토기스』의 여러 '번역'에는 의외로 다케오를 초점화한 스토리가 적지 않다. 가부장제는 국가 · 가정에 어울리는 여주인공과 동시에 그에 적합한 남자주인공을 만들어왔다. 이것을 뒷받침하는 예가『가정신시 호토토기스의 노래[家庭新詩 不如歸の歌]』나『소설 남겨진 다케오[小說 殘る武男]』 등인데 이와 같은 다케오상의 다채로운 변화는 원작을 새롭게 해석할 수 있는 시각을 제공한다.

셋째, 여러 '번역'에 의한 수용의 문제가 거의 다루어지지 않았다. '호토토기스'의 수용은 원작『호토토기스』에 국한되어 원작에서 파생한 여러 '번역서'와 '속서'는 아류작에 지나지 않으므로 연구 대상에서 배

---

71   스탠리 핏슈[スタンリー · フィッシュ], 小林昌夫 譯,『이 클래스에 텍스트는 있습니까[このクラスにテクストはありますか]』, みすず書房, 1992, 187면.

제되었다. 그러나 바로 이러한 광범위한 모방 버전의 산출은 『호토토기스』의 가장 근본적인 특징과 맞닿아 있는 것으로 문학의 대중성을 논하는데 풍부한 논의를 제공한다. 또한 예술의 원작과 복제의 관계를 둘러싼 사유의 단초를 제공하여 기술복제시대 예술의 재생산 방식에서 변모하는 가치의 대응 방식을 살펴보게 한다. 또한 시·각본·연극 등 장르의 '번역'은 개별 작품의 성과를 떠나 각 장르와 미디어를 통섭하는 문제 영역을 이끌어낼 수 있다. 즉, '호토토기스' 수용 방식의 미디어와 독자층의 통속성을 구성하는 문제는 '근대소설의 독자'의 등장과 비견되는데 "묵독이 음독으로 바뀌고 활자문화가 목소리의 문화를 잠식해가는 미디어 변용의 기본적인 경사"[72]와 역행하는 방향이 '통속성'과 결부된다는 것을 '호토토기스'의 변용은 시사한다. 즉, '호토토기스' 수용의 문제는 곧 '통속성'에 대한 심층적인 논의의 가능성을 함축한다.

따라서 '호토토기스'란 무엇인가의 문제는 다양한 '번역'과 '속서'를 속출시킨 '호토토기스'를 둘러싼 미디어 담론의 특징을 부각하는 과정에서 검토되어야 할 것이다. '호토토기스' 수용의 특이성에 대해서 사토 마사루가 '광의의 번역서'와 '속서'의 간행을 언급한 이후 후지이 히데타다와 가네코 아키오 등에 의하여 수용의 특이성을 간단히 언급한 정도에 머물렀던[73] 종래의 연구에 대하여 일본근대사회의 변화를 반영하는 '호토토기스' 변용 전체를 파악하려는 시점에서, 대중의 의식이나 욕망을 읽어냄으로써 과도하게 원작과의 동일성으로 환원하거나 작가주의적 관점을 넘어 '호토토기스'가 미친 진폭의 전 영역을 의식화하여 '호토토기스' 연구의 새로운 시야를 열고자 한다.

---

72 吉見俊哉, 『「聲」の資本主義』, 講談社, 1995, 20면.
73 大屋幸世, 「『不如歸』余波」, 『國文鶴見』19號, 鶴見大學日本文學會, 1984; 「『書物周遊(1)」, 『國文鶴見』20號, 鶴見大學日本文學會, 1985 참조.

제3절 『호토토기스[不如歸]』의 '번역' 양상

1) '번역'이란 무엇인가

　사토 마사루는 일본에서도 매우 이례적인 수용양상을 보이는 '호토토기스'의 당시 유포 형태를 『가정신시 호토토기스의 노래[家庭新詩 不如歸の歌]』『각본 호토토기스[脚本 不如歸]』 등 다른 장르로의 '광의의 번역서'와 『소설 후의 호토토기스[小說 後の不如歸]』『소설 남겨진 다케오[小說 殘る武男]』 등의 원작을 윤색 가공한 '속서'[74]로 명명하였다. 이러한 분류법에는 확실히 명시되지는 않았지만 야곱슨의 '번역'[75] 개념이 의식되었다고 생각한다. 번역을 언어 양상에 따라 세 가지 방식, 같은 언어의 다른 기호로, 또는 타 언어로, 또는 언어가 아닌 기호체계로의 번역으로 대별한 야곱슨의 '번역' 개념에 의거한다면 '가정신시'나 '각본' 영화, 노래 등의 장르의 번역 즉, 사토 마사루의 '광의의 번역서'는 단일한 언어의 다른 기호로의 '언어 내적 번역(intralingual translation)'이면서 언어 예술에서 음악, 영화, 회화 등 언어 기호 체계에서 타 기호체계로의 '기호간 번역(intersemiotic translation)'이라고 할 것이다. 또한 독자를 교양 있는 지식인에서 일반대중 독자로 변경했다는 의미에서 '속서'는 단일한 언어 내에서 발생하는 '언어 내 번역'에 포함할 수 있다. 이에 기초해서 사토 마사루는 다른 언어체계로의 변환만이 아니라 자국내, 곧 동일언어체계의 번역으로 '광의의 번역서'와 '속서'로 파악했을 것으로 추정된다.

　『호토토기스』의 선행 연구 초기의 유포 형태를 '번역'의 관점에서 전개

74　佐藤勝, 佐藤善也 注釋, 『北村透谷 · 德富蘆花集』, 角川書店, 1972, 508면.
75　Roman Jakobson, "On Linguistic Aspects of Translation", R. A. Brower (ed), *On Translation*, Harvard University Press, 1959.

한 이러한 견해를 바탕으로 이 글에서는 원작과 번역 / 번안, '속서' 등 원작의 다시 쓰기 일체를 원작과 복제본의 관계로서 '번역'으로 명명한다. 『호토토기스』원작에서 무수히 많은 복제본의 '텍스트'가 생성되는 수용 방식은 원작을 읽는 독서 행위를 통해서 기호표현과 기호내용의 새로운 결합관계를 생성하는 '텍스트'를 산출하는 것이다. 기호표현과 기호내용의 통일체로서 언어기호가 맺는 다기한 기호체계의 '번역' 지평에서 '광의의 번역서'나 '속서'의 형태로 전개된 일본과 '언어간 번역(interlingual translation)'인 한국의 변용을 동일한 분석틀로 논의하는 것이 가능해진다.

2) '번역서'와 '속서'

'호토토기스'의 '번역' 전체를 통틀어 그 내용을 정리하면 대략 세 가지 갈래로 유형화할 수 있을 것이다.

첫째, 여주인공 나미코를 중심으로 원작의 공백을 상상력으로 메운 형태의 애정소설의 유형이다. '호토토기스'의 전사(前史)에 해당하는 『소설 전편 호토토기스(小說前編 不如歸)』『소설 호토토기스 후의 다케오(小說ほととぎす後の武男)』『게사쿠 골계 호토토기스(戲作滑稽 不如歸)』『나미코(浪子)』 등이 이에 속한다. 원작에서 죽음으로 끝났던 나미코의 미완의 사랑을 다양한 통속의 '번역'서는 결혼 이전의 연애, 재혼 등을 중심으로 하는 서사로 발전시킨 것이다.

둘째, 다케오를 중심으로 용감한 영웅상의 대활약을 그린 전쟁소설 유형으로 『가정소설 신불여귀(家庭小說 新不如歸)』『소설 남겨진 다케오(小說 殘る武男)』 등의 작품이 있다. 영국, 러시아 등을 무대로 전투, 스파이, 전쟁 등의 모험이 펼쳐진다.

셋째, 고부간의 갈등을 그린 유형이다. 주로 시아버지나 시어머니가 며느리를 구박하는 내용으로 가정, 친족 간의 갈등 관계를 중심으로 하

는데『소설 신불여귀(小說 新不如歸)』『소설 신호토토기스(小說 新ほととぎす)』 등이 이에 속한다.

위와 같이 '속서'는 대략 세 유형으로 나눌 수 있는데 대부분 원작『호토토기스』를 구성하는 모티프를 부분적으로 수용하여 변형시킨 형태이다. 이러한 변형은 대중의 욕망의 작용과 관계한다. 예를 들면 원작에서는 남녀의 사랑의 좌절을 '남자에서 남자로' 연대하는 '종적인 힘'으로 극복하는 결말인 것에 반해 '번역'에서는 원작의 '종적인 관계'를 '횡적인 힘'의 관계로 재구성했다. 원작에서는 아내와의 사별로 끝났던 다케오의 후속담과 같은 형태로 '재혼'을 축으로 하거나 결혼 이후부터 전개되는 원작의 결혼 이전의 연애를 상상하는 등 대중의 '러브'에 대한 욕망은 원작의 서사에서 촉발된 '속서'를 뒤달아 출현시켰다.

1906~1912(메이지 39~45년대)의 '통속염가판 가정소설서의 격증기'[76]의 '속서'에는 원작의 공백이나 억압된 일부 모티프를 확장하는 변형이 발생하였다. 특히 메이지 40년대인 1910년대에 집중적으로 '속서'가 산출되었다. 이 무렵 출판물 속에는『호토토기스 시리즈』도 출현할 만큼 대중적인 인기를 누렸다. 유례를 찾아볼 수 없을 만큼 광범위한 '속서'를 속출시켰던 것은 단순히 인기 작품을 모방하는 심리의 작동만으로 일어난 현상은 아니었다.『호토토기스』서사의 허구와 현실과 맺는 관계, 독특한 거리는 대중의 생활에 밀착한 실감을 줄 수 있었으며 대중적인 상상력의 동원을 가능하게 하는 물질적 토대였다. 원작의 '공백'을 보완하는 방식으로 현실과 밀착한 신변적인 소재에 독자 자신과의 관계성을 욕망하는 방식으로 변형된 것이다. 즉,『호토토기스』의 서사는 고부간의 갈등·처첩갈등·전쟁영웅의 무용담 등 전대의 소설관습에 친숙한 모티프에 접속이 가능한 유연성 있는 구조를 내재했고 그것이

76　金子明雄,「明治期の流行小説のマルチメディア的展開をめぐって」, 2003.
http:// www006.upp.so-net.ne.jp / a-kaneko / studies / studies_frame.htm

바로 대중에 의한 '속서' 이른바 '통속서류'의 대량 속출을 가능하게 했다. 미학적 · 예술적 가치보다 대중의 실생활이나 현실에 밀착한 면에서 더욱 가치를 발휘한 셈이다. 이러한 특성에 기초해서 대중의 상상력을 작동시키는 것으로 엔카(演歌) 〈호토토기스〉가 등장하고 다양한 구비문학으로 '번역'되는 등 각각 다른 '호토토기스'가 창출되어 원작과는 다른 '호토토기스'상이 떠올랐다. 『호토토기스』의 다양한 제 '번역'은 '원작에 내재하는 어느 특정한 의미'가 '번역의 가능성'[77]으로 구현됨으로써 원작을 재발견하는 의의를 지닌다. 이러한 점에서 '호토토기스' 수용의 특징은 '호토토기스'가 문단을 넘어 폭넓은 대중 독자층에게 향유되었던 방식과 관련하는데 『호토토기스』가 중앙문단에서 지방문단으로, 즉 '방류로 밀려난' 메이지 40년대 대중에 의한 '번역서'나 '속서'는 가장 활발히 등장하고 전성기를 맞이했다는 점에서 수용의 문제를 로카 개인의 『호토토기스』라는 원작의 동일성으로 환원할 수 없다. 이 글에서 사용하는 '호토토기스'의 표기는 원작 『호토토기스』와 여러 '번역'과 '속서'의 텍스트를 포함하여 대중들에게 형성된 이미지를 모두 포괄하는 총칭의 의미를 지닌다. '호토토기스'로 대중들이 무엇을 욕망하고 무엇을 모방했던 것인가. 근대 일본의 문학을 문화의 폭넓은 지평에서 분석하며 '호토토기스'의 기호에 어떠한 공통의 가치를 부여하고 그것이 어떠한 독자 공동체를 형성했던 것인가 하는 것을 이 글의 과제로 할 것이다. 또한 '호토토기스'의 수용이 식민지 조선에 지대한 영향을 미쳤던 1910년대 초반을 중심으로 번역 / 번안, 연극 등 텍스트의 변용을 통해 한 · 중 · 일의 동아시아 근대문학 형성의 과제와 교차되는 맥락을 조명하여 향후 동아시아의 근대를 사유하는 기반을 마련하고자 한다.

---

[77] "번역의 가능성은 어떤 종류의 작품에 본질적으로 내재하는―이것은 그 작품의 번역은 그 작품 자체의 본질적인 것이 아니라 어디까지나 원작에 내재하는 어느 특정한 의미가 그 번역 가능성으로 나타난다"(발터 벤야민, 野村修 譯, 「번역사의 사명」, 『벤야민 콜렉션(ベンヤミン・コレクション)』 2, ちくま學芸文庫, 筑摩書房, 1996, 398면.

제1부
일본의 '호토토기스'의 변용

『호토토기스[不如歸]』의 탄생

제1절 '직분' 우위의 구조

1) 『호토토기스』의 성립

『호토토기스』는 1898(메이지 31)년 11월 29일에서 1899(메이지 32)년 5월 24일까지 『국민신문(國民新聞)』에 연재되어 이듬해 단행본으로 간행되었다. 이 시기, 청일전쟁 후의 내셔널리즘이 고양되면서 메이지 30년대 전반의 신문 저널리즘은 전환기를 맞이한다. 이러한 전환은 대신문과 소신문의 차이의 폐기, 편집진의 세대 교차 등 조건의 변화에 따른 것이었다. 소호는 메이지 30년대 마츠카타[松方] 내각의 칙임 참사관으로 취임했는데 변절했다는 비판과 『국민신문(國民新聞)』에 대해 어용신문이라는 비난이 집중되면서 신문의 발행부수는 격감했다. 이러한 사정에 직면하여 『국민신문(國民新聞)』은 지면 개혁을 감행, 문자에 모두 후리가나를 달아 읽기 쉽도록 체제를 개편했으며 사회면의 충실, 소설 강담 등의 오락면을 강화하는 방향으로 전환하였는데 『호토토기스』를 연재한 것도 이러한 방향 전환의 일환이다.[1]

한편, 『호토토기스』의 간행 뒤 로카는 소설 쓰는 목적을 "일본 국민의 일원으로서 진보군의 일원으로서 진보군의 별동대로서 그 기세가 한풀 꺾여[頓挫] 유신의 풍조에 채찍을 가하고자 할 뿐"[2]이라고 기술했는데 "『국민신문(國民新聞)』 기자로서의 책임"[3]의식이 소설 집필의 동력임을 천명한 것이다. 로카의 문학관이 일본 국민으로서 시대의 조류에 따를 것을 사명으로 하는 '일종의 국가주의'이며 '일종의 문학 공리주의'라는 노선임을 명확히 피력했다.

청일전쟁을 전후로 전쟁 보도가 저널리즘에 활력을 불어넣으면서 활자와 신문에 친숙하지 않았던 계층을 독자로 포섭하는 것에 성공했다. 이러한 기운은 1896(메이지 30)년 3월의 신문지 조례의 개정으로 더욱 힘을 얻어[4] 사회의 각계에 파급되었다. 이 시기의 문학계는 국민문학 논의의 진전을 배경으로 정치소설을 둘러싼 일련의 논쟁이 격화되었다. 1896(메이지 30)년의 문단에서는 다양한 방식의 서사가 출현했다. 예컨대 '이상소설(理想小說)'을 기대하는 논평이 등장하였는데 그 이상의 실현의 맹아를 『곤지키야샤[金色夜叉]』에서 발견하였다.[5] 또한 광명

1   淺井淸, 「저널리즘 발전의 의미-30년대 전반의 신문과 소설[ジャーナリズム發展の意味-三十年代前半における新聞と小說]」, 『文學』 54號, 岩波書店, 1986.8, 25면.
2   佐藤勝, 「蘆花と社會主義」, 『日本文學』 11號, 日本文學協會, 1957, 18면; 德富蘆花, 「왜 나는 소설을 쓰는가[何故に余は小說を書くや]」, 『國民新聞』, 1902(메이지 35).9.2.
3   荒正人, 「金色夜叉」 と 『不如歸』」, 『近代文學』 79號, 近代文學社, 1955, 37면.
4   淺井淸, 앞의 논문, 21면.
5   角田浩々歌客, 「무술문단을 맞이한다[戊戌文壇を迎ふ]」, 『國民之友』 365號, 1898(메

소설로 환영받은 히로츠 류로[廣津柳浪][6]의 「깃털 빠진 새[羽ぬけ鳥]」는 "도덕의 정조가 연애의 정서를 억제하는 지점에 초예(超詣)의 미가 연유"하는 도덕과 연애의 대립 구조를[7] 모리 오가이[森鷗外]의 『무희(舞姬)』(1890(메이지 23))의 '연애'와 '공명'[8]의 대립 구조 등 이 시대의 서사에 반복되는 이원적 대립 구조는 한문맥(漢文脈)[9]의 공(公)과 사(私)의 대립 구도의 연장선에 있는 것이다. 문학이 학문에서 문예로 전환하는 과정에서 정치와 문학의 대립을 내포하는 형태로 공(公)과 사(私)의 대립을 상호 연관 짓는 다양한 대립 구도의 서사가 형성되었다. 특히 '연애'와 '공명'과 같이 '연애'와 정치의 대립, 혹은 보완적인 관계[10] 등 정치와 '연애'의 관계 설정을 기본 축으로 다양한 결합 방식의 서사가 산출되어 근대 '문학' 관념[11]의 형성을 도왔다. 『호토토기스』의 서사도 이러한 한문맥의 공과 사의 대립 구조가 변주된 구성으로, 이는 당시의 자료에서도 입체적으로 뒷받침된다.

예를 들면 도쿠토미 로카의 자전적 소설 『후지[富士]』에서 『호토토기스』의 결말에 대해 다음과 말한다.

이지 31).1, 26면.

6 　廣津柳浪(1861~1928), 소설가. 겐유사[硯有社] 동인. 「今戶心中」 등 하층 사회의 비참함을 묘사한 심각소설, 비참소설의 작품이 있다.

7 　「時文所館」, 『國民之友』 367號, 1898(메이지 31).3, 26면.

8 　氣取半之丞, 「무희舞姬」, 『國民之友』 72號, 1890(메이지 23).1, 26면.

9 　齋藤希史, 앞의 책(2007), 138면. 이 글에서 漢文脈은 한자와 한시문을 중핵으로 전개한 語의 세계를 말한다.

10 　예를 들면 『셋츄바이[雪中梅]』의 서사와 같이 "정치활동을 연애의 성취가 도와주는 형태"의 결합도 가능했다. 노연숙, 「일본 정치소설의 수용과 한국 신소설의 다층화 ―구연학의 「설중매」와 스에히로 뎃초의 『雪中梅』를 중심으로」, 『인문논총』 59호, 서울대, 2008, 309면; 和田繁二郎, 「『雪中梅』『花間鶯』試論」, 『立命館文學』 264號, 1967, 207면.

11 　낭만적 사랑의 발생은 소설의 출현과 얼마간 일치한다는 앤소니 기드슨의 지적은 이를 뒷받침한다. 황정미・배은경 역, 『현대사회의 성 사랑 에로티시즘』, 새물결, 1996, 78면.

다케오는 죽어서는 안 된다. 다케오는 살지 않으면 안 된다. 살아가는 힘은 어디에서 얻는가? 남자를 남자로 하는 것에는 여자의 사랑 이외에 더욱더 남자의 힘을 필요로 한다. 횡적으로 기르는 힘 외에, 종적으로 전해지는 힘은 남자로부터 남자에게로 이루어지지 않으면 안 된다. 드디어 구마지[熊次]는 나미코의 묘지 앞에서 아버지와 남편을 악수하게 하기에 이르렀다.[12]

『후지』에서 도쿠토미 로카의 분신이라는 평을 얻은 주인공 구마지[熊次]가 『호토토기스』의 결말을 구상하게 되는 경위를 회고하는 인용문에서는 서사 구축의 프로세스가 여실히 드러난다. 여성의 사랑을 가로로 남자의 힘을 세로로 두 축을 교직하는 방식으로 구성하여 다케오의 '살아가는 힘'을 남성 연대감에서 구하는 남성의 정체성 형성을 위한 서사인 것이다. 결말의 아버지와 남편의 악수 장면은 '남자를 남자로' 만드는 서사의 구성이 필연적으로 세로축이 우위를 향하게 하는 방향을 전제한다는 맥락에서 등장인물의 생사(生死)는 남녀의 젠더 문제와 연관된다.

자전적 소설 『후지』에서 결말 구상을 표명한 작가의 의도를 작품의 효과로 등치시킬 수 없는 것은 물론이다. 주지하는 바와 같이 롤랑 바르트의 '작자의 죽음'에 의해 얻어진 '독자의 탄생' 즉, 서술자가 텍스트와 동시에 탄생하여 작가가 생성한 일원적인 의미의 세계가 아니라 독자의 독서 행위에 의한 의미 생성의 시야를 획득하게 되었다.[13] 이러한 언어활동으로 구성되는 직물(織物)로서의 텍스트의 의미를 자전적 소설에서 표명한 작가의 의도로 단일하게 회수할 수 없다. 이러한 작가의 의도에 거리를 두고 다양한 요소가 교차하는 장으로서 텍스트의 서사

---

12   德富健次郞, 『富士』 2(蘆花全集第17卷), 新潮社, 1929, 128면.
13   롤랑 바르트[ロラン · バルト], 花輪光 譯, 앞의 책, 79~89면; 石原千秋 · 木股知史 · 小森陽一 · 高橋修 · 島村世織, 『읽기 위한 이론[讀むための理論 — 文學 · 思想 · 批評]』, 世織書房, 1991, 6면.

구조 분석에서 획득되는 해석의 가능성을 지향할 것이다. 전술한 바와 같은 한문맥의 다양한 공과 사의 대립구도의 서사 맥락에 대한 서술은 이러한 텍스트가 놓여진 시대적 문맥을 간취하기 위함이다.

선행 연구에서 지적한 바와 같이 『호토토기스』에서는 서사의 전반과 후반이 확연히 이분되어 전반이 나미코와 다케오의 부부애를 중심으로 한 연애소설의 양상으로 후반에서는 나미코의 비극적인 죽음과 다케오의 전쟁 체험이 중심을 이루는 전쟁소설의 양상으로 구성되었다. 종종 언급되는 "연애소설에서 전쟁소설로의 변모"[14] 혹은 "전쟁소설로 수렴되었다"[15]는 구성의 문제는 두 사람의 사랑과 그 비극을 주로 다루는 전반에 초점을 둘 것인가, 아니면 나미코를 잃은 비애를 극복하고 군인으로서 직분의 길에 따르는 후반에 초점을 둘 것인가에 따라 달라진다. 다시 말하면 나미코의 죽음을 어떻게 파악할 것인가의 문제에 서사 구성의 핵심이 있다. 나미코의 죽음이 두 남성의 결속을 굳건하게 하고 두 남성이 공유하는 정체성을 새로운 연대로 이끄는데 나미코의 부재라는 결말은 제국의 남성다움을 예찬하는데 기여한다.[16] 즉, 부부애라는 남녀의 사랑보다도 다케오의 남성성의 정체성 형성에 서사의 중점이 있으며 남성의 세계에 도달해 가는 계기로서의 사랑의 의미에 초점이 두어졌다. 그렇다면 『호토토기스』의 고유한 구조는 남성의 주체성 형성의 구조가 어떻게 구성되었는가의 물음 속에서 도출될 것이다.

남성의 정체성 형성의 서사라는 주제는 "살아남은 청년이 그 위기적 상황에서 '부'를 얻은 뒤 다시 일어서는 것으로 중단되었던 자기 형성을

---

14 藤井淑禎, 앞의 논문, 1991, 63면.
15 황해전투의 삽화에 의해 연애소설·가정소설과 전쟁소설이 하나의 작품으로 수렴되는 서사의 구성이 가능해졌다. 野村行一郎, 「내셔널리즘의 문학ナショナリズムの文學-德富蘆花『不如歸』の物語の構造-」, 『解釋』第39卷 第3號, 解釋學會, 1993, 3면.
16 Ito, Ken K. "The Family and the Nation in Tokutomi Roka's *Hototogisu*." *Harvard Journal of Asiatic Studies* Vol.60, 2, 2000, p.535.

완성해가는 서사"[17]로 파악하는 견해에서도 찾을 수 있다. 어려서 부친과 사별한 다케오에게 아버지의 부재라는 서사의 '공백'은 남자로 거듭나기 위한 도정에서 "다케오의 재생을 조명하고 투사하는 존재로서의 아버지를 획득"[18]하는 의미가 '종(縱)의 힘'의 핵심을 이루었지만 청년이 어떠한 프로세스를 거쳐 자기 형성의 완성에 이르는가 하는『호토토기스』서사 고유의 분석은 뒷받침되지 않는다. 따라서 이 글에서는 남성의 주체성 형성의 서사를 직분 우위의 구조를 통해서 구축하는 것으로 해석하여『호토토기스』의 서사를 새롭게 읽을 것을 제기하는 것이다. 남성의 주체성 형성의 문제는 '직분'에 대한 의식을 토대로 그것과의 관계성 속에서 구성되었다.

『호토토기스』에서 '직분'의 어휘는 매우 드물지만 서사를 구성하는 핵심적인 키워드로 작동한다. 한어 '직분'을 '쇼쿠분'과 '츠토메' 두 가지 방식으로 읽도록 루비를 달았다. 서사의 문맥에 따라 '직분'은 특별한 의미를 함축했던 것이다. 이러한 서사의 '직분'의 함의는 당시의 '직분' 개념과 동시대의 문맥을 조명하는 것으로 보다 명료하게 해명될 것이다.『호토토기스[不如歸]』의 서사를 도쿠토미 소회[德富蘇峰]의 논설「비연애(非戀愛)」와『국민지우(國民之友)』의 '직분' 담론 등 동시대의 '사랑'과 '직분' 담론과 관련지어 서사의 '직분'의 구조를 분석할 것이다.

2) 메이지의 '직분' 담론

'직분'이란 무엇인가를 규명하기 위하여 메이지의 '직분' 담론 가운데『호토토기스[不如歸]』의 서사와 공유되는 동시대적인 맥락에서 공통적

---

17 山本芳明, 「〈父〉の肖像－德富蘆花『不如歸』」, 『國文學』第40卷 第11號, 學證堂, 1995.9, 42~49면.
18 위의 글, 49면.

인 교양과 사유의 기반으로서 의미 있는『국민지우(國民之友)』의 '직분' 담론 「일본 국민의 신종교[日本國民の新宗教]」(『國民之友』제201호, 1893(메이지 26).9)와 「노작(勞作)교육」(『國民之友』제132호, 1891(메이지 24).10)을 검토할 것이다.

『국민지우(國民之友)』의 '직분' 담론의 필자는 도쿠토미 로카[德富蘆花]의 형으로 주필인 도쿠토미 소호[德富蘇峰]로 알려져 있다. 종합 출판 사업으로 메이지 중기 논단에서 활약한 사상 문학 및 언론 집단 민유샤[民友社]는 1887(메이지 20)년 설립 이래 잡지『國民之友』와 신문『國民新聞』을 창간하여 도쿠토미 소호[德富蘇峰]가 경영과 편집을 주관하고 로카도 민유샤[民友社]의 사원으로서 발행 매체에 집필했다.[19] 그러므로 소호와 로카는 민유샤[民友社]에서 발행한 잡지『國民之友』를 중심으로 자신의 기량을 펼쳤는데 이들 집단의 교양과 소양을 공유하는『호토토기스[不如歸]』와『國民之友』의 '직분' 담론은 일맥상통하는 맥락이 존재한다.

『國民之友』에 게재된 논설 「일본 국민의 신종교」의 '신종교'는 '직업'[20]의 은유로서, '최대의 교화력'을 내장한 '종교'와 같은 '직업의 관념'을 고취하는 논조이다. 일본 국민의 직업 관념의 부재를 개탄하면서 직업을 신성하게 여기는 새로운 '직업 관념'의 창출을 취지로 하여 직업의

---

19 和田守,「民有社の歷史的位相—その成立と展開」,『民友社とその時代 : 思想·文學·ジャーナリズム集団の軌跡』(西田毅 他), ミネルバ書房, 2003, 4면.

20 이러한 '직업'과 '종교'의 결합은 막스 베버의 프로테스탄티즘의 '직업윤리'를 연상하게 한다. '직업'을 신과의 관련에서 설명하고 '직업'에 '종교성'을 발견하는 등 다양한 면에서 양자는 비견된다. 막스 베버의 논문『프로테스탄티즘의 윤리와 자본주의 성신』이 최초로 발견된 것은 1905년,『종교사회학 논집』3권으로 공간된 것은 1920년이다. 베버에 따르면 '세속의 직업 노동이야말로 이웃 사랑의 외적인 나타남'이며 직업을 '천직'으로 하고 세속의 직업에 금욕적으로 근면하는 프로테스탄티즘의 종교 윤리가 영리를 자기 목적으로 하는 합리적인 자본주의 정신의 토대가 되었다는 것이다. 루터의 성서 번역에서 유래하는 독일어 '천직(Beruf)'이라는 어휘에 영어 'calling'의 의미가 내재되어 있는 것과 같이 신이 내린 사명(Aufgabe)으로서의 '직업'이라는 관념이 담겨져 있다. 막스 베버, 大塚久雄 譯,『프로테스탄티즘의 윤리와 자본주의 정신[プロテスタンティズムの倫理と資本主義の精神]』, 岩波文庫, 1989 참조.

중요성을 역설했다. 이 논설보다 앞서 쓰인 「노작교육」에서는 서구의 사상가 토마스 카 라일[21]을 인용하여 "노작은 생명이라" 혹은 "노동은 곧 신성하다"[22]는 동일한 논조의 논설이 게재되었다.

두 논설에서 반복해서 강조하는 "직업은 신성하다"는 명제는 루터의 '천직'에 상응하는 것으로 판단된다. 그러나 소호의 이 논설이 쓰인 1893 (메이지 26)년에는 막스 베버의 논문이 발표되지 않은 상태였다. 하지만 막스 베버가 말하는 '천직'의 어휘에 담겨져 있는 세속적인 일상노동의 존중이라는 개념은, 그 맹아가 이미 중세에 존재했다고 한다.[23] 물론 '직업'을 '천직'으로 하는 관념은 반드시 그리스도교에만 존재하는 것은 아니며 주자학적인 세계관에서도 유사한 관념은 찾아볼 수 있다.[24]

예를 들면 『國民之友』에서 '직업'의 의미 내용이 핵심적으로 드러나는 구절은 다음과 같다.

직업은 노작을 함축하고 노작은 직분을 함축한다. 직업, 노작, 직분은 삼위일체이며 이 세 개의 대 관념, 세 개의 대 사실은 하나의 줄로 연관되어 엮어진다. 하나를 얻으면 셋을 얻고, 하나를 잃으면 셋을 잃어버린다.

---

21 Carlyle Thomas(1795~1881), 영국의 평론가 · 역사가, 빅토리아조의 대표적인 언론인. 저서에 『프랑스 혁명사』, 『영웅 숭배론』, 『과거와 현재』 등이 있으며 독일 문학 연구서로도 저명하여 괴테와의 왕복 서한을 남겼다. 30권에 달하는 토마스 카 라일의 전집에 수록. 그의 저서는 메이지 시대 많이 번역되었으며 특히 우치무라 간조[內村鑑三]에 지대한 영향을 미쳤다.

22 E. H. 킨몬스, 廣田照幸 외 譯, 『立身出世の社會史』, 玉川大學出版局, 1995, 127면.

23 막스 베버, 大塚久雄 譯, 앞의 책, 109면.

24 平石直昭에 의하면 鈴木正三의 '천직'관의 영향으로 유교적 '천직' 관념이 재편되어 근세의 '천직'관의 주류를 이루었다. 예컨대 근세 일본의 '직업'관의 특징인 '생업'관과 '직분'간의 상호 침투의 관점에서 일반民의 직업도 '天'에 의하여 부여된 '天命' '天事'로 여겨지던 '천직'관의 주자학적인 사고틀을 전제로 확산되었다. 平石直昭, 「近世日本の〈職業〉觀」, 『現代日本社會』 第4卷(東京大學社會科學研究所 編), 東京大學出版會, 1991, 50~65면.

이 논설에서 '직업'은 '노작' '직분' '직업'의 상호의존적 관계로서 존재하여 어느 쪽이 결핍되어도 '직업'은 성립하지 않는 '삼위일체'의 관계를 이룬다. 이를 정리한다면, '직업'은 인간을 '상제(上帝)'에 다다르게 하는 '계단'으로서 '직업'은 생활 수단이 아니라 인간을 인간답게 하기 위한 인간의 존재 의의 그 자체이다. 동일한 방식으로 '노작(勞作)'도 생활을 위한 수단이 아니라 그 자체가 목적인 것이다.

「일본 국민의 신종교」에서 직업은 '직분'의 중요성을 깨닫게 하는 한편, 직업에 내재하는 '직분'은 '노작(勞作)'에 깃들어 '성령'과 같은 역할에 '직분'을 대응시키고 '일'에 '혼'을 불어넣는 것과 동일하게 '노작(勞作)'에 '마음'을 담으려는 의미를 '직분'으로 설정한 것이다. 이와 같이 소호는 '직업'을 '삼위일체'의 관계성의 틀로 '직분' '노작' '직업'의 삼자를 연관시켜 이해했다. 그러나 소호의 '직분' 관념과 막스 베버가 말하는 '천직'의 결정적 차이는 '인생의 직분'과 같이 '직분'이 '직업'과 연계되지 않는, 인간이 행해야 할 의무라는 추상적인 의미로서 쓰인 점이다. '인생의 직분'과 같이 직업과 연계되지 않은 인간의 당위로서의 의미는 주자학적 세계관을 바탕으로 하는 관념으로 에도시대에도 그 용례가 발견된다. 신하와 임금과의 사이에 지녀야 할 충과 연계되는 직분의 용례[25]는 『국민지우』에서도 사용되었다. '천(天)'으로부터 부여받은 인륜적 상보적 인간관계의 질서 속에서 하나의 '분(分)'인 것을 당위로 하여 살아가는 것이고 이것은 구체적으로 '천(天)'에 의하여 규정된 사농공상의 '직(職)'의 사회적 분업관계로서 의식되었다.[26] 전술한 바와 같은 소호의 직업과 연루되지 않는 '직분'의 의미는 이러한 주자학적 세계관에 기초한 당위

---

25 예를 들면 "수도에서 이 사농공상의 백성과 함께 각 뜻을 흥분하지 않고 나에 해당하는 직분에 힘쓰면 저절로 나에 해당하는 의식주 있고 일생 편안하게 살아야 한다." (室鳩巢, 『六論衍義大意』, 『近世町人思想』(中村行彦 校注), 岩波書店, 1975, 373면.

26 川口浩, 「江戸期の職分論と維新期の職分論―その思想構造と機能」, 『中京大學経濟學論叢』 2号(中京大學経濟學部 編), 1989.12, 15면.

의 의미를 바탕으로 하는 것이다. 즉, "'직(職)' = '직분'과 '신분'의 분화"[27]가 이루어지지 않은 '신분'과 '계급'이 상호 침투하는 메이지 초의 사회에서 세습적인 신분질서가 부정되고 직업선택의 관념이 넓게 침투해가는 조건이 구비되는 것에 의하여 새로운 '직업' 관념의 정착[28]과 병행하여 '직분'은 점차 '의무'라는 추상적인 의미가 희박해지고 '직업'과 관련한 관념으로 한정되었다는 추정이 가능하다.

이러한 '직분' 개념의 변화는 1886(메이지 19)년 판인 헤본의 『화영어림집성(和英語林集成)』에서 '직분'의 뜻이 "One's duty, branch or department of work, the part of one's business or employment"[29]로 풀이된 것에도 '의무'와 혼재된 양상을 확인할 수 있으며 이러한 '직분'의 함의를 바탕으로 사뮤엘 스마일즈의 *Self-Help*(1859)의 번역 『서국입지편(西國立志編)』(1870)[30]에서는 'duty'의 역어로서 '직분'이 채택되었다.[31] 전술한 『和英語林集成』에서 '의무'의 어휘를 'Duty; obligation'[32]으로 풀이했다는 면에서 'duty'에 대응하는 언어로서 '의무'나 '직분'과 같은 다양한 선택의 여지가 존재했을 것으로 추정할 수 있다.[33] 이러한 다양한 선택지에서 'duty'의 번역어로서

---

27 濱名篤,「明治初期階層構造の硏究－'士族'の場合」,『近代日本の歷史社會學－心情と構造』, 木鐸社, 1990, 64면.

28 遠田英弘 外編,『士族の歷史社會學的硏究』, 名古屋大學出版會, 1995, 30~33면.

29 J. C. 헤본,『和英語林集成』(1886(메이지 19)), 講談社(영인본), 1980, 590면.

30 サミュウエル・スマイルズ, 中村正直 譯,『西國立志編』(1870(메이지 3)),「天ハ自ラ助クルモノヲ助ク)(39)－中村正直と『西國立志編』(平川祐弘),『學燈』第102卷 第2号, 丸善, 2005.

31 『西國立志編』의 제8편의 13 '웨린트, 직분의 字를 항상 마음에 두는 것'이라는 항목에서는 "그 직분을 잘 수행하려고 바라는 뜻이 독실하기 때문에 그 화를 징계해서 마침내 비상한 인내력을 이끌어냈다"고 기술했다. 그 밖에 제9편 '직무를 수행하는 사람을 논한다'에서 '職事'가 직업과 관련하여 파악되었다. 이처럼 'duty'의 역어로서 '직분'이 채택된 점에서 '직분'의 의미가 현재와는 다르게 쓰였음을 추론할 수 있다. 원문의 인용은 サミュウエル・スマイルズ, 中村正直 譯,『西國立志編』, 講談社學術文庫, 1981에 의한다.

32 J. C. 헤본, 앞의 책, 111편.

33 森岡健二의 조사에 따르면, 1860~1880년대의 메이지 초기 'duty'의 역어로서 '職分'

'직분'이 채택된 배경에는 개인이나 직업 관념 등에 대한 서양과 일본의 문화의 차이에 의한 복잡한 경위가 작용했다.

『서국입지편』 원문의 'duty'와 '직분'의 차이의 근간에는 'duty'의 핵심적인 개념, 당위나 의무가 어떠한 관계에서 인식되는가의 문제가 놓여 있으며 '개인'의 문제 'duty'가 상대적으로 '위치(position)'의 문제 '직분'으로 전환되는 문맥이 존재한다. 즉, 개인의 당위 'duty'는 에도 시대의 막부체제인 사농공상의 신분질서에서 개인의 선택의 여지가 없는 '위치'의 문제로서 '개인의 의무가 아닌 위치에 상응하는 당위'의 개념 '직분'이 선택되었다.[34] 스마일즈의 'duty'가 청교도적인 에토스에 규정된 '의무'의 주체 '개인'이 설정되었다면, 주자학적 '직분'은 인륜 질서를 사회질서로 하는 유기적 전체 질서에서 각 개체는 자신의 위치를 발견하고 그것에 상응하는 당위를 자각적으로 수행하는 도덕적 당위의 개념으로 '獨自一己'를 '직분'의 주체로 했다.[35]

이와 같이 서양과 일본 사회의 질서 체계와 문화에서 연유하는 차이에 의해 『西國立志編』에서 'duty'의 역어로서 '직분'이 채택되었으며 이것의 연장선상에서 사뮤엘 스마일즈의 Duty(1880)[36]는 1904(메이지 37)년에 『직분론(職分論)』[37]이라는 제목으로 번역된 것이다.

사뮤엘 스마일즈의 『서국입지편(西國立志編)』은 후쿠자와 유키치[福澤諭吉]의 『학문의 권함[學問のすゝめ]』과 나란히 '메이지의 성서'로 일컬

    '勤メ' 'ツトメ' '義務'의 어휘가 쓰였다. 'duty'의 역어의 추이는 森岡健二, 『改訂 近代語の成立 - 語彙編 - 』, 明治書院, 1991, 117면에 상세하다

34 中島哲也, 「Self-HelpにおけるDutyと『西國立志編』における職分 - 文化接触の一局面」, 『國際日本學』 5-87(法政大學國際日本學研究所 編), 法政大學國際日本學研究センター, 2007.5, 95면.

35 中島哲也, 앞의 논문, 106면.

36 Samuel Smiles. *Duty, with ilustrations of Courage, Patience, and endurance.* London:; John Murray, 1880. London:; Routledge, 1997.

37 サミュウエル・スマイルズ, 若月保治・栗原元吉 譯, 『職分論』, 內外出版協會, 1904 (메이지 37).

어질 정도로 대성공을 거두면서[38] 스마일즈의 저서 *Character*(1871)는 『인격론(人格論)』으로 *Duty*는 『직분론』으로 잇따라 번역된 것이다. 『서국입지편(西國立志編)』이 다이쇼 시대까지 읽혀져 영국의 25만부보다 훨씬 많은 100만부를 상회하는 부수가 발행되었고 그 밖에 다른 입신출세 관련 저서도 메이지 후반에는 많이 발간되었다.[39] 산업사회 형성기 영국에서 "노동자 계급을 교양인으로 육성"[40]하는 자본주의적 향상심과 도덕을 갖춘 남성의 이상상을 그린 일종의 실용서로 읽힌[41] 스마일즈의 저서는 1900년 전후 일본의 교양주의에 대한 요청과 함께 청년의 삶의 지침을 요구하는 시대의 갈망을 채우는 역할을 수행했다.[42] 사뮤엘 스마일즈의 『인격론』이나 『직분론』 등의 저서가 일본에서 번역된 것도 이러한 '입신출세'의 흐름과 관계 깊다.[43] 이러한 사회변동에 부응하는 새로운 도덕이나 가치관에 대한 욕구가 높아지는 가운데 스마일즈의 일련의 저서들이 번역된 것이다. 예컨대 『직분론』에서 인생의 최고 목표는 '직분'을 수행하는 것이고 "정려(精勵)・수양・극기, 특히 성실 엄정히 의무를 수행"[44]하는 것을 가치로 하는 메시지는 "입지나 학문・면학・노력・근면 등 입신출세의 도덕"으로 요약된다.[45] 『직

---

38 스마일즈는 저작인 *Self Help*를 자비 출판의 형태로 출판했다. 이처럼 스마일즈의 저작의 '영국에서의 운명'과 비교해보면 스마일즈는 일본에서 특별히 환영을 받은 것으로 이해된다. 平川祐弘, 「하늘은 스스로 돕는자를 돕는다天ハ自ラ助クルモノヲ助ク」(39)-中村正直と『西國立志編』」, 『學燈』第102卷 第2号, 丸善, 2005, 26면.

39 竹內洋, 『立身出世主義-近代日本のロマンと欲望』, 日本放送出版協會, 1997, 241면.

40 室伏武, 「사뮤엘 스마일즈와 『직분론』[サミュエル・スマイルズと『職分論』]」, 『亞細亞大學教養部紀要』 52號, 亞細亞大學, 1995, 17면.

41 高田里惠子, 『文學部をめぐる病い-教養主義・ナチス・旧制高校』, 筑摩書房, 2006, 335면.

42 E. H. 킨몬스, 廣田照幸 외 譯, 『立身出世の社會史』, 玉川大學出版局, 1995 참조.

43 스마일즈의 『자조론』에서부터 『직분론』에 이르는 약 14년간은 영국의 산업사회 형성기에 해당하고 노동자 계급을 교양인으로 육성하는 것을 목표로 했다. 그러나 산업사회가 확립되고 사회가 안정되면서 입신출세가 곤란해지고 스마일즈의 저작은 『자조론』 등의 독자를 상실하게 되었다. 室伏武, 앞의 논문, 17면.

44 中尾定太郎, 『스마일즈의 사상[スマイルズの思想]』, 白馬出版, 1985, 167면.

분론』이 1904(메이지 37)년 러일전쟁이 발발한 상황에서 번역된 것은 '직분'을 수행하는 메시지가 국민의 전쟁협력을 동원하는 이데올로기로 기능했던 것과 직결된다.[46] 『직분론』의 '해군'과 '육군' 항목에서 군인의 덕목을 강조하는 바와 같이, 직무와 의무를 결합하는 직무 수행의 도덕 가치가 전시의 군인들의 사명을 고무하는 기능으로 작동하는 일본 근대의 '직분'이 수행한 이데올로기의 기능을 규명함에 따라 비로소 거의 언급되지 않았던 『직분론』의 존재가 조명된다. 또한 이러한 '직분' 담론의 지평에서 『호토토기스(不如歸)』와 사뮤엘 스마일즈의 『직분론』의 구조상의 대응이 선명히 부각되는 것이다.[47] 단적으로 말해서 『직분론』의 구성은 『호토토기스』의 그것과 깊은 연관성이 있는데 『직분론』의 '직분'의 관념은 『호토토기스』의 '직분'의 내실과 유사한 맥락에서 이해될 수 있다. 『직분론』의 '도덕상의 직분'의 의식은 '근면한 노동'의 '직분'을 수행하는 것으로 출발해서 '양친으로서의 가정의 직분'과 '사회의 일원으로서의 직분'으로 나아가서는 국가에 대한 '직분'으로 확장해 간다. 이러한 '직분'의 수행은 종래 교육의 결핍을 자각하고 그리스도교에 기초를 두는 '개량을 요하는 것'이다. 이밖에도 인생의 교훈서인 『직분론』에는 "인류인자의 당연히 지켜야 할 도덕상의 직분"을

---

45 竹內洋, 앞의 책, 19면.

46 '특히 러일전쟁의 승리로 들떠 있는 국민에 대해서 '덕성의 함양, 품성의 도야, 직분을 다하는 의무를 준수'하도록 경종을 울리는 것이었다.'(室伏武, 앞의 논문, 21면)

47 *Duty*와 『職分論』의 목차를 나란히 병기해 둔다. '제1장 DUTY CONSCIENCE 직분 양심, 제2장 DUTY IN ACTION 행위의 직분, 제3장 HONESTY TRUTH 정직 진실, 제4장 MEN WHO CANNOT BE BOUGHT 금전으로도 매수할 수 없는 사람, 제5장 COURAGE ENDURANCE 용기 인내, 제6장 ENDURANCE TO THE END-SAVONAROLA 최후까지의 인내 사보로나, 제7장 THE SAILOR 해군사람들 수부, 제8장 THE SOLDIER 육군군인, 제9장 HEROISM IN WELL-DOIMG 박애, 제10장 SYMPATHY 전도에서의 용기, 제11장 PHILANTHROPY 선을 행하는 용기, 제12장 HEROISM IN MISSIONS 동정, 제13장 KINDNESS TO ANIMALS 동물에 대한 친절, 제14장 HUMANITY TO HORSES-E.F.FLOWER 말[馬]에 대한 자비, 제15장 RESPONSIBILITY 책임, 제16장 THE LAST 사람의 최후'.

촉구하며 '행위자로서의 직분'과 함께 '도덕상의 직분'을 요구하였다. 『직분론』의 전개에서 '직분'이 확산되는 구조는『호토토기스』의 사랑 ―가족―국가로 연계되는 '직분' 우위의 서사의 구성과 일정하게 대응하며 지극히 유사한 발상에 의존했다.

그러나 전술한 바와 같이 Duty가 와카츠키 호치[若月保治]·구리하라 모토키치[栗原元吉]에 의해『직분론』이라는 제목으로 번역된 것은 1904 (메이지 37)년으로,『호토토기스』의 단행본 출판으로부터 몇 년 후의 일이다. 이를 시간 축에 나열해 보면 Duty는『호토토기스』보다 앞서 발행되고『호토토기스』는『직분론』보다 먼저 발행된 셈이다. 민유샤의 사원으로서 번역에 관계할 정도로 영어에 능통했던 로카가 일본어로 번역된『직분론』의 원전인 Duty에 접했을 가능성은 매우 높다.

E. H. 킨몬스에 따르면 소호가 설립한 학교에서는 나카무라의『서국입지편(西國立志編)』과『서양품격론(西洋品格論)』을 텍스트로 하여 "자신이 발행한 잡지『국민지우(國民之友)』에서 스마일적 가치관을 설명했다."[48] 또한 도쿠토미 로카의『추억의 기록[思い出の記]』에서 육영학사라는 시골의 학교에 새로 부임한 고마이[駒井] 선생님에 의하여 "논어가 입지편품행론이 되"[49] 었다는 기술은 당시 스마일즈의 저작을 교양으로 하는 독서 환경을 짐작하게 한다. 이러한 스마일즈의『서국입지편(西國立志編)』이 촉발한 '메이지 입신출세주의'의 문맥에『직분론』을 자리매김하는 것은 매우 의미심장하다. 당시 소호를 중심으로 한 지식인들 사이에 '스마일적 가치관'이 초미의 관심사였다면 아직 일본에서 번역되지 않은 Duty의 존재에 로카가 접했을 가능성은 적지 않다.『호토토기스』와 Duty의 관련을 해명하는 비교 연구는 본고의 취지를 벗어

---

48   킨몬스, 앞의 책, 98~99면.
49   龜井俊介, 「『西國立志編』の世界」, 『近代文學 1―黎明期の近代文學』(三好幸雄 ·
   竹盛天雄 編), 有斐閣, 1978, 117면.

나는 작업이다. 다만, 본고에서는 『직분론』과 『호토토기스』의 서사를 추동하는 '직분'의 관련성을 제기하고자 한다. 즉, 『호토토기스』의 '직분'의 함의는 스마일즈의 'duty'의 개념과 연관된 것으로 이해되며 이러한 관점에서 서사에 대한 새로운 접근의 시각이 열리게 되는 것이다.

3) 서사의 '직분'의 함의

『호토토기스[不如歸]』에서 '직분'의 어휘는 매우 드물지만 서사의 가치 질서를 편제하는 방식에서 '직분'의 의식은 서사를 추동하는 구성의 중심 원리로서 작용한다. 원작에서 '직분'은 '쇼쿠분'과 '츠토메', 두 가지 방식으로 읽도록 루비를 달았다. 문맥에 따라 '직분'은 특별한 의미를 함축했다. 서사에서 '직분'은 다음과 같이 구사되었다.

첫째, 사랑에 대한 서술자의 인식을 드러내는 맥락에서 직분(職分)[츠토메][50]의 어휘가 쓰였다. 예를 들면 다케오가 나미코를 병문안하는 장면에서 나미코의 발화 "정말? 기뻐요! 네, 둘이서! ─ 하지만 어머니가 계시고, 職分[츠토메]이 있고, 그렇게 생각하셔도 자유롭게 되지 않지요."(중, 168면)와 같이 '직분'을 '츠토메'로 읽도록 루비를 달았다. 이것은 텍스트의 '근무(勤務)[つとめ(츠토메)]'의 용법에 근접한 의미로 "정말─오랫동안 어머니도─어떻게 쓸쓸하게 지내시는지요. 또한 직접 근무처에 계실 것이라고 생각하면 하루가 빨리 지나서 할 수 없어요."(중, 278면)와 같이 '근무(勤務)'의 한어를 '오츠토메(근무)'로 읽도록 루비를 단 것과 동일한 맥락이다. 이것은 달리 말하자면 '오츠토메'에 '직분(職分)'의 한어를 채택하지 않았다는 면에서 서술자가 의도하는 특별한 '직분'의 함의를 읽어낼 수 있을 것이다.

1893(메이지 24)년에 간행된 일본어 사전 『언해(言海)』의 'つとめ(츠토

---

50 원문의 루비는 [ ], 뜻은 ( ) 안에 표기했다.

메)'의 항목에는 "勤務(一)근무하는 것. 해야 할 일(二) 임금을 섬기는 것. 임무, 봉공, 직무'의 뜻으로 기술되었다. 이러한 의미를 바탕으로 '근무(勤務)'의 한어에 '오츠토메'로 읽도록 루비를 달아 '오츠토메'의 의미를 『언해(言海)』의 제일의 의미 '근무하는 것'에 한정하려는 서술자의 의도를 간파할 수 있다. 즉, '오츠토메'를 '근무(勤務)'로 실체화하는『국민지우(國民之友)』의 용어로 말한다면 '노작'의 의미에 해당하는 것이다. 그런데 나미코의 발화의 '職分[츠토메]'는 한어 '職分'에 근무라는 뜻이 있는 '츠토메'의 음을 달았다. 『언해』의 '職分'의 항목에는 '職으로서 해야 할 일' 한어 '직분'에 근무의 뜻이 있는 '츠토메'의 음을 달았다. 『언해』의 '직분' 항목에는 '직(職)으로서 해야 할 일'로 설명되었다. 이를 바탕으로 '직분'을 '오츠토메'로 읽는 것은 '오츠토메'의 의미를 '근무'가 아니라 '직으로서 해야 할 일'이라는 의미를 부가하는 것으로 '오츠토메'의 의미를 '직분'의 방향으로 유도하는 의도인 것이다. 이것은 다케오가 전투에 참가하여 "이 직분(쇼쿠분)의 길에 따[此職分(しょくぶん)の道に從]"를 것을 결의하는 다케오의 심정을 '직분'이라는 어휘에 '쇼쿠분'으로 읽도록 루비를 단 것과 동일한 방식으로 '직분'을 '쇼쿠분'의 의미로 연계하는 장치인 셈이다. 다시 말하면 죽음이 자유롭지 않은 조건으로서의 '일'에 해당하는 어휘에 '근무'가 아닌 '직분'의 한어를 채택함으로써 나미코와 다케오가 함께 죽음을 선택하는 것이 의무와 당위의 의미를 부가하는 당대의 '직분' 맥락을 환기하여 '사랑'과 '직분'의 대립적인 구도를 부각하는 서술자의 의도와 연관되는 것이다. 이렇게 '사랑'의 가치가 '직분'의 하위 가치로 종속되는 서사적 질서에서 동음 '勤務[츠토메]'가 아닌 '職分[츠토메]'이 채택되는 것이다. 이점에 관해서는 제2절에서 상세히 논한다.

둘째, 서술자의 가정에 대한 인식을 드러내는 문맥에서 '부모의 職分[쇼쿠분しょくぶん]'과 같이 구사되었다. "자식 말대로만 하는 게 부모의 職分[쇼쿠분しょくぶん]이 아니"다는 발화와 같이 '職分'은 '職'과 연계되지 않

는다는 의미에서 전술한 소호의 '人生의 職分'과 동일한 문맥으로 이해된다. 이것은 '가정의 일은 여자의 본분'이라는 서술의 '여자의 본분'과 유사한 의미이다. 예컨대 '여자의 본분'이 '남자는 밖, 여자는 안'이라는 성역할의 위계와 동일하게 부모와 아들이라는 가족 관계의 위계질서에 기초하여 '부모'의 '직분'의 가부장적 의식을 추동하는 것으로 부모의 역할, 임무를 다하도록 촉구하는 의미를 내포한다. '부모'의 '직분'이 구체적으로 어떠한 내실을 갖는가에 관해서는 제3절에서 후술한다.

셋째, 서술자의 국가에 대한 인식을 나타내는 문맥에서 '職分[쇼쿠분しょくぶん]의 길'과 같이 쓰였다. 전투에 임하는 다케오 개인의 심정을 "이 국가 대사(大事)에 관해서는 막막한 창해의 한 알의 좁쌀[粟]. 나 가와시마 다케오의 일신의 사활 부침, 어찌 물으려하는가. 그는 이렇게 스스로 꾸짖고 그 아픔을 누르며 이 職分[쇼쿠분しょくぶん]의 길에 따라서 절망의 용기를 떨치고 정벌 전쟁(征戰)의 사업(事)에 따르노라. 그는 죽음을 실로 먼지보다 가볍게 생각하노라"(하, 234면)에서 나타나는 바와 같이 전투에 임하는 다케오의 심정을 서술자는 한어 '직분'의 어휘를 구사하여 전술한 『언해』의 두 번째의 정의인 '職으로서 해야 할 일=본분'의 의미를 함축시켰다. 이러한 '직분'의 어휘는 전술한 제일과 제이의 '직분'과 혼동하지 않도록 '본분'으로 치환할 수 있다. 이렇게 본다면 '이 職分'이 규정하는 것은 직업 군인의 '본분'의 의미세계이다. 즉, 서사의 '직분'은 당대 '군인'의 '본분'과 관련된 덕목을 제시하는 군인칙유와 연동하는 함의를 형성하는 것이다. 이점에 관해서는 제4절에서 후술할 것이다.

이와 같이 사랑, 가정, 국가 서사의 중심 요소들은 직분 의식과의 관계 속에서 획득된 의미 체계에서 일본 근대의 가치 체계와 대응하는 방식으로 구성되었다. 다음 장에서는 서사의 중요 장면 구성에서의 '직분'의 구체적인 내실을 관련시키면서 고찰할 것이다.

제2절 '사랑'과 '직분'의 역학

1) 부부애의 강박

『호토토기스』는 총 3부로 구성되었다. 상편은 가타오카 중장의 딸 나미코와 해군소위 가와시마 다케오의 신혼여행부터 훈련으로 떨어져 지내는 신혼의 생활을 중편은 폐결핵에 걸린 나미코의 요양과 전염을 두려워하는 모친이 다케오가 집을 비운 사이 나미코를 이혼시키기까지, 하편은 다케오의 전투에서의 활약과 나미코의 죽음을 다루었다. 이러한 스토리에 다케오의 종형제인 치지이와의 나미코에 대한 복수를 위한 음모의 책략과 다케오를 짝사랑하는 오도요의 삼각관계 등 여러 에피소드와 사건이 얽혀 있다.

폐결핵, 이혼, 전쟁 등을 줄기로 부부애를 주제로 하는 서사는 당시 연애와 결혼이 쟁점이 된 사회의 풍속을 배경으로 연애 없이 중매로 맺어진 부부의 질병으로 인한 장애라는 점에서 의미심장하다. 메이지 20년대 연애를 거쳐 결혼에 이르는 '자유결혼론'이 주창된 이후 일본의 연애와 결혼을 둘러싼 새로운 풍속의 접속 지점을 그려낸 것인데 이러한 설정이 왜 문제적인가는 모리 오가이[森鷗外]의 다음과 같은 비판에서 명료하게 드러난다.

> 그러나 단지 혼인 전의 연애를 서술했기 때문에 음란의 비방을 면할 수 없는 것도 또한 있을 것이다. 로카 과거에 『호토토기스』를 지어 사람 그 사상의 고결함에 감복함. 나는 호토토기스가 좋은 책임을 인정하는 것에 인색하지 않다. 그러나 작자의 붓을 주인공 성혼 후에 시작한 것도 또한 독자로 하여금 소위 고결의 감각을 만들게 함에 있어서 (성혼후의 설정에서) 부

여된 힘에 있을 것이다.[51]

『호토토기스』의 '연애' 없는 결혼 그 이후부터의 전개가 비난을 피하기 위한 절충적인 산물임을 예리하게 간파한 것이다. 사에키 준코[佐伯順子]가 지적한 바와 같이 『호토토기스』가 결혼 전의 '연애'가 아닌 '성혼후'의 서사라는 점에서 '음란'이라는 비난을 면할 수 있었다는 것이 모리 오가이의 주장이다.[52] '연애' 없는 결혼이 문제되는 시기야말로 메이지 30년대의 상황을 단적으로 드러내는데 결혼 이전의 연애가 음란, 성혼 후의 부부애가 고결함의 감각과 연루된다는 모리 오가이의 통렬한 비판은 연애와 결혼을 둘러싼 문제의 핵심을 짚고 있다. 연애와 결혼을 잇는 서양 풍속과 달리 결혼이 혼인 당사자의 의지와 무관하게 결정되는 일본 풍속에서 연애에 대한 사회의 이중적인 시선을 엿보게 한다.

주지하는 바와 같이 일본에서 최초로 근대적 연애관을 표명한 것은 이와모토 요시하루[嚴本善治]와 기타무라 도코쿠[北村透谷]의 「염세시가와 여성[厭世詩家と女性]」(『여학잡지(女學雜誌)』, 1892(메이지 25).2)이다. 메이지 20년대 '연애'를 찬미하는 기독교적 여성 문화 논객의 중심 무대가 된 『여학잡지』의 주재자 이와모토 요시하루[嚴本善治]는 "연애 결혼한 이들끼리의 결합이야말로 행복한 결혼의 첫 번째 조건"으로 상대를 발견하기 위한 남녀교제의 장을 장려하고 "연애결혼론"을 제창했다.[53] 연애와 결혼을 둘러싼 '도덕론자'와 '연애결혼론' 주창자들의 엇갈린 주장에도 불구하고 연애와 도덕, 혹은 연애와 인정을 결부시키는 사고의 지평을 공유한다. 선술한 「일본국민의 신종교」의 '직분' 담론에서도 "직업을 천히 여기고 직업에 종사하려는 것은, 마치 연애의 정 없이 결혼

---

51 『鷗外全集』 25卷, 岩波書店, 1973, 168~169면; 森鷗外, 「心頭語」, 『二六新報』, 1900(메이지 33).6.23.
52 佐伯順子, 『「色」と「愛」の比較文化史』, 岩波書店, 1988, 115면.
53 井上輝子, 『女性學とその周辺』, 勁草書房, 1980, 4~10면.

하려고 하는 것과 같"다고 '직분'을 '연애의 정'에 비유하는 수사에도 당시의 '연애'는 '정'과의 관계 속에 이해되었다. 서양의 '러브'는 '연애의 정'으로 수용된 셈인데 이러한 인식 지평에서 『호토토기스』의 서사에서는 '연애' 없이 중매로 결혼한 부부의 '정'으로 근대적 결혼과 가정의 화두를 구현하려는 것이다. 근대적 결혼의 조건들이 다른 입각점들에서 발화되는 『호토토기스』의 미묘한 위치는 연애와 결혼을 필연적인 결합으로 연계하지 않는 설정으로 나타났다. '연애'를 결혼의 필수적인 조건으로 규정함으로써 전대의 결혼을 전면적으로 부정하는 이와모토 요시하루[嚴本善治]를 정점으로 하는 『여학잡지(女學雜誌)』의 '연애 결혼론'을 기반으로 하는 서양류의 '홈(home)'의 주장과는 달랐다. 신교육을 받은 여성에게 서양과 구관구습의 절충과 융합을 요구했던 잡지 『가정잡지(家庭雜誌)』(민유샤[民友社])가 제창하는 근대적 가정의 구현[54]이라는 맥락에서 『호토토기스』의 서양에 대한 미묘한 거리는 민유사의 공통감각으로 소호[蘇峰]에 가깝다고 하겠다. 이러한 사고의 자장에서 서양과의 일정한 관계를 서사의 동력으로 '서양' 대 '일본[和]＝古'의 이항대립의 체계에서 인물이 조형되는데 다음과 같은 나미코의 심정의 서술에서 단적으로 표출된다.

나미코는 친정에 있을 때부터 입에는 담지 않았지만 몰래 그 계모의 수많은 서양풍의 시원시원한 것을 마뜩치 않게 여기고, 일가의 작법(作法)상에는 스스로 일종의 고풍스런 취미를 갖게 되었더라.[55]

---

54 『家庭雜誌』의 「사람의 일생은 가정에 있음[人の一生は家庭にあり]」(1898(메이지 31),8)이라는 제목의 논설에서 도쿠토미 소호[德富蘇峰]는 "가정의 주부가 된 신교육 받은 여성은 가풍이나 의식이나 교제라고 할 수 있는, 그 집에 따라 그 마을에 따라 그 향리에 따른 구습구례를 위하여 시끄러울 정도로 번거로운 것 있어야 함 (…중략…) 신교육 받은 여성의 가정의 주부된 이는 그 폐해를 버리고 그 이로움을 취하여 구습구식에 따라야 할 뿐"(3면)이라는 주장을 설파했다.

55 원문은 다음과 같다. "浪子は實家にありける頃より口に云はねど窃かかに其継母

이러한 짤막한 서술에도 '서양 취미'의 계모에 전면적으로 동의하지 않고 오히려 '고풍스런 취미'를 지닌 나미코를 통해 '고(古)'에 대한 긍정적인 이미지를 읽어낼 수 있다. 서양의 문화에 가치를 두면서 '화(和)'의 세계는 그저 열등한 존재가 아니고 '화(和)'와 '서양'은 대등하게 '화(和)'의 가치 또한 긍정적으로 표출된다. 오히려 곳곳에는 '화양절충(和洋折衷)'의 요소를 부각하면서 '고(古)'나 '화(和)'의 세계에 의미를 부여한다. 예컨대 사람을 잘 따르고 영리하고 사려 깊은 성격의 나미코는 서양풍의 계모와 소원한 관계인데 결혼 후에는 "새로운 이상적인 부부의 이미지"를 풍기면서도 "아버지 중장의 가르침을 받은 위에 스스로 가정의 취미"가 있는 '고풍스런 취미'[56]의 상이한 가치를 공존시키는 인물로 설정된다. 이러한 인물의 갈등을 미국 유학을 마친 엘리트 시어머니의 급격한 서양화에 "국수보존의 역풍이 일던 시기에 여학교의 교육을 받은 며느리의 세대갈등"[57]으로 바라보는 견해가 제출되기도 했다. 메이지 유신 이후 근대국가 일본의 건설을 향해 매진하던 사회 개혁의 열풍 속 메이지 20년 전후 맹목적인 '서구화에 대한 비판'이 거세져 "메이지 20년 『부녀감(婦女鑑)』하권에 잇달아 메이지 21년의 국풍 존중을 표방하는 『일본인』지의 창간, 메이지 23년의 교육칙어(敎育勅語)의 발포, 메이지 24년의 우치무라 간조[內村鑑三]의 불경사건(不敬事件)에 연이어 교육과 풍속의 '반동화'"의 일련의 움직임이 잇달았다.

の萬づ洋風にさばさばとせるを厭きタル厭らず思ひて, 一家の作法の上には自づから一種古風の嗜味を有せるなりき"(德富蘆花, 『小說不如歸』, 民友社, 1900, 132면. 『小說 不如歸』의 원문 인용은 모두 이것에 의한다. 후리가나 생략, 이하 서지 생략)

56 서술자는 나미코와 '고풍스런 취미'를 결합하는 언표를 반복한다. 그러나 '고풍스런 취미'의 일례인 부친 중장의 가르침은 반드시 '고풍스런 취미'라고 할 수는 없다. 메이지 근대가 지향한 남녀의 동권(同權)은 딸에게 "부친을 지향시키는"것에 있었다. 따라서 '고풍스런 취미'의 내실에 대한 검토가 요구된다. 혼다 카즈코[本田和子], 『女學生の系譜』, 淸土社, 1990, 150면.

57 小關三平, 「明治の「건방진딸들[生意氣娘たち]」(中)─「女學生」と小說」, 『女性學評論』10號, 神戸女學院大學, 1996, 145~146면.

이러한 시대적 배경에서 『호토토기스』의 서사는 메이지 초기 근대화의 급격한 물결의 여파로 일상의 위화감과 단절감이 만연한 메이지 중반 대중들의 공감을 이끌어낼 수 있었다. 서양화와 고풍의 이중적인 압박은 유년 시절 "서양류의 계모에 단련되어, 지금은 고풍스런 시어머니에 단련되는 나미코"라는 표현에 집약되는 바, 서양과 일본의 가치 사이에서 이중적인 압박에 놓인 메이지인의 고뇌를 표상하는 당대 일본의 은유인 것이다.

2) 「비연애(非戀愛)」론의 역설 ― '연애의 정[戀愛の情]'/ '공명의 지[功名の志]'

그림 2 로카의 형 도쿠토미 소호[德富蘇峰]

『호토토기스』의 서사의 부부애 표상은 전술한 바와 같은 '연애의 정'을 구가하는 시대와의 공명 속에 형상화되는데 도쿠토미 소호[德富蘇峰]의 논설 「비연애(悲戀愛)」론의 주장과도 일맥상통한다. 청년들에게 연애를 부정할 것을 역설하는 「비연애(悲戀愛)」의 주장은 '직분' 관념을 토대로 한 연애담론으로 전술한 '직분' 담론을 관통하는 것이다. '직분'에 대한 의식은 '군인칙유'와 같은 당대의 지배 이념과 연관된 맥락에서만이 아니라 연애 관계에서도 개인의 삶의 가치를 좌우하는 이정표로서 중요하게 대두되었다. 도쿠토미 소호의 논설 「비연애(悲戀愛)」론에서 연애와 '직분'의 관계는 다음과 같이 정립되었다.

사람은 두 가지 중요한 것을 할 수 없다. 연애의 정[戀愛の情]을 이루고자 하면 공명의 뜻[功名の志]을 물리치지 않을 수 없고 공명의 뜻[功名の志]을 달성하고자 하면 연애의 정[戀愛の情]을 버리지 않을 수 없고 집금오(執金吾)[58]가 되고, 음려화(陰麗華)[59]를 얻는 것과 같이 희유의 예로서 보는 것 외에 나의 청년 남녀 제군, 도대체 이것을 거울삼을 수 있는가.

연애는 사람을 움직이는 일대 지렛대가 되어, 이 잣대를 위해서는 일대의 영웅도 뒤흔들게 함이라 오직 영웅중의 영웅인 것은 지렛대의 바깥에 설 뿐, 나폴레옹 말했노라 요컨대 연애는 나태한 자의 직업이고 전사의 장해물이라 제왕의 암초라고. 연애의 신은 질투의 신이라, 사람이 만약 이 성단의 아래에서 무릎꿇고 엎드려 예배할 때에는 다른 것과 관계하는 것을 받아들일 수 없다. (…후략…)[60]

청춘남녀의 연애에 대한 입장을 표명한 이 논설에서 「비연애(悲戀愛)」의 논리는 극히 명쾌하다. 남녀교제의 의미를 근본적으로 부정하지 않으면서도 '연애의 정[戀愛の情]'과 '공명의 지[功名の志]'를 양립 불가능한 대립 관계로 설정하여 '전사'를 지향하는 자라면 '공명의 지'를 우선해야한다는 것이 논지의 핵심이다. '연애'를 부정하는 논거를 나폴레옹의 어록에서 구했지만 "연애를 불화, 위험, 고뇌를 낳는 부정적인 에고이즘으로 배제"[61]하던 유교적 도덕적 질서의 인식과 다르지 않다. 입신과 가정, 국가를 위한 대망을 품은 열혈 청년의 주체를 '제자가인(才子佳人)'으로 호명하여 사물의 경중을 따져 '정'을 멀리하고 '俗習의 유행'을 경계하여 '명치유행소설'에 감화를 받는 청춘남녀에 유감을 표명

---

58   황거제문의 호위, 출입의 허가, 천황의 외출의 봉공(奉公) 등을 담당하는 관리를 뜻한다.
59   광무제의 황후로 후한시대의 명제(明帝)의 모친, 빼어난 미인으로 중국역사상 훌륭한 황후의 한명으로서 꼽힌다.
60   「非戀愛」, 『國民之友』 125號, 1891(메이지 24).7, 5~6면.
61   モーリス・パンゲ, 竹內信夫 譯, 『自死の日本史』, 筑摩書房, 1986, 235~236면.

하는 메시지는 '연애'와 '공명'을 '정'과 '지'의 대립을 전제로 하는 사유에 입각해 있다. 여기에는 메이지 초기 동사 'love'의 역어로 '연애(戀愛)'가 사용된 이래 '연애'를 '정'과 결합하는 한어의 조합으로 '공명의 지'와 대비하며 한자·한문의 맥락에서 서구의 낯선 개념을 이해하는 방식이 각인되어 있다.

남녀 교제의 필요성을 요구하며 이른바 '자유연애'를 주창한 당대의 지식인 논객들과의 차이는 다음과 같은 주장에서 뚜렷하다.

> 그렇지만 기억하라, 반드시 기억하라, 사람이 한때 연애의 금수로 된 때는 모든 자유는 반드시 이 성단에 바쳐지는 희생인 것을, 자유를 팔고 연애의 금수로 되어 한 몸을 던져 자신을 돌아보지 않는 각오 있다면 소위 바닥 있는 옥의 잔에 넘치는 한도의 애수를 떠야 한다. 그러나 만약 조금이라도 천직을 띠고 가슴에 뜻을 품은 자라면 숙고하는 것이 필요하다. 연애 무엇인가 남녀 교제 무엇인가 (…중략…) 그들은 꿈에서도 더욱 지혜를 닦아 앎을 익혀야 할 것이다. 그럼에도 그들 당연한 직분을 소홀히 하거나 방임하여 한 없이 손꼽아 헤아리며 일요 회당에는 어울려 찬미가를 소리 높여 제창하는 것을 기다려, 신 만약 위엄 있는 영이라면 어찌 이와 같이 예의가 아닌 예배를 들으려 하겠는가.[62]

"기억하라" 하고 위풍당당한 명령형의 연설조로 '지망(志望) 있는 청년'을 향해 '연애의 금수'로 전락하는 순간의 대가를 경고한다. 즉, 연애는 '자유'를 탈취하고 '애수'의 감상에 빠지게 하여 '직분'을 방임하게 하므로 천직의 사명감 있는 자라면 '숙고'할 것을 당부하는 주장을 개진했다. '남녀 교제, 자유결혼'이야말로 '메이지 사회의 신제목'으로 시대의

62　「非戀愛」, 앞의 글, 6면.

흐름을 포착하면서도 인간의 '유한'한 '정력'과 서양에 비해 열세에 놓인 일본의 국가 경쟁력으로서의 '박약한 체력'을 근거로 '남녀교제'의 과제를 유보할 것을 설파했다. 큰 뜻을 품은 청년이 '戀愛'에 사로잡히면 애국의 힘은 저하되므로 '戀愛'를 경계할 것을 호소하는 것이다. 인간의 의지나 정신력은 체력과 등가적인 관계인데 서양에 비해 선천적으로 '박약'한 일본은 인종 개량의 관점에서 연애를 제한함으로써 체력의 열세를 만회하지 않으면 서양과 대항할 수 없다는 주장을 펴는 것이다. '연애'와 애국은 인간의 '정력'이라는 면에서 공유되어 '연애'의 억제가 애국을 위한 열정으로 전화된다는 당시 진화론[63]의 사유를 반영하는 것이다. 이러한 이항 대립적 논지는 '연애'는 곧 '정사'라는 죽음과 결부되는 부정적인 이미지로 극명하게 집약되는데 신의 경건함과 위엄을 동원하여 '자유연애'에 사로잡힌 청년들을 계도하기에 이른다. 직분과 연애의 대립을 생과 사의 대립으로 '정(情)'을 '사(死)'와 연관 짓는 유교적 질서의 표상 체계에서 직분이나 공명을 우선하는 선택을 청년의 주체적인 '생(生)'의 자각으로 유도한다. 이러한 죽음과 결부된 '연애'의 이미지는 전술한 바와 같은 '공명(功名)'의 표상 '직분' 관념과 동일한 표상 체계에서 작동하는데 유교적 질서를 바탕으로 한 전근대적인 재래의 '직분' 관념의 토대에서 서구의 '직분' 관념을 수용하면서 과거의 '공명(功名)'과 등가적으로 교환될 수 없는 새로운 '직분' 관념으로 재구성되는 맥락과 유사한 문제인 것이다. 러브의 유입이 '연애'를 '정'과 연계시키는 맥락을 출현시켰던 당시 유교적 질서의 연애 표상의 일환으로 「비연애」론과 『호토토기스(不如歸)』의 서사의 전유물은 아니다.

---

63   加藤秀一, 『〈戀愛結婚は何をもたらしたのか—性道德と優生思想の百年間〉』, ち
      くま書房, 2004 참조.

3) '러브신'과 낭만적 상상력 - '직분'과 '사랑'의 이중 구속

서구의 러브를 '연애의 정'으로 형상화하는 『호토토기스[不如歸]』의 부부애 표상 방식은 부부의 영원한 사랑을 약속하는 장면에서 극명하게 표출되었다. 폐결핵을 앓는 나미코와 다케오 부부가 즈시[逗子] 해변의 바위에서 나누는 대화는 '부부애 찬미'의 서사 이미지를 굳히게 한 '러브신'으로, 연극의 '명장면'으로 여러 변형을 재생산하며 자리를 잡았다. 신혼여행을 다녀온 지 얼마 지나지 않은 여름 초, 해군 소위 남작인 다케오는 원양 항해를 마치고 정월에 귀향한다. 결혼한 이듬해 2월 초순, 감기에 걸린 나미코는 3월 상순에 객혈하여 결핵의 증상을 보인다. 시어머니는 며느리의 객혈에 놀라서 나미코를 가타오카 중장의 별장인 즈시[逗子]에 전지 요양을 보낸다. 4월 초순, 요코스가[橫須賀]에서 근무하는 다케오가 나미코를 병문안하여 해안의 부동당(不動堂)에서 두 사람은 다음과 같은 대화를 나눈다.

> "(…전략…) 꼭 낫는다고 하는 정신만 있으면 나아. 나을 수 없다고 하는 건 나미씨가 나를 사랑하지 않기 때문이야. 사랑한다면 꼭 나을 거야. 낫지 않고 이걸 어떻게 하겠어."
> 다케오는 나미코의 오른손을 잡더니 자기 입술에 댔다. 손에는 결혼 전, 다케오가 보낸 다이아몬드 박힌 반지가 찬연히 빛났다. 두 사람은 잠시 침묵하며 말하지 않는다. 에노시마 쪽에서 출항한 흰돛단배 하나, 수면을 미끄러져 간다. 재미있는 가락의 뱃노래, 물 건너 아련하게 들린다.
> 나미코는 눈물을 머금은 눈에 미소를 띠며 "낫겠어요, 꼭 나을 거예요, ─ 아아, 인간은 왜 죽는 것일까요. 살고 싶어요! 천년도 만년도 살고 싶어요! 죽는다면 둘이서! 네, 둘이서요!"
> "나미씨가 죽는다면 나도 살아갈 수 없어!"

"정말? 기뻐요! 네, 둘이서!—하지만 어머니가 계시고, 직분도 있고, 그렇게 생각하고 계셔도 자유롭지 않으시지겠지요. 그때는 나 혼자 먼저 가서 기다리지 않으면 안 되겠지요. —내가 죽더라도 가끔 생각해 주시겠어요? 네, 네, 당신?"

다케오는 눈물을 훔치면서 나미코의 검은 머리를 쓰다듬으며 "아아 이제 이런 이야기는 그만두지 않겠소. 어서 몸조리 해서 병이 나으면 나미씨, 둘이서 오래 살아 금혼식을 하지 않겠소."

나미코는 다케오의 손을 양손에 꼭 잡은 채 몸을 던져 다케오 무릎에 뜨거운 눈물을 뚝뚝 흘리면서 "죽어도 나는 당신의 아내예요! 누가 어떻게 하든 병이 들어도 죽더라도 미래의 미래의 먼 훗날까지 나는 당신의 아내예요!"[64]

메이지 30년대 서사의 '러브신' 구성 방식을 살필 수 있다는 면에서 매우 흥미로운 장면이다. 다이아몬드 반지를 낀 손에 키스와 포옹 등의 '영원한 사랑'의 이미지를 부여하는 제반의 장치를 통해 대중의 동경을 자아내며 '플라토닉 러브의 찬미에 경사'[65]된 당시의 '러브'와의 접촉에서 파생된 새로운 사랑의 방식이 가시화된다. 야나부 아키라[柳父章]에 따르면 서구의 '낭만적 사랑(romantic love)'[66]이 일본에 유입되면서

---

64 원문은 다음과 같다. "(…중략…) 是非治ると云ふ精神がありさへすりア屹度治る。治らんと云ふのは浪さんが僕を愛せんからだ。愛するなら屹度治る筈だ。治らずに此を如何するかい」武男は浪子の右手を執りて、吾唇に当てつ。手には結婚の前、武男か贈りし金剛石入りの指輪燦然として輝けり。二人は暫し黙して語らず。江の島の方より出で來りし白帆一とつ、海面を滑り行く。節面白き船乃、水を渡りてはのかに聞ふ。浪子は涙に曇る目に微笑を帶びて「治りますわ、屹度治りますわ、一あゝあ、人間は何故死ぬのでせう! 生きたいわ! 千年も万年も生きたいわ! 死ぬなら二人で! ねヱ、二人で!」「浪さんが亡なれば、僕も生きちゃ居らん!」「本當? 嬉しい! ねヱ、二人で! 一でも阿母がいらッしゃるし、御職分(おつとめ)があるし、其う思つて御出でなすッても自由にならないでせう。其時はわたくしだけ先に行つて待なけりやならないのですねヱ一わたくしが死んだら時々は思ひ出して下さるの? ヱ? ヱ? 良人?"(『小説 不如歸』(중), 166~168면)
65 高杉芳次郎, 『日本名作鑑賞—明治前期』, 厚生閣, 1936, 155면.

번역어로서 '연애(戀愛)'를 채택했는데,[67] 전근대 남녀의 육체적인 사랑은 '연(戀)'으로, 정신적 사랑을 바탕으로 한 새로운 남녀관계는 '사랑[愛]'으로 전환했다.[68] 『호토토기스[不如歸]』의 러브신은 전대의 '연(戀)'과도 다른 방식의 대응 양상을 살필 수 있다는 맥락에서 '러브'에 대한 상상의 방식을 생생하게 포착할 수 있다. 이 글에서는 이러한 '러브'를 상상하는 방식에서 환기되는 상이한 경향의 정념이 복합적으로 뚜렷이 재현되는 양상을 부각하여 전대와는 다른 문화의 단층을 조명하고자 한다.

결혼이 건강한 육체를 전제로 하는 조건 속에서 육체의 질병은 "꼭 낫는다고 하는 정신만 있으면" 회복 가능하고 '사랑'은 질병을 치유하는 능력을 내장하는데 여기에는 정신의 작용이 육체를 지배한다는 낭만적[69] 상상력이 작동된다. 사랑의 쾌유를 다짐하면서도 사랑이 질병을 치유한다는 명제의 양립할 수 없는 모순은 "아아, 인간은 왜 죽는 것일까요"라는 인간의 죽음에 대한 회의로 전화된다. 건강한 신체라는 전제 조건 하에서만 유효한 결혼 제도의 제한적인 사랑과 사랑이 질병을 치유하는 양립할 수 없는 모순을 낭만적 상상력으로 간극을 메우는 방식으로 이끌어내고 있다.

다케오의 사랑이 생에서만 지속될 수 있는 유한적인 사랑이라면, 나미코의 사랑은 생의 유한성을 초월하여 지속되는, 사랑을 최고의 가치로 하는 죽음을 향한 정념이다. 사랑과 죽음을 연계하는 구조라는 맥락에서 '의지에 의한 죽음'[70]인 '신쥬[心中]를 암시'[71]하는 나미코의 죽음을

---

66 앤소니 기드슨, 앞의 책 참조.
67 柳父章, 앞의 책, 2001, 57면.
68 佐伯順子, 앞의 책(1988) 참조.
69 서구 세계의 삶과 사고를 근본적으로 바꾼 광범위한 근대의 운동으로서의 낭만주의 개념에 대해서는 이사야 벌린, 강유원 · 나현영 역, 『낭만주의의 뿌리―서구 세계를 바꾼 사상 혁명』, 이제이북스, 2001; 아르놀트 하우저, 앞의 책 참조.
70 '신쥬[心中]'란 동일한 장소에서 동시에 두 사람 이상의 자가 함께 자신의 의지에 의한 동의를 바탕으로 동일한 목적으로 자살하는 의미를 가리키나 '정사(情死)'와 동

유혹하는 발화는 생에서는 존속할 수 없는 제한적인 사랑을 초월하려는 강렬한 생에의 희구로서 "천년도 만년도 살고 싶"다는 영원한 생명을 갈구하는 절규이다. 이에 호응하는 다케오의 응답은 '연애'는 곧 '정사'라는 '연애의 금수'로 전락한 순간을 재현했다. 연애의 선택이 죽음을 필연적으로 예비하는, 연애를 부정하는 장치로서 '신쥬(心中)'는 「비연애」론의 포석으로 '러브신'의 구성 방식이 「비연애」로만 회수되지 않는 다양한 상상력이 작동한다. 사랑하는 이들의 죽음을 선택할 '자유'를 제약하는 '어머니'와 '직분'을 환기하는 발화는 연애의 가치와 가족과 국가의 직분의 가치 대립이 직분의 가치가 우위를 점하는 방향으로 힘의 역학이 작동하는 순간을 재현하는 것이다. '직분'의 대립물로 구성되는 연애를 상상하는 방식에는 "죽음에 의한 연(戀)의 완성의 모티프"인 '신쥬(心中)'의 논리와 육체와 단절된 사후 정신적인 '영원한 사랑'의 '러브'가 혼재되어 전대와도 다른 간극이 고스란히 드러난다.

　이별의 경계로서 생과 사의 임계점에 놓인 사랑을 선택하는 순간을 재현함으로써 연애는 죽음을 내포하여 생에의 지향이 연애를 부정하는 방향으로, 사랑과 '직분'의 대립적인 구성을 통해 선택의 지점을 선명하게 가시화했다. 이러한 의미에서 『호토토기스(不如歸)』의 사랑을 둘러싼 담론 편성은 전술한 도쿠토미 소회(德富蘇峰)의 논설 「비연애(非戀愛)」론과 동일한 인식 기반을 공유하며 일정하게 대응하는 방식으로 구성되었다. 「비연애」론에 공명하면서도 그것과는 다른 양상으로 재현되는 방식에 『호토토기스』의 서사의 특징이 있는 것이다. 예컨대 건강한 다케오를 향한 "죽는다면 둘이서!"라는 나미코의 발화는 전대의 '신쥬'의 고정적인 이미지를 일탈하여 다양한 선택지로 이끄는 상상력을 추동한

　　의어로 사용되기도 한다. '정사(情死)'는 남녀의 비련의 결과, 함께 죽음을 선택하는
　　狀態像으로 '신쥬(心中)'에 포함된다. 大原健士郎, 『心中考－愛と死の病理』, 太陽
　　出版, 1973, 15면.
71　Ito, Ken K, op. cit., p.528.

다. 예컨대 유녀[72]와 같은 여성, 혹은 병사라는 운명에 순응하는 것이 아닌 죽음을 의지로 선택하는 순애보(純愛譜)적인 '고풍스런 취미'의 여성 등 착종된 이미지의 혼돈을 야기하여 다양한 해석의 가능성을 유발함으로써 「비연애」론과 일치하지 않는 심층의 진폭을 드러내는 것이다.

다이아몬드 반지를 낀 손에 입을 맞추는 동작으로 결혼을 '영원한 사랑'의 이미지로 각인한 명장면은 어머니와 아내 사이에서 갈등하는 남성의 삼각 구도로 전개되는 치카마츠(近松)의 부부신주서사(心中物語)의 '상대를 생각하는 진실한 사랑'[73]의 이미지를 환기하며 다양한 방식으로 '러브'에 대한 상상을 이끌어냈다.

서구의 '로만틱 러브'를 특징짓는 세 가지 요소, 즉 귀족들의 정략결혼이라는 '기존의 결혼제도에 대한 반항' '육욕을 초월한 정신성'과 '남녀의 상애(相愛)'[74]로 특징되는 기독교적 세계관에 기초한 '러브'의 강박이 배우자의 육체와 정신을 구별하고 생사를 경계로 영원성의 관념과 결합하는 새로운 관계 방식을 촉진하며 육체와 연관되는 '연(戀)'을 정신과 결합하고 정신과 결합하던 기존의 부부의 정념을 육체와 결합하는 방식으로 육체에 대한 정신성의 우위를 바탕으로 '영원한 아내'를 변주하는 것이다. 일본의 전통적인 아내의 역할에서 일탈한 가족 제도 외부에

---

72 에도 시대 신주는 유녀와 손님에 의한 것이 대부분이지만 부부의 신주를 다룬 것도 있다. 佐伯順子, 「心中の近代」, 『愛と苦難』(近代日本文化論 11, 靑木保・川本三郎・筒井清 編), 岩波書店, 1999, 33면.

73 둘이서 죽을 '자유', 즉 사랑이 '어머니'와 '직분'에 견제되는 대립 구조는 예컨대, 치카마츠(近松)의 부부신주서사(心中物語)의 '어머니'와 '아내' 사이에서 갈등하는 남자라는 삼각 구도의 대립 구조와 유사하다. 직분으로 표상되는 남성이 가야 할 길은 『호토토기스(不如歸)』 서사에서는 직분 우위의 선택으로 생의 결과를, 부부신주서사에서는 어머니를 우위에 두는 선택이 곧 죽음을 동반하는 비극으로 종결하는 상이한 방향으로 전개되었다. 白倉一由, 「『心中宵庚申』の主題」, 『山梨英和短期大學紀要』28號, 山梨英和短期大學, 1994, 12면.

74 드니 드 르 주몽은 『러브에 대하여[愛について]』에서 근대의 낭만주의적인 연애의 원류를 중세의 음유시인들이 노래한 궁정풍 연애에서 발견했다. 加藤秀一, 앞의 책, 32~36면.

위치하는 사적인 공간의 유녀 이미지가 아내라는 가족 제도의 틀 안의 여성과 결합하여 공적인 위치로 이동함으로써 고정된 규범과 역할에 따른 정념의 조합을 변형하는 것이다. 이러한 전대와는 다른 결합은 '러브'를 한 축으로 하는 동시에 직분의 대립물로서 '신주'의 장치를 설치하는 또 하나의 축을 교차하는 것에서 표상되는 결합 방식이다. 사랑의 가치 우위를 측정하는 잣대로서의 '신주(心中)', 즉 정념과 죽음의 연계 장치와 그것의 대립물로서 '직분'과 '어머니'로 표상되는 가족을 대치시킨 것이다. 사랑에 목숨을 걸자는 약속에서 사후 '생각'해달라는 요청으로 후퇴하는 나미코의 발화에는 '정(情)'에 입각한 '신주'의 논리와 육체와 단절된 사후의 '영원한 사랑'의 '러브'가 혼재된 상상의 방식인 셈이다.

전대의 '속'과 구별되는 '고상한 감정', '러브'의 유입이 육체와 정신에 대한 새로운 인식을 동반하며 결혼과 정신과 육체의 분리, 정신의 우위라는 '러브'의 구성 조건에 상응하는 결합 방식으로 전유하여 서구와는 다른 방식의 '러브'가 상상되는 지점에서 젠더 편성의 변형을 맞게 된 것이다.

『호토토기스(不如歸)』가 씌어진 1898(메이지 31)년은 민법의 친족·상속편이 공포된 해로서 결혼과 이혼을 둘러싼 논쟁이 끊이지 않았다. 근대적 가부장제국가의 기틀을 다지게 된 메이지 민법은 법제도적인 면에서 남성 우위의 일부다처제적인 요소가 불식되지 않아 이후에도 일부일처제의 확립을 주장하는 운동이 존속했다. 메이지 후기의 일부일처제는 혼인법제를 지칭하기보다 성도덕을 초점화하는 방향으로 전환되며 폐창운동(廢娼運動)의 전개는 이를 상징하는 것이다.[75] "죽어도 나는 당신의 아내예요!"라는 나미코의 대사는 결혼과 영원한 사랑을 결합한 당대 일부일처제의 강박이 낳은 영원한 사랑의 변주이다.[76] 현실적

---

75 加藤秀一, 앞의 책, 83~84면.
76 정신적인 영원한 사랑이야말로 '진정한 애정'이라는 관념은 "정신적으로 신성한 진정한 애정은 일생 두 사람의 여자를 취하지 않고 일생 두 남편을 보지 않으며 불행히 일찍 그 배우자를 잃은 육체는 현세에서 사별의 우고에 처하더라도 애정은 의연

으로 '일부일부론(一夫一婦論)'은 도덕과 법률의 두 방면에서 점차 그 습관을 양성하는 것에 힘쓰는 것이 요구되어졌고 그 규범이 '참 애정'을 둘러싼 사고를 규제하는 방식으로 작용하는 것이다.

남녀의 사랑을 정신과 육체를 분리하여 연관하는 '러브'에 대한 상상의 방식은 일본의 전통적인 '연(戀)'과 '애(愛)'의, '심(心)'과 '신(身)'을 분리하지 않고 하나로 취급하던 문화[77]와의 단층을 드러내는 것이다. 이러한 단층은 과거의 '연(戀)'이나 '정(情)'을 불교적인 의미에 입각한 '욕(欲)'[78]과 분리하여 '러브'를 '결(潔)'의 이미지와 결합하는 방식으로 정신적인 관계를 육체적인 관계보다도 고상한 것으로 하는 '플라토닉 러브'의 형태로 번역되는 문맥에서 발생했다.

1890(메이지 23)년 10월, 『여학잡지(女學雜誌)』에 실린 번역소설『골짜기의 백합 공주(谷間の姫百合)』의 비평에서 구사된 '러브[戀愛]의 정(情)'의 표현을 이와모토 요시하루(嚴本善治)는 도쿠토미 소호의 '연애의 정(戀愛의 情)'과는 다른 문맥 속에 '러브[戀愛]의 情'을 자리 매김함으로써 '러브[戀愛]의 情'을 '결[潔き]'의 문맥과, 소호는 '욕(欲)'과 결합하는 것으로 연애에 대한 상이한 관점을 드러낸 것도 이와 유사한 맥락이다. 두 사람은 서구의 문화에 바탕을 두면서도 이와모토는 '러브[戀愛]의 情'을 과거의 "불결함의 연상이 풍부한 일본 통속의 문자[不潔の連感(association)に富める日本通俗の文字]"와 분리하여 '결[潔き]'의 문맥으로 연계한 데 반해서 소호

히 生時와 같이 맹세하여 死者를 등 돌리는 것 없어야 한다는 관념이 존재해야 비로소 이루어질 수 있는 것"이라는 사설과 동일한 논리가『호토토기스(不如歸)』의 나미코의 대사에서도 발견된다. 杉浦重剛(筆名 : 磯川),「一夫一婦論」,『朝日新聞』, 1900(메이지 33).5.20. 인용은 朝日新聞社 編,『朝日新聞 100年の記事にみる1 戀愛と結婚』, 朝日新聞社, 1979, 66면.

77 최초에는 진심[まごころ]을 나타내는 언어였던 '心中'이 유녀와 객의 정사의 유행 이후 차츰 정사와 동의어로서 사용되었다고 한다. "옛날 성애에 관한 진실한 마음의 표현"(大原健士郎, 앞의 책, 17면)이라는 '신쥬[心中]'의 어휘는 심과 신을 분리하지 않던 문화를 상징하는 것으로 생각된다.

78 柳父章,『翻譯語成立事情』, 岩波新書, 1982, 94면.

는 '愛'를 '欲'으로 인식하는 불교적 관념에 입각한 한어 '愛'[79]의 맥락에서 연애에 대한 관점이 상이한 문맥에서 표출되는 것이다. 이와 같이 '情'이라는 전대의 토대 위에 '러브'라는 새로운 관념을 결합하는 방식은 상이한 두 세계를 횡단하는 경계의 지점을 통과하며 획득되었다.

4) 분열된 자아 표상

이러한 서사의 구성 방식은 남성다움의 규범이 '러브'에 대한 강박과 동시적으로 작동하는 메이지 일본 사회의 '러브'에 대한 상상 방식의 한 유형으로서 『호토토기스(不如歸)』와 「비연애(非戀愛)」[80]론의 특질만은 아니다. 전술한 바와 같이 '연애(戀愛)'를 '정(情)'의 감각에서 공명(功名)을 표상하는 '직분(職分)'과 '지(志)'를 연계하는 메이지 지식인의 교양을 공유하는 「비연애(非戀愛)」와 『호토토기스(不如歸)』의 서사는 서구의 '낭만적 사랑'이라는 이질적인 문화가 메이지 30년대의 일본의 일상에서 체험되는 순간의 다양한 국면이 직분의 규범에 균열을 야기하는 방식으로 직분과'戀愛의 情'의 세계의 갈등, 분열이 봉합된다는 맥락에서 「비연애」와는 다른 '문학'의 층위가 포착된다. 「비연애」론이 '직분' 의식으로 떠받쳐지는 '연애' 배제의 논리적 구성이라면 『호토토기스(不如歸)』의 서사는 '직분'과 '연애'의 대립의 구체적인 형상화 과정에서 연애와 직분 사이의 분열과 고뇌를 각인한다. 인간의 존재에 대한 회의, 생과 '영원한 사랑'에 대한 욕망과 충동이 표출되는 지점은 직분의 규범에

---

79 일본어 한자 '愛'는 중국어 '愛'와는 달리 불교용어에서 온 부정적인 의미를 함축했다. 柳父章, 앞의 책(2001), 80~82면.

80 소설 『富士』에는 "형이 잡지의 사설에 「비연애」를 썼다. (…중략…) 그는 동생에게서 연애의 희생을 보았다. 돌연 성장을 멈춘 동생을 연애에 희생된 것의 결과로 판단했다"라는 언급이 있다.(德富健次郎, 『富士』第一卷(『蘆花全集』第16卷), 蘆花全集刊行會, 1929, 75~76면)

회수되지 않는 감각과 감수성의 영역이다. 도식적인 분류가 허용된다면, 「비연애」론에서는 비분강개의 활력 넘치는 어조의 도덕과 규범, 당위와 이성과 정신이라면, 『호토토기스不如歸』는 규범에 구속되는 인간의 내밀한 영역인 신체, 감정, 존재의 언어로 구체적으로 형상화했다. 「비연애」론의 '戀愛の情'이 '功名の志'와 대립되는 적대적인 가치로서 편제되는 데 비해서 『호토토기스不如歸』에서의 '戀愛の情'이라는 심정의 가치는 '功名の志'＝직분의 당위적 가치에 종속하는 구조에서도 대등하게 겨루어져 긴장을 동반한다. 즉, 「비연애」론이 '志'를 '情'보다 우위에 두는 위계질서에서 '情'의 가치가 부정되었다고 한다면, 『호토토기스不如歸』에서는 '志'의 우위적인 위치에서도 심정적 가치 '情'과 '志'의 대립과 갈등이 '당위와 존재의 분열'에서 자아를 각성하는 소설의 '내면의 발견'의 싹을 틔울 수 있는 계기를 내포하는 것이다. 양자의 불일치, 균열에는 職分의 규범에 구속되면서도 자책감과 비애의 복잡한 감정을 떨치지 못하는 다케오의 눈물, 眞情 등의 '情'의 감각은 「비연애」의 구조와는 다르다. 일종의 '文人的 에토스'라고도 할 정념, '情' '감상'의 영역은 'literature'의 역어 '文學'의 성립 과정에서 '學問'과 '文學'의 분리, 즉 '學問'에서 '文藝'로 이행하는 과정에서 새로운 '文學'으로의 재편에 한문맥의 사적 영역이 어떻게 처리되었는가의 문제를 드러낸다. 한문맥의 公／私의 틀은 전대 '文學'의 '公과 私의 이중성'을 내포하는 형태로 견지되어 私적 세계를 발판으로 公의 세계와 분리된 메이지의 근대 '文學'이 성립했다.[81] '文人的 에토스'와 서양의 'literature' 개념이 결합되어 나타난 것이 메이지의 '文學'으로서 公／私의 세계의 에토스, '士人的'과 '文人的', 혹은 정치와 문학의 대비라는 漢文脈의 이항 대립은 메이지 시대에도 다양한 형태로 변주되어 서사의 기본 구조를 이루었다.

---

81   齋藤希史, 앞의 책(2007), 139면.

이러한 근대 이전 한문맥의 公 / 私 이항 대립의 내실을 변용하는 방식에서 학문에서 문예로 이행하며 전대와는 다른 근대의 '文學' 개념이 성립하는 계기는 『호토토기스(不如歸)』의 직분과 사랑, '情'의 대립적인 서사 구조에 포착된다. 公의 세계인 '職分'과 私의 세계의 '情'의 대립은 한문맥의 公과 私의 대립의 변주이며 직분 우위의 구조에서도 일탈되는 '情'의 분출이야말로 「비연애」론의 구조와는 다른 私의 세계이며 이러한 '感傷'의 영역은 '文學'의 성립과 연관된다.

그림 3 도쿠토미 로카[德富蘆花]의 만년

'志'보다 '戀愛'가 우선되는 가치 전도의 시대에도 『호토토기스不如歸』의 서사가 자기 존재의 변형을 이루며 대중적으로 향유되는 근거는 '功名の志'에 대항하는 필적할 만한 심정적 가치로서 '戀愛の情'을 조명한 것에서 연유할 것이다.

한편, 양자의 동일한 결론의 방식에 대해 로카의 형 소호와의 복잡한 심정[82]을 유추하는 단서로 설명할 수 있을 것이다. 형에게 승인받고 싶은 욕망은 형에 대한 증오를 한 면으로 하는 동전의 양면과 같은 심정이다. 생전의 로카는 종종 『호토토기스』를 '도련님소설'로 회고했다.[83] 스스로 『호토토기스』를 '도련님소설'로 폄하한 것에는 단지 가정소설로 유통되는 사회적인 평가에 대한 불만이나 부정의 시선이 아닌 형과의 관계의 내밀한 심정에 대한 고백으로 간주할 수 있다. 당대 최고의 소설로 꼽히던 자신의 소설을 부잣집 자제의 사랑을 얻기 위한 응석 행위의 산물이라는 의미로 호명함으로써 자괴감과 소호에 대한 복잡한 심정을 표출하는 자기 언급의 행위인 것이다.

---

82   德富健次郎, 앞의 책, 125면.
83   德富蘆花, 「第百版不如歸の卷首に」, 『蘆花全集』第5卷, 新潮社, 1926, 3면.

소호의 「비연애」론은 당대의 뜻있는 청년을 향한 메시지임에는 틀림없지만 첫사랑의 좌절로 실의에 빠진[84] 로카에 대한 조언의 의미로 "로카에 대한 편달이 집필의 제일 첫 번째의 의도였"[85]다. 「비연애」론이 로카 자신을 겨냥한 충고와 제언임이 널리 알려지고 이를 인지한 상황에서『호토토기스』의 서사가 구상되었다.

이러한『호토토기스』서사의 성립배경은 사랑을 희생하고 국가를 위해 복무하는 결론의 방식이 「비연애」에서 제시한 '지망(志望)있는 청년'의 당위와 동일하게 제시되는 것이 우연한 일치가 아니라는 것을 말한다. 자신을 향해 발신한 「비연애」에 소설『호토토기스』로 호응하는 결론으로 응답한 자신에 대한 수치, 표면적으로는 형 소호에 대한 반발과 저항의 태도를 취하면서도 「비연애」의 논리를 충실하게 소설로 재현한 자신에 대한 부끄러움과 자조의 복잡한 감정이 자신의 출세작에 대한 폄하와 자기 비하의 호칭으로 호출하게 하는 것이다. 전술한 바와 같이 「비연애」에 대한 공명을 단지 형 개인에 대한 의식으로 환원할 수 없다. "지망 있는 청년"을 지향하는 시대의 문화적 토양을 배경으로 그들이 속한 민유사(民友社] 계열 공동체의 세계관과 취향 등을 공유하는 '문화 자본 형성'의 과정이 이론과 소설의 각기 다른 방면의 실천의 동일성의 구조를 내재한다는 것이다. 이러한 면에서 양자의 구조의 동일성은 엄밀하게 로카의 모방 행위나 형에 대한 동일성의 욕망으로 회수될 수 없다. 그럼에도 불구하고 로카의 내면은 형에 대한 강박과 구속된 심정의 굴절과 자의식, 과잉된 억압 심리가 수치심을 유발하는 기제로 작동하는 것이다. 형 소호에 대한 반발과 동시에 인정을 희구하는 욕망과 동화의 상반된 감정이 공존하는 복잡다단한 로카의 감정은 사

---

84   로카는 니지마 죠[新島襄]의 조카딸인 야마모토 히사에[山本久榮]와 연애, 실연을 맛본 경험이 있다. 吉田正信, 「德富蘇峰の評論より」, 앞의 책, 550면.
85   위의 논문, 580면.

랑의 양가적인 감정이 작동한다.

이러한 가설은 『호토토기스』가 로카 자신의 전기적 사실을 반영한 서사라는 것을 의미하는 것은 아니다. 『호토토기스』 서사의 「비연애」론의 논리로 구성되는 연애담론의 구성 방식이 상이한 세계를 살아가는 로카 자신의 분열한 자아 표상과도 중첩되는 것을 확인하고자 한다.

일본 역사에서 소호와 로카는 가장 유명한 형제이며 특히 사이가 나쁜 것으로 널리 알려져 있다. 두 사람의 관계를 실증하는 연구[86]는 산적해 있으며 이 글에서 새롭게 밝혀진 사실은 없다. 도쿠토미 형제는 전 생애에 걸쳐 '절교'와 '화해'를 반복했다. 첫 번째 절교는 1903(메이지 36)년 2월, 로카가 자비 출판한 『흑조(黑潮)』 제1편을 출판한 무렵이다. 『흑조(黑潮)』 제1편 권두의 「고별사」에 따르면, 1902(메이지 35)년 12월 『국민신문(國民新聞)』에 연재된 「상고일기(霜枯日記)」의 일부가 무단 삭제되면서 두 사람은 결별하게 된다. 이로부터 3년 후인 1905(메이지 38)년 9월 5일, 포츠머츠 조약에 의한 강화조약의 체결로 국민신문사는 분노하는 군중들에 의해 화염병이 투척되어 소각되는 사건이 발생했다. 이 사건으로 국민신문사의 판매는 급격히 저하되었다. 이와 같은 상황에서 그 해 12월, 로카는 소호의 집을 찾아가 3년간의 단절을 사과하고 화해를 요청했다.[87] 성난 군중들에 의해 건물이 불타는 위험한 상황에 빠진 형을 찾아 그동안의 소원함을 사과하고 화해를 구하는 로카의 행동은 소호에 대한 '열등감'만으로 처리할 수 없는 복잡한 심정이 엿보인다.

'도쿠토미 형제의 불화'에 대해서 노야마 가쇼[野山嘉正]는 "소호가 섬긴 '시골 신사'의 이상을 진지하게 실현하려고 한 형적은 로카 속에 명료"

---

86 예를 들면 荒正人, 『負け犬』, 眞善美社, 1947; 中野好夫, 『蘆花德富健次郎』, 筑摩書房, 1974; 野山嘉正, 「歷史敍述と小說―蘇峰と蘆花の間」, 『日本近代文學』44集, 日本近代文學會, 1987 등이 있다.

87 高野靜子, 「蘆花と蘇峰―蘇峰と蘆花の間」, 『國語と國文學』722號, 東京大學國語國文學會, 1984.3, 41면.

하다고 기술하여, 소호의 그늘 아래 존재하는 태생적인 번민 속에 인내로 일관하는 각오에는 '현형우제(賢兄愚弟)'의 역설에 생명을 건 로카의 저의와 사상적인 논쟁이 혈육 사이에 뿌리 깊게 자리하고 있으며,『호토토기스(不如歸)』로 확립한 작가적 지위는『흑조(黑潮)』간행의 시점에서는 반역으로 치달았다고 분석했다.[88] 이러한 정황에서 로카의 소호에 대한 감정을 간단히 '열등감에 의한 반목'으로 치부할 수 없는 것이다.

소호의 사상과 '힘'의 논리에 구속된 아우의 '반발'과 반목은 소호의 「비연애」론에 저항하면서도 계승한 로카의『호토토기스(不如歸)』의 서사에도 투영된다. 이러한 상동성은 사상적 기반과 교양을 공유했던 개인의 예술 취향과 지사적 기질에 의한 것으로 예술의 종속성이나 소설의 가치를 폄하하는 것으로 읽혀질 수 없을 것이다.

제3절 이에[家] -'부모의 직분'

1) 화족의 두 가지 존재 방식 -'간상(奸商)'과 '천상인(天上人)'

『호토토기스(不如歸)』의 '이에[家]'는 화족의 상류계층의 가정을 조명하고 있다. 메이지 유신 이후 친왕의 형제 등이 황족으로, 1868(메이지 2)년에는 기존의 귀족 칭호가 폐지되고 화족으로 선포되는 새로운 신분제도가 편성되는 메이지 초기의 역사를 반영하여 주인공 다케오와 나미코는 물론 조역의 인물들도 신흥의 상인이나 군인 등 메이지의 중상

---

88   野山嘉正,「蘇峰と蘆花の間」,『國文學』34卷 4號(3月臨時增刊号), 學燈社, 1989, 43면.

류의 가정 출신이다. 특히 서사의 인물 조형 방식에서 화족의 신분은 인물의 성격을 규정짓는 요소로 작동하여 유형적인 인물이라는 부정적인 평가를 낳기도 했다. 당대 화족의 사회적 이해관계의 맥락을 반영하는 인물 조형 방식의 일면을 지닌다.

예를 들면 다케오의 사촌 형제인 치지이와 야스히코[千々岩安彦]는 가고시마[鹿兒島]의 번사(藩士)로서 메이지 유신의 전쟁 때 아버지를 잃고 어머니는 어려서 사별하여 다케오의 집에서 자란다. 다케오의 아버지는 가고시마 번(藩)의 하급무사 출신이나 메이지 유신의 공로로 남작의 반열에 오른다.

1867년 메이지유신 후에도 내란이나 혼란이 끊이지 않던 정세 속에서 신정부는 지방제도를 부(府)·번(藩)·현(縣)의 삼치로 하고 구대관 등에 의한 번의 관리를 폐지해서 부현(府縣)의 장관을 지부사·지현사로 임명하며 직할 부현(府縣)에 대한 중앙정부의 지배체제를 정비했다. 예컨대 1870(메이지 3)년경에는 대부분의 중소번(中小藩)이 자력으로 개혁을 할 힘을 상실했지만, 대번(大藩)은 매우 철저한 개혁을 실시하는 곳이 많았다. 가고시마 번에서는 수구파가 강했지만 무진내란에 승리한 군대가 개선하여 하급무사층의 힘이 강해졌고 사이고 다카모리[西鄕隆盛]가 참정이 됨으로써 개혁이 시작되었다.[89] 1871(메이지 4)년 7월의 폐번직현(廢藩置縣)[90]에 의해서 전국의 번이 폐지되고 부현을 두어 구제후의 번지사는 종래의 가록은 보장되지만 현지사는 새롭게 임명되었다. 다케오의 아버지 미츠오가 '현령지사'가 된 것은 이 폐번직현(廢藩置縣) 이후이다. 가고시마 현은 사령을 폐지하여 번(藩)내를 집권했지만 하사층, 특히 사족층을 우대하는 녹제개혁을 실시한 점, 가고시

---

89   中村哲, 『明治維新』(日本の歷史16), 集英社, 1992, 83면.
90   1871(메이지 4)년 유신 정부가 에도 시대의 영지인 전국의 번(藩)을 폐하고 부현으로 통일한 정치 개혁.

마 번의 하급무사인 다케오의 아버지 미츠오가 '현령지사'나 남작으로 반열한 역사적 사실과 합치하는 설정인 셈이다.

이렇게 메이지 유신으로 개인의 삶의 음영이 엇갈리는 두 가지 대조적인 삶의 방식은, 치지이와의 이에[家]와 그 대척점에 있는 다케오의 이에[家]라는 메이지 유신을 기점으로 흥망이 나뉘는 설정에도 반영되어 있다. 몰락한 이에[家]를 대표하는 치지이와는 맨주먹과 스스로의 처세술로 육군의 참모본부의 중위가 되나 '입신하기 위'한 '연'으로 선택한 나미코가 다케오와 결혼함으로써 메이지 유신으로 귀족의 반열에 오른 가와시마 이에[家]의 '부모, 재산, 지위'를 고루 갖춘 다케오에 대한 감정이 더한층 격렬해진다. 부모로부터 지위와 재산, 남작의 신분을 이어받은 다케오와 태생적으로 다른 치지이와는 다케오의 대척점에 있는 부정적인 타자로서 당대의 상황을 반영하여 조형되었다.

메이지 20년대 후반까지 『국민지우(國民之友)』나 『태양(太陽)』 등의 종합잡지 기사에서 상류계급은 메이지 유신 후의 새로운 시대에 요령좋게 금전적인 성공자가 된 "'더러운 '간상(奸商)'"과 "소박한 존경과 신뢰를 받을 만한 '천상인(天上人)적 존재'"로서의 '화족'이라는 이원화된 이미지로 확산되었다. 즉, 금전적인 성공자는 '어용상인'으로 언급되는 '요행'의 이미지나 금전감각에 어두운 서민과 대비되어 금전감각에 능숙한 인물로서 '사기사(詐欺師)'라는 이미지, 그 반대편에는 서민과 거리가 있는 '천상인(天上人)적 존재'로서의 '화족'이라는 두 가지 유형으로 다루어졌다.[91]

또한 서민과 거리 있는 '천상인'적 존재로서의 '화족'에 대한 언급은 화족제도를 비판하는 담론과 화족에 대한 소박한 존경을 포함한 담론으로 양분되었는데, 특히 『국민지우』에는 비판적인 논조가 많았다. 특

---

91 水谷健, 「近代日本における上流階級イメージの変容」, 『思想』 812號, 岩波書店, 1992, 194～198면.

히 조역인 치지이와를 통해서『국민지우』의 화족 비판의 사회문제성을 담아내는 구체적인 사건이 전개되는 것이다.[92]

또한『국민지우』에 산견되는 화족에 관한 기사를 참조하면 군인이 사회의 존경을 받을 만큼 화족의 이상적인 직업이라는 점이 강조되었다. "국민의 군인을 경애하는 정념 절절하다. 군인은 결코 교만하지 말라. 가장 경애 받을 때는 가장 겸손함을 요한다"면서 군인에 대하여 고매한 도덕적인 자세를 요청했다.『국민지우(國民之友)』에서 화족의 직업으로 군인이 이상적으로 언급된 이유는 직업군인이 세습제가 아니며 '국가의 간성(干城)'으로서의 군인의 사명감이 '국민과 황실 사이의 통역자'라는 화족의 사명감과 상보적인 관계에 있기 때문이다. 이러한『국민지우』의 군인에 관한 시선은『호토토기스』의 서사와 동일하여 '국가의 간성(干城)'인 군인이 본연의 사명을 저버리고 부정과 비리에 치닫는 양상을 노골적으로 폭로했다.

당시의 화족제도에 대하여『국민지우』에서는 비판과 긍정의 양비론적인 태도를 취했다. 화족 제도의 세습성과 화족의 실상에 관한 부정적인 측면에 대해서는 비판적인 태도를 취했지만『국민지우』의 기본적인 논지는 '화족은 국민과 황실 사이의 통역자'[93]라는 것에 화족의 존재의의를 두고 "세습 화족의 제를 폐하고 모두 일대화족으로 하게 하자"라는 방침을 내세웠다. 1886(메이지 19)년 4월, 화족세습재산법이 공포되고 토지, 공채 등 연간 500만 이상의 순익을 내는 재산을 궁내대신에 신청하고 그것을 매매, 저당 등이 허용되지 않는 세습재산으로 정했지만,『국민지우』에서는 "화족으로 그 체면의 얼마간을 유지할 수 있는, 세습재산법"을 비판하고 세습화족제를 폐지하지 않으면 "50년을 지나

---

92 그 예로서「時事」란의「御用商人の末路」,『國民之友』171號, 1892(메이지 25).11;「御用商人の運命」,『國民之友』67號, 1898(메이지 31).3 등이 있다.

93 無署名,「華族制度」,『國民之友』265號, 民友社, 1895(메이지 28), 12면.

지 않아서 화족이란 파렴치, 음탕, 사기, 무자비, 부도덕의 대명사인 때가 반드시 도래할 것이"라고 경고했다. 즉, 『국민지우』에서는 화족제도 그 자체에 대한 비판이 아니라 세습제가 비판의 표적이 되었다. 치지이와의 다케오에 대한 질투는 화족의 '부모, 재산, 지위 등이 풍족한' 세습제에 의하여 발생한 것인데 이러한 세습제에 대한 비판을 다케오는 직업군인이라는 명분으로 피해갈 수 있었다.

이처럼 "다케오와 치지이와의 사이에 놓인 사회적·계급적인 현저한 격차"[94]는 메이지 전반기의 몰락한 사족의 "사회적 지위의 상실감"[95]에 접속할 여지를 내포하지만 치지이와가 어용상인과 결탁하고 뇌물을 받기도 하고 '사인 위조의 죄'를 범하기도 하는 등, 돈을 위해서는 수단을 가리지 않는 '이기주의'적 행동을 취하며 출세욕에 사로잡힌 인물로 조형됨에 따라 몰락한 사족의 심정과 공감할 수 있는 여지는 차단된다.

이처럼 『호토토기스』의 인물 조형은 당대 『국민지우』의 화족 이미지를 바탕으로 했다. 당시의 세습제에 의해서 남작의 신분을 이어받은 다케오는 직업 군인을 선택함으로써 자력으로 '국가의 간성(干城)'을 사명으로 하는 '소박한 존경과 신뢰를 받을 만한' 화족의 이미지를 갖추게 되었다. 한편, 야마기 상인은 "더러운 '간상(奸商)'"의 이미지로, 치지이와는 '군벌의 부패, 어용상인과의 결탁, 관료와 신상(紳商)과의 연계' 등의 부정적 인물로 형상화되면서 『호토토기스[不如歸]』가 '화족비판' '전쟁비판'의 서사라는 이미지를 구축하는 것에 일정한 역할을 했다.

그러나 『호토토기스[不如歸]』의 '군과 상인과의 결탁' 등의 묘사는 『국민지우』 논설의 화족 관련 언급에 근거한 것으로 당시의 전쟁 그 자체를 비판하는 것은 아니다. 국가의 이익에 연결되지 않는 개인의 이익만을 우선하여, 부를 위해서는 수단을 가리지 않는 벼락부자의 '이기주

---

94 佐藤勝, 앞의 책, 279면.
95 園田英弘, 『士族の歷史社會學硏究』, 名古屋大學出版會, 1995, 29면.

의'를 문제 삼고 있는 것이다. 이것은 '타이완 정벌'을 정당화하는 서사와도 모순되지 않는 것이었다. 이상적인 군인인 다케오와 가타오카 중장을 중심으로 제국주의적 전쟁의 행보와 일치하는 형태로 서사가 전개되는데 전쟁 비판의 관점은커녕 전쟁을 옹호하는 입장이다. 『호토토기스不如歸』 서사가 장기간에 걸쳐 수용되는 과정에서 군벌의 부패에 대한 비판적인 요소가 확장되는 사후적인 해석에 의한 이미지로서 텍스트에서 전쟁 그 자체에 대한 비판이 수행된 것은 아니다. 청일전쟁 후 식민지 획득을 노린 팽창 전쟁이 가장 극에 달한 국가주의적 관점을 실현하는 서사가 시대에 따라 초점이 이동되면서 전쟁 비판적인 서사라는 문맥에서 읽혀진 것이다.

다케오와 치지이와의 인물조형은 당대 화족의 두 가지 존재 방식과 밀접하게 관련된 것으로 구체적인 역사와 사회에 바탕을 둔 인물의 계층적 갈등과 욕망은 선악의 이항 대립으로 본질화함으로써 초역사적으로 읽혀지곤 했다.

2) '이에[家]'의 논리

『호토토기스不如歸』의 '이에[家]'를 구성하는 요소를 당대의 시대적 배경을 복원하여 조명한다면 전근대적인이고 낡은 것이라는 고정관념과는 달리 일본 근대의 '이에[家]' 관념의 구축 과정의 일단을 드러내는 의미를 내포한다. 서사를 관통하는 '이에[家]' 논리는 사랑과 국가의 구성과 교착하는 장면에서 명징하다.

이혼을 둘러싼 모자의 언쟁은 다케오가 자신의 사촌 치지이와의 부정한 처사에 절교를 선언한 것에서 발단했다. 이에 결혼 이전 나미코에게 일방적인 연모의 정을 품던 치지이와는 다케오에 대한 복수를 다짐한다. 기회를 노리던 치지이와는 나미코가 폐결핵에 걸렸다는 소문을 들고 다케오의 부재 중에 가와시마 이에[家]를 방문하여 다케오의 모친에게 아내의 병이 남편에게 전염되면 가와시마 이에[家]는 파멸이라며 한층 불안감을 부추긴다. 치지이와는 나미코에 대한 동정보다 집안이 우선되어야 한다는 논리로, 병자인 딸을 물러나게 하지 않는 나미코의 친정을 '이기주의'라고 비난한다. 치지이와는 '자식 말대로만 하는 게 부모의 직분이 아니'라며 '부모의 직분'에 호소한다.

다케오의 모친은 이혼이 부모로서 마땅히 해야 할 직분이라는 치지이와의 설득에 마음이 흔들려 귀가한 다케오와 한바탕 언쟁을 벌인다. 두 사람이 이혼 문제로 대결하는 장면의 긴장과 긴박감 넘치는 분위기는 화로를 사이에 두고 대치하듯 마주 앉은 방을 서술하는 대목에도 잘 나타나 있다.

모친이 폐병의 '유전'을 들어 이혼을 해야 한다는 주장을 펴는 대목이다.

비록 나미코가 지금은 죽지 않을지라도 그 사이 반드시 나빠지는 것은 보증한다. 그러는 동안 너도 전염될 것이 확실하다. 다케오야. 너도 전염된다. 아이가 생긴다. 아이에게 전염되고 나미코뿐만이 아니라 가장 중요한 너도, 소중한 대를 이을 아이도, 폐병에 걸려 죽어버린다면 가와시마 이에는 망하지 않니. 그래도 좋으냐. 네가 아버지의 지극 정성으로 이제야 겨우 이 정도가 되고 천황이 직접 세워주신 이 가와시마 이에도 네 대에서 망해버리는 거다. 그건, 나미코도 불쌍하고 너도 마음은 아프겠지만 나도 부모로서 이런 말 하는 게 재미있는 건 아니다. 괴롭지만 뭐라고 해도 병은 병, 나미코가 불쌍하다고 해도 남편인 너를 대신할 수 없고 가와시마 이에를 대신할 수 없다. 잘 분별해서 하나로 결단해야 한다.[96]

<hr>

96 원문은 다음과 같다. "仮令浪が今死なんにした處が、其內また屹度惡くなツは保證ちや。其內には屹度卿に傳染すツな此保證ちや、喃武どん。卿に傳染る、子供

폐결핵이 전염되면 "천황님이 손수 직접 세워주신 이 가와시마 이에"를 "네 대에서 망하게 하는" 것이라며 모친이 나미코와의 이혼을 주장하고 있는 대목이다. 군인 다케오에게 전사의 가능성은 항시적으로 존재하는데 모친의 아들에 대한 걱정은 오직 며느리의 폐결핵이 "아이에게 전염된다"는 점에만 집중해 있다. 다케오가 전장에 나가는 것으로 집안의 대가 끊길 수 있다는 가능성은 함구하는 것이다. 가와시마 이에의 단절은 폐결핵에 의한 것만은 아니다. 모친의 논리에 따르자면, 며느리로서의 나미코는 '대를 잇는 아이'를 낳는 것이 의무이고 아이를 낳지 못하는 며느리는 이혼 이외의 선택지는 없는 셈이다. 이에 대하여 다케오는 이혼은 나미코를 죽게 하는 것이라며 모친에게 맞선다.

두 사람의 언쟁은 쟁점에 따라 몇 단계로 나눌 수가 있다. 위의 인용은 그 첫 번째 단계인데 폐결핵의 유전 여부가 쟁점이다. 폐결핵과 유전은 직접적인 관계는 없지만 '당시의 사람들의 폐결핵에 대한 무지·몰이해를 반영'하여 폐결핵은 유전이라는 그릇된 정보가 널리 유포되었다.[97]

폐결핵이 유전되어 자식에게까지 전염되어 후계자를 잇지 못하고 대가 끊어지는 것에 대한 공포는 '집안 대대로'라는, 영원성의 강조와 비례하여 영원히 가문을 존속시켜야 한다는 사명감이 크면 클수록 그것의 적대적인 타자로서 '유전'된다는 잠재성이 있는 폐결핵에 대한 공포는 증폭되었다. 폐결핵이 유전된다는 어머니의 불안과 두려움을 불

が出來る、子供に傳染る、浪ばかいぢやない、大事な主人の卿も、の、大事な家嫡の子供も、肺病持ツて、死んでしまふて見なさい、川島家はつぶれぢやなツかい。宜かい、卿が阿爺の丹精で、折角此程になツて、天子樣から御直々に取立てゝ下さつた此川島家も卿の代で潰れツしまいますぞ―其は、も、浪も可愛想、卿も中々痛か、わたしも親で居て此云ふ事云ひ出すな面白くない、辛いがの、何を云つても病氣か病氣ぢや、浪が可愛想ぢやて主人の卿にや代へられん、川島家に代へられン、よウく分別のして、此は一とつ思ひ切つてたもらんとないませんぞ。"『小說 不如歸』(중), 185~186면.

97 이에 대해서는 藤井淑禎, 앞의 책; 福田眞人, 『結核の文化史―近代日本における病のイメージ』, 名古屋大學出版會, 1995 참조.

식시킬 만한 과학적 지식이 없는 다케오는 "나아지고 있다"거나 "인간은 의사가 말한 정도로 약한 것은 아니다"라는 근거 없는 일반론을 제시할 뿐 대항 논리로 반박하지 못한다. 후계자를 둘러싼 문제는 '이에[家]'의 핵심적인 사항이며 특히 전쟁이라는 위기 상황에서 더욱 절박한 문제였다. 가와시마 집안을 잇는 외아들 다케오가 전사라도 한다면 대가 끊어질 수도 있으므로 집안이 망할 가능성은 폐결핵 때문만이 아닌 일상적으로 잠재하는 상황인 것이다. 러일전쟁 중 시인 요사노 아키코[与謝野晶子]가 전쟁터에서 싸우는 동생을 생각하며 "아버지의 뒤를 이은 둘째 아들 사부로가 전사라도 한다면 집이 망한다고 하는 극히 개인적인 불안"[98]한 심정을 노래한 「그대 죽지 말지어다[君死にたまふこと勿れ]」[99]라는 시가 전시의 상황에서 시대의 불안으로 읽혀지며 큰 반향을 불러일으킨 것과 같이 수많은 전사자가 속출하는 암울한 시대였다. 그러나 이 시에 대해 비평가 오마치 게이케츠[大町桂月]는 '국가 관념을 소홀히 한 작품'으로 폄하하고 "집이 중요하다, 처가 중요하다, 국가는 망해도 좋고 상인은 싸워야 할 의무 없다고 말한다"라고 반박하여 '비국민' 논쟁으로 비화한 것은 『호토토기스[不如歸]』가 내장하는 문제와 중첩되는 것이다. 오마치 게이케츠는 전시기에 군인인 동생이 전사하면 집안이 망한다는 걱정은 국가 관념이 결여된 발언이며 '비국민'의 논리로 전화할 잠재성이 있는 매우 불경스러운 것으로 매도했다.

　이러한 요사노 아키코의 시를 둘러싼 논쟁이 문단에 던진 파문은 청일전쟁을 배경으로 하는 『호토토기스[不如歸]』의 서사에서 인간의 보편적인 불안과 두려움을 봉인하는 방식이 국가 관념과 관련한 구조라는 것을 명백히 밝히는 것이다. 즉, '이에[家]'의 단절을 두려워하는 다케오

---

98 野田宇太郎, 「晶子における戰爭と死―二つの詩について」, 『定本与謝野晶子全集』 第一卷(月報 5), 講談社, 1980, 78면.

99 『明星』, 新詩社, 1904(메이지 37).9.

의 모친조차 '전사(戰死)'의 불안한 심정에 대해서는 함구한다는 설정이 국가주의적 관점에서 배제된 의도적인 선택이라는 것을 환기한다. 전사에 대한 공포를 배제하는 것은 그 시대의 무의식과 불안을 배제하는 것이며 자칫 '비국민'으로 전화할 수 있는 뇌관을 제거하는 것이기도 하다. 이것은 『호토토기스(不如歸)』의 서사가 부부애를 주제로 한 구성이라는 점만으로 해명될 수 없으며 오히려 시대의 무의식과 공명할 수 있는 요소를 배제하는 것과 고부간 여성들의 대립 구도가 서사의 특정한 전략에 따른 구성임을 의미하는 것이다. 오마치 게이케츠의 국가 관념을 힐난하는 발언은 『호토토기스(不如歸)』의 모자간의 다툼에서 발화된 '처냐 부모냐' 하는 양자택일의 문책이 '전사하면 집이 망한다'는 국가와의 대립을 은폐하는 가운데 구성된 선택지임을 보여준다.

서양에서 가정과 사회의 윤리가 서로 상충되고 대립하는 관계를 내포하는 측면에 대해서는 익히 알려져 있는 바와 같이 국가와 '이에[家]'는 근본적으로 대립적인 관계를 이룬다. 일본의 경우 교육칙어(敎育勅語)가 발포되기 이전인 1882(메이지 15)년에서 1890(메이지 23)년 사이에 충과 효의 위계가 역전하여 효보다 충을 우선하게 되었다.[100] 예컨대 전사로 인하여 '이에[家]'가 단절되는 결과는 '이에[家]'를 하위로 국가를 상위로 하는 포섭의 관계를 극명하게 표출하는 것이며 따라서 폐결핵을 사랑을 방해하는 장애 요소로 배치하면서 전사의 가능성을 배제하는 것은 국가와 '이에[家]'의 대립을 은폐하는 구성과 연관된 것이다. 말하자면 '처냐 부모냐'의 대립은 다케오가 모친과 아내의 어느 한 쪽을 주체적으로 선택하는 것과 같은 효과를 산출하는 이미지로 유인하여 '이에[家]'와 국가와의 대립을 은폐하는 장치로서 작동한다.

한편, '이에[家] 대대로' 하는 '이에[家]'의 영원성을 강조하는 모친의

---

100 上野千鶴子, 『近代家族の成立と終焉』, 岩波書店, 1994, 73면; 佐藤忠男, 『ホームドラマ論－家庭の甦りのために』, 1978, 178면.

발화를 통해 '이에[家]'가 '옛날식'이라는 이미지를 조장하는데 '이에[家]'와 국가의 결합 양상을 제시한다는 점에서 가와시마 집안의 내력은 상당히 문제적이다. 가와시마 집안은 '전통적인 유교적 윤리'가 아니라 메이지유신의 공로로 천황의 명을 받은 '근대의 천황제적인 가부장제 이데올로기'[101]에 의해 구축된 '이에[家]'이다. 여기에는 '이에[家]'와 국가가 결합하는 구성방식에서 이에[家]의 논리를 상징적으로 볼 수 있는데 이러한 '이에[家]'의 기원은 '이에[家] 대대로'라는 수사 속에 은폐되어 있다. 이렇게 영원성을 강조하는 수사와 '지금'의 시간을 대비하는 방식으로 '옛날'과 '지금'의 허구적인 이항 대립 속에 모친의 '이에[家]'는 전근대적인 낡은 것이라는 이미지가 부여되었다.

3) '이에[家]'의 수사학

다케오와 모친의 이혼을 둘러싼 대결의 첫머리에서 다케오는 폐결핵이 유전이라는 모친에 대하여 뚜렷이 대항논리를 갖지 못한 채[102] 나미코는 병상의 회복을 들어 반박했다. 모친이 '세켄법[世間法]'을 근거로 이혼해야 한다는 주장을 펴자 다케오는 '정리(情理)'로 대항한다. 여기에서는 나미코의 병세가 호전되고 있다는 주장과는 달리 이혼하면 나미코는 '반드시 죽는다'며 인간에 대한 배려와 동정의 '정리(情理)'를 호소한다. "인정을 등지고 의리를 저버"리는 이혼은 "이에[家]를 위해서 좋은 일이 아니"라며 눈물로서 '의리인정'을 구하는 다케오에게 모친은 "작은 벌레를 죽여서라도 큰 벌레는 도와줘야 한다"고 반박하면서 "가와시마 이에[家]가 단절"하지 않도록 이혼하는 것은 '세켄법'에도 맞다고 주장한다.

---

101 小森陽一, 『日本語の近代』, 岩波書店, 2000, 203면.
102 이 점은 高田知波에 의해 지적된 바 있다. 「戰前文學としての「戰後」文學－德富蘆花『不如歸』への視点」, 『社會文學』9號, 講談社, 1995, 21면.

폐결핵이 유전된다는 잘못된 지식과 '작은 벌레를 죽여서 큰벌레를 돕는다'는 속담을 내세워 모친은 '작은 벌레' 나미코의 희생을 정당화하고 이러한 '세켄법'의 논리 그 자체를 다케오는 반박하지 못한다. 이혼이 자연의 원리이고 동시에 비정한 자연 원리를 바탕으로 구성된 '세켄법'이라는 형태로 정당화되었다.

이러한 모친의 주장에 다케오는 '이에[家]를 위해서'라는 명제를 공유하면서도 그것의 실현 방법이 이혼 불가라는 입장의 차이를 표명했다. 개인과 '이에[家]'를 벌레로 은유하며 '작은 벌레'가 자라 '큰벌레'가 될 수 있다는 동일한 차원의 양적인 확장을 전제로 하는데 시간적 연속성의 관계로 간주한다는 면에서 확장된 의미의 제유이며 환유이다. 동일한 물질적 토대를 기반으로 대소를 대조하여 소의 희생을 정당화하는 비유의 수사는 통상적으로 공동체와 개인의 관계성의 윤리성을 보증하는 근거를 제공한다. 개인의 가치가 집단적 공동체적인 가치에 종속되던 시대의 행동 규범의 의미를 내포하는 은유의 수사로 기능했다. 이러한 맥락에서 『호토토기스[不如歸]』 서사에서 반복되는 은유이며 공동체를 지탱하는 사유 체계의 특징적인 단면을 표출하는 핵심적인 비유로서 작동했다. 이러한 수사는 유사한 방식으로 다양한 모티프에서 반복되는데 이것은 공동성을 기반으로 개인의 가치를 추구하는 개인과 공동체의 관계성을 내포하는 서사적 특질에 연유한다.

국가와 개인의 관계는, "작은 벌레를 죽여서라도 큰 벌레는 도와줘야 한다"는 모친의 '이에[家]'와 개인의 관계와 유사한 방식으로 발현되었다. 다시 말하면 '이에[家]'를 위해 개인의 희생을 전제하는 논리는 국가라는 대의명분을 위해서라면 개인의 생사를 묻는 것은 부끄러워해야 마땅하고 개인의 아픔 따위 억누른 채 '직분의 길'에 따라 기꺼이 죽을 수 있는 신체로 훈육하는 국가의 논리와 맥을 같이 한다. 이것은 국가가 '이에[家]'를 포섭해가는 '가족국가관'[103]의 기본적인 구조를 축으로 『호토토기스(不如歸)』의 '이에[家]'와 국가의 논리가 구성되었음을 의미한다. 메이지 이후의 가족주의와 국가주의를 결속해가던 가족 국가관의 이념 체계를 바탕으로 가와시마의 '이에[家]'가 구성되었다는 점에서 에도 시대의 전통적인 '이에[家]'와는 다른 지점에 있는 것이다. 이것은 입신 출세주의를 매개로 더욱 견고하게 일상에 뿌리내려 "네가 출세하고 건강한 손자를 안아보"는 것이 유일한 '낙'이라는 모친의 발화에는 해군인 다케오가 출세하는 것으로 집안의 이해와 국가의 이해를 일체화시킴으로써 '가족주의의 논리가 메이지기에서는 한편에는 입신출세주의와 결합'[104]해 있는 구조가 선명히 부각되었다.

또한 전술한 모자간의 언쟁에서 다케오가 '가와시마 이에[家]의 명예'를 위해서도 이혼을 할 수 없다는 입장을 표명하는 것은 주목할 만하다. 앞서 다케오는 이혼이 '의리 없고 몰인정'하다며 어머니에게 맞섰다. 그러나 모자간의 대립의 쟁점을 따져봤을 때 다케오와 어머니는 의외로 동일한 가치를 공유하고 있다는 것이 거듭 확인된다. 물론 이혼 불가라는 입장의 차이나 '정리'이든 사랑이든 부인에 대한 애틋한 마음을 부정할 수는 없다. 그러나 이른바 다케오가 표방한 '인간주의'의 내실이 어머니의 '이에[家]'의 논리와 동일한 범주에서 이해될 수 있다는 점은 종래의 '봉건적인 이에[家] 제도에 대한 엄중한 항의와 비판"[105]이 지배적인 논의에서는 간과되었다. '국민으로서의 가치의식의 형성을 목표로 하여 그 사상 내용에 걸맞는' '국민문학'을 당대 문학의 과제로 삼았던

---

103 국가의 기초적인 제도로서 기능하는 가족국가관의 이데올로기는, '이에[家]'가 주춧돌이 되어 가족 중심의 개별가족제도에는 '효'를, 가족의 집합체인 종합가족제도의 윤리로서는 '충'을 동원하여 '효'와 '충'이 통일되는 '충효일본론(忠孝一本論)'의 사상이 근간을 이루며 메이지의 국가제도에서 중요한 의미를 수행한다. 伊藤幹治, 『家族國家觀の人類學』, ミネルヴァ書房, 1982 참조.

104 佐藤勝, 앞의 책, 322면.

105 布川純子, 「德富蘆花, 『不如歸』」, 『成蹊人文研究』 8號, 成蹊大學大學院文學研究科, 2000, 8면.

『호토토기스』는 메이지의 국가주의적인 질서 속에서 자율적인 개인이 존재하기 어려웠던 공동체의 개인의 삶의 방식을 제기하는 것으로 서구 근대의 자아와는 다른, '직분'을 최고의 가치로 하는 공동체의 개인의 존재 방식이 이혼 문제를 둘러싼 대응으로 분출되는 계기가 된 것이다.

모자간의 대립은 결코 '고풍스런 이에[家]'와 '인간주의'로 확연히 갈라지지 않는다. 폐결핵의 유전을 두려워하는 모친에게 다케오는 "어차피 죽는다면 내 처로 죽게 해 주세요" 하고 나미코의 죽음을 전제로 죽어가는 자에 대한 관용을 호소하며 이혼을 지연시키는 것이었다. 반면, 모친은 국가에 종속하는 방향의 '이에[家]'의 논리를 내면화하여 체현했다. 물론 모친이 당대의 가족과 국가의 논리를 분석적인 언어로 구사하지는 않았지만 당대 화족의 한 가정의 일상을 재현하는 것에 고스란히 현실의 논리가 배어있다는 의미이다. 메이지 유신의 공로로 새로운 화족이 된 모친의 '이에[家]'는 서술자가 강조하는 '고풍스런 이에[家]'와는 거리가 있다. 그러나 모친의 '고풍스런 이에[家]'라는 수사의 반복은 마치 오래된 '이에[家]'의 전통을 자부하는 것과 같이 짧은 역사를 은폐하고 새로운 기원의 역사를 창출한다.

메이지기 이후의 '이에[家]'형 가족의 전통은 어떤 의미에서는 메이지 정부가 창출한 픽션[106]이며 '국민국가는 가족 모델에 의해 만들어졌다.'[107] 혹은 근세적 '이에[家]' 질서를 기초로 근대 이후 '이에[家]' 제도가 연속적으로 재편되었다는 '이에[家]'와 관련한 사회학적 논의를 들지 않더라도 『호토토기스[不如歸]』의 '이에[家]'는 무사의 '이에[家]'의 전통과 연계하면서 근대의 가족 시스템으로 새롭게 구축되었던 역사를 반영하는 것이었다.

그러나 『호토토기스[不如歸]』는 '순수한 부부의 사랑이 봉건적인 이에

---

106   牟田和惠,『戰略としての家族－近代日本の國民國家現象と女性』, 新曜社, 1996, 35면.
107   上野千鶴子,『近代家族の成立と終焉』, 岩波書店, 1994, 35면.

[家]의 관념 때문에 파괴'[108] '가족주의의 논리와 인간주의의 감정과의 상극'[109], '전근대적'인 '이에[家]에 의한 개인의 억압'이라는 틀로 주로 '이에[家]와 개인의 충돌' '사랑[愛]과 가족주의의 대립'[110]이라는 이미지로 고정화되어 이혼을 둘러싼 모자간의 언쟁의 장면을 '이에[家]와 개인의 충돌'로 규정하여 페미니즘의 시각에서 높이 평가되어 왔다. 그러나 이 장면에 대한 구체적인 분석이 뒷받침되지 않은 채 모친은 '이에[家]'를 다케오는 '개인'을 표상한다는 정형화된 해석이 반복되어 왔다.

그러나 전술한 바와 같이 모자간 언쟁의 장면은 『호토토기스不如歸』의 '이에[家]' 구성 방식을 가장 명확하게 보여주는 대목으로 서사의 '가족주의' 표상이 서사의 어떠한 측면을 억압해 왔는가를 단적으로 드러낸다. 서사의 전근대적이고 봉건적인 측면은 고풍스러운 시어머니가 병든 며느리를 이혼시킨다는 모티브에 의해서 과도하게 부각된 바, 이러한 모티브는 전대의 남녀의 별리를 소재로 하는 서사에도 등장하지만 당대의 쟁점인 민법을 둘러싼 논의와도 무관하지 않다. 근대 국가의 건설이라는 과제를 안고 있던 메이지 초, 혼인이나 이혼에 관한 법률 등 민법이 제정되고 가족제도의 규범이 정비되는 가운데, 이혼을 둘러싼 문제는 당대 가장 민감한 쟁점이었다. 당대의 상황을 알 수 있는 자료인 『가정의 길잡이[家庭の栞]』에는 민법의 시행을 환영하고 알기 쉽도록 설명하면서 혼인·이혼에 관한 법률에 관해 다음과 같이 기술되었다.

　　남편과 시아버지, 시어머니가 협의한 후에 제멋대로 부인과 이혼하는 것

108　福田清人, 「明治の文學－小說30年代」, 『日本近代史 近代 1』(久松潛一・吉田精一編), 至文堂, 1981, 101면.
109　神田重幸, 「『不如歸』－夫婦愛、その理想と悲劇」, 『國文學－解釋と鑑賞』, 至文堂, 1987, 46면.
110　佐藤勝, 「『不如歸』の位置－明治三十年代の文學・その二」, 『東京女子大學創立50周年記念論文集・日本文學篇』, 東京女子大學學會, 1968, 85면.

과 같은 일을 일체 금하고 특히 종래 행해져 왔던 이혼의 절차라고 해야 할 바를 모르는 며느리를 속여서 용무를 애써 만들어서 친정으로 쫓아낸 후, 중매인이 이혼을 통지하게 하는 것과 같은 무자비한 이혼이야기는 그 신법에 의거해서 완전히 끊어야 할 연유로 신민법의 발포는 혼인 및 이혼에 관한 종래의 관습에 일대 혁신을 가져올 것으로 고풍스런 시아버지 시어머니는 이것으로 대공포를 느끼는 것도 있을 수가 (…후략…)[111]

『호토토기스[不如歸]』의 신문 연재 후 단행본과 거의 동시에 출간된 『가정의 길잡이[家庭の栞]』에서 신민법을 설명하는 방식이 『호토토기스[不如歸]』의 서사 전개와 일치하는 것은 우연이 아니다. 『호토토기스[不如歸]』에서 폐결핵에 걸린 나미코를 치료한다는 구실로 그녀를 친정으로 보내고, 중매인인 가토 자작 부인에게 이혼을 통지하는 서사의 전개와 『가정의 길잡이[家庭の栞]』의 신민법을 설명하는 방식이 유사한 것은 당대의 민법을 둘러싼 쟁점을 의식화한 형태로 구성된 서사와 관련한다. 예컨대 이혼을 주장하는 '고풍스런 시아버지 시어머니'는 다케오의 모친으로, 다케오는 '부인의 권리를 존중하는 남편'의 역할을 수행하는 것으로 구민법을 부정하는 신민법과 같은 방식으로 구성되었을 가능성을 내포한다. 당대의 민법을 둘러싼 구민법과 신민법의 대립과 갈등의 서사 재현 양상은 민법을 둘러싼 공방이 '지금'과 '옛날'이라는 대조적인 시간 구성과 결부되면서 근대적인 가치와 전근대적인 '이에[家]'는 대립적인 이미지를 생성했다. 그러나 당대의 문헌은 민법을 둘러싼 첨예한 입장의 차이가 서사에 반영된 구성임을 입증하고 있다.

---

111 あましく 編, 『家庭の栞』第1編, 駸々堂, 1900, 21~22면.

4) '처냐 부모냐'—국가의 대립 은폐의 장치

'가와시마 이에[家]의 명예'를 위해서도 이혼을 할 수 없다는 다케오에게 모친은 불단의 위패를 내세우며 '불효자'라고 고함을 지르며 '의절'할 것을 요구한다. "그래, 다케오, 처가 소중하냐, 부모가 소중하냐. 응? 집이 중해? 나미코? 이 바보 같은 자식" 양자간 결단을 내리라는 모친의 서슬에 어느 한쪽을 택해야만 하는 위기일발의 순간, 한통의 전보가 날아든다. 오늘날의 드라마에서도 익숙한 위기와 회피의 서사적 관습을 제공하는 멜로 드라마적 상상력[112]을 바탕으로 하는 구성은 『호토토기스[不如歸]』의 가상의 이항 대립과 부재를 통해 다케오의 자유 의지에 의한 주체적 선택이라는 이미지와 이혼을 불가피한 행위로서 인식하게 하여 다케오를 면죄하도록 유도하는 이미지 조작의 기능을 수행했다. 다케오의 '사랑'보다 국가를 최우선시하는 선택이 '어쩔 수 없다'는 정서를 환기하는 방식은 "이른바 서양류의 '개인"의 출현과 거리가 있는, 일본의 '개인' 형성이라는 문제와 관련된 '세켄[世間][113]의 개념과도 연관된다. 일본 사회에서 『호토토기스[不如歸]』가 대중적인 인기를 얻을 수 있었던 배경에는 '개인'을 전제로, '하늘(천)로부터 부여받은 것과 같이 개인의 의지로는 어쩔 수 없는 것으로 받아들여졌[114]던 '세켄[世間]'의 구조를 바탕으로 하는 서사의 맥락이 존재했다.

아들에게 자신과 부인 가운데 한 쪽을 선택할 것을 압박하는 모친은, 부부 관계와 모자 관계의 질적으로 상이한 애정을 혼동하고 아내와 모

---

112 서사의 내부에 명쾌한 이항대립을 설정하여 양자의 갈등을 도덕적인 화해에 이르게 한다는 의미에서 피터 브룩스의 멜로드라마의 도식을 채용했다. 피터 브룩스[ピーター·ブルックス], 四方田犬彦 外 譯, 『멜로드라마적 상상력[メロドラマ的想像力]』, 産業図書株式會社, 2002.
113 佐藤直樹, 『「世間」の現象學』, 靑弓社, 2001, 60면.
114 阿部謹也, 『學問と「世間」』, 岩波新書, 2001, 111~112면.

친을 동렬에 놓고 선택을 강요하여, 두 여자와 한 남자라는 남녀의 삼각관계의 갈등 구조의 맥락을 산출한다. 모친의 아들에 대한 독점욕과 에고이즘, 동성인 나미코에 대한 질투의 감정을 효행 · 조상공양 · 집의 존속이라는 대의명분으로 은폐하고 미망인인 모친의 남편에게 사랑받지 못했던 여자로서의 불행이 나미코에 대한 질투의 감정을 보다 증폭시켰다는 점에서 신혼부부를 질투하는 시어머니의 마음에서 발생하는 비극으로 분석하는 견해도 제출된 바 있다.[115]

이렇게 상이한 입장이 충돌하고 교차하는 지점으로서의 일상 공간을 표상하는 가정의 이미지는 국가와 '이에[家]'의 대립을 은폐하고 '이에[家]'를 모자의 대립이나 여자와 여자의 갈등이라는 일상에서도 관철되었던 대립의 공간으로 표상함으로써 가정과 국가의 대립은 시어머니와 며느리의 갈등의 구조로 전환된다.

제4절 국가―'이 직분의 길'

1) 전장·경계·무상감

모지간의 이혼을 둘러싼 설전은 귀한 명령의 전보에 의하여 다케오가 황급히 그 자리를 떠남으로써 결론을 맺지 못한 채 유보되었다. 친정이 있는 즈시[逗子] 별장에서 요양하는 나미코를 찾은 다케오는 군대 복귀 소식을 전하고 전술한 바와 같은 '영원한 사랑'을 약속하며 군대로

---

115 山下えつこ,『마더콤플렉스 문학론―강박으로서의 〈모〉[マザコン文學論―呪縛としての〈母〉]』, 新曜社, 1991, 37면.

향한다. 한편, 모친은 다케오의 부재중에 날로 증상이 악화되어 가는 나미코와 이혼시키는데 휴가 차 집에 들른 다케오는 이 소식에 격분, 출정하여 하편은 전투 장면이 첫머리이다. 서사의 황해 전투의 장면은 당시의 신문 기사를 보는 것과 같이 서술 대상과 거리를 둔 객관적인 보도 기사와 같은 중립적인 형식의 서술과 전투의 현장을 구체적인 에 피소드로 구성하는 방식으로 서술했다. 청일전쟁으로 신문 매체는 부 수를 크게 늘리며 비약적으로 확장하면서 전쟁을 묘사하는 신문보도 의 새로운 문체가 형성되고 이러한 보도 기사의 문체는 국민문학『곤 지키야샤[金色夜叉]』나『호토토기스[不如歸]』의 아속절충체의 문체로 폭 넓은 계층의 독자층으로 확산, 존경어의 문어체를 탈피하고 구어의 문 체를 소설의 문체로 확립하는 데 기여했다.[116]『호토토기스[不如歸]』의 전쟁 장면은 이러한 신문 매체를 활용하여 "조선에서 동학당이 창궐했 다"는 신문 기사를 보면서 청일전쟁 발발의 정세를 이야기하는 장면을 구성하여 긴박한 동향을 전하는 사실성 높은 서술로 일본 국민의 공동 체 의식을 결속시켰다.

　하편의 전투 장면은 모친과의 언쟁으로부터 석 달 남짓의 시간이 흐 른 시점이다. 과거의 회상과 전투의 현재의 시간을 '그 때'와 '지금'으로 교차시키면서 전쟁 이전과 이후로 뚜렷이 대비될 만큼 다케오의 의식 의 변모가 두드러진다. 신체를 변용시키는 전장은 의식을 변용시켜 자 신 속에 또 하나의 자신, 즉 내부의 타자를 발견하여 분류 가능한 임계 영역으로 이끈다.[117] 빗발치는 총탄 속에 생사를 다투는 '다양한 경계' 를 통과하여 전장 이전의 격렬한 분노는 후회와 감사함, 자괴감과 좌절 감, 체념과 한, 비애감 등의 헤아릴 수 없는 복잡다단한 심정이 뒤얽힌 혼돈과 '무상감'[118]으로 의식이 변화했다. 무상감은 공동체에 대한 회

116　小森陽一, 앞의 책, 187~194면.
117　富山一郎,『戰場の記憶』, 日本経濟評論社, 1995, 19면.

의나 욕망을 일깨우는 것이 아니라 오히려 해군으로서의 직분에 충실한 국가의 정체성을 뚜렷하게 각인시켜 국가를 향한 열정으로 전이된다. 죽음을 향하는 전쟁의 대중 동원의 논리로 구성되는 개인의 심리적 변모는 다음과 같은 서술에서 뚜렷한 윤곽을 드러낸다.

> 이 국가 대사(大事)에 즈음하여, 막막한 창해의 한 알의 좁[栗]. 우리 가와시마 다케오의 일신의 사활 부침, 어찌 물으려하는가. 그는 이렇게 스스로 꾸짖고 그 아픔을 누르며 이 직분의 길에 따라서 절망의 용기를 떨치고 정전(征戰)의 사업에 따르노라. 그는 죽음을 실로 먼지보다 가볍게 생각하노라.[119]

한 개인의 삶에서 국가라는 전체 속에서의 개인으로 거듭나는 순간, '우리 가와시마 다케오'로 지칭되는데 전쟁 이전의 일상이 외부적인 시점에서 3인칭으로 지칭되던 서술 방식과 다르다. '우리'와 '적진'이 뚜렷하게 구별되는 이분법적인 수사학으로 구사되는 전쟁 장면에서는 '내 전사의 꿈'과 같이 곳곳에서 다케오와 일체화된 인칭대명사를 구사하는 방식으로 서술자의 위치는 일본국가 공동체 내부로 이동한다. 서사의 전투 장면의 서술자의 위치는 전장 이전의 일상의 지난 삶을 공동체 내부의 시점에서 기억을 재구성하는 내셔널 아이덴티티의 서사의 발화의 흔적이다.

---

118 "전쟁터로 향하는 민중 개개인의 삶에서의 '전쟁'의 의미는 권력에 이해서 고향을 쫓겨나, 새로운 사람들과 자기자신의 '죽음'과의 대면이 강요된다는 것이다. 이렇게 해서 그들은 어쩔 수 없이 자기 및 환경 세계의 시간적·공간적 변화를 미래의 불확정성 속에 발견하게 된다. 그것은 바로 무상감·표백감(漂白感)의 정의 그 자체였다."(見田宗介, 『近代日本の心情の歴史』, 講談社, 1967, 206면)

119 원문의 인용은 다음과 같다. "此國家の大事に際しては渺たる滄海の一粟自家川島武男が一身の死活浮沈、奚ぞ問ふに足らむや。彼は斯く自から叱し彼痛を掩ふて此職分の道に従絶望の勇をあげて征戰の事に従へるなり。死を彼は眞に塵よりも輕く思へり"(『小說 不如歸』(하), 243면)

국가를 위해 기꺼이 죽을 수 있는 신체로의 규율화가 의식을 어떻게 변용시키는지[120]를 명료하게 보여준다. 불가항력의 거대한 운명에 '어쩔 수 없다'는 무기력과 체념이 '자포자기[捨て鉢の身]'의 심정으로 '죽을 작정으로' 전투에 뛰어들도록 요동친다. 만개한 벚꽃[櫻][121]의 산화하는 찰나적 미의 예찬과 '나라를 위해, 멀리 떠나간다'는 군가의 한 소절을 부르는 군인의 비장함이 자기희생의 고결한 도덕심을 고양시키면서 죽음을 충동하는 것이다. 한껏 흐드러지게 피었다가 한순간에 떨어지는 벚꽃과 같이 국가를 위해 죽음을 '먼지보다도 가볍게' 여기며 '포탄의 과녁이' 될 각오로 적진에 뛰어들게 하는 것이다. 국가를 위한 자기희생을 요구하는 애국심이 어떻게 작동하는지 전쟁의 대중 동원 논리의 구성 방식을 표출한 것이다.[122]

로만 야콥슨에 따르면 은유는 유사성에 의해 연결되고 환유는 인접성에 의해 연결되어 시간적이고 공간적인 연속성 속에서 사물을 연결시킴으로써 질서를 창출한다.[123] 개인을 표상하는 '죄[罪]'가 대소를 전제로 작다는 유사성에 근거한 은유라면 국가를 표상하는 '창해'는 부분이 전체를 대표하는 제유로서 공간적인 연속성을 전제로 성립하는 일종의 환유이다. 이러한 시공간적인 관계 속에서 국가와 대비되는 개인의 인식 방식의 체계는 전술한 바와 같은 "작은 벌레를 죽여서라도 큰 벌레는 도와줘야 한다"는 개인과 '이에[家]'를 대립시키는 비유와 유사한 논리 체계를 바탕으로 하는 것이다. 대의를 위한 자기 희생을 요청하는

---

120 富山一郎, 앞의 책, 20면.
121 일본 고대에서 죽음과 재생에 기반한 생을 상징했던 벚꽃의 표상을 메이지 이후 군부가 적극 개입하여 사가 생을 밀어내는 표상 체계의 조작을 통해 과거의 표상을 전도하여 '천황 즉 국가를 위한 희생'의 이미지로 전사를 미화하는 상징으로 변모시켰다. 이러한 벚꽃의 표상은 『호토토기스』 서사의 생과 사의 이미지 구축의 핵심으로 자리잡는다.(大貫惠美子, 『왜곡된 벚꽃ねじ曲げられた櫻』, 岩波書店, 2003 참조)
122 베네딕트 앤더슨, 윤형숙 역, 『상상의 공동체』, 나남출판, 2002 참조.
123 조너선 컬러, 이은경·임옥희 역, 『문학이론』, 동문선, 2000, 117면.

이러한 비유적 표현에는 '직분의 길'을 다짐하는 다케오의 심리적 변화를 단적으로 제시했는데 일종의 '숭고함'의 미적체험이다. 광활한 '창해'의 '국가의 대사(大事)'와 대비되는 '한 알의 죄(粟)'에 불과한 미력한 개인의 무력감을 '직분'의 관념으로 떨치고 거대한 자연에 투신함으로써 공포와 허무감을 벗어나 국가 공동체의 연대감으로 정신적인 고양의 경지에 이르게 한다. 국가를 위한 '직분' 의식이 죽음을 향한 욕동을 부추기면서 개인의 유한성을 극복하는 초월적인 힘을 부여하는 심리적 변화를 거친다. 『호토토기스(不如歸)』의 서사를 관통하는 죽음의 욕동은 궁극에는 국가를 향한 죽음으로 현현되는데 이러한 애국의 논리와 '직분' 의식의 결합은 군인칙유를 구성하는 토대이다.

전술한 스마일즈의 저작 *Duty*의 논조에서 '직분을 다하고 의무를 지킨다는 관념'은 당대 그 어떤 직업보다도 군인에게 가장 요구되는 규범으로서 일본어 번역서『직분론(職分論)』의 제7장인 「해군사람-수부」편이나 제8장인 「육군사람」편의 서술에서 특징적이다. 여기서 제시된 "군인으로서의 직분"은 국가를 위하여 목숨을 바치는 헌신이 고결한 미덕으로 찬미되었다. 국가와 여왕 폐하를 위하여 분투할 것을 다짐하는 절대왕정 시대의 내셔널리즘의 사상적 도덕관념의 주입에 동원된『직분론』의 담론 구조는『호토토기스』서사의 '연애소설에서 전쟁소설에의 변모'를 이루는 결말의 '가정의 직분'에서 '국가의 직분'으로 확장된 형태의 '직분' 의식에 상응하는 구조인 것이다. 전술한 바와 같이 일본 근대에 영국보다 더 환호를 받았던 사뮤엘 스마일즈의 저작은 직분 담론을 국가 관념의 장치 이데올로기로 유통시키는 데 일조했다. 이러한 사상적 기반 위에서 특히 군인의 직분 이념은 1882(메이지 15)년 1월 4일에 발포된 천황에 의한 '군인칙유'의 근간을 이룬다.

여기에서 강조되는 군인의 직분 담론은 "국가를 보호하고 국권을 유지하는 것이 병력에 달려 있다면, 병력의 쇠하고 성함(消長)은 이 국운의 성쇠인 것을 분별하여 여론에 휘둘리지 않고 정치에 개입하지 않고, 단지 한 길에 나의 본분의 충절을 지키고, 의(義)는 산중의 감옥보다 무겁게, 죽음은 깃털[鴻毛]보다도 가볍게 각오하라 (…중략…) 군인은 신의(信義)를 중히 여겨야 함 (…중략…) 신(信)이란 나의 말[言]을 실행하고, 의(義)란 나의 분(分)을 다하는 것을 말하는 것이라"[124]는 바와 같이 군인의 '직'과 '본분'에 관련한 덕목을 기술하는 것으로 일관했다. "군인이 그 직을 다"할 것을 서약하는 군인칙유의 '군인'의 '본분' 강조 담론은 『호토토기스』 서사의 군인으로서의 직분의 자각에 이르게 되는 프로세스와 유사한 방식으로 구성되었다. "군인은 충절(忠節)을 다하는 것을 본분으로" 하여 '의(義)'를 중히 여기며 "죽음은 깃털[鴻毛]보다도 가볍게 각오하라"는 군인칙유의 논리는 다케오가 "죽음을 실로 먼지보다 가볍게 생각하게" 되는 '직분의 길'을 결의하는 과정과 동일한 방식으로 구성되었다.

일본 근대의 직분 관념은 군인칙유에서 대표하는 바와 같이 통치 이념과 직결된 형태로 개인과 공동체의 윤리 의식의 지층을 형성했다. 이와 같은 맥락에서 '군인'의 직업과 윤리 의식을 연계한 군인칙유의 논조는 『호토토기스』의 직분 우위의 서사 구조의 구성과 긴밀하게 관련을 맺는다. 서사의 곳곳에서 군인의 직업윤리나 품격 있는 군인으로서의 구체적 면면은 '국가의 간성(干城)'[125]으로서 '황군(皇軍)'의 모범적인 '군인상'을 제시하는 군인칙유의 지반 위에서 형상화된다. 청일전쟁의 전투 군대를 통솔한 최고의 군수 통수권자로서의 천황의 군대가 출정하는 기로와 일치하는 서사의 공간적 이동은 마치 성지 순례와 같이 숭엄한 광경으로 서사의 천황제의 문화 체계를 구축한다. 이는 가타오카 중장과 다케오의 나미코를 사이에 둔 친족의 유대감이 천황의 군대의 군

---

124 「軍人勅諭」, 『軍隊 兵士』日本近代思想大系 4(由井正臣・藤原彰・吉田裕 校注), 岩波書店, 1989, 174~175면.

125 由井正臣・藤原彰・吉田裕 校注, 앞의 책, 162면.

인이라는 연대감으로 더욱 공고하게 결속되는 관계와 무관하지 않음을 보여준다. 적의 공습으로 위기에 처한 가타오카 중장을 구출하거나 몸을 사리지 않는 다케오에게 서사의 곳곳에 포진한 품위 있는 군인의 덕목과 찬양의 시선은 전투로 승진해 천황으로부터 훈장과 사례금이 하사되는 결말에 이르기까지 군인으로서의 '직분'의 길에 매진하는 서사를 제어하는 기제로 군인칙유가 참조되었을 가능성이 높다.

군인칙유는 1882(메이지 15)년의 정치 집무의 첫날, 이례적으로 천황이 직접 '육군경 오야마 이와오[大山巖]'에 '칙유'를 하사하는 특이한 방식으로 공포되었다.[126] 가타오카 중장이 모델로 삼았다고 하여 화제가 되었던 오야마 이와오는[127] 청일전쟁을 배경으로 하는 『호토토기스』에서 언급되기도 하는 인물이다. 청일전쟁의 실감을 주는 실재성에 입각한 서사적 질료로 당대 정치권력의 핵심적인 인물들이 언급되는 동시대성의 문맥에서 전쟁 관련 배경 서술을 군인칙유에 힘입어 구체화했다. 이 글에서 부가하고 싶은 것은 군인칙유와의 관련이 새로운 서사 해석의 가능성을 시사한다는 점이다. 나미코의 투신과 구원의 모티프를 군인칙유와의 관계에서 읽어나갈 때 '직분' 중심의 서사 구조가 뿌리 내린 심층적인 층위가 드러난다.

---

126 姜尙中, 『내셔널리즘[ナショナリズム]』, 岩波書店, 2001, 60면.
127 『호토토기스』의 모델 문제에 대해서는 오키노 이와사부로[沖野岩三郎], 「解題(5)」(「付錄」, 『蘆花全集』 第5卷, 1930)을 참조. 그런데 나카노 요시오[中野好夫]에 따르면 오야마 이와오[大山巖]의 딸 오야마 노부코[大山信子]에 얽힌 비화와 연루하여 로카가 개입하여 조사를 한 흔적은 없다.(『蘆花德富健次郞』 第1部, 筑摩書房, 1972, 127면) 이러한 정황에서 모델의 사실성의 여부는 논외로 하더라도 로카가 그것을 적극적으로 부인하지 않음으로써 모델에 얽힌 소문에 확신을 주는 방향으로 굳어졌고 이와 관련한 기사들이 잡지에 끊이지 않고 게재되는 등 스캔들, 소문 등 선정적인 저널리즘의 유통 방식에 편승했던 측면이 『호토토기스』의 대중적 인기 요인으로 작동했을 가능성을 유추할 수 있다.

2) 투신모티프 — 신주[心中]에서 전사(戰死)로

나미코는 폐결핵 증세가 심해져 전지 요양을 다녀 온 후, 백모의 손에 이끌려 친정으로 돌아왔는데 결혼할 때 보낸 혼수가 보내지자 이혼한 것임을 깨닫는다. 이후 병이 날로 악화되어 가는 나미코는 다케오와의 추억이 어린 즈시[逗子] 해안가를 헤매면서 '죽음을 기다'리는 나날을 보내던 끝에 자살을 결심한다. 즈시 해안의 바위에 선 나미코가 발아래 거친 바다 물결을 굽어보며 몸을 던지는 순간의 심정이 다음과 같이 서술되었다.

> 죽음은 혹은 자유롭게 할 것이다. 이 병을 안고 세상에 괴로워하기보다. 혼백이 되어 서방님을 따르는 것이 낫지 않은가. 남편은 지금 황해에 있다. 가령 멀어도 이 물은 황해로 흐른다. 더욱이 몸은 이 바다의 거품으로 사라지고 혼은 당신 곁에 가려고 한다 (…중략…) 지금이다. 지금이다. 지금이야말로 이 구슬은 끊어질 때이다. 이끌어주시샤 어머니. 용서하시샤 아버지. 열아홉 해의 꿈은, 이제야말로[128]

서술자의 진술과 나미코의 독백은 구별되지 않은 채 나미코와 일체화된 서술자의 어조로 내면을 응시하듯 이별을 고한다. 고통으로부터 자유롭게 할 것이라는 죽음의 예찬은 '혼백이 되어' 다케오를 섬긴다는 투신으로 이어진다. 지상에서 이룰 수 없었던 사랑을 위하여 추억의 장소 즈시[逗子]에서 자살을 기도한다는 설정은 낭만성을 극대화하며 일견 신주와 같은 효과를 내지만 즈시의 공간이 의미가 있는 것은 '황해

---

128 원문은 다음과 같다. "死は或は自由なる可し。此病を懷いて世に苦まむより、魂魄となりて良人に添ふは優らずや。良人は今黃海にあり。仮令遙なりとも、此水も黃海に通へるなり。さらば身は此海の泡と消へて、魂は良人の側に行かむ(…중략…) 今なり、今なり、今こそ此玉の緒は絶ふる時なれ。導き玉へ、母。許し玉へ、父。十九年の夢は、今こそ一。"(『小說 不如歸』(하), 308~309면)

로 흐른다'는 청일전쟁의 격전지와 연계된다는 맥락이다. 사랑을 최상의 가치로 하는 순애(純愛)를 뜻하는 신주를 '황해'의 토포스로 국가를 위한 순국(殉國)의 이미지로 전환하는 '직분' 우위 구조의 합목적적인 공간의 선택이다.

서사에서 반복되는 죽음의 음영이 드리워진 부부애담론은 폐결핵이라는 병마에서 예고되는 바이지만 병사가 아닌 투신으로 스스로 죽음을 결단해야만 완결될 수 있다. 개인의 사랑이 사를 향한 욕동으로 '죽음을 실로 먼지보다 가볍게 여'기는 '직분의 길'이 유도하는 기꺼이 죽을 수 있는 신체의 구성이 반복되는 것이다. '혼백이 되어' 다케오를 섬겨 몸은 바다의 거품으로 스러지고 혼은 남편으로 가겠다는 투신과 '몸은 흙으로 썩어' '혼은 영원히 곁에 따르겠'노라던 나미코의 유서는 소멸하는 신체와 사랑하는 이의 곁을 지키는 혼의 구성 방식에서 동일하다. 신체와 분리된 혼은 영원한 사랑을 표상하는데 이러한 신체의 구성 방식은『직분론(職分論)』의 '나의 혼백은 용감한 군인으로서 명령받은 직분을 충실히 수행하고 명예롭고 평온하게 이 육체를 떠나려고 하'[129]는 목숨을 건 '군인'의 '직분'과 유사하다. 이는 군인칙유의 '忠節을 다하'기 위하여 '죽음은 깃털[鴻毛]보다도 가볍게 각오하'는 신체의 구성 방식과도 상동적인 구조이다. 혼백은 직분을 수행하고 육체를 떠나는 죽음을 향한 군인의 신체 구성과 '충절'을 다해 죽음을 각오하는 군인, 사랑을 다하기 위해 죽으려는 신체는 죽음을 향한 욕동에 추동되는 신체의 구성 방식과 유사하다.

즈시[逗子] 해안의 '이 물'이 격전지 '황해로' 흐르는 접촉 지대의 공간성에서 구성되는 이미지의 전이를 통해 '전사의 비유'[130]로 '황군연승'을 기원하는 '상상의 공동체'의 동질적인 시공간으로 전환한다.

---

129 사뮤엘 스마일직[サミュウエル・スマイルズ], 앞의 책, 303면.

130 金子明雄, 「『家庭小說』と讀むことの帝國—『己が罪』という領域」, 『メディア・表象・イデオロギー—明治三十年代の文化硏究』(小森陽一 他編), 小澤書店, 1997, 153면.

3) 구원 모티프 - 군인칙유의 교차

바다를 향해 몸을 날린 나미코를 살려낸 인물이 오가와 기요코[小川
淸子]라는 여성이다. 이를 기화로 그녀는 나미코에게 파란만장한 인생
을 들려주는데 이는 이후의 서사의 구원과 결부되는 의미를 함축한다.

오가와 기요코의 아버지는 메이지 유신 때 하타모토[旗本]에서 신정
부에 대항하던 구 막부(幕府) 측의 군대 창의대(彰義隊)에 참가한다. 남
편을 비롯하여 아버지와 동생 등 가족이 모두 우에노[上野]에서 싸우다
남편은 투옥되어 풀려난 뒤 서양으로 떠나고 귀국 후에는 다소 입신도
했지만 서남(西南)[131]전쟁에서 전사했다. 오가와 자신은 '女大學으로
자라'나 유교적 교양을 익혔지만 고달픈 인생 수난 속에서 그리스도교
신자가 되어 고난을 극복했다. 오가와 기요코의 굴곡진 가족사는 정부
에 반항하는 난을 일으키고 관군에 무너진 사족(士族)의 몰락과 일치한
다. 예컨대 오가와 기요코의 가족이 '창의대(彰義隊)로 우에노[上野]에'
서 싸우던 역사는 1861(메이지 원년)년 5월 막부군으로서 우에노[上野] 전
투에 참가한 무진(戊辰)[132]전쟁의 역사적 사실과 부합한다. 또한 1862
(메이지 2)년 하코다테칸[函館]의 지역에서 농성하던 에노모토 다케아키
[榎本武揚][133]가 관군과의 싸움에 패배하고 무진(戊辰)전쟁과 서남(西南)
전쟁에 이르기까지 메이지 신정부의 가혹한 탄압을 받은 메이지 사족
(士族)의 장구한 시련의 역사와 일치하는 것이다.[134]

---

131 1877(메이지 10)년의 사이고 다카모리[西鄕隆盛]들의 반란. 메이지 정부에 대한 士
族의 반란.

132 1868(메이지 원년)~1869(메이지 2)년, 신정부군과 구막부 측과의 내전의 총칭. 창
의대(彰義隊)(=우에노[上野])전, 하코다테칸[函館]전 등을 포함.

133 榎本武揚(1836~1908), 정치가. 에도 출생의 막부 쇼군 직속의 신하. 나가사키의 해
군 전습소에서 수학 후 네덜란드에 유학, 귀국해서 해군부총재. 여러 대신을 역임. 자
작. 무진전쟁에서 관군에 저항했지만 곧 항복. 뒤에 주 러시아 공사 등 여러 대신 역임.

134 메이지 사족(士族)의 역사에 대해서는 田中彰, 『開國と倒幕』, 集英社, 1992 참조.

원작 발표로부터 10년이 지난 시점에서 로카는 이러한 구원의 모티프를 '오가와 모녀의 사족(蛇足)'[135]으로 회상한 바 있으며 선행 연구에서는 '진지한 사랑의 탐구'나 '근대인의 신앙의 문제',[136] 혹은 신정부군의 세력인 '삿초[薩長] 대 막부(幕府)의 구조'[137]를 구성하는 의미로 해석되었다.

서사의 중심 줄기를 비껴난 구원의 모티프는 오가와라는 인물을 통해 신에 의한 구원을 제시한 의미가 분명하지만 오가와 기요코의 가족을 덮친 불행이 메이지 초 사족의 반란의 비극으로 점철된다는 점에서 몰락한 구 무사계층의 울분을 달래기 위한[138] 의도가 종교적 구원과 결부되어야 할 근거는 미력하다. 기존의 '삿초[薩長] 대 막부(幕府)의 구조'에 입각한다면 일본의 비전을 타이완 출병 등의 대외 팽창에 두어 삿초[薩長] 지역의 신정부 측으로 통합하는 메시지이다. 사츠마[薩摩] 출신인 가와시마 다케오와 가타오카 중장의 악수를 통해 사츠마[薩摩]와 초슈[長州]를 합한 삿초[薩長] 신정부를 중심으로 '육해일치하고 제민단결'[139]하는 제국의 국민통합의 결말에 막부 세력의 고난의 역정이 구성되는 의미는 군인칙유의 메시지에서 연계된다. 군인칙유에서 강조하는 덕목의 하나인 '신의'에 대한 다음과 같은 기술을 참조할 수 있다.

---

135 「第百版不如歸の卷首に」, 『不如歸』, 岩波文庫, 1936, 2면.

136 荒正人, 「『金色夜叉』と『不如歸』」, 『日本近代文學』 24集, 日本近代文學會, 1955.8; 円地文子, 「『不如歸』の主題」, 『文學』 24號, 岩波書店, 1956.8, 33면.

137 『不如歸』에서 주요 등장인물이 사츠마[薩摩]나 초슈[長州] 출신이고 조역인 오가와 시즈코의 신변 이야기가 삽입된 점을 들어 '삿초[薩長] 대 막부(幕府)의 구조'라고 지적했다.(渡辺拓, 「『不如歸』についての二、三の視点」, 『論樹』 9, 東京都立大學大學院人文科學研究科, 1995.9, 12면)

138 로카가 평생 메이지 천황을 경외하고 노기 마레스케[乃木希典], 사이고 다카모리[西鄉隆盛]를 경애했던 점에 관해서는 가츠모토 세이치로[勝本清一郎], 「蘆花と志士的倫理」, 『明治大正文學研究』 23, 東京堂, 1957.

139 藤井淑禎, 「『不如歸』○德富蘆花－戰爭と愛と－」, 『國文學』 36－1, 至文堂, 1991, 63면.

옛부터 혹은 小節의 信義를 세우려고 하여 사물의 순리와 역의 판단을 그르쳐, 혹은 公道의 도리에 맞지 않고 헤매어 私情의 신의를 지켜, 애석하게도 영웅호걸들이 화를 만나 몸을 멸하고 시체 위의 오명을 후세까지 남기는 것, 그 예 적지 않음을 깊이 경계해야 할 것이다.[140]

사리를 잘못 판단하여 화를 입은 영웅호걸은 사족의 반란을 주도한 사이고 다카모리[西鄉隆盛],[141] 사가[佐賀] 난의 에도 신페[江藤新平][142] 등을 가리킨다. 후지와라 아키라[藤原彰]에 의하면 군인칙유는 메이지 신정부에 대항하던 서남(西南)전쟁이나 사가[佐賀]의 난과 같은 구무사의 반란을 진압하는 과정에서 군대를 장악하고 통제하던 메이지 군대의 탄생의 역사를 기리는 것으로 성립하여 격동기 사회의 혼란을 수습하고 군대의 통제의 고난을 반영한 메이지 전반기 시대의 산물이다.[143] 군인칙유의 '신의'에 관한 덕목에서 '小節의 信義'와 '大義의 중함'을 대조하여 '大義의 중함'을 근거로 사물을 분별해야 한다는 기술 방식은 서사의 사랑·가족·국가를 구성하는 논리의 수사로서 반복된다. '작은 벌레'와 '큰 벌레'의 대비로 구성하는 이에[家]를 우선하는 가족의 논리, '창해'와 '조'의 대비로 구성하는 국가의 논리, 사물의 경중을 따져 연애를 부정하는 사랑의 구성 방식 등 서사의 직분 우위 구조는 이러한 수사에 의해 구축된다. 통상적으로 대소를 대조하여 소의 희생을 정당화하는 수사는 한문맥의 대비적 문장 구조의 사유를 바탕으로 하는 것으로 군인칙유의 고유한 특성으로 한정할 수 있는 것은 아니다. 대를 위한 소의 희생

---

140 由井正臣·藤原彰·吉田裕 校注, 앞의 책, 176면.
141 西鄕隆盛(1827~1877), 막부 말 유신기의 정치가, 薩摩藩의 지도자로 신정부군의 승리를 주도했지만 정한론 정변으로 하야. 귀향해서 사학교를 설립.
142 江藤新平(1834~1874), 정치가·막부 말 지사로서 활동하여 유신정부의 개정 율례를 제정한 뒤 정한론 정변으로 하야·민선의원설립을 건의한 직후, 사가의 난을 주도하여 처형당함.
143 由井正臣·藤原彰·吉田裕(校注), 앞의 책, 485면.

을 정당화하는 수사는 메이지유신 시대를 상징하는 특정한 맥락에서 구사되는 군인칙유와 유사한 방식의 유형으로 메이지 신정부의 주역인 오쿠보 도시미츠[大久保利通]의 일기의 "대를 취하고 소를 떠나는 취의"[144]에서도 살펴볼 수 있다.

1871(메이지 4)년 오쿠보 도시미츠[大久保利通], 사이고 다카모리[西鄕隆盛], 미토 다카[水戶孝允], 야마가타 아리토모[山縣有朋] 등이 폐번(廢藩)의 결행을 합의한 7월 12일의 일기의 비유적 표현과 같이 폐번직현(廢藩置縣)의 지방제도 개혁을 단행하는 긴박한 시기, 사물을 판단하는 잣대로서 대소의 구별이라는 일반적인 의미 외에도 메이지 유신을 정당화하는 새로운 출발의 역사성을 띠는 의미를 함축하는 비유로서 구사되었다.

이와 유사한 방식이 군인칙유의 "小節의 信義"와 "大義의 중함"에 대비하여 "그릇된 판단, 과오"를 범한 구막부 측의 영웅호걸의 예로써 "훈계"한 대목이다. 에도의 구막부를 폐하고 메이지유신의 주역의 정세판단이 타당하다. 역사 인식을 바탕으로 "大義의 중함"의 메시지는 『호토토기스』의 구원 모티프의 가족의 수난사로 구체화된 것이다. "남편의 전사를 알리는 전보"를 예시하는 피투성이 남편의 꿈은 "몸을 滅한" "영웅호걸"의 환영으로 역사의 "패배자"의 억압된 집단적 무의식의 표출이다. 여기에서 군인칙유의 질타와 "훈계"와 연계되는 맥락을 확장하여 갈등과 분열의 상처를 치유하려는 통합의 주제와 연관된 의미를 발견할 수 있다.

중세적 신의 질서는 배제된 물리적으로 구분되는 "공허하고 동질적인" 시간 안에서 동시대인을 상상하는 것이 가능해졌다고 주장하는 베네딕트 앤더슨의 민족주의의 기원[145]의 논의와 관련짓는다면 구원의 모

---

144 『大久保利通日記二』(日本史籍協會叢書 27), 東京大學出版會, 1927, 178면.
145 베네딕트 앤더슨에 따르면 정본언어, 신성한 신의 섭리에 의해 통치되는 군주체제,

티프는 일본민족주의 기원의 상징적 의미를 함축한다. 19세기 천황을 구심점으로 하는 메이지 신정부의 근대국가 창출 과정에서의 분열과 갈등의 상처를 종교의 힘으로 극복한 오가와 기요코(小川淸子)의 구원의 모티프는 패자를 감싸 안아 천황제를 구심으로 하는 통합에 이르기 위한 '공동체의 신성성'의 연속성을 제공하는 것이었다. 서구의 국민국가 형성에 있어 기독교가 문화적인 통합원리로 기능했던 바와 같이 일본에서는 기독교의 상응물로서의 종교, 천황제 이데올로기[146]가 기능했다. 구원의 모티프로서의 기독교와 천황제의 결합이 국민통합의 주제로 연계될 수 있었던 것은 '공동체의 신성성'이라는 종교성의 의미를 부여하는 맥락인 것이다.

서사의 죽음, 상실 등 초월적인 종교적 신성성으로 '예속' 시키는 메시아적 구원의 의미를 부여함으로써 일본민족주의 기원과 관련짓는 해석이 가능하다. 이는 천황이 하사했다는 군인칙유의 "훈계"를 형태를 달리하여 서사에서 '예속'의 개념으로 인간을 초월하는 신성한 종교성의 차원으로 구성하는 방식으로 형상화한 것이다. 군인칙유의 논리라면 "小節"을 버리고 "大義"에 봉사하는 "훈계"는 천황의 초월적인 신성함으로 '예속'시키는 서사적 질서에서 메시아적 구원으로 구현되는 것이다. 이러한 의미에서 서사의 플롯과는 일견 무관한 것처럼 보이는 오가와 기요코를 둘러싼 모티프는 국민통합의 주제를 향한 구원의 전제인 '예속'의 의미를 함축한다고 하겠다.

시간의 개념이라는 세 가지 문화 개념의 통제력을 상실한 시공간에서 민족을 상상하는 가능성이 발생한다. 베네딕트 앤더슨, 윤형숙 역, 앞의 책, 62면.

146 오성철, 「조회의 내력－학교 규율과 내셔널리즘」, 윤해동·천정환·허수·황병주·이용기·윤대석, 『근대를 다시 읽는다』, 역사비평사, 2006, 95면.

4) "남자에서 남자에게로"–남성의 정체성 형성

1895(메이지 28)년 4월의 평화조약체결 후인 6월 초순에 다케오는 일시 귀가한다. 다케오는 즈시를 방문하지만 때마침 나미코는 아버지 가타오카 중장과 여행을 떠나 상봉은 이루어지지 못했다. 나미코의 죽음이 임박한 것을 직감한 가타오카 중장이 나미코와 함께 교토로 마지막 여행에 나선 것이다. 다케오는 끝내 나미코를 만나지 못한 채 다시 남정(南征)의 길에 오른다. 서로 다른 방향을 향하던 기차가 야마나시(山梨)역에서 잠시 정차하여 차창 안의 두 사람은 서로를 일별한다. 안타까운 시선을 나눈 짧은 해후로부터 얼마 지나지 않은 7월 7일, 나미코는 "이제–이제 여자따위–태어나지 않을 거야–괴로워!"라는 말을 마지막으로 숨을 거둔다.[147]

타이완 원정 중에 있던 다케오는 나미코의 임종을 지키지 못한 채 11월23일 천황이 주관하는 제의인 신상제(新嘗祭)의 날 귀국하여 아오야마(青山)의 나미코의 묘지를 참배한다. 때마침 나미코의 묘지를 찾은 가타오카 중장은 다케오의 손을 잡고 "전도요양"의 앞날을 기원하며 "타이완이야기"를 들려달라는 "당돌한 대화"[148]로 종결한다. 나미코를 잃은 두 사람은 친족 간의 변함없는 유대를 확인하면서도 비애의 심정을 토로하지 않고 "남아의 마음을 단련"하는 군인으로서의 결속을 다진다.

『호토토기스』서사의 "작중시점은 삼국간섭 직후이며 발표 시점은 와신상담의 한가운데의 현실을 향해 육해일치하여 제민단결의 메시지

---

147 "당시의 여성의 전사회적인 외침이 되었다"는 평과 같이 나미코의 임종의 한마디는 여성 독자의 공감을 불러 일으켜 여성을 위한 서사로서 수용되는 계기가 되었다. 한편, 『不如歸』가 오야마 노부코(大山信子)를 모델로 했다는 입장에서는 노부코가 임종시 남긴 한마디를 로카가 듣고 "전기와 같은"섬광이 일어 단숨에 소설을 집필했다고 한다(兒島襄, 『大山巖』, 文芸文庫, 1985, 289면)

148 佐藤勝, 앞의 논문; 山田有策 편, 『明治の古典–不如歸』, 學研, 1994, 57면; 藤井淑禎, 앞의 논문, 61~62면.

를 전하는" 것이다.[149] 1893(메이지 26)년 5월의 조슈 이카호上州伊香保에서 다케오와 나미코의 신혼여행으로 출발한 1893(메이지 26)년 5월은 '전시대본영조례'가 공포되어 육군의 작전통수권이 확립된 시기이며, 7월 28일 개정으로 '해군군령부설치'하여 해군도 통수권을 확립하기에 이르렀다. 부부의 신혼여행에서부터 나미코 묘지 앞의 두 남성이 재회하는 종결에 이르기까지 서사의 작중 시기는 1893(메이지 26)년 5월에서 1895(메이지 28)년 11월까지이다. 이 시기는 1894(메이지 27)년 8월 청일전쟁이 발발하여 9월 황해해전의 승리, 1895(메이지 28)년 4월 청일강화조약이 체결되어 종전을 맞이한 직후로서 전쟁에서 승리했지만 서양의 열강에 의한 삼국간섭의 압박으로 요동반도를 송환하지 않을 수 없었던 굴욕감을 "와신상담(臥薪嘗膽)"[150] "전도요양(前途遼遠)"의 슬로건으로 분출하는 등 국민의식이 한껏 고조되었다. 청일전쟁을 일본 제국을 팽창시킬 수 있는 호기로 파악한 도쿠토미 소호는 청일전쟁 후 국민의 "자존심의 회복"에 최대의 역점을 두었다.[151] 1894(메이지 27)년 『국민지우(國民之友)』에 게재된 소호의 논설 「일본 국민의 팽창성」을 보면 그는 "팽창"과 "국민적 자부심"을 논점으로 부각했는데, 삼국간섭은 소호에게도 내적인 변화를 불러일으킨 사상 전환의 계기가 되었다.[152]

이러한 청일전쟁을 전후로 하는 역사적인 문맥을 살펴본다면 '남자를 남자로 하'는 남성 정체성의 서사를 삼국 간섭을 기점으로 전개한 것은 우연으로 치부할 수만은 없다. 아내와 딸을 잃은 상실감을 나누고 격려하는 두 남성의 위안을 삼국간섭의 충격과 상처를 치유하는 일본

149 藤井淑禎, 앞의 논문(1991), 63면.
150 신문 『日本』에 게재된 三宅雪嶺의 논설 「臥薪嘗膽」에서 삼국간섭을 "전쟁에 이겼어도 외교에 진다"는 뜻에서 臥薪嘗膽으로 표현한 이후 이 성어는 시대를 상징하는 어휘로 유행하게 되었다. 生方敏郎, 앞의 책, 351면.
151 米原謙, 『근대일본의 아이덴티티와 정치(近代日本のアイデンティティーと政治)』, ミネルブァ書房, 2002, 67면.
152 德富蘇峰, 『蘇峰自伝』, 平凡社, 1982, 310면.

대제국이라는 상상의 공동체의 서사에서 찾는 것이다. 천황을 정점으로 하는 국민통합의 상징적 의미는 묘지를 뒤로 한 두 남성의 재회를 '신상제(新嘗祭)'[153]의 날에 설정한 것에서도 명료하다. 이 날은 육군 가타오카중장과 해군 다케오의 악수는 천황이 통수권을 장악한 "천황의 군대"의 "육해일치"의 "제민단결"의 메시지를 상징한다.

삼국간섭의 울분과 패배감을 씻고 실추된 일본 국민의 '자존심'을 회복하며 열등감을 치유함으로써 서양과 대등한 힘의 균형 감각을 작동시키는 것으로 일본인의 아이덴티티를 회복하려는 시도와 맞물려 서사의 부부애는 서양의 러브와는 다른 양태의 관계 역학을 그려냈다. 사랑과 가족, 국가의 구성 요소와 '직분'이 맺는 관계 속에 서사의 직분 중심의 남자의 주체성을 형성하는 서사를 구축했다.[154]

청일전쟁이라는 시간 안에서 앤더슨의 '동시성'의 개념은 외국의 바다에서 전투하는 남성과 그를 기다리는 가정의 여성으로 젠더의 특정한 전제를 함축한다. 이 소설은 다른 지형에서 동시에 발생한 사건만이 아니라 남성과 여성의 같은 시간 안에 발생하는 사건들을 독자들에게 국가주의자의 틀에서 상상하게 한다.[155] 청일전쟁의 시간 축에서 애정의 서사와 전쟁의 서사를 교차하여 시공간이 서사적 의미를 지니는 형태로 배치함으로써 남녀의 삶에 전혀 다른 방식으로 청일전쟁이 개입하는 방식을 명료하게 드러낸다. 즉, 애정의 서사는 이별을 향해 전쟁

---

153 "천황이 신곡을 천지지신에게 올리는 제의로서 국민통합을 수행하는 의례"(佐藤勝, 앞의 책, 194면) 11월 23일에 행하는 천황이 햇곡식을 천지의 여러 신에게 비치고, 진히 먹기도 하는 궁중의 제사. 지금은 근로 감사의 날로서 국민 축일로 되었다.

154 청년문화잡지를 표방한 『新聲』에서는 「德富蘆花」를 다룬 기사의 말미에서 빅톨 유고의 문장을 인용하는 것으로 종결했다. "우리 아이여 자유에 살고 진보에 생활하고 광명에 살고 직분에 죽어라"는 문장은 본문의 "사람의 실무" "천직" 등의 청년의 가치관을 일깨우는 본문과 호응하여 『不如歸』를 필두로 하는 로카의 작품이 청년의 '직분'의식과 관련하여 수용되는 맥락을 제시하는 것이다. 高杉梅溪, 「德富蘆花」, 『新聲』6編 2號, 新聲社, 1901, 8, 17면.

155 Ito, Ken K,op.cit.,p.532.

의 서사는 승리에 찬 통합을 향하여 엇갈리는 쌍방향의 지향점은 "애정의 서사가 전쟁의 서사에 종속되는"[156] 구조의 시간 구성인 것이다. 애정의 서사를 우위에 두는 서사라면 허구적인 가상의 시공간으로도 가능하며 구체적인 시공간이 주제와 관련해 의미를 지니지 못한다. 그러나 '직분'에 제약된 제한적인 사랑의 서사로서 나미코의 임종을 7월 7일로 설정하여 역설적으로 이별을 상징하거나 청일전쟁의 '동질적' 시간 안에서 서사적으로 의미 있는 시공간을 특정한 시점에 배치했다.

다케오의 공간 이동이 '이카호[伊香保] → 홍콩 → 시드니 → 샌프란시스코 → 하와이 → 자택 → 요코스카[橫須賀] → 즈시[逗子] → 히로시마[廣島] → 사세호[佐世保] → 자택 → 황해[黃海] → 사세호[佐世保] 해군병원 → 려순[旅順] → 자택 → 즈시[逗子] → 야마나시역[山梨驛] → 타이완[台湾] → 아오야마[青山]묘지' 등 청일전쟁의 전지의 이동과 거의 일치하는 방식으로 공간 이동이 비교적 큰 폭으로 확장되는 데 반해서 나미코의 공간 이동은 '이카호[伊香保] → 자택 → 즈시[逗子] → 자택 → 친정 → 즈시[逗子] → 교토[京都] → 야마나시역[山梨驛] → 병원' 등과 같이 집과 별장, 병원 등 투병 생활이 벌어지는 공간 이동은 매우 협소하고 제한적이다. 이러한 대조적인 공간 이동은 사랑의 서사와 전쟁의 서사의 대비를 한층 두드러지게 하여 청일전쟁의 승리를 향해 나아가는 팽창의 궤적 속에 전쟁의 서사의 우위를 두는 구조의 구성이라 하겠다.

이러한 직분우위의 구조는 직분과 연애를 대립적으로 파악하던 시대에 산출된 구성이다. 전술한 사뮤엘 스마일즈의 『직분론』이나 '연애의 정'과 '공명의 지'를 대립시키는 한자·한문의 교양 등 직분을 우위로 하는 가치 체계에서 생성되는 형태의 연애인 것이다. 이러한 맥락에서 7월7일에 나미코의 임종을 맞이한 것은 견우와 직녀의 만남을 연상

---

156 藤井淑禎, 앞의 논문(1991), 63면.

시키며 사별의 비극성을 고조시키는데[157] 이는 직분과 사랑의 관계성의 함의와도 연관된다.

현재까지 널리 알려져 있는 견우직녀 이야기가 중국의 칠석 문화로부터 전승됐다는 점은 말할 나위 없다. 칠석 전설이 문헌에 처음 등장한 것은 "초초견우성(迢迢牽牛星)"의 시이다. 이것은 『문선(文選)』속의 「고시십구수(古詩十九首)」로 한(漢)대에 편찬되었으며 『詩經』의 시를 이어받아 불려진 가요이다. 그 밖의 문헌에서도 중국의 칠석 전승은 후한 시대 이미 성립된 것으로 알려져 있다. 이 때 견우와 직녀의 7월 7일의 상봉에 관한 경위에 대해 양(梁)의 종회(宗懍)의 「형초세시기(荊楚歲時記)」에 다음과 같은 설명이 있다.

하늘의 강의 동쪽에 직녀가 있다. 그녀는 천제의 딸이다. 매년, 베 짜는 일에 정성을 다하여, 구름과 같이 고운 비단의 천의를 짜냈다. 천제는 그녀가 독신인 것을 슬퍼하여 하늘의 강의 서쪽인 견우낭군과 결혼을 시켰다. 시집을 가서는 그녀는 베 짜는 일을 완전히 그만두어버렸다. 천제는 그러한 그녀에게 화를 내고 꾸짖으며 하늘의 강인 동쪽으로 돌려보냈다. 단, 매년 한번만 7월 7일 밤에, 하늘의 강을 건너 견우와 만나게 했다.[158]

견우와 직녀에 관한 유래는 이후 중국 각지에 퍼져 「형초세시기(荊楚歲時記)」에 가까운 유형의 민화가 많이 파생됐다. 이러한 칠석전승의 신화적 핵심은 견우와 직녀가 일 년에 한 번 만나는 것이 두 사람이 일을 게을리 한 것에 대한 '처벌'이라는 점에 있다. 또한 중국의 칠석 전승은 일본과 조선에 전해져, 일본에서 예로부터 전해져 내려온 베틀 짜는

---

157 권보드래, 「한국·중국·일본의 근대적 문학 개념 및 문학어 형성(1)—소설 『不如歸』의 창작 및 번역·번안 양상을 중심으로」, 『대동문화연구』 42집, 성균관대학교, 2003, 394면.
158 칠석 전설에 관해서는 小南一郎, 『西王母と七夕伝承』, 平凡社, 1991, 31면.

여자(棚機娘) 신앙이 중국의 직녀 신앙과 결합하여 각각의 독자적인 칠석전승을 낳는 것에 영향을 미쳤다[159]는 칠석에 얽힌 배경을 고려한다면 남녀의 이별의 이야기만이 아니라 그 비극의 배경에는 사랑과 직분의 대립에 의해 사랑이 죽음에 이르는 직분 우위 구조의 원형으로서 주목해야 할 것이다. 이러한 차원에서 나미코의 임종을 7월 7일로 설정한 것은 사랑이 부정되는 직분 우위 구조의 서사적 필연성을 내포하는 부부애의 상징으로서 의미심장하다.

이러한 사랑의 서사와 전쟁의 서사의 교착이 직분에 종속하는 형태로 종결하는 결말은 "남자다움"의 규범을 직분에 두는 시대에 맹위를 떨치던 구조이다. 시대에 따라 서사의 결말에 대한 해석은 달라지는데 훗날 『호토토기스』의 결말에 대해서 후지이 히데타다(藤井淑禎)는 다음과 같이 언급했다.

> 남자에서 남자에게로 세로로 전하는 힘=남성원리가 마지막으로, 그러나 당돌하게도 여성원리를 무너뜨렸다고 바꾸어 말해도 좋을지 모르지만 만약 그렇다고 하더라도 다케오와 나미코의 비화=여성원리에 물든 서사를 중심으로 해서 이 작품을 읽어 온 독자가 "위화감"(야마다 씨)을 느꼈다고 하더라도 무리는 없다. 거친 표현을 허용한다면 연애소설에서 전쟁소설에의 갑작스런 변모가 독자를 당혹스럽게 했다. 그러나 생각에 따라서는 다케오와 나미코의 비화에만 시선을 향하는 것은 이 소설을 일종의 연애소설로 보는 것으로 원래 『호토토기스』라는 작품은 충분히 전쟁소설로 읽는 것도 가능하다.[160]

---

159 위의 책, 32~33면. 西王母와 칠석 전승이 결부되는 경위에 대해서 명말청초의 역사를 제재로 한 소설 「信史奇觀」의 제15회의 삽화 "견우와 직녀의 두 별이 서로 사랑하여 각자의 직분을 소홀히 할 것을 염려하는 玉帝를 위하여 천하의 동서의 양 끝에 살게 해 매년 7월 7일 밤 한 번밖에 만날 수 없었다"는 기술 역시 직분과 결부된 별리라는 맥락에서 칠석전승과 동일하다.(위의 책, 98면)

다케오와 가타오카 중장이 가족을 잃은 비애를 나눌 것이라는 독자의 기대를 배반하고 두 사람이 제국 일본의 건설에 투신하는 길을 결의하는 종결 방식이 독자들을 당혹스럽게 했다는 것이다. 그런데 전술한 바와 같은 당대 독자들의 투고문에 나타난 "다케오의 남자다운 거동",[161] "무엇인가 뇌리에 남을 것이다"[162]는 호의적인 반응도 적지 않았는데 이는 독자의 기대에 부합된 결말로서 읽혔다는 의미일 것이다. 이것은 발표 당대의 문맥에서 독자의 감상이 반드시 "다케오와 나미코의 비화 = 여성 원리에 물든 서사를 중심으로" 하는 것만이 아님을 의미한다. 청일전쟁을 전후로 하는 당대의 현실에서 일본 남성들의 불안, '직분'을 자신의 버팀목으로 하던 남성들의 존립 근거가 위협받는 불안한 심정에 공명하는 것으로도 읽혀질 수 있다. 지금까지 언급한 바와 같이 '직분'의 논리가 압도적으로 우월한 지위를 차지하는 구조를 중핵으로 한다면 "직분의 길"에 따르는 것을 맹세하는 결말은 서사의 필연적인 귀결이며 "남자다운 행동"이라는 찬사가 바쳐지기도 했다. 오랜 세월에 걸친 수용의 과정에서 결말은 찬사와 불만의 평이 엇갈리는 방식으로 시대의 변화에 예민하게 변화했다. 이념의 시대에서 남성 독자들이 공명했던 '직분' 우위의 가치는 이후 탈이념의 시대를 통과하며 "위화감"으로 변모했다.

'사랑'과 '직분'의 '멜로드라마적' 이분법이 더 이상 유효하지 않게 된 시점에서 양자의 관계는 전도되었다. '직분'이 중시되는 시대를 조건으로 성립해 자연주의의 도래와 함께 "연애를 지렛대로 해서 '자아'를 형성"[163]하는 사회에서 '연애'는 더 이상 남자가 싸워야 할 부정의 대상이 아니며 '사랑'과 '직분'은 양립할 수 있는 가치로 여겨졌다. 이러한 점에

---

160 藤井淑禎,앞의 논문(1991), 61~62면.
161 紅野敏郎, 앞의 논문, 5면.
162 無署名,「『不如歸』物語」,『文章世界』1卷3號, 博文館, 1906.5, 103면.
163 井上輝子, 앞의 책, 13면.

서 '연애'는 개인을 규범으로 하는 서구적 근대에서 '자아'와 '자유'의 획득을 위해서는 통과해야할 시금석"[164]으로 그 의미가 변모했고, 남자의 존재 의의를 '직분'에 구할 수 없게 된 시대에 이르러서 『호토토기스』는 변용되어 원작과는 다른 그 시대의 텍스트를 창출하게 된 것이다. 하지만 이러한 수용 방식을 "위화감"이라는 후대에 형성된 잣대로 고정화하는 것은 의도와 무관하게 『호토토기스』 수용이 쌓아올린 역사의 퇴적 층위를 사상하게 되는 결과를 초래할 우려가 있다.

지금까지 기술한 바와 같이 발표 당대의 문맥을 복원함으로써 오늘날의 『호토토기스』의 부부애 찬미의 표상과는 전혀 다른 '호토토기스'가 가시화되었다. 동시대의 남자다운 규범에 구속되면서도 사랑의 고뇌와 갈등, 비애를 떨치지 못한 다케오의 진정성을 외면하지 않았다는 점에서 이후 '연애'로 상징되는 개인 우위의 시대에서도 『호토토기스』는 다시 읽혀졌다. 다시 말하면 '사랑'과 '직분'의 사이에서 동요하는 남성이 아내를 잃은 고난 끝에 '직분'의 길에 투신하는 구조는 메이지 후반 남성 독자들의 공감을 획득하였으며, 자연주의 이후 개인 우위의 시대에 이르러서는 여성 독자들에 의해 사랑의 서사로 초점이 이동하여 수용되었다. 원작의 부부애가 남성다움의 규범 속에서 억압되는 방식으로 전개된 것과는 다르게 비극으로 끝난 미완의 사랑에 대한 아쉬움과 미련은 독자의 상상력을 불러일으키며 부부애의 서사를 확장하는 방식으로 수용되었다. 사랑의 서사가 그것을 부정하는 가치 체계에서 비로소 현현되는 역설, 그 위태로움 속에서 부부애 표상이 구축되었다.

---

164 牟田和惠, 「「현모양처」 사상의 표리 – 근대일본의 가정문화와 페미니즘「良妻賢母」思想の表裏 – 近代日本の家庭文化とフェミニズム」, 『女の文化』, 岩波書店, 2000, 43면.

제
2
장

문자에서 소리[聲]로

『가정신시 호토토기스의 노래』

제1절 신문연재소설에서 서적으로 -『소설 호토토기스』의 매체 전환

1) '신소설'에서 '소설'로 - 문자·삽화의 재구성

제2장에서는 신문연재 발표 이후의 『호토토기스[不如歸]』의 행로에 관한 분식을 나룬다. 『국민신문』에 발표된 『호토토기스』는 이듬해 1900(메이지 33)년 1월 민유샤[民友社]에서 단행본으로 출간되었다. 단행본은 신문연재소설의 이미지와는 상당한 차이를 보이는데 현대에까지 미치는 '호토토기스'의 이미지는 이러한 단행본의 이미지를 바탕으로 했다는 점에서 신문연재소설과 단행본의 차이는 간과할 수 없다.

서론에서 기술한 바와 같이 신문연재 발표 당시 "남자다운 거동"이나 "상류층 가정"으로 주목을 받던 『호토토기스』의 부부애 표상은 신문연재소설 발표 당대에 획득된 것이 아니라 단행본 출간 이후의 수용 과정에서 확산, 정착했다. 신문연재 발표 당대의 맥락과 단행본 이후의 『호토토기스』의 수용 맥락은 단절과 비약의 불연속성이 존재한다. 그러나 소설로 발표된 이후 영화 · 신체시 · 노래 등의 다양한 장르로 변형되는 원본과 복제의 현저한 격차에 묻혀 인쇄 매체의 차이는 구별되지 않음으로써 『호토토기스』는 단행본을 가리키는 것이라는 암묵적인 합의가 이루어져 왔다. 신문연재소설과 단행본을 동일한 것으로 간주하는 수용의 근저에는 매체의 차이는 의식되지 않았다. 신문연재소설에서 단행본으로 『호토토기스』의 매체의 전환은 "신소설"에서 "소설"로의 장르 전환과 중첩되어 일본 근대소설 형성에서 '소설'로의 전변의 과정을 보여준다. 특히 매체 전환의 과정에서 의식된 시각적 이미지의 구성은 삽화를 둘러싼 일본 근대의 변화와 맞물린 것이다.

선행 연구의 『호토토기스』는 신문연재소설과 단행본을 동일한 것으로 간주했는데 사토 마사루佐藤勝는 양자를 "별도의 작품"으로 간주할 것을 제기했다.[1] 『국민신문』 연재 당시의 『호토토기스』는 그다지 평판이 좋지 않았지만 단행본으로 간행되면서 주목을 받았다는 이유에서였다. 이러한 신문연재소설과 단행본의 차이를 규명하여 "단행본의 단계에서 한층 부부간의 순애의 서사로서 이미지화했다"는 서사적 층위의 분석은 오늘날의 '호토토기스'의 이미지가 단행본의 이미지에 입각한 것임을 웅변한다.

서사적 층위의 이러한 변모는 매체의 변화와 호응하여 "부부의 순애의 서사"로서의 이미지를 생성했다. 따라서 매체의 변화에 접근하기

---

1   佐藤勝, 「『不如歸』改稿考」, 『帝京大學文學部紀要』 21號, 帝京大學國語國文學會, 1989, 225~242면.

위해 마에다 아이[前田愛]의 "독자층의 실태를 세 가지의 위상 – 작자의 대독자의식, 출판기구의 구조, 독자의 향수층 – 에서 연상시키는"[2] 독자론의 관점에서 '음독에서 묵독으로' 독서 스타일의 이행을 통해 밝힌 근대 독자 성립의 프로세스는 '호토토기스' 수용의 분석에 유효한 시각을 제공해 준다. 음독과 묵독의 독서 방식과 독자층의 상호 관련성은 '호토토기스'의 수용을 관통하는 문제로서 신문 연재소설과 단행본의 매체의 차이에서 보다 분명해진다. 이러한 매체의 전환과 수용방식의 차이를 통해 단행본이 최대의 베스트셀러로 도약할 수 있었던 요인을 고찰하여 '호토토기스' 수용에서 갖는 의의를 조명할 것이다.

따라서 제2장에서는 작품과 비평, 출판사와 독자라는 송신자와 수신자의 상호작용에 의해 사회적으로 구축된 산물로서 단행본 『소설 호토토기스』의 상품성 측면에 초점을 두어 '호토토기스' 수용 조건을 분석할 것이다. 즉, '호토토기스' 수용의 단계를 세분하여 『소설 호토토기스』가 단행본으로 "별도의 작품"이 되는 순간에 착목함으로써 '가정소설'로 범주화되는 과정과 부부애 이미지 확산의 계기들을 조명할 것이다.

먼저 신문연재소설을 알리는 광고에서 "小說 不如歸"라는 제목을 달았고 광고 문안에는 "신소설"[3]로 기술된 바 있으며 연재 시의 제목은 "不如歸"로 표기되었다. 또한 신문 연재 당시 『호토토기스[不如歸]』는 여타의 '신소설'과 마찬가지로 매회 "新來の客", "慈悲心鳥" 등 한어의 제목과 삽화가 게재되었다. 1898(메이지 31)년 11월 29일부터 『호토토기스』에는 무서명의 삽화가 게재되었지만 이듬해 2월부터 삽화는 실리지 않았다. 연재의 노중에 폐기된 삽화는 동시대의 '신소설'에 흔히 볼 수 있는 유형화된 삽화였다.(그림 4)

---

2   前田愛, 앞의 책, 78면.
3   1898(메이지 31)년 11월 11일부터 수차례 『國民新聞』에 게재된 『小說 不如歸』의 「予告」에는 "작자 고심 경영 속에 있는 신소설은, 不如歸 蘆花生으로 하여 탈고 점차 근일의 지상에 연재할 것임"이라는 문안이 실렸다.

이듬해 단행본은 "小說 不如歸"의 제목을 달았는데 한자 성어를 중심으로 하는 매회의 제목과 삽화를 삭제하고 구로다 세이키[黑田淸輝]에 의한 권두화(그림 5)를 곁들여 신문 연재소설 이미지를 탈각했다. 삽화와 매회의 소제목의 삭제는 '신소설'의 이미지와의 단절을 겨냥한 것으로 이러한 기반 위에서 의장의 변모는 "한층 부부간의 순애의 서사로서 이미지화"하는 데 부합하는 것이다. 신문연재소설에서 단행본으로의 매체의 전환의 과정은 "신소설"에서 "소설"로의 자각을 보여주는 것이다. 신문연재소설의 단계에서는 광고에서 표명된 "소설" "신소설"의 기술과 같이 장르에 대한 의식은 동요했다. 이는 연재소설의 제목 "不如歸"와 신문의 삽화와 매회의 제목 등이 광고에서 기술된 '신소설'과 결

그림 4 『國民新聞』(1898.11~1899.5)에 게재된 『호토토기스[不如歸]』의 삽화(1898(메이지 31).11.30)

부된 의장으로 구성된 데 비해서 단행본의 단계에서 "小說"에 대한 명확한 장르 의식으로 전환하는 변경이 이루어졌다. 이렇게 제목의 미세한 차이에서 표명하는 바와 같이 신문연재소설에서 단행본으로의 질적인 변환이 이루어졌다. 즉, 신문연재소설의 독자층은 『국민신문』의 독자층과 중첩되는 서생 등 주로 남성 지식인과 신흥 상공업자[4] 등 중류층 가정의 가족이 다수를 이루었다. 이들 독자층은 '신소설' 독자층의 지지기반과 겹쳐진다. 단행본에서는 "소설"로의 전환과 '부부애'와 여성 독자층의 확장이라는 상호 연관된 방향의 변모가 이루어졌다. 이러한 점에서 "신소설"에 대한 의식이 "小說"로의 전환을 촉구하는 방식으로 진전시켰다고 할 수 있다. 다시 말하면, '신소설'의 이미지 탈각의 방향이 "호토토기스"에서 "소설 호토토기스"로 분명하게 "소설"을 제시하게 함으로써 장르에 대한 의식을 뚜렷하게 부각시켰다는 것이다.

이러한 단행본 『호토토기스』의 변화는 신문연재소설의 삽화를 삭제하고 권두화를 삽입한 시각적 이미지에 의존했다.

여기에는 본문의 등장인물과 풍속을 정밀한 일본 화풍에 담은 삽화는 "회화 중심"으로, "본문은 삽화를 설명"하는 방식으로 구성된 근세의 게사쿠[戱作]와 같은 통속적인 이야기책의 전통[5]이 소신문의 강담(講談)으로 이어지는 일본 삽화의 전통의 맥락이 존재한다. 일본 근세소설에서는 '경치 형용'을 글이 아니라 '세밀한 삽화'로 그려내는 것에 중심을 두었다. 이러한 삽화의 기능을 활자에 위임하여 '경치 형용'을 삽화가 아닌 '시각적 묘사'로 대체하는 것이 『소설신수(小說神髓)』[6]의 소설론이다. 이러한 소설론의 인식론적 장치에는 삽화와의 단절과 활자에 의해

4　山本武利, 앞의 책, 119면.

5　"회화 중심으로 우선 삽화로 독자의 눈을 기쁘게 하고 그 호기심을 자극하는 것이 주안으로 본문은 삽화를 설명 關肇, 앞의 책, 233면; 野崎左文, 「草双紙と明治初期の新聞小說」, 『早稻田文學』, 1927.10.

6　坪內逍遙, 정병호 역, 『소설신수(小說神髓)』, 고려대 출판부, 2007, 212면.

그림 5 『호토토기스[不如歸]』에 수록된 구
로다 세이키[黑田淸輝]의 권두화

구성되는 시각적인 상으로의 이행을 가져온
양서(洋書)의 출판 독서 문화가 상호 작용한
다.[7] 이러한 삽화의 연속성 속에서 오자키 고
요[尾崎紅葉]는 자신의 신문소설에 삽화를 배
제하려는 주장을 개진하고 문장의 조탁, 언어
에 의한 풍속 묘사에 주력함으로써[8] 삽화에
의존하던 근세 통속적인 장르와의 단절을 의
식했다. 근세에서 근대로의 이행의 한 시기에
는 활자와 삽화를 대립적으로 인식하는 사유
에서 삽화가 부정되는 단면이 속출한 것이다.

단행본 『호토토기스』에서 신문연재소설의
삽화가 배제된 것은 이러한 삽화의 흐름을 잇

는 '신소설'과 절연하는 것이다. 이로써 활자만으로 구성된 본문과 서양
화 화풍의 권두화의 시각적 요소가 어우러진 양서로서 '신소설'과 결별
하고 '소설'에 상응하는 단행본의 의장을 갖추게 되었다. 즉, '신소설'에
서 '소설'로의 이행에는 이야기책의 전통과의 단절이라는 허구와 사실에
대한 인식이 자리한다. 이러한 '소설'에 대한 자각적 인식은 뇌리 속에 유
형화된 삽화를 배제하고 활자에 의한 '시각적 묘사'와 구로다 세이키 에
의한 서양 화법의 권두화를 싣는 시각적 이미지의 선택에도 작용한다.

『국민신문』에 게재된 여성 독자의 투고에는 다음과 같은 권두화의 감
상이 실려 있다. (그림 5) "먼저 펼쳐보는 사진판의 1면, 저편에 끝없이 넓
은 바다가 펼쳐지고, 바위 위에 숄 어깨에 걸친 서양풍의 젊은 부인, 붓은
명성 높은 구로다씨의 그것으로 깊은 상념에 빠진 것 같은 눈매와 눈물

---

7   紅野謙介, 앞의 책, 25면.
8   "오락성을 구하는 독자의 계승을 겨냥한 삽화를 넣은 신문소설은 근세의 쿠사조시
     [草双紙]와 같이 향수에 친숙한 전통에 입각." 關肇, 앞의 책, 233~234면.

넘쳐흐르는 듯한 풍정(風情)(…후략…)"[9] 등 해안가의 바위에 앉은 나미코의 "병약한 모습이 적확하게 묘파된"[10] 권두화[11]는 구체적으로 눈앞에 펼쳐진 실재하는 대상을 사실적으로 그린 기법으로 이전의 관념속의 풍경을 담은 삽화와는 확연히 달랐다. 원근법에 의한 해변의 풍경 속에 우수 어린 표정의 나미코의 권두화는 이야기책의 삽화의 이미지와 결별하게 하고 "자연"과 내면의 발견이라는 동시대의 문맥으로 전환시켰다. 신문연재소설에서 단행본으로 매체의 전환은 '신소설'에서 '소설'로의 질적인 전환이었으며 이러한 단행본 이미지는 권두화에 응축된다.『소설 호토토기스[不如歸]』의 표상으로 확고하게 뿌리내린 권두화의 〈나미코상(像)〉은 동정의 표상으로 각인되어 여성 독자를 중심으로 하는 폭넓은 독자층에 파고들었다. 이러한 단행본『소설 호토토기스』의 이미지를 결정지은 구로다 세이키의 권두화 성립 배경은 다음과 같다.

2) 동정의 표상 – 권두화의 성립

구로다 세이키의 권두화 성립의 경위를 밝힌 스즈키 미키[鈴木幹]에 따르면 원작자 도쿠토미 로카는 구로다에게 세 통의 서한을 보냈다. 권

---

9   關筆,『新聞小說の時代-メディア・讀者・メロドラマ』, 新曜社, 2007. 103면;宮澤すみれ,「不如歸を讀みて」, 1901,『國民新聞』, 1901.2.17.
10 藤井淑禎, 앞의 책, 191면.
11 구로다 세이키[黑田淸輝]의 〈나미코상〉과 1893년에 발표된 뭉크의 〈멜랑코리〉(화보 참조)는 주제와 화풍에서 비견된다. 구로다 세이키[黑田淸輝]가 뭉크의 작품을 의식했는지에 관해서는 알려져 있지 않지만 해변의 풍경과 인물의 포즈, 전체 화면의 구노와 묘사의 수법 등에서 유사하다. 뭉크의 모친과 누나는 결핵으로 사망했으며 〈병든 소녀〉〈병든 아이〉〈불안〉〈외침〉〈병실에서의 죽음〉 등의 작품 제목에서 보여주는 바와 같이 일생동안 '병과 광기와 죽음'을 주제로 하였다. 덧붙이자면 뭉크는 마네의 화풍을 전하는 크로크에 사사하고, 그 영향을 받았다. 뭉크는 1889년부터 1892년까지 파리에 유학하여 구로다가 프랑스에 체재하던 1866(메이지 17)년부터 1893(메이지 26)년의 시기와 겹쳐진다. 구로다 세이키의 권두화와 〈멜랑코리〉의 관계에 대해서는 보다 주목할 필요성이 있다.

두화를 재촉하는 서한 두 통과 감사를 뜻하는 편지 한 통이었다.[12] 마침 구로다는 출장 중으로 로카는 구로다의 귀경을 기다려 12월 17일 재차 재촉의 서한을 보낸다. 이 편지에는 "반드시 지난번 말씀드린 바와 같은 취향에 한정하지 않고 어떻게든 뜻하는 대로"라는 문구와 같이 최초에 의뢰한 단계에서 "취향"에 관해 언급했다는 사실을 알 수 있다. 한편, 권두화는 1899(메이지 32)년에 완성되었다. 이듬해 1900(메이지 33)년에는 구로다 앞으로 세 통째의 연하장을 겸한 사례장이 보내졌다. 그러나 현존하는 세 통의 서한에서는 가장 중요한 부분인 "지난번 말씀드린 바와 같은 취향"의 구체적 내용은 명시되지 않았다. 스즈키 미키[鈴木幹]는 세 통의 편지를 상세히 검토한 후 전후의 사실과 대조하는 분석을 통해 로카의 소설 『후지[富士]』에서 구마지[熊次]라는 소설가가 k화백에게 삽화를 의뢰하는 장면이 『호토토기스』의 권두화 〈나미코〉를 의뢰하는 상황을 "재현"했다는 판단을 내린다.

『후지』의 관련 대목이다.

구마지[熊次]는 즉시 긴요한 상담에 들어갔다. "좀 거칠어도 괜찮습니다만 소설의 권두화를 그려주시지 않겠습니까?"요령을 쓴 종잇조각이 k씨의 손에 건네졌다.

장소 즈시의 해안, 不動祠 아래

때 폭풍이 일려고 하는 찰나

인물 가타오카 육군 중장의 딸 나미코. 해군사관 가와시마 다케오에게 시집가서 폐질환을 앓는 탓에 시어머니의 독단으로 이별당하고 죽으려고 한다.

20세, 서양식 머리 모양. 숄을 걸쳤다.

---

12   隈元謙次郞,「黑田淸輝の中期の業績と作品に就いて中」,『美術硏究』115號, 東京 國立文化財硏究所, 1941.7, 19면.

"언뜻 그리신 적이 있는 Solitude(솔리투드)와 같은"

하고 구마지는 말을 덧붙였다. k화백이 즈시[逗子]의 해변에서 비공식적 아내로 있는 부인을 모델로 한 〈Solitude(솔리투드)〉는 바다를 바라보는 외로운 여자를 그린 것을 구마지는 알고 있다. [13]

구마지가 k화백에게 권두화를 의뢰하는 정황을 "재현"한 이 장면에는 구체적으로 권두화의 '요령'을 쓴 메모를 k화백에게 건넸을 뿐만 아니라 나아가서 〈Solitude(솔리투드)〉의 이미지를 제시한 것으로 기술되었다.

구로다는 1884(메이지 17)년에서 1893(메이지 26)년까지 프랑스에서 유학을 하였으며 귀국한 후로는 1899(메이지 32)년 1월부터 8월까지 동경 부근인 쇼난즈시[湘南逗子]에 체재하면서 즈시[逗子]의 풍경을 주제로 〈逗子の雪〉〈逗子五景〉〈富士〉〈海辺〉 등의 소품 연작에 주력했다. 스즈키 미키에 따르면 소설 『후지』에서 〈Solitude(솔리투드)〉라는 작품은 〈쓸쓸함〉(그림 6)이라는 제목의 작품과 동일하다. [14] "바닷가 초원에서 방한용 숄로 얼굴을 감싸고 외투를 걸친 젊은 부인이 앉아 상념에 잠" 긴 모습을 그린 이 작품은 1900(메이지 33)년에 「적료(寂廖)」로 개제되어[15] 파리 만국박람회에 출품된 후 분실했다. [16] 권두화의 '요령'의 내용과 〈Solitude(솔리투드)〉로 불리워진 구로다의 작품〈쓸쓸함〉이 단행본의 권두화 〈나미코상〉과 유사한 이미지를 주는 것은 분명하다. 이러한 제반의 정황을 종합하여 스즈키 미키는 『후지』의 기술과 사실이 불일치한 대목이 적지 않음[17]을 전제하면서 "적어도 〈나미코〉 의뢰의 경위

13　德富健次郎, 앞의 책, 280면.

14　鈴木幹, 「德富蘆花と黒田清輝－小說『不如歸』口繪「浪子」の依賴をめぐって－」, 『「湘南の文學と美術」』, 平塚美術館, 1993.9, 84～85면.

15　『美術評論』 제22호(1900, 11)의 「비평」란에 이 작품의 평이 게재되었다. 여기에서 당시 이 작품의 제목은 〈寂寬〉(그림 6)으로 명기되었다.

16　隈元謙次郎, 앞의 논문, 14면.

17　鈴木幹에 의하면 中野好夫의 『蘆花德富健次郎』의 제3권(第1部, 1972, 第2部 同年,

그림 6 구로다 세이키[黒田清輝]
의 〈적막(寂寞)〉(『美術評論』제22
호, 畵報社, 1900(메이지 32).11)

에 관해서는 대체로 사실을 바탕으로 하는 기술
이"며 또한 "여성의 비애"라는 "테마의 공통성에
이끌린 로카가 단행본『호토토기스不如歸』의 권
두화 제작을 구로다에게 의뢰하여 그것이 실현되
었"다고 결론지었다.[18] 이를 바탕으로 당시의 상
황을 재구한다면『호토토기스』의 테마를 "여성의
비애"로 결정한 로카가 단행본의 권두화를 구로다
에게 의뢰하면서 〈Solitude(솔리투드)〉와 같은 "취
향"을 제시하여 구로다가 그 "취향"에 적합한 형태
로 완성한 것이 된다. 그러나 로카가 구로다에게
권두화를 의뢰한 시점에서 〈Solitude(솔리투드)〉와
같은 권두화를 이미지로 했다는 소설『후지』의 기
술을 그대로 기정사실화하는 것에는 보다 신중함
이 필요하다. 작자의 의도와 단행본의 "취향"과 연관된 문제와 관련하
여 권두화의 의뢰를 둘러싼 몇 가지 의문이 제기되기 때문이다.

먼저 로카가 구로다 앞으로 보낸 서간 중에서 "지난번 말씀드린 바와
같은 취향"이 기술된 최초의 서간이 현존하지 않는 점이다. 남아 있는
세 통의 서간은, 의뢰할 당시의 정황을 알 수 있게 하지만 최초의 의뢰
에서 제시된 "취향" 그 자체에 대한 언급은 전무하다. 로카의 일기는
1914년 이후에 씌어진 것으로 단행본 출간 당시의 상황을 알 수 없다.[19]
구체적인 언급이 결락된 세 통의 서간은 의뢰 시에 제시한 "취향"의 구
체적 내용과는 무관하다. 최초의 의뢰의 서한에 썼다는 "취향"에 관한
언급을 소설『후지』를 방증 자료로 삼아 다른 주변의 상황을 참작하는

第3, 部1974, 筑摩書房)에 로카의 기억의 착오로 여겨지는 부분이 지적되었다.

18   鈴木幹, 앞의 논문, 85면.
19   『黒田清輝日記』에 권두화 의뢰에 관한 언급은 없다. 『黒田清輝日記』2卷, 中央公
論美術出版, 1967.

방식으로『후지』의 의뢰 부분은 "매우 충실하게 사실을 재현(trace)했다"는 결론을 맺는다.

전4권으로 구성된『후지』가 간행된 것은 1925년 이후이다. 이 시기는 이미『호토토기스』가 여성 독자들의 압도적인 지지를 받고, 더욱이 오야마 이와오[大山巖] 대장의 장녀인 노부코[信子]의 실화를 바탕으로 한 모델 소설이라는 소문이 널리 유포되었던 시기였다. 즉,『호토토기스』의 수용이 가시화된 시점에서 사후적으로 권두화 의뢰의 장면이 구축되는 경위를 추적할 수 있다.『후지』의 인용 장면은 로카가『호토토기스』에 〈Solitude(솔리투드)〉의 가치를 발견해내고 자신이 의도했던 "취향"에 따라서 권두화가 제작되었다는 것이 강조되었다.

『호토토기스』의 신문연재 당시 로카 자신이 상정했던 "남자를 남자로 한다"는 남성성은 여성의 배제의 구조에서 구축되었다. 이러한 남성다움의 정체성 형성의 주제는 남성의 제국과 일체화된 희망찬 미래의 낙관과 그 이면의 "여성의 비애"라는 비관의 양면성을 토대로 동전의 양면과 같은 구조에서 구축되었다. 단행본에서는 억압된 "여성의 비애" 에 초점이 맞추어진 것이다.

『호토토기스』의 수용 과정에서 명확해진 이미지의 정착 이후에 기술된『후지』에서는 신문연재소설과는 다른 단행본의 이미지를『호토토기스』의 원형으로 새로운 기원이 만들어진다. 남성다움의 정체성에 가려진 "여성의 비애"의 표상 〈Solitude(솔리투드)〉의 이미지가 단행본의 핵심적인 이미지로 떠오른 것이다. 신문연재소설 집필 당시의 의도를 입증할 만한 서한이나 일기 등의 사실적인 분헌의 공백을 자전적 소설을 방증으로 하여 허구가 사실로 도착되는 새로운 기원이 구성되는 것이다. "남성다움"을 도출하는 결론에서 배제된 "여성의 비애"에 대한 회피와 반목의 감정은 은폐되고 현존하는 권두화의 〈나미코상〉에 부합하는 정합성 있는 기원이 만들어졌다.『호토토기스』에 얽힌 여러 소문과 입증되지 않은 가설이 독자층의 호기심과 욕망을 부추기면서 "여성의 비애"의 서사가 남성 정체성의 서사를 구축(驅逐)하는 형태로 '부부애'의 신화를 굳히게 했다. 즉, 『호토토기스』의 성립 이후에 여성 독자층을 파고들면서 "여성을 위한 여성의 서사"라는 등식이 생성되고 기원에 얽힌 소문과 가설이 이를 보완하는 방식으로 전개되었다는 것이다. 이와 같이 권두화의 성립 당시 『호토토기스』의 주제로서 확고하게 인식되었다는 "여성의 비애"의 요소와 달리 로카의 전기적 사실에서는 "여성의 비애"를 정당화하는 "남성성"의 강박된 의식을 도처에서 산견하게 된다.

예컨대 단행본 백판의 간행에 이른 1909(메이지 42)년 제목에 '후조기[不如歸의 한자음]'로 읽도록 후리가나를 달았다는 사실은 로카의 『호토토기스』에 대한 인식을 엿보게 하는 것이다. 신문연재 당시 '不如歸'의 제목에 '호토토기스'로 읽도록 후리가나를 단 이후 일본 사회에서 이러한 제목의 명명 방식은 널리 뿌리내렸다. 그럼에도 불구하고 로카는 '후조기'로 읽도록 후리가나를 달아 '호토토기스'로 부르는 세간의 수용 방식에 거리를 둔다.[20] 일본 사회에서 한어 '不如歸'는 '호토토기스'와 '후조기'로 읽는 방식에 따라 이미지는 다르다. 제목을 '호토토기스'로 한자를 훈독하는 방식은 일본의 연애시의 전통을 잇는 경향과 연관되고 '후조기'로 음독하는 방식은 한시의 전통을 의식하는 것과 관계하는데 이 점에 관해서는 제2절에서 상세하게 다룰 것이다. 다만 여기에서는 대중적으로 널리 정착한 '호토토기스'의 제목을 피하고 '후조기'로 읽는 방식에 구애된 로카의 의식에서 '호토토기스'에서 연상되는 가정소설의 이미지와 거리를 두고 한자 · 한문 교양의 남성 독자층에게 공

---

20 제목과 관련하여 『富士』에서는 다음과 같은 언급이 있다. "신문에 쓰기 시작하던 무렵은 '不如歸[호토토기스]'로 제목을 달았다. 차츰 '不如歸[후조기]'로 음으로 읽어 부부 사이에는 '如歸[조기]'로 생략했다. 그러나 세켄[世間]은 '호토토기스'로 통해버렸다." 德富健次郎, 앞의 책(1929), 294면.

유되는 한시의 이미지를 회구하는 목소리의 표출로서 이해할 수 있다.

　이점에 관해서 요시다 마사노부[吉田正信]는 『후지』의 관련 대목을 채용하고 당초의 '호토토기스'를 '후조기'로 부르게 된 습관에 대해서 다음과 같이 말했다.

> 　제목의 '호토토기스'는 '울어서 피를 토하는 호토토기스'라는 저간의 속담을 연상시켜서 결핵의 나미코에 어울리며 '不如歸'의 한자를 단 것에 대해서는 로카가 노령의 아버지와 이별할 때 숙부가 건넨 종잇조각에 씌어진 노래의 의미가 담겨졌다고 생각한다. 즉, "不如歸와 무심한 두견은 울고, 나는 돌아가고 싶지 않은데 돌아가야 한다"는 의미에서 리연 당하는 나미코의 심경에 어울리는 것이다.[21]

　'호토토기스'로 읽는 것이 로카의 "본의가 아니었다"고 추정한 요시다 마사노부는 '후조기'와 '호토토기스'를 읽는 방식의 차이를 간파하지 않은 채 나미코를 중심에 둔 사고를 보인다는 점에서 로카의 본의가 '후조기'로 읽는 방식에 있다는 가정은 설득력이 약하다.

　'호토토기스[不如歸]'의 울음소리는 중국에서는 '후조기[不如歸교去]'로 표기된다. 이것은 중국의 촉의 망제, 두우가 제위를 쫓겨나 '호토토기스'로 변하여 '不如歸－부 루 귀'라고 울면서 날아갔다는 전설에서 유래한다.[22] 이러한 '不如歸'에 얽힌 유래를 고려한다면 '호토토기스'와 '후조기'로 읽는 두 가지 방식은 서사적 지향과 연관되는 선택의 의미를 갖는다. '후조기'는 촉의 전설과 언루된 한시의 '망향'이나 '충성'의 이미지를 갖는데 반해서, '호토토기스'는 와카[和歌]의 "연심(戀心)을 불러일

21　吉田正信, 「『德富蘆花集』解題」, 『德富蘆花集』別卷(吉田正信 編), 日本圖書センター, 1999, 22면.
22　植木久行, 『唐詩歲時記』, 講談社, 1995, 69~70면.

으키는 새"라는 이미지를 바탕으로 결핵, 피, 불여귀의 울음소리와 결부된 연상을 불러일으킨다. 그렇다면 '후조기'로 부르는 것으로 로카는 '호토토기스'의 명명 방식과 결부된 "연심(戀心)"에 바탕을 둔 가정소설이나 통속소설로 유통되는 "세켄[世間]"의 수용 방식에 대한 위화감을 표출하는 것이다. 아울러 한시를 향유하는 남성 지식인층에 대한 귀속의식이 '후조기'로 읽는 방식에 투영된 것으로 추정할 수 있겠다.

당초 '호토토기스'로 읽도록 후리가나를 단 것이 로카의 "본의가 아니"고 형 소호의 의지였을 가능성을 상정하더라도 이러한 논지는 크게 달라지지 않는다. 제목을 읽는 방식을 둘러싼 문제에는 '내포된 독자'로서의 남성 독자층 이탈과 동시에 가정소설로서 여성 독자에 의해 작가적 기반을 획득한 아이러니에 대한 로카의 아쉬움과 당혹감이 섞인 심정의 표현이라고 할 수 있겠다. 메이지의 문학사에서 가정소설의 선구적인 작품으로 평가되는『호토토기스』이후 로카의 작품에 여성 관련이나 가정으로 수식되는 작품은 거의 없었다고 할 수 있다. 로카는 주로 남성의 삶의 방식을 주제로 역사와 정치를 다룬 작품을 다루는 경향을 보이며 서서히 문단에서 멀어져갔다.『호토토기스』의 초판이 간행되던 해,『아사히신문(朝日新聞)』의 제4회 현상소설에 로카의 작품 「의손금(義損金)」이 당선되었다.[23] 또한 그 해『신성』에 발표된 단편소설 「영락(零落)」[24]도 "여성의 비애"를 담은 가정소설과는 거리가 멀다. 메이지 30년대 시대, 사회의 진실을 파헤치는 사회소설에서 가정은 주요한 테마 중 하나였고 사회 전반에 걸친 교육과 식자능력의 향상으로 급격히 확대된 여성 독자층을 공략하는 "가정의 문예"는 사회를 개량하려는 소설가가 당면한 과제였다. 남성 독자층을 '내포독자'로 상정한 신문연재소설에서 여성의 희생을 전제로 한 남성의 고난과 극복은 "남

23   菅谷要,「明治大正子歲の文壇と劇団」,『演劇 新潮』, 新潮社, 1924.4, 113면.
24   德富蘆花,「零落」,『新聲』4-4, 臨時增刊「秋風琴」號, 新聲社, 1900.9, 15~23면.

자다운 선택"으로 남성 독자층의 공명을 획득할 수 있었다. 그런데 단행본 간행의 광고문에는 "청정한 가정에도 들어가야"한다는 주제를 전략으로 했다. 단행본 출판에서 한층 강화된 '가정' 지향성은 "여성의 비애"를 전면에 부상하게 했다. 동정의 감정은 억눌렸던 여성 심정의 표출로 여성 독자층의 공감을 불러일으킴으로써 광범위한 독자층으로 확장할 수 있었다. 비로소 "동정의 감정이란 보편적인 것이 성공의 요소"[25]로서 대중적인 베스트셀러로 안착할 수 있었다.

신문연재소설에서 단행본으로의 매체전환은 소설에 내재된 성차의 문제를 한층 가속화하는 방향으로 "여성의 비애"를 전면에 부상시켰다. 이러한 이미지의 차이는 〈호토토기스〉의 수용의 근간에 존재하는 문제를 조명하는 의미를 지닌다. 남성 직분에 우위를 둔 서사에서 "한층 부부간 순애의 이야기로의 이미지"의 전환은 단행본 서적 『소설 호토토기스』의 물질적 형태와 조응하여 잠재적인 여성 독자층을 현실화하는 데 기여했다.[26] 이러한 매체의 전환에서 공고해진 부부애의 이미지는 보다 폭넓은 독자층의 "동정"과 눈물을 자아내게 했는데, 권두화의 〈나미코상〉은 동정의 표상으로 확고부동한 위치를 차지하게 하는 데 결정적인 역할을 수행했다.

단행본 『호토토기스』의 간행 이듬해인 1901(메이지 34)년의 9월에 '청년문예잡지' 『신성(新聲)』의 「인물」란에 다카스기 바이케이[高杉梅溪]가 쓴 도쿠토미 로카의 기사가 2회에 걸쳐 게재되었다. 이 기사에서는 로카의 '소설적 자질'로서 "제재의 청신함" "광명의 위안" "음미추루(浮靡醜陋)한이 폐기", "동정" 등의 요소를 열거했다. 당대 메이지 문단의 『호토토기스』를 둘러싼 논평이 두루 포괄된 이 기사에서 특징적인 점은

25   前田河廣一郎, 앞의 책, 363면.
26   로제 샤르체, 福井憲彦 譯, 『讀書の文化史―텍스트·서적·독해[テクスト·書物·讀解]』, 新曜社, 1992, 14면.

"창작의 필수조건"으로 "동정의 심후함"을 꼽으면서 "동정"의 미덕을 찬양하는 논조에서 로카 작품의 "동정이 깊고 두터운 점"을 높이 평가했다는 것이다. "동정"은 "작중인물과 동화"를 가능하게 하고 "동화"는 사람을 움직이게 하므로 소설의 "필수조건"이라는 것이다. "동정"이 작품의 최대 가치를 보증하는 의미 있는 요소로서 인식되는데, 이러한 비평의 전제에는 이성의 억압으로부터의 해방, 생명, 감정의 분출을 특징으로 하는 낭만주의 시대의 "사람과 사회를 움직이는" 감정 능력이 평가되는 낭만주의 시대를 바탕으로 하는 것이다. 개체와 타자의 감정을 연계하는 동정과 공감[27]이 예술 표현과 공동체의 구성에 필요한 것으로 부각되는 시대에 "동정"의 감정을 생성하는 소설로서 『호토토기스』는 각광을 받게 되었다. "동정"의 감수성은 『호토토기스』의 서사 표층에 은폐된 "여성의 비애"라는 주제를 표면에 떠오르게 했으며 여성의 고독한 내면을 상징하는 〈Solitude(솔리투드)〉와 유사한 구도의 권두화의 〈나미코상〉이 "동정"을 표상함으로써 센티멘털한 감상의 코드를 작동시켰다.

이 무렵 단행본이 간행된 1900(메이지 33)년 3월 『신성(新聲)』에서는 『호토토기스』를 다음과 같이 소개한다.

> 매실꽃 향기 창가에 그윽한 곳, 외로운 등 앞에 두고 조용히 읽는다. 한 장, 한 장, 나아감에 따라서 웬일인지 내 눈은 물기 어리고, 내손은 떨리고, 悽婉哀腸의 情脹을 끊어 참을 수 없어, 곧 등을 끄고 침대에 누우니, 슬퍼하는 남녀의 모습이 어른거리는 것을 방불케 해 황해 앞바다, 즈시[逗子]의 해변, 슬픈 내 꿈은 어딘가를 헤매는가, 다음 날 새벽 눈뜨면 베갯머리의 책,

---

27 "동정의 근본적인 존재 방식을 공감이라 보고 자립적인 개인들 사이에 성립하는 인간감정의 근본현상"으로 제시한다. 막스 쉘러, 이을상 역, 『동정의 본질과 형식』, UUP, 2002, 59면.

눈물 흔적 뚝뚝 아직 마르지 않고, 오호 한 권의『不如歸』무언가의 多恨의 문자인가.[28]

　　이 글에서『호토토기스』는 신문연재소설이 아니라 단행본을 가리키는데 메이지 30년대의 독서 풍경을 엿볼 수 있어 매우 흥미롭다. "베갯머리의 책"이나 "오호 한 권의" 서적이라는 신문과 구별되는 출판 매체를 의식한 독서 체험은 "조용히 책 읽는" 독서 방식으로의 전환을 의미하며 이와 결부된 감수성을 지닌 독자층의 부상을 상징하는 것으로 주목하고자 한다. 방안 창가의 등을 켜고 홀로 한 장 한 장 떨리는 손으로 종이를 넘기는 청년은 눈물과 애끓는 정한의 감동에 벅차 책을 넘길 수 없다. 어둠 속 침대 베갯머리에 책을 덮고 누운 청년은 책 속의 남녀와 황해 바다의 들끓는 전투 풍경에 자신의 미래의 꿈을 상상하며 잠에 빠져든다. 새벽녘 눈을 뜨면 눈물로 얼룩진 활자가 책의 감동을 말해준다.

　　학교나 기숙사, 뜻을 같이 하는 결사(結社)나 신문 강독회 등 공동체에서 낭독되던『경국미담(經國美談)』이나『가인지기우(佳人之奇遇)』와 같은 정치소설의 4·6조의 미문이나 신문을 음독하는 서생들의 공동체적 정서를 공유하면서도[29] "외로운 등 앞에 두고 조용히 책을 읽는"방안의 독서 풍경은 공동체적 독서에서 개인적인 독서로의 이행이 음독에 의한 향수에서 묵독에 의한 향수로의 이행으로 나타나는 변화를 상징한다. 메이지 초기, 한문조의 문장을 음독하며 비분강개의 어조에 배인 특유의 리듬을 신체에 각인하는 독서 방식과는 다른『호토토기스[不如歸]』독자층이 향유 방식 변화로부터 묵독으로 결부되는 개인적 독서 방식으로의 이행기를 준비했던 근거들을 발견할 수 있다. 신문연재소설을 "음독"의 수용 방식으로 향유하던 서생들을 독자층으로 하고 공동체적 가

28　崑崙山,「廿言苦言」,『新聲』3卷3號, 新聲社, 1900.3, 69면.
29　前田愛,『近代讀者の成立』, 岩波現代文庫, 2001, 155면.

치를 추구하는 시대에서 점차 개인의 내면이 우선시되는 사회에 부합하는 개인의 독서 방식으로 이행하는 맥락은 한 장의 사진과 같은 독서 풍경을 통해 단적으로 제시된다.

「비연애(非戀愛)」의 논설에 공명하면서도 청년 독자에게 "즈시[逗子] 의 해변"은 "황해 앞바다"와 나란히 자신의 "꿈"으로서 군인의 직분의 길 못지않게 놓칠 수 없는 사랑이다. 직분과 연애가 양립 가능한 가치로 이행한 것은 공동체적 규범과 당위의 구속, 그리고 열정 사이에서 갈등하며 고뇌하는 "내적 지향형 인간"[30]을 등장하게 한다. 이는 고독한 "묵독"의 독서 방식과는 차별되며 개인이 발견되는 시대의 징후를 예감하게 하는 풍경이다. 신문연재소설에서 뚜렷하지 않았던 "고독" "자연" 등의 공동체적 정서와는 다른 개인의 내면적 심상이 단행본의 독서 풍경으로 부조되는 것이다. 신문연재소설에서 단행본으로 『호토토기스』의 매체 전환은 공동체적 향유방식에서 개인적 향유 방식으로의 이른바 "근대 독자의 탄생"의 궤적과 같은 맥락에서 "호토토기스적 센티멘털리즘의 세계"를 창출시켰다. 국민국가의 공동체적 상상에 일체화된, 신문연재소설을 읽는 일본의 개인들은 동정의 표상인 권두화의 〈나미코상〉을 통해 비로소 공동체와 분리된 개인의 내면에 주목하게 된 것이다. 해변의 자연 풍경을 뒤로 한 채 우수어린 표정으로 바위에 앉은 창백한 여인의 〈나미코상〉은 신문연재소설의 직분 우위적 서사 구조에서 밀려난 "결핵의 낭만화"[31]가 추동하는 "센티멘털리즘의 세계"를 전면에 표출시키며 이미지 전환의 기폭제 역할을 수행했다.

30　D. 리스먼은 커뮤니케이션사의 관점에서 문화 발전의 세 단계를 구분하여 부모나 교사로부터 받은 구두의 소통방식에 근거한 전통 지향형과 활자화된 문자의 커뮤니케이션에 의존하는 내적 지향형, 라디오・영화・텔레비전 등의 시청각적 미디어에 의존하는 외적 지향형으로 구별했다. 위의 책, 185면.

31　福田眞人, 『結核の文化史－近代日本における病のイメージ』, 名古屋大學出版會, 1995 참조.

3) 『호토토기스』와 『자연과 인생』-숭고·자연

　『호토토기스』 특유의 "센티멘털리즘의 세계" 구성은 '자연' 풍경을
중핵으로 한다. 로카의 문학적 특징은 종종 '자연'과 결부되어 언급되
었다. 『호토토기스』의 서사를 '자연'과 관련하여 파악하는 견해에는
『호토토기스』가 단행본으로 간행되던 해인 1900(메이지 33)년 8월 발행
된 『자연과 인생[自然と人生]』의 이미지와 중첩된 수용 맥락이 작용한
다. 민유사[民友社]에서 간행된 『자연과 인생』은 수필 소품을 모아 엮은
것으로 1928년까지 50만부를 넘는 부수가 판매되는 등 일본 사회에 큰
반향을 불러일으켰다. 로카의 문학적인 평가에 관해서는 찬반의 견해
가 엇갈리지만 『자연과 인생』은 비교적 문단의 높은 평가를 받았다.
"문학으로 자연을 사생(寫生)하는 것"[32] "'인간과 자연의 교섭을 주제'로
하고 '자연'과 '인생'의 관계의 새로움, 혹은 양자의 관계성을 바탕으로
새로운 의미의 발견"[33] "메이지의 자연 관조 문학의 최고봉"[34] "격조 높
은 문어조"에 입각한 "한시(漢詩)의 낭영(朗詠)"에서 영향을 받은 "음악
적 감각"[35] 등의 찬사가 잇달았다. 로카의 소설과 수필이라는 상이한
장르의 작품은 "현실의식, 사회인식과의 갈등 속에 형성된 것이 아니라
주관적 희구를 본질"[36]로 한 '자연관'을 바탕으로 동일한 논조로 논평되
었다. 소설의 배경인 즈시의 해안을 수필에서 세밀하게 빛과 색을 붓으
로 스케치하듯 정밀하게 묘사하는 화필로 "수채화를 시도"[37]한 『자연

32　中島國彦, 「白然の再發見」, 『變革期の文學』 3(岩波講座日本文學史 11), 岩波書店,
　　1996; 小鳥烏水, 「紀行文に就いて」, 『文庫』, 少年園, 1903.8~9월.

33　猪野謙二, 「蘆花の『自然と人生』を論ず」, 『現代作家作品論』, 河出書房, 1974, 127면.

34　杉山平助, 『文藝五十年史』, 鱒書房, 1948, 203면.

35　荒正人, 「德富蘆花『自然と人生』」, 『自然と人生』, 岩波文庫.

36　山田晃, 「蘆花と自然」, 『近代文學 2-明治文學の展開』(三好行雄·竹盛天雄編),
　　有斐閣, 1977, 187면.

37　猪野謙二, 앞의 논문, 127면.

과 인생』의 빼어난 자연묘사의 기량에 힘입어 『호토토기스』의 "자연"
은 이와 유사한 맥락으로 편입된 측면이 강하다고 하겠다.

전술한 바와 같이 메이지 30년대의 "자연" "풍경"의 발견이 "서브라임
(sublime)" 즉 "숭고"나 "장엄"함의 미의식의 수용과 관련된다면[38] "숭고
한 대상을 발견하는 인간 정신의 작용"이라는 인식 차원에서 양자는 연
관된다. 숭고한 대상으로 자연이 발견되는 동시대의 자연 찬미의 맥락
을 공유하면서도 소설과 수필이라는 장르의 차이는 자연의 대상을 다
른 방식으로 발견하게 한다.

자연과 숭고함의 미의식을 관련짓는 동시대의 풍경에 관한 단상의
예로서 『국민신문(國民新聞)』의 「풍경미의 요소」에서는 "자연"의 "풍경
미"의 요인을 "자연과 인사(人事)와의 조화"[39]에 두면서 "숭고한 조화"에
서 자연 풍경미의 극치를 본다는 것이다. 같은 『국민신문』에 게재된 논
설 「帝室과 文學」에서는 일본문학과 천황가[帝室]와의 깊은 인연을 지
적하며 문학자에게 노래 이외의 문학에 대해서도 "천은의 빛[御恩みの光]
깊이 관철하"는 문학을 제청했다. 『호토토기스』에서 자연의 대상은 "천
은의 빛"의 프리즘을 통과시켜 "해전의 파노라마화와 같은 수법"으로
펼쳐지는 장엄한 "해전의 숭고함"[40]을 연출하여 "『자연과 인생』의 자연
묘사나 수상(隨想)에서는 전개할 수 없었던 인사(人事)에 관한 서사적[物
語的]인 서브라임"[41]의 미의식이 발현되었다. 이러한 기조는 "자연을 주
체로 인간을 객체로"[42] 하는 『자연과 인생』의 대상에 대한 관여 방식과

38　藤森清, 「崇高の10年－蘆花・家庭小說・自然主義」, 『つくられた自然』(岩波講座
　　　文學 7), 岩波書店, 2003, 161면.

39　『國民新聞』, 1898.11.6.

40　후지모리 기요시[藤森清]는 서구 낭만주의의 상상력의 핵심에 "사브라임(sublime)"
　　　의 미의식의 수용이 자리하고 있으며 이것의 수용은 메이지 30년대의 "자연" "풍경"
　　　의 발견과 중첩되는 것에 주목하여 양자의 관련을 "해전의 사브라임"의 측면에서
　　　논한 바 있다. 藤森清, 앞의 논문, 161면.

41　위의 글, 163면.

는 다르다. 『자연과 인생』이 "오직 자연 그 자체의 직접 묘사"의 "객관묘사"[43]로 '자연에 관한 서브라임'을 불러일으킨다면 『호토토기스』는 인간을 주체로 자연을 객체로 하는 관계에서 인간의 인식 속에서 관념화된 서사적 의미를 갖는 자연이 발견된다. 로카의 자연관에 입각한 수필과 소설은 인간과 자연이 다른 양상으로 관계 맺는 방식의 차이를 보여 소설에서는 "자연과 인간의 이분법적 발상"[44] "주제가 사회생활 및 현실의 기저의 진술에서는 그 주관성, 불철저성을 폭로"[45]하는 방식으로 전개되었다. 집필 시기가 거의 겹치며 즈시의 배경 등 시공간을 공유하는 두 작품은 "자연에 대한 동경"을 자아내는 동시대적 맥락에서 『호토토기스』의 자연은 『자연과 인생』의 그것과 유사한 문맥에서 해석되었다.

『자연과 인생』과 『호토토기스』의 "자연"을 매개로 하는 관련성은 문어에 의한 미문(美文)의 문체라는 형식에 있다. 『호토토기스』가 발간될 당시 "특히 서경의 고아함이 비할 데 없"는 한문조 미문의 자연 묘사에 대한 문단의 평은 『자연과 인생』과 동일시하는 문맥을 제공한다. 숭고와 자연 풍경이 결부되는 시대적 문맥에서 서사와 숭고함의 감정이 다기한 형태로 관련 맺는 양상은 천황을 향한 "천은의 빛"이라는 숭고함으로 연계되는 구조를 통해 "인사(人事)에 관한 서사적(物語的)인 서브라임"이 구현되는 것이다.

이러한 숭고함과 자연이 결부되는 시대적 맥락에서 발표 당대의 "인사(人事)에 관한 서사적(物語的)인 사브라임"은 퇴색하고 『호토토기스』의 자연은 "동시대 청년의 '자연'에 대한 몰입"현상으로 자연의 의미를 과도하게 부여하는 방향에서 해석된다.

이러한 맥락에서 후지이 히데타다(藤井淑禎)는 『호토토기스』의 '본질'

---

42   德富蘆花, 『自然と人生』 광고; 山田晃, 앞의 논문, 190면.
43   中野好夫, 『蘆花德富健次郎』, 筑摩書房, 1972 참조.
44   佐藤勝, 앞의 책, 「해설」
45   山田晃, 앞의 글, 187면.

을 "자연에 의한 구제"로 파악하고 투신 장면을 그것의 근거로 하는 견해를 제출했다.

> 『호토토기스』의 본질이란 무엇인가─한마디로 말한다면, 그것은 젊은 혼의 전율과 그것을 감싸 안아 구제하는 '자연'이라는 구도와 다를 바 없다. 여기까지 본질을 추상화해버리면 청년남녀를 주인공으로 한 대개의 소설은 포함되어 버릴지 모르므로, 젊은 혼의 전율(번뇌)을 도출하기까지의 취향에 『호토토기스』 취미가 발휘되고 있는지의 여부도 검토의 대상이 되지만, 그럼에도 불구하고 역시 그 본질은 청춘의 혼의 전율과 '자연'에 의한 구제 이외의 것은 있을 수 없으며, 어떤 작품과 『호토토기스』의 혈연성을 최종적으로 보증하는 것도 이점에 있는 것은 아닐까 한다. 〈이에[家]〉제도나 결핵이라는 어떤 의미에서는 까다로운 취향의 베일을 하나하나 벗겼을 때 드러나는 것은 나미코나 다케오의 혼의 외침이고, 그것을 감싸 안는 즈시[逗子]의 바다나 아오야매[靑山] 묘지의 '자연'이었던 것이다.[46]

후지이 히데타다는 "〈이에[家]〉 제도나 결핵"의 외피를 벗겨내면 "젊은 혼의 전율"과 "자연에 의한 구제"가 "『호토토기스』의 본질"로서 기본 골격을 이룬다는 견해를 피력했다. "청량감"에 매료된 영혼을 삼킨 바다의 고혹적인 "이중성"[47]과 결부하여 나미코의 투신 행위를 "젊은 혼의 전율과 '자연'에 의한 구제"로 해석하여 '호토토기스 취미'라는 명명으로 새로운 취향을 도출했다. 그리고 황해 바다의 구체적인 역사성과 전후 문맥을 배제하는 방식으로 "자연에의 찬미"라는 낭만성을 구가하는 당대의 코드로 "추상화"해 젊은 혼의 번뇌와 '자연'이라는 공통

---

46   藤井淑禎, 앞의 책, 204～205면.
47   藤井淑禎, 「海邊にての物語─『不如歸』の系譜─」, 『文學』 54卷8號, 岩波書店, 1986.8, 199면.

항을 매개로 투신 모티프를 "물밑에의 유혹이라는 모티브"로 "'자연'으로의 몰입"이나 "'자연'으로 몰입시키는 극한상태로서의 물밑에의 유혹"으로 풀이했다. 나아가서 후지이 히데타다도 "감미로운 죽음의 세계에 대한 유혹"을 "전형적인 호토토기스형 작품군"으로 분류하여 "물밑에의 유혹에 아이덴티티를 발견하는 호토토기스의 시대(번민의 시대)의 청년들"[48]의 범주로 갈무리한다.

『호토토기스』의 이데올로기적 성향을 탈각시킨 자연주의 시대가 부상하며 오늘날의『호토토기스』의 이미지로 전도되었다. 당대의 맥락은 사상된 채 "자연의 발견"이라는 새로운 시대의 코드를 관통한『호토토기스』의 투신 모티프는 "후지무라 미사오[藤村操] 투신사건"[49]과 같이 '불가해'한 삶의 실존적인 문제로 목숨을 끊은 "청년의 고뇌"로 이어졌다. 사랑하는 이가 싸우는 "황해로 흐"르는 부부애의 투신은 목적지향성이 뚜렷하며 불확실한 삶에 대한 회의나 염세적인 태도와는 확연히 다르다. 공동체를 상상하는 내셔널 아이덴티티는 특정한 공동의 기억을 소거한 채 자연의 물질적인 위력에 압도된 "물밑에의 유혹에서 아이덴티티를 발견하는"청년들 개인의 아이덴티티로 변모시켰다. 『호토토기스』의 국가의 직분 의식에 고무된 청년의 숭고함의 심미적 체험은 자연 예찬의 낭만주의 시대를 관통하며 "'자연'에 대한 몰입"의 정서에 포섭되어 대자연의 감동으로 변모되었다. 고립된 개인의 내면에 침잠하는 "숭고함"으로 경배의 대상이 바뀐 것이다. 독자층 주체의 미적 체험은 역사적·문화적인 수용 맥락에 의존하는데 당대 맥락의 고유성을 사상(捨象)하여 전쟁의 기억을 배제한 "아오야마[青山] 묘지의 '자연'"은 추상화되었

---

48 藤井淑禎, 앞의 책, 167면.

49 1903(메이지 36)년에 일고의 수재 후지무라 미사오[藤村操]가 실연 끝에, '불가해'한 번민으로 죽음을 결의하는 바위 위에 선 듯한 '엄두지감(嚴頭之感)'의 유서를 나무에 새긴 뒤 닛코[日光]의 화엄 폭포에서 투신자살한 사건. 生方敏郎,『明治大正見聞史』, 春秋社, 1926, 100면.

다. 이러한 맥락에서 폐결핵, 전쟁이라는 불가항력적인 외부의 힘과 이에 저항하는 초월적인 정신의 내면의 힘을 추상화시킨다면 『호토토기스』는 "숭고함"의 대상을 구하는 "숭고를 테마로" 한 소설이라 하겠다.

제2절 소설에서 시로−『가정신시 호토토기스의 노래』의 성립

1) "협의의 호토토기스의 시대"

『소설 호토토기스』가 발간된 1900(메이지 33)년에서 1905(메이지 38)년 까지를 후지이 히데타다(藤井淑禎)는 "협의의 호토토기스의 시대"로 명명한다. 그가 이 시기에 "이상할 정도로 호토토기스 인기가 비등해진 현상의 배후를 러일전쟁의 그림자"[50]로 지목할 만큼 이 시기의 특징은 러일전쟁(1904(메이지 37)~1905(메이지 38))에 의해 규정되었다. 결핵, 전 사에 대한 공포와 두려움, 불안감 등 '호토토기스'가 수용된 사회 저변의 근본적인 문제를 예리하게 짚어내 후지이 히데타다는 이 시기를 "협의의 호토토기스의 시대"로 분류했다.

이 시기 문단의 동향은 1906(메이지 39)년 1월의 『와세다 문학(早稻田文學)』의 「소설계」에 정리되어 있다. 여기에서는 1898(메이지 31)년, 1901 (메이지 34)년의 소설을 중심으로 문단을 회고했는데 1900(메이지 33)년을 '문단의 부재시대'로 명명하여 문단 일각에서 '도덕과의 조화'에 대한 요청이 급증했다고 회고했다. 또한 『제국문학(帝國文學)』의 잡보란(제6

---

50 藤井淑禎, 앞의 책, 59면.

권 제7호)에서도 "현금의 독서 사회의 2대 요구"를 가정의 "취미 있는 읽을거리"와 "무해한 서사[物語]류"로 소개하면서 "제재상의 도덕"과 "국면을 확장하고자 하는 희망"의 여러 요소가 맞물려 도쿠토미 로카[德冨蘆花], 기쿠치 유호[菊地幽芳], 나카무라 슌우[中村春雨]의 「不如歸」「오노가츠미[己が罪]」「無花果」 등의 가정소설이 환영받는 현황을 언급했다. 이러한 기술을 통해 가정의 읽을거리에 대한 합당한 도덕을 요망하는 비평가의 기대에 호응하는 형태로 『소설 호토토기스』가 발간되어 각광을 받게 되는 문단의 배경을 살펴볼 수 있다.

가정의 읽을거리라는 가치가 부여됨으로써 『소설 호토토기스』에는 신문연재 당시의 '건전한 사상'이 약화되었으며 부부애의 서사를 강조하는 방향으로 변화되었다. 여성, 가정에 대한 사회적 시선과 시대의 변화를 민감하게 포착하고 가정문예가 요구되는 시대의 추세에 발맞추어 변화된 『소설 호토토기스』에 대한 독자의 평과 반응은 점차 여성과 가정의 정형화된 이미지를 구축하게 되었다.

이렇게 "협의의 호토토기스의 시대"의 『소설 호토토기스』는 '가정소설'의 틀에서 수용되는 한편, '번역'과 '속서' 등 다른 장르로 양산되기도 하였다. 『소설 호토토기스』의 '가정소설'로서의 안착과 타장르로서 통속 경로의 수용이 동시적으로 상호 작용하며 "협의의 호토토기스의 시대"의 특징을 이루었다.

이 시기를 특징짓는 가장 큰 요인은 러일전쟁의 체험이다. 러일전쟁 발발 이후 〈전우〉〈랏빠 후시(나팔가락 선율)〉〈출정〉 등 군가가 유행하고 군인 가족의 위문, 전사, 부상 등 사회 공통의 관심사가 확대되면서 『호토토기스[不如歸]』는 대중적인 공감을 불러일으켰고 발행 부수는 급격히 상승했다. 또한 『호토토기스』와 함께 『가정신시 호토토기스의 노래[家政新詩 不如歸の歌]』를 필두로 다양한 버전의 '호토토기스'가 출현하여 상호 시너지 효과를 발생하며 인기를 모았다. 또한 1904(메이지 37)

년 12월 영역 *Nami-ko*를 일본의 출판사 유라쿠샤有樂社에서 발행한 이후 "국민문학"을 "세계문학"으로 확산시키고 국제사회에 일본을 알린다는 취지[51]에서『호토토기스』는 "메이지기 8개 국어로 번역"[52]되는 등 외국어로 널리 번역된 일본문학의 선두가 되었다.

러일전쟁 후 광범위하게 전 사회적으로 확산된 '호토토기스'의 지대한 영향력은 기존 연구에서는 주로 문단에 한정시켜 논의가 이루어졌다. 이 글에서는 '호토토기스' 수용의 획을 긋는 러일전쟁이라는 분기점을 문단을 넘어 사회적인 파장의 각도에서 검토할 것이다.

2절에서는 '호토토기스' 수용의 정점이라고도 할 1905(메이지 38)년의『가정신시 호토토기스의 노래』를 분석해 소설에서 시로 장르의 '번역'이 '호토토기스' 수용에서 갖는 의의를 탐색할 것이다.『가정신시 호토토기스의 노래』가 발행된 1905(메이지 38)년『호토토기스』는 확고부동한 베스트셀러의 위치를 확보했다.[53] 청일전쟁을 배경으로 하는 서사는 러일전쟁의 현실에서 생생한 실감을 주었고 열광적으로 환영받았던 "협의의 호토토기스 시대"의 특징은『가정신시 호토토기스의 노래』에 집약된다. 따라서『不如歸』의 다양한 '번역서'가운데 이른 단계에서 '가정'의 부제를 단『가정신시 호토토기스의 노래』를 "협의의 호토토기스 시대"의 특징으로서 분석할 것이다.

2) 서적『가정신시 호토토기스의 노래』−'음송'의 독서

미조구치 하쿠요溝口白羊[54]가 펴낸『가정신시 호토토기스의 노래』(1905

---

51   무서명,「순문학을 외국에 소개해야 함純文學を外國に紹介すべし」,『國民之友』
      368号, 1898(메이지 31).4.
52   靑木次彦, 앞의 논문, 15면.
53   藤井淑禎,앞의 책, 59면.
54   溝口白羊(1891~1945) 시인, 오사카 출생, 早稻田大學 전문부 법률과 졸업. 시를『文

그림 7 미조구치 하쿠요[溝口白羊]가 펴낸 『가정신시 호토토기스의 노래[家政新詩 不如歸の歌]』의 권두화 (福岡新三, 岡村壓兵衛, 1905(明治 38).7)

(메이지 38).7)는 양장본의 활판 인쇄로 본문은 삽화 3면을 포함하여 총 200면으로 구성되었다.(그림 7) 속표지에는 제목과 '德富蘆花原著, 溝口白羊作詩'를 명시했다. 판권의 겉장에는 저자와 발행자가, 뒷면에는 발행처와 주소가 병기되었다. 판형은 사륙반절판(四六半裁版)보다 다소 장형의 변형으로 휴대하기 쉬운 형태를 취했다. 당시의 서적의 판형보다 작아 오늘

庫』 등에 발표하여 등단한 이래 시집 『풀잎 피리[さゝ笛]』(1906.10) 등을 펴냄. 유행소설을 시로 만드는 작업에 매진하여 시단으로부터 멀어져갔다. 시문집에 『家庭小品풀가[草ふち]』(1907), 편서 『國辱記』(1920) 등이 있다. 『日本近代文學大辭典』3卷, 日本近代文學館 편, 講談社, 1975, 294면.

날의 문고본에 가까운 『가정신시 호토토기스의 노래』의 가격은 35전인데 원작 『호토토기스』가 30전이었던 것을 감안한다면 저렴한 가격은 아님에도 불구하고 판매는 상당히 호조를 보였다. 발간 이듬해 "五版, 六版에 이르는 형세로"[55] 출판계의 화제가 되었으며 1907(메이지 40)년 이미 25판을 거듭[56]하는 등 원작의 인기에 힘입어 환영을 받았다.

미조구치 하쿠요는 시로 문단에 등장한 이후 1910(메이지 43)년 여성잡지 『女子文壇』사에 입사하여 『少女』 『女子文壇』 등을 편집하는 한편 『가정신시 호토토기스의 노래』가 성공하자 잇달아 『家政新詩 金色夜叉之歌』(1905(메이지 38)), 『家政新詩 부부시대의 노래[女夫波の歌]』(1906(메이지 39)), 『오노가츠미노우타[己が罪の歌]』(1906(메이지 39)) 등 유행 소설을 시로 펴낸 '가정신시' 시리즈를 출판했다. 그는 메이지 말 유행했던 소설의 통속시화를 이끌었으며 여성잡지 등을 중심으로 통속적인 저널리즘의 일각을 주도했다.

미조구치 하쿠요에 의한 '가정신시' 시리즈는 「서문」에서 "호토토기스를 신체시로 번역한 본의"를 "가정 안에서 음송(吟誦)해야 할 통속시를 제공하기 위한" 목적이라 명시한 바와 같이 가정의 읽을거리로서 "통속시"의 성격을 뚜렷하게 밝혔다. 메이지 중반 문단에서 대두되었던 가정의 읽을거리는 메이지 후반 "통속"을 표방하는 독자적인 저널리즘의 장에서 유통되었다. 이 가운데 『가정신시 호토토기스의 노래』의 상업적 성공은 원작을 가공 · 윤색한 다양한 버전의 출판 시장이 확장되는 추세를 보여주는 것이다. 이러한 "통속"의 구체적 내실은 다카스 바이케이[高須梅溪]에 의한 「발문」에도 명확하다.

근년 문단 특징의 하나로서 주목할 것은 문예와 가정과의 근접에 있음

55　作者不明, 「『不如歸』物語」, 『文章世界』 1卷3號, 博文館, 1906(메이지 39).5, 105면.
56　「明治期の文學と出版」, 『國文學研究資料館展示パンフレット』, 2000.11.

(…중략…) 단지 신체시의 방면에서 그 작품 대략 淫靡拙陋의 분자 많아서 순결청아의 취미를 고취하고 일반 가정의 사이에 花晨月夕 朗誦의 흥에 도움되는 것 없음을 유감으로 함. 매번 벗 미조구치 하쿠요는 당대 소설단의 하나의 雄篇인『不如歸』를 번역해서 이것을 流麗平易한 시로 지어 이것으로써 가정 문예의 결함을 보충하려고 하는 움직임에 나서 (…중략…) 생각건대 본서를 간행하게 한 것이나 도시와 시골의 사대부와 여재[都鄙の士女]들이 앞다투어 이것을 낭송하고 가정상에 적지 않은 청아의 취미를 주입할 수 있다고 믿음. 白羊로 하여금 자랑스러워함에 이르지 않을지라도 다소 그 가슴 속에 환희의 정 없지 않아[57]

가정의 문예를 요청하는 문단의 동향을 주시하면서 당대의 신체시를 "음미졸누(淫靡拙陋)"한 것으로 부정하고 이에 대한 "순결청아의 취미를 고취"하는 데 통속의 과제를 두고 있다. "가정 안에서 음송해야 할 통속의 시"를 추구하는 저자의 서문을 뒷받침하는 발문에는 "도시와 시골의 사대부와 부녀자"라는 지역, 계층, 성차를 망라하는 광범위한 독자층을 대상으로 설정하며 소설을 "시로 번역"하여 가정의 문예를 보충한다는 자부심이 가득하다. 이러한 폭넓은 독자층과 "가정의 음송"과 "낭송"의 독서 방식은 통속의 문제를 독자층의 향수 방식과 관련하여 사유할 수 있는 계기를 제공한다. 일본 가정의 생활양식에 기초하여 가족의 교양과 오락으로 공동적인 독서의 방식으로 향유되었던 '단란(團欒)의 형식'을 시에서 구현하고자 하는 "가정신시"의 "낭송" "음송"의 수용 방식은 한문서적의 素讀의 훈련으로 습득한 한자·한문 교양의 지식인층의 음송 방식과는 구별된다.

메이지 이십년을 전후로 한 시기 "음독"의 공동체적 독서 방식에는 게

---

57   高須梅溪,「跋文」, 溝口白羊,『家庭新詩 不如歸の歌』, 福岡新三, 岡村壓兵衛, 1905 (메이지 38).

사쿠(戱作)나 소신문(小新聞)의 연재물인 "츠즈키모노[つづき物]" 등의 가족 공동체 낭독의 향수 방식과 학교나 결사 등에서 서생들이 정신적 공동체의 형식으로 한시문(漢詩文)이나 정치소설 등을 낭송하는 향유 방식의 두 가지 스타일이 공존했다. 가족공동체, 정신적 공동체 등을 경유하는 개인의 독서 체험에서 두 세계는 공존했는데 자유민권운동의 퇴각과 함께 정신적 공동체의 향유 방식은 가족 내지 개인의 단위로 축소되었다. 마에다 아이[前田愛]에 따르면 근대독자의 계보는 격조 높은 화려한 문체를 구가하고 정치적 열정을 고양하는 서생이나 아속절충체의 미문을 낭독하는 메이지의 가족이 아니라 작자의 시상에 밀착한 내재적 리듬을 통해 작중인물에 동화하는 고독한 독자이다.[58] 이와 같이 음독에서 묵독으로 이행하는 근대의 독서 방식과 문장 감각을 결부 짓는다면 "가정신시"에서 표방하는 "낭송" "음송"의 향수 방식은 서생들에게 친숙한 낭송의 형식을 "가정의 음송"으로 전유하여 일상의 말과 결합한 것이다. 즉, 부녀자들에게 친숙한 7·5조의 리듬을 바탕으로 하는 소신문, 게사쿠문학, 가정소설의 가족공동체의 향수 방식에 의거해 한시문에 친숙한 사대부의 음송 형식을 통합하는 공동체의 향수 방식을 취한 것이다. 이렇게 "가정신시"라는 부제의 함의는 당대의 신체시 형식에 전대 가족공동체의 오락적인 문학의 향유 방식을 결합한 것으로 '가정'은 내용만이 아니라 형식 또한 규정했다. "음독"에서 "묵독"으로의 이행을 통해 "근대독자의 성립"을 향하는 시대 『호토토기스』에서 『가정신시 호토토기스의 노래』로의 "流麗平易"한 '번역'의 모색은 공동체적 "음독"의 향유 방식을 계승한다. 신문소설에서 단행본으로의 매체 전환이 촉구했던 "음독"에서 "묵독"으로의 이행과는 달리 재구성 방식은 공동체의 오락 연예라는 폭넓은 대중연예의 향유 방식을 점화시켜 이후 '호토토기스'의 대중적인 수용방식의 전환점이 되었다. 『가정신시 호토토

---

58   前田愛, 앞의 책, 208~209면.

기스의 노래』의 "음송"과 "낭송"이라는 "음독"의 독서 방식을 전제로 한 '번역'은 향후 노래나 시로 구연성에 의존한 수용의 길을 열었으며 통속 성을 보다 확장했다. 독서 방식이 장르의 변환 관계에서 결정되었던 "음 독"의 독서 방식은 "근대독자의 성립"에 이르는 경로와는 다른 방향으 로 계열화하는 가능성을 열었는데, 이런 맥락에서 『소설 호토토기 스』에서 『가정신시 호토토기스의 노래』로의 '번역'은 소설과 시의 장르 변환과 대중성을 둘러싼 다양한 문제들을 내포한다는 의의가 있다.

3) '가정신시'의 등장

"가정신시"의 부제를 단 출판물의 개념이나 특징, 전체의 규모와 동 향 등에 관한 선행 연구[59]가 거의 없는 상태에서 가와이 스이메이[河井 醉茗][60]의 「메이지 38년의 시단」에 대한 회고는 새로운 시의 형식이 출 현하는 전후의 사정을 가늠하게 한다.

메이지 38년의 문단에는 재미있는 현상이 하나 있다. 종래에는 문단에 한 획을 긋는 시기에 먼저 새로운 파동을 일으키는 것은 소설이고 그 다음 에 시가 그 일반의 문예에 미치는 것 같지만 그렇지 않다. 36년에 오자키 고 요[尾崎紅葉]가 영면하고 잇달아 전쟁이 일어났으므로 겨우 명맥을 유지하

---

59 세키 하지메[關肇]는 소설을 신체시로 '번역'한 작품 가운데 하쿠요[白羊]의 것이 가 장 선구적이며 다수를 이룬다고 평가했다. 『金色夜叉』의 '가정신시'에는 溝口白羊, 『家庭新詩 金色夜叉の歌』; 靑葉生, 『新作 金色夜叉の歌』; 柳煙漁士, 『金色夜叉の 歌』; 綠葉山人, 『新調 金色夜叉』; 添田啞蟬坊, 『家庭新詩 金色夜叉の歌』; 高橋友太 郞, 『新金色夜叉の歌』 등이 있다. 關肇, 「『金色夜叉』の受容とメディア・ミックス」, 小森陽一・紅野謙介・高橋修 編, 앞의 책, 186면.

60 河井醉茗(1874~1965). 시인. 오사카 출생, 1895(메이지 28)년 『文庫』의 기자로 입 사, 시란을 담당. 1905(메이지 38)년 잡지 『女子文壇』의 편집을 담당하는 한편, 시 집 간행. 이른바 문고파 시인을 형성하여 구어시의 발전에 공헌. 다이쇼기 이후는 여류시인의 육성에 매진. 『日本近代文學大辭典』 3卷, 講談社, 1975, 429면.

던 가정소설조차 신판이 끊길 정도 소설문단은 쓸쓸했다. 아직 문단의 경기는 쉽게 회복되지 않을 것이라는 전망 속에서 시집이 잇달아 출판되었으며 특히, 전쟁이 종결되지 않은 가운데 시집이 나왔다는 사실은 매우 재미있는 현상이다.[61]

러일전쟁을 전후로 한 문단에서는 전쟁과 관련한 정보에 대한 갈망이 급증하는 시대를 반영하여 소설은 침체하고 상대적으로 기민하게 대응할 수 있는 시는 보다 활기를 띠었다. 모처럼 맞은 시단의 활기를 지속적으로 확산하고 대중적으로 시에 대한 흥미를 제고하기 위한 시도로서 유명한 소설 · 서사 등의 산문을 시의 형식으로 바꾼 이야기시가 출현하게 되었다. 이와 같은 배경에서 문단 일각에서는 『곤지키아샤[金色夜叉]』 『부부시대의 노래[女夫波の歌]』 『오노가츠미노우타[己が罪の歌]』 등 당대 인기 있는 소설이 속속들이 시로 '번역'되는 시대를 맞이했다.[62]

고노 도시로[紅野敏郎]에 따르면 『가정신시 호토토기스의 노래』로 대표되는 일련의 '가정신시'는 "감미로움과 애절한 감상을 자아내는 7 · 5조 형식으로 『도손시집[藤村詩集]』[63]으로 대표되는 일본 낭만파 이전의 오치아이 나오부미[落合直文]의 신체시 『효녀백국의 노래[孝女白菊の歌]』[64]에 담긴 "일종의 속정(俗情)"[65]의 흐름을 잇는 것이다. 1888(메이지 21)년에서 1889(메이지 22)년에 걸쳐 『동양학회잡지(東洋學會雜誌)』에 게재된 「효녀백국의 노래」는 이노우에 데츠지로[井上哲次郞][66]의 『효녀백

---

61   河井醉茗, 『新體詩作法』, 通俗作文全書, 博文館, 1909(메이지 42), 19면.
62   河井醉茗, 앞의 책, 89면.
63   島崎藤村(1872~1943)의 시집. 7 · 5조를 기조로 한 일본 낭만파의 대표적인 시집.
64   오치아이 나오부미[落合直文]의 신체시. 落合直文(1861~1903), 歌人, 국문학자. 和歌의 개혁을 주도하고 국어교육에 주력.
65   紅野敏郎, 앞의 논문, 3면.
66   井上哲次郞(1855~1944), 철학자. 동경제국대학 교수역임, 서양철학을 일본에 소개, 국가주의 입장에서 메이지 일본 정부의 도덕주의 사상계 주도, 신체시운동의 선

국시(孝女白菊詩)』를 약 560행 장편의 운문으로 만든 것이다. 「효녀백
국의 노래」는 대중적으로 인기를 모았지만 "시가에 대한 자각이 없이
세속적으로 환영받은"새로움이 없는 "의고(擬古)문학"으로 알려져 있
다.[67] 젊은 여성들의 애창가로 열광적으로 환영받았던 「효녀백국의 노
래」의 여파는 미조구치[溝口]의 '가정신시'의 출현을 촉구했으며 엔카시
[演歌師][68]가 부르는 속체장시(俗體長詩) 형태로 확산되어 낭만조의 노래
가 크게 유행했다. 즉, 한시에 대한 신체시 운동의 태동이 소설을 신체
시화한 '가정신시'를 만들어냈으며 이를 바탕으로 거리의 엔카시에 의
해 속체장시(俗體長詩)의 형태로 하층 민중에게 향수되었다. 『가정신시
호토토기스의 노래』를 모방한 '속체장시'는 『俗體長詩 不如歸』(中林武
雄, 東京靑年俱樂部, 1908(메이지 41)), 『新體長詩 不如歸』(激浪子著, 東京靑
年俱樂部, 1909(메이지 42)) 등 숱한 속체장시가 쏟아져 나왔다. 이 가운데
엔카[演歌]의 명작으로 일컬어지던 〈夜半の追憶〉, 〈殘月一聲〉 등은 '가
정신시'의 인기의 연장선상에서 속가체(俗歌體) 형식으로 개화하였으
며 이러한 다양한 작품은 대부분 7 · 5조로 2,000행에 달했다.[69]

　『가정신시 호토토기스의 노래』의 출간에 이르는 일련의 흐름은 원
작과 구별되는 대중의 향유 방식으로 문단과는 다른 독자적인 경로를
형성하는데 그 핵심에는 "낭송"이나 "음송"이라는 음독의 수용 방식이
존재한다. 『가정신시 호토토기스의 노래』에서 표방하는 '가정신시'라
는 틀에는 공동체의 낭송 · 음송의 향유 방식을 융합한 토대에서 "도시

　　구자로서 도야마 마사카즈[外山正一] · 야타베 료기치[矢田部良吉]와의 공저 『新体
　　詩抄』를 펴냈다.

67　岩城準太郎, 「新体詩界」, 『明治大正の國文學』, 成象堂, 1921, 53면.

68　길거리에서 바이올린에 맞추어 엔카를 부르면서 가집을 파는 것을 직업으로 하는
　　자를 말한다. 메이지 자유민권운동의 연설에서 유래한 엔카는 메이지 후반에 이르
　　러 개인의 심정을 읊은 사회풍자적인 노래로 변화하고 다이쇼[大正] 시대의 엔카시
　　는 양악의 수법으로 작곡을 하기도 했다.

69　西澤爽, 『日本近代歌謠史』下, 櫻楓社, 1990, 2641면.

와 시골의 사대부와 부녀재都鄙の士女]"라는 독자층의 통합을 시도했다. '낭송'의 공동체적 향유 방식에 근거하여 "스토리를 좇기보다 기억하기 쉽고 부르기 쉬운" 형식을 통해 소리로 전달되기 쉽도록 청각 중심의 방식으로 구성했다.

다음 절에서는 원작에 어떠한 제약과 변형이 이루어지고 어떠한 새로운 요소가 부가되었는가를 검토하는 것으로 '가정신시'의 구체적 내실을 규명할 것이다.

제3절 단란한 가정의 독서 풍경

1) 가정과 전쟁

소설을 시로 '번역'할 때 플롯이 단순해지는 것은 당연할 것이다. 시의 형식에 따른 재구성 방식에서 원작의 모티브보다 확장되거나 새롭게 부가된 요소는 주로 가정과 관련된 것이다. 그 예로서 첫째, 친족이 모여 즐거운 한 때를 보내는 가족애가 강조되었다. 일가 친족의 단란한 풍경을 연출함으로써 원작의 '가정'의 테마가 부각된다. 사촌간의 우애를 강조하거나 부녀의 여행 장면이 원작보다 확장된 형태로 변형된 것도 같은 맥락이다. 일가 단란한 가정의 이미지를 가족 친족 관계의 유대를 나타내는 삽화로 구성했다. 둘째, 전투 장면이 확장되었다. 가정의 테마가 원작보다 더 강화된 『가정신시 호토토기스의 노래』에서 전투 장면은 더욱 확장되어 러일전쟁의 전후를 배경으로 국가주의적 가족 이데올로기의 경향이 노골화되었다.

이러한 방향성에서 후처나 계모, 서자 등의 복잡한 친족 관계에 얽힌 에피소드를 삭제하거나 축소함으로써 갈등 관계를 단순하게 조정하는 한편, 메이지 유신 등 서양과의 관계성 등이 드러나는 역사성을 배제했다. 다케오와 나미코를 중심으로 스토리를 간추려 주변 인물에 얽힌 곁가지를 삭제함으로써 인물의 갈등을 사랑에 얽힌 한과 복수의 관계로 왜곡 단순화한 것이다. 또한 오가와 기요코의 구원 모티프가 삭제됨으로써 종교성과 메이지 유신의 상흔이 배제되어 메이지 초의 국민통합의 전망이 희석되었다. 용감한 전쟁 영웅상의 면모도 한층 약화되어 원작에서 제국 남아의 길로 표상되는 "타이완"은 나미코가 죽었다는 소식도 모른 채 우울한 날을 보내는 다케오의 비애를 표상하는 공간으로 대체되었다. 이러한 『가정신시 호토토기스의 노래』의 재구성상 특징은 가정과 전쟁의 테마가 뚜렷해졌다는 점이다. "가정신시"라는 부제가 가정만이 아니라 전쟁의 테마도 비중 있게 다루게 한다는 점에서 러일전쟁을 전후로 증폭되는 대중연예의 향유 방식과 친화적으로 접속되었다.

2) 구연의 상상력 —공동체의 기억

『가정신시 호토토기스의 노래』는 7·5조 2구1행의 6행을 1연으로 하는 총 269편의 29장으로 구성되었다. 당시 일본 신체시가 7·5조의 음수율을 견지하는 형식상의 제약에서 원작과는 전혀 다른 대폭저인 변경이 이루어졌다. 따라서 기복과 복선이 깔린 복잡한 원작의 스토리는 나미코와 다케오의 사랑을 골격으로 단순 명쾌한 스토리로 명장면을 확장하는 방식으로 변개되었다. 『호토토기스』의 스토리가 널리 알려진 메이지 후반의 『가정신시 호토토기스의 노래』에서는 서사의 줄거리보다 이미지를 중심으로 운문의 형식을 의식하여 음수율과 리듬을 살린 언어를 선택하는 방향으로 변모했다. 예컨대 어머니를 잃고 계모 밑에서 쓸쓸하게 보낸 나미코의 유년 시절을 "파도에 떠도는 버려진 작은 배 / 아버지의 정을 의지하고 기댄 / 과거의 어제를 생각하면서도 / 임종 자리의 베갯머리에 / 보았던 모습 잊지 않고 / 또 소매 적시는 봄의 새벽"과 같이 외로운 어린 소녀를 연상시키는 "파도에 떠도는 버려진 작은 배"의 은유로 내용보다 이미지를 중시하는 방향으로 재구성했다. 나미코의 유년기에 관한 원작에서의 서술 핵심을 간파하여 당대의 일상에서 널리 읊어지는 "낭송"에 적합한 은유적 표현으로 원작과는 다르게 재구성했다.

이러한 표현 방식은 치지이와가 다케오의 모친에게 폐결핵에 대한 경각심을 고취하는 장면을 "독사 때문에 다가오는 / 꽃의 생명의 위태로움이여"라는 표현으로 인물의 잔혹한 이미지를 독사로 노래하는 것을 보아도 명확하다. 인물의 복잡한 심정이나 갈등을 서술하고 묘사하는 소설과는 다르게 꽃을 노리는 독사의 비유를 통해 위험에 처한 나미코와 위협적인 인물과의 관계를 명료한 이미지로 핵심적으로 제시했다. 신문연재소설에서 치지이와가 등장하는 장면에 「뱀에 휘감기다」라는 제목을 달았으며 단행본에서도 치지이와를 "뱀에 휘감긴 밤색 쥐" 등과 같이 뱀의 이미지로 서술했다. 이런 식으로 원작의 이미지를 보다 확장하는 방식의 상상력으로 재구성했다. 동일한 방식으로 원작과는 달리 시어머니를 침으로 비유하며 시어머니가 며느리를 구박하는 서사의 이미지를 바탕으로 인물의 갈등 관계를 보다 첨예하게 과장하는 방식을 사용했다. 때로는 원작에 없는 수사를 더하거나 "그늘의 꽃" "두 사람 사이를 가르다" 등 원작의 비유적 표현을 반복하며 낭송하기 쉬운 구연성에 입각한 언어 표현의 특징을 드러냈다. "가정신시"가 출판된 1905(메이지 38)년은 일본인이라면 누구나 "이야기를 공유하는" 시대로 줄거리 전달이 아니라 공동체의 대중의 심상과 이미지로 재현하는 방식을 문제시했다. "두 사람을 가르다"라는 상투적인 표현과 같이 이혼을 뜻하는 비유는 본래 힘을 상실한 죽은 비유에 불과한데, 이는 새로운 언어 표현의 신선함보다는 공동성을 바탕으로 한 신체에 밴 감각의 언어와 리듬을 중시하는 표현이다. 복잡한 플롯을 단순하게 변형시키는 방식의 일례로서 모자간의 복잡한 갈등을 "집의 명예를 지키기 위"한 인과 관계의 논리로 구성하는 방식을 들 수 있다.

이와 같이 소설에서 시로의 장르 변환에서 개념적 · 추상적 서술이라는 산문적 특성이 비유와 상징의 시적인 언어 표현과 구체적인 이미지로 압축되었다. 원작의 수사를 보다 확장하는 방식 뿐 아니라 당대의 구연을 바탕으로 하는 상상력에 의한 언어 표현도 구사되었다. 즉, 대중에게 기억되는 비유의 언어로 특정 이미지를 각인하여 노래하기 쉬운 형식으로 완성하였다. 이런 맥락에서 『가정신시 호토토기스의 노래』는 원작과는 달리 구연의 기억에 뿌리를 둔 언어 표현을 "음송"과 "낭송"의 수용 방식을 고려하여 청각을 우위로 한 '소리[聲]'의 체계에서 재구성했다. 이러한 수용 방식의 변모에 주목한다면 원작『소설 호토토기스』에서 『가정신시 호토토기스의 노래』로의 '번역'은 문자성에 입각한 텍스트에서 구연되는 텍스트로의 전환이라는 점에서 원작과는 다른 언어 체계와 사고, 상상력이 작동된 것이다.[70]

이러한 구연성의 문제는 텍스트 전체를 관통하는 특징이다. 특히 청일전쟁이라는 구체적인 시공간을 추상화하여 러일전쟁을 전후로 한 당대 대중의 집단적 · 공동적 기억에 의존하는 상투적인 비유의 표현을 7 · 5조의 정형시 형식으로 새구성한 전쟁 장면에서 구연성의 문제가 잘 드러난다. 구체적인 시공간에 한정되는 표현을 배제하고 운율에

---

70   월터 J. 옹에 따르면 목소리에 입각해 세계와 문자를 바탕으로 구성한 세계는 사유 방식과 표현, 심성에 차이가 있다. 월터 J. 옹, 이기우 · 임명진 역, 『구술문화와 문자문화』, 문예출판사, 1995 참조.

입각한 기억을 바탕으로 추상화하여 간결하게 표현하는 재구성 방식에서 보여주는 "음송"의 공동성 지향은 『가정신시 호토토기스의 노래』이후 다양한 구연 문학으로 연계되었다.

『가정신시 호토토기스의 노래』의 7·5조 가사를 바탕으로 1909(메이지 42)년 엔카 〈호토토기스의 노래[不如歸の唄]〉가 만들어지고 널리 유행하면서 메이지 가정소설의 쌍벽을 이루는 『호토토기스』와 『곤지키야샤[金色夜叉]』는 장기간에 걸쳐 엔카의 전성시대를 맞이했다.[71] 이러한 엔카 〈호토토기스〉는 다이쇼 말경까지 나니와부시[浪花節][72]나 노조키가라쿠리[のぞきからくり](그림 8),[73] 종이 인형극·활동사진[74] 등 객석의 예인(藝人)들에 의한 대중 연예(演藝)의 단골 레퍼토리로 최고의 인기를 누리며 대중들의 열광적인 환호를 받았다.[75] 쇼와[昭和] 시대까지 이어진 이러한 대중 연예의 '호토토기스[不如歸]' 향유 방식은 소리[聲]와 문자, 회화 등 다양한 시청각 미디어와 출판 미디어를 통해 다양하게 변주되며 수용자의 시야를 확장했다.[76]

이처럼 '호토토기스'의 대중적인 수용 방식에는 구송(口誦) 연예(演藝)의 변용이 많다는 점이 특징이다. 효도 히로미[兵藤裕己]에 따르면 일본 근대 자유민권운동의 정치연설과 친화적인 강담(講談)·라쿠고[落語] 등의 대중 연예는 메이지 20년대 분위기와 호흡하며 소리[聲]에 의한 문

---

71 添田知道, 『流行歌·明治大正史』, 刀水書房, 1983, 247면.
72 전통 현악기 샤미센[三味線]의 반주에 따라 공중 앞에서 서사적인 내용의 이야기를 가창과 말로 전달하는 예(藝). 전통 연예의 형식을 따와 거리 공연에서 시작. 軍談·講釋 등을 제재로 의리와 인정을 주제로 한 것이 많음.
73 상자 바닥에 렌즈를 붙이고 구멍을 내어 내부에 장치된 풍경이나 그림을 보는 요지경, 만화경.
74 영사기를 돌리는 조수와 함께 변사는 특유의 목소리로 스크린의 인물을 설명하거나 스크린 속 인물을 다양한 음색으로 목소리 연기했다. 井伏鱒二, 「不如歸と民衆」, 齋藤愼爾 編, 『明治文學の世界─鏡像としての新世紀』, 柏書房, 2001, 118면.
75 小澤昭一, 『ドキュメント日本の放浪芸』複製CD版, ビクターエンタテイメント株式會社, 1999, 44면.
76 關筆, 앞의 책, 135면.

그림 8 상자 안의 연속적인 그림을 들여다보는 구경꾼들 앞에서 연사가 7 · 5조로 호토토기스의 이야기를 들려주는 노조키가라쿠리[のぞきからくり]

화를 대중적으로 확산시켰고 메이지 30년대 나니와부시 대유행의 시대를 맞이하게 했다. 나니와부시 특유의 심금을 울리는 멜로디의 예능이 도시하층을 기점으로 급속히 대두하여 청일전쟁과 특히 러일전쟁 전후 전투에 총력을 기울이던 사회의 전쟁열기와 연동하여 급속히 대중사회에 침투했다.[77] 『소설 호토토기스』는 이러한 나니와부시를 중심으로 하는 소리[聲]의 미디어와 접속하면서 문단을 넘어 대중 연예와 합치되어 폭발적으로 점화됐다. 『소설 호토토기스』가 문자와 소리 양방면에서 전 미디어를 뒤흔드는 수용의 질적인 전환을 맞이하게 된 사실은 『소설 호토토기스』에 내재하는 구연성과 서사성의 문제에 주목하게 한다. 자유민권운동에서 러일전쟁, 다이쇼데모크라시에 이르는 일본근

---

77   兵藤裕己,「메이지의 퍼포먼스[明治のパフォーマンス]」,『感性の近代』2(岩波講座 近代日本の文化史), 岩波書店, 2002, 164면.

대의 격동적인 역사와 함께 부침(浮沈)을 같이 했던 나니와부시와 같은 소리[聲]의 문화는 전쟁의 시대 위력을 떨쳤는데 『소설 호토토기스』의 전쟁, 군인 가족, 전투, 위문, 별리 등의 서사는 나니와부시의 서사적인 예능에 적합한 요소를 두루 갖춘 셈이었다. 아이들조차 "빨리 돌아와 줘요" 하고 나미코의 애절한 대사를 입을 모아 읊조릴 만큼 구슬픈 멜로디에 실린 엔카 〈호토토기스〉는 일본인이라면 누구나 아는 "이야기를 공유하는 화자와 청자간의 공범관계"로 "국민의 소리"로 전화했다.

이러한 가능성을 잠재했던 『소설 호토토기스』의 소리[聲]의 문화와의 접속은 『가정신시 호토토기스의 노래』의 7·5조 음수율 형식으로 한층 현실화되었다. 소설과 동시에 연극화되면서 신파 특유의 목소리로 소리 미디어의 변용을 예고했던 '호토토기스'는 나니와부시로 활자의 파급을 넘는 빠른 속도로 전 사회적으로 확산되었다. 이러한 소리 미디어의 운명은 소설에서 시로 장르의 변환 속에서 운율을 의식한 시어 선택으로 나니와부시나 속요·와카·한시 등 공동성의 구연 문화를 연계하는 방식으로 확장된 토대에서 개척된 활로인 것이다. 근본적으로는 원작 자체의 구연성에 입각한 서사 구조에서 연유한다. 즉, 원작의 아(雅)의 지문과 구어체 대화라는 아속절충의 문체와 감정 이입, 그리고 동일화를 유도하는 서술 방식이 『가정신시 호토토기스의 노래』를 7·5조의 문어로서 재구성하는 맥락에서는 대화가 대폭적으로 삭제되고 지문을 대중에게 익숙한 상투적인 비유를 더하여 한학의 교양을 익힌 식자층의 공동성과는 다른 방식으로 "낭송(朗誦)"의 공동적인 심성을 각인했다.

"가정 안에서 음송(吟誦)해야 할 통속의 시"를 표방하는 『가정신시 호토토기스의 노래』의 향유 방식은 전술한 바와 같이 메이지 초 "낭독"과 "암송"이라는 음독의 두 가지 방식[78]의 변용인 셈이다. 한시를 공유하는 서생의 공동체적 향유 방식과는 다른 방식으로 메이지 30년대 후반,

가족이 함께 즐기는 "낭독"과 서생들이 정신적 공동체의 연대감을 확인하는 "암송"이 융합된 "음송" 방식으로 가족 공동체의 향유 방식을 제공했다는 점에서 의의가 있다. 이러한 맥락에서 "가정과 문예와의 근접"이라는 당대의 과제는 독자의 향유 방식 관점에서는 게사쿠[戲作]나 소신문(小新聞)의 연재물인 "츠즈키모노[つづき物]" 등을 가족끼리 즐기는 "낭독"의 전통과 한시를 "낭송"하며 공동체적 유대감을 함양하는 향수 형태를 결합한 음독의 방식으로 구체화되었다.

이러한 『가정신시 호토토기스의 노래』의 향유 방식은 원작의 문자성과 구연성의 역학을 다른 층위에서 재구성했는데, 이는 청각이 우위를 차지하는 체계에서 아속의 형식을 내포하는 구성과 관련한 방식이다. 이것은 전통 현악기 샤미센[三味線] 반주에 의한 나니와부시인 〈호토토기스〉의 가창과 가사를 구별하는 형식이나 각본의 지문과 대사라는 형식과도 연관성이 크다. 일상의 구어와는 다른 발성에 의존하여 레코드와 테이프의 2차적 구연 형태로 향수되는 나니와부시는 강담(講談)과도 공유하는 독특한 문어조를 "음송"하는 향유 방식[79]에서 『가정신시 호토토기스의 노래』와 상통한다.

이러한 변형은 소리[聲]에 입각한 대중의 수용 방식을 선취한 것으로 이후 나니와부시나 엔카, 종이 인형극 등 다양한 방식으로 폭넓게 향유되는 토대를 제공했다. 이러한 맥락에서 『가정신시 호토토기스의 노래』의 성과는 미조구치 하쿠요[溝口白羊]라는 작가 개인의 창작성에 귀속되는 것이 아니라 집단적 공동성이 적층된 구연성과 관련지어 이해해야 한다. 문단에서외 되조와 함께 구연 연예 방식으로 보다 대중적으로 수용되었던 '호토토기스'의 원작에 내재된 구연의 가능성은 『가정신시 호토토기스의 노래』에서 보다 확장한 의의를 갖는다.

---

78 前田愛, 앞의 책, 172~178면.
79 兵藤裕己, 『〈聲〉の國民國家・日本』, 日本放送出版協會, 2000, 74면.

3) "피를 토하는 상념의 호토토기스"－부부상화(夫婦相和)

『가정신시 호토토기스의 노래』의 "신체시"라는 형식은 상투적인 한시 표현이 많이 구사되었다. "피를 토하는 상념의 호토토기스血を吐く思ひの杜鵑"라는 한시 시구가 채용되는 것에서도 명확하듯이 "신체시"라는 새로운 형식은 명확한 개념과 외연을 갖지 못한 채 기존 한시 표현에 입각한 내실을 수반하지 못했다.

널리 알려진 바와 같이 두견과 피를 연계하는 상상력은 당시(唐詩)의 '촉제두우화조전설(蜀帝杜宇化鳥傳說)'에서 유래했다. 촉나라 망제가 별령에게 양위하여 스스로 숨은 뒤에 복위하지 못하고 여행길에서 죽자 사람들이 두견이 우는 것을 보고 망제의 넋이라 하여 슬피 여긴 것이 '촉제두우화조전설'이다. 중국 고대 문헌 속의 두견(杜鵑)은 두우(杜宇)・자규(子規)・촉백(蜀魄)・불여귀(不如歸) 등 수십 가지의 명칭이 있다. 두견(杜鵑)과 자규(子規)를 구별하려는 학설이 제기된 바 있지만 촉 망제의 혼이 화하여 자규가 되었다는 속설에서 보듯이 당대(唐代)의 시인들에게 다소 뉘앙스의 차이가 있다하더라도 본질적으로는 동일한 새로 이해되었다고 한다. 두견의 울음소리가 '不如歸去'로 표기되는 것에서 당(唐) 중기 이후, 여행길에서의 두견은 돌아가는 것이 좋다는 뜻의 타향을 떠도는 새로서 인식되어 "망향의 염원"[80]의 의미로 정착했다. 또한 두견이 입에서 피를 흘리며 비통하게 우는 생리적 특질을 바탕으로 하는 '제혈(啼血)의 이미지'[81]에서 두견은 불길한 새의 이미지를 형성했다.[82]

---

80 植木久行, 『唐詩歲時記』, 講談社, 1995, 70~71면.

81 816년 백거이가 장강하류의 강주의 풍경을 노래한 「琵琶行」에서 '其間旦暮聞何物 杜鵑啼血猿鳴'으로 읊은 것에서 유래했다. 위의 책 참조.

82 두견이 피를 토하면서 우는 만춘에 마치 피로 물든 것처럼 핀 진홍색 꽃이 杜鵑花・山石榴이다.(植木久行, 앞의 책, 72면) 1912년 김우진의 『榴花雨』는 꽃의 선명한 진홍빛을 "5월의 류화(榴花)"로 표현한 韓愈의 漢詩(植木久行, 앞의 책, 181면)에서 보는 바와 같이 두견의 唐詩的인 연상에 기초한다는 점에서 『호토토기스不如歸』와

그러나 일본에서는 중국과는 전혀 다른 이미지가 형성되었다. 일본에서 '호토토기스'를 지칭하는 말은 두견·두우·자규·촉혼·촉백·불여귀 등과 형태가 닮았다는 점에서 곽공(郭公)·곽공조(郭公鳥)·시조(時鳥) 등 매우 다양하게 쓰였다. 일반적으로 중국에서 두견·자규·두우·촉혼 등의 한자를 일본에서는 곽공(郭公)·곽공조(霍公鳥)·시조(時鳥) 등이 많이 쓰인다.[83] 중국에서 두견은 만춘을 일본에서는 여름새로서 계절감의 차이로 인해 오해를 낳기도 했다. 일본에서 호토토기스의 이미지는『만요슈(萬葉集)』에 의해서 확립되어 일본적 서정 감각을 대표하는 시어로서 정착했다. 일본 고대 초기의 한시문에 호토토기스는 거의 등장하지 않으며 8세기 후반 최고(最古)의 가집인『만요슈』에는 호토토기스(郭公)를 노래하는 작품이 150여 수 이상 실렸다. 여기에는 '울어서 피를 흘리는 호토토기스(啼いて血を吐くほととぎす)'와 같은 중국 한시의 이미지는 희박하고 '戀心을 불러일으키는 새'의 이미지를 바탕으로 '연(戀)'의 시가라는 맥락에서 수용되었다.[84] 정치적 우의를 함의하는 중국 전통적 문학관과는 달리 일본 와카(和歌)의 문학 양식에서 호토토기스는 희로애락의 감정 이입의 대상으로서 자신의 심정을 투영하는 친근한 새의 이미지를 형성했다. 즉, 새와의 관계에서 일종의 거리감을 둔 중국과 달리『만요슈』에서는 호토토기스(郭公)의 소리를 유형의 것으로서 영원히 붙잡아두고자 하는 동경의 이미지를 내재하며 중국과 같은 '제혈의 이미지'는 거의 수용되지 않았다. 唐詩와 같은 "망향의 염원" 이미지는 집에 남겨둔 아내나 헤어진 연인에 대한 심정이 표백된 '戀心을 불러일으키는 새'와 같이 중국과는 다른 일본의 독자

연관성이 있는 신소설로 간주할 수 있다.

83   植木久行,「ほととぎすのうた杜鵑と郭公をめぐって」,『比較文學年誌』15號, 早稻田大學, 1979, 13면.

84   工藤重矩,「古今集－四八の解釋・補考－啼いて血を吐く杜鵑のこと－」,『言文研究』61號, 九州大學國語國文學會, 1986, 2면.

적인 이미지를 형성했다. 이별의 노래에서도 死者에 대한 추모에 역점을 두어 중국과는 달리 생이별이 아닌 사별에 중점을 두었다. 이처럼 중국과 일본의 '호토토기스'의 이미지는 차이가 있다.[85]

이러한 맥락에서 "호토토기스郭公라는 표기 자체가 와카적"[86]이라고 한다면 두견의 표기는 두우의 촉혼에 의한 한시적인 제재를 의미한다. 한학에 친근한 서생의 어휘 두견을 채택하여 후리가나를 달아 부녀자들도 알 수 있도록 평이하게 대중화하는 방식으로 "피를 토한다"는 한시의 이미지를 부각했다. 원작에서는 "피를 토하는 상념의 호토토기스"라는 한시는 차용되지 않으며 두견의 한어는 전혀 사용하지 않았다. 그러나 『가정신시 호토토기스의 노래』에서는 "피를 토하는 상념의 호토토기스"라는 시구를 채택하여 폐결핵과 나미코의 비련을 결합한 이미지가 향후 "속체장시"나 엔카에도 반복되며 '호토토기스'의 상징으로 자리매김하는 기틀을 마련했다. 이렇게 『가정신시 호토토기스의 노래』에 의해서 피를 토하는 폐결핵의 이미지가 더해졌다. 7·5조의 "음송" 향유 방식을 전제로 하는 『가정신시 호토토기스의 노래』에서 "음송에 적합한 한시"[87]에 의거하여 호토토기스不如歸가 아닌 두견(杜鵑)의 한어가 채용되었다는 점을 볼 때 부녀자 뿐만 아니라 한시문의 "낭송"의 향유 방식에 친숙한 남성 독자층에게도 확산되었다는 점을 알 수 있다.

그 밖에도 원작의 "사이좋은 부부"와 관련된 구체적인 묘사는 "원앙"을 형용하는 것으로 대체되었다. 두 사람의 영원한 사랑의 맹세를 "원앙의 인연"으로 요약한 것에는 7·5조 음수율에 의한 제약과 부부애에 대한 해석이 작용했을 것이다. 또한 전통적인 고전 시가의 제재와 동일하게 사이좋은 부부를 비유하는 "원앙"이나 "슬픔을 더하는 기러기 소리"라는 비유를 구사하여 원작의 기독교를 배경으로 하는 부부애의 내

85　植木久行, 앞의 논문, 20~31면.
86　工藤重矩, 앞의 논문, 5면.
87　河井醉茗,「시를 맛보는 힘詩を味ふ力」,『女子文壇』3卷 2號, 1910(메이지 40).2, 7면.

실을 "부부상화(夫婦相和)"의 덕목과 접속한 것과 연관된다. 부부애의 내실을 "부부상화"[88]의 틀에서 이해하는 방식은 당대 낡은 전통적인 미덕만으로 존재했던 것이 아니라 1890(메이지 23)년에 발포된 교육칙어 "부모에게 효 형제에게 우정으로 부부상화해야"라는 규정과 같이 메이지 국민이 갖추어야 할 도덕과 규범에 합치되는 관념이었다. 따라서 『가정신시 호토토기스의 노래』에서 호토토기스(不如歸)를 배제하고 "원앙"이나 "기러기 소리"로 변형한 데에는 부부애의 내실을 당대에 요구되는 "부부상화"의 관념으로 견인해내는 역할과 관계있는 것이다.

제4절 '국민의 소리[聲]'

1) 다케오의 변용 — 군신(軍神) 히로세 다케오[廣瀨武夫]의 이미지 교차

나미코와 다케오의 부부애를 위주로 "가정신시"의 가정에 초점을 두는 재구성 방식은 전쟁 장면을 짝으로 하는 것이었다. 전쟁으로 인한 가족의 파탄에 대한 위협과 위기 속에서 다져지는 부부애는 일상적인 가정의 단란한 풍경과 치열한 접전을 벌이는 격전장과 대비되는 방식으로 구성되었다. 『가정신시 호토토기스의 노래』의 전쟁 장면이 비중

---

88   管野聰美, 『消費される戀愛論』, 青弓社, 2001 참조, "부부상애는 반드시 연애결혼의 주장만은 아니다. 결혼의 계기는 어떻든 '결혼한 이상은 부부 사이좋게'"라는 관념은 부부의 화목과 화합을 설교하는 도쿠가와기[德川期]의 도덕의식과의 연속성을 설명하는 것이라고 한다. 에도와 메이지의 차이는 '일부일처제의 주장만'에 있다는 管野의 지적을 가토는 "〈연애결혼〉이란 문제의 문맥을 '연애'라는 감정의 영역에서 '결혼'이라는 사회적 제도의 영역으로 전환하는 효과가 있"다고 분석했다. 加藤秀一, 앞의 책, 54~55면.

이 높은 것은 러일전쟁의 발발 속에서 한층 대중적으로 향유되었던 '호토토기스'속 전쟁에 현실감을 부여하는 방식을 보여주는 것이다. 청일전쟁의 시공간 안에서 전쟁과 사랑의 서사가 복잡하게 얽히는 원작에 비추어 『가정신시 호토토기스의 노래』에서는 시공간의 설정을 특정하지 않음으로써 당대의 러일전쟁과 겹쳐 읽을 수 있는 모호한 형태로, 전쟁 장면은 해전으로 일관한다.

> 때는 가을의 9월 / 17일 날이 밝지 않았다 / 기다리고 기다리던 적함은 / 해양의 섬에 나타났다 / 발포할 태세를 갖추면서 / 병사는 모두 용감했다 / 다케오의 눈이 빛나고 / 제멋대로 가슴이 뛰었노라 / "자 죽어야 할 때는 바로 지금이다" 하고 / 칼집을 움켜잡고 / 갑판 위로 달려든다 / 그 모습, 귀신처럼 섬뜩하여 (…중략…) 자 드디어 떨치고 일어난 아군은 / "남은 것을 쳐라" 하고 / 핏물 흐르는 갑판에 / 날아오는 탄환도 무엇의 그 / 쏘았노라 당겼노라 우리 대포를 / 적의 함대 가라앉을 때까지 [89]

"가정신시"의 제제로서는 놀라운 섬뜩한 전투 장면이다. 대포와 검, 칼이 난무하는 피비린내는 격전지에서의 사활을 건 전투 현장을 7·5조의 운율로 노래하는 "가정신시"는 격렬한 전투 의욕을 고취시키는 군가로 변모한다.

소설에서 국가를 위한 "직분의 길"에 매진하게 되는 심경의 변화는 생략된 채 한 치의 회의도 동요도 없는 전사 다케오는 용기 백백하여

---

[89] 원문은 다음과 같다. "頃しも秋の九月の / 一七日の朝まだき / 待ちに待ちたる敵艦は / 海洋島にあらはれぬ / 火蓋切らむと構へつつ / 兵士は皆勇みけり / 武男が眼中は輝きて / 胸はそぞろに騒ぐけり / 「いざ死ぬべきは今ぞ」とて / 劍の柄を握りつつ / 甲板の上に驅上る / 姿、鬼神と凄まじく(中略)いよいよ奮ふ我軍は / 「殘れるものを打てよ」とて / 血汐流るる甲板に / 飛來る彈丸も何のその / うちぬ 放ちぬ我砲を / 敵の艦の沈むまだ." 福岡新三·岡村壓兵衛, 『家庭新詩 不如歸之歌』(溝口白羊 作詩, 1905(메이지 38)), 127~132면에 의한다. 이하 서지 생략.

"자 죽어야 할 때는 바로 지금이다"라고 적진을 향해 뛰어든다. 원작의
사랑 · 가족 · 국가의 구성은 『가정신시 호토토기스의 노래』에서 병사
와 전사, 신주와 순사 등 죽는 방식을 둘러싼 차이를 발생시킨다. 즉, 국
가를 향한 죽음의 각오가 주체의 생의 욕동의 상실에서 전화되는 원작
과 달리 "가정신시"에서 죽음은 생의 욕망으로 충천한 전사의 당위로
서 독자들을 열광케하는 영웅적인 죽음의 방식이 문제인 것이다.

별리의 애상의 정조가 흐르고 전후 국가주의 시대 원작 『소설 호토토
기스』보다 『가정신시 호토토기스의 노래』와 같은 소리[聲]에 의존한 매
체에서 개인의 갈등과 고뇌는 약화되었으며 일체화된 공동체적 상상에
주력하는 형태로 공동성이 보다 증폭되었다. 당시의 신문, 잡지 매체의
전쟁 보도나 군가 · 나니와부시 · 엔카 등의 대중 연예의 전투열기를 고
조하는 선동성과 구별되지 않는 전투 장면이 주조되었다. 이러한 의미
에서 『가정신시 호토토기스의 노래』의 해전 전투 장면은 당시 러일 전
쟁의 기억을 불러일으키는 전쟁 영웅 히로세 다케오[廣瀨武夫]의 해전을
떠올리게 하는 전투 풍경에 주안점을 두었다. 히로세 다케오(1868~1904)
는 1904(메이지 37)년 3월 27일 폐색대의 지휘관으로서 뤼순[旅順]항에서
장렬하게 전사[90]했는데 부하를 살리기 위해 군함으로 돌아가 자신도 죽
음에 이르게 된 살신성인의 용감한 군인이라는 미담으로 신격화되어
"군신(軍神)"으로 추앙받았다. [91] 전사 소식이 각종 신문, 잡지 매체에서
앞다퉈 보도되면서 다케오는 군신으로 승격하여 "귀신"의 표현은 전쟁
영웅의 수사로서 빈번히 쓰였다. 원작에 없는 "귀신"의 비유와 칼을 빼
어들고 날렵하게 갑판에 뛰어드는 영웅적인 활약상에서 청일전쟁과는
다른 러일전쟁의 배경을 엿볼 수 있다.

---

90 島田謹二, 『러시아에서의 히로세 다케오[ロシアにおける廣瀨武夫]』, 朝日出版社,
1976 참조.
91 小森陽一, 「은폐된 〈죽음〉-텍스트로서의 히로세 다케오 교재[隱蔽された〈死〉-
テクストとしての廣瀨武夫敎材]」, 『成城文藝』126号, 成城大學, 1989, 67면.

1904(메이지 37)년 하쿠분칸[博文館]에서 펴낸『러일전쟁실기 임시 증간호』제9편「군신 히로세 다케오」특집에는 "다케오 군이 연출하는 용맹한 검무" "갑판의 신무대" "오니[鬼] 중좌" 등 히로세 중좌의 보도가 지면을 뒤덮는다. "가정신시"에서 "갑판 위에 달려드는 모습 귀신과 같이 섬뜩하게"라는 표현과 같이 다케오의 전투 장면 묘사는『러일전쟁실기 임시』의 기사에서 "검을 빼어 진격하다"(제68편), "귀신과 같은 동작"(제72편) 등 히로세 중좌의 적군을 기습하여 일격을 가하는 동작을 연상하게 한다. 특히 "귀신"과 같이 날렵하다는 표현은 히로세 중좌의 제문(祭文)에도 "그 장렬함 실로 귀신을 울린다"[92]와 같이 당시 신문 잡지 미디어에서 히로세 중좌를 상징하는 말로 쓰였다.『가정신시 호토토기스의 노래』에서는 가와시마 다케오[川島武男]의 전장에서의 활약상을 당시 전쟁 영웅 히로세 다케오가 전사한 뤼순 해전의 폐쇄 작전을 연상시키도록 갑판을 무대로 현장감 넘치는 활극처럼 기술하여 히로세 다케오의 이미지를 의식적으로 교차시켜 구성했다.

히로세 다케오와 가와시마 다케오는 이름만이 아니라 해군중좌라는 직업군인으로서의 생애와 인물에서도 공통점이 적지 않았다. 히로세 다케오는 1889(메이지 22)년 4월 해군병학교를 졸업한 뒤 해군소위후보생으로 임관되어 연습함 "비예(比叡)"에 승선할 것을 명령받았다. 그는 8월에서 1890(메이지 23)년 2월 말까지 하와이군 섬을 향해 남반구로 들어가 사모아, 피지의 여러 섬을 순항, 북상해서 괌에서 태평양의 원양 항해를 체험했다. 그리고 1891(메이지 24)년 1월, 해군소위에 임관한다. 스루프함 "해문"의 분대사로 항해를 순항한 뒤에는 청일전쟁에 종군, 7월 일본 함대의 사세회[佐世保] 출격에 참가한다. 그 후 동년 10월 23일, 전함 후쇼[扶桑]의 항해사로 임명되어 주로 나가야마 열도를 근거

---

92   『다큐멘터리 일본인 4 지배자와 그 그늘[ドキュメント日本人4支配者とその影]』, 學藝書林, 1969년, 64면. 초출,「故海軍中佐廣瀬武夫外慰靈祭祭文」,『海軍公用文例集』, 海軍經理學校, 1914.

지로 하면서 대련에서 동만소해(東灣掃海)의 임무를 수행한다. 1885(메이지 28)년 2월, 히로세는 해군 대위로 승진하고, 요코스가[橫須賀]에 돌아가 제2호 수전대장으로 발령을 받는다. 여기까지 히로세 중좌의 인생 항로는 가와시마 다케오의 작품 속 이동 경로와 많은 부분 중첩된다.[93] 1897(메이지 30)년 러시아 유학 후 1902(메이지 35)년 귀국, 1904(메이지 37)년 러일전쟁에서 뤼순항 폐쇄작전에 투입되어 제2회 폐쇄작전에서 한 사람의 병사를 구하기 위해 침몰해가는 배로 돌아가 수색 중에 전사하여 "군신"의 칭호를 얻게 된 것이다. "이상적인 군인상"인 가와시마 다케오와 "군인의 귀감"으로서의 히로세 다케오 중좌의 이미지는 상당 부분 교차되었다. "진정(眞情)의 절절함"을 갖춘 모범군인으로 추앙받으며 군신 히로세 다케오가 전사하던 그 해 8월 간행된 『가정신시 호토토기스의 노래』의 전투 장면이 그를 연상시키도록 미디어에서 유통되는 히로세 다케오 관련 기사의 표현을 반복함으로써 텍스트는 "국가를 위하여"라는 자기희생의 면모가 한층 두드러졌다. 이러한 다케오[武男]와 다케오[武夫]의 이미지가 착종되는 방식은 엔카 〈『호토토기스』의 노래〉에 뚜렷하여 대중의 향수 방식의 특징을 살펴볼 수 있다. 가와시마 다케오는 러일전쟁의 히로세 다케오와 교차됨으로써 허구적인 서사와 현실의 기억이 착종하며 한층 현실감 있는 시대의 서사로 변모하여, 대중 연예에서는 종종 다케오[武男]가 다케오[武夫]로 표기되는 오류가 발생했다.[94] 대중 연예에서 『호토토기스』가 차지하는 확고부동한 위치는 바로 이러한 서사와 현실의 절묘한 융합의 방식에 의거한 것임을 군신 히로세 다케오의 예는 명쾌하게 드러내고 있다.

---

93 島田謹二, 『廣瀨武夫一人과 作品』, 『廣瀨武夫全集』 下, 講談社, 1983, 472~480면.
94 『婦人公論』 제19권(中央公論社, 1934.3) 「언니 『호토토기스』의 나미코를 말한다[姉 『不如歸』の浪子を語る]」는 기사에서도 본문에서는 「다케오[武男]」로 되어 있지만 연극 사진의 캡션에서는 다케오[武夫]로 표기되었다. 이러한 誤字의 예는 헤아릴 수 없을 정도로 많은데 대중 연예의 수용이 활발하던 1905(메이지 38)년 이후에 급증했다.

군신 히로세 다케오의 기억은 다케오[武男]의 이미지를 한층 "진정(眞情)"한 인간미 넘치는 이미지로 변모시켰다. 원작에서 나미코에 대한 안타까움과 자책감을 토로했던 다케오는 엔카 〈호토토기스〉(1908(메이지 41))에서 "다케오는 나미코를 버리지 않았는데 나미코는 나를 버렸는가 / 아아 박정한 나의 아내여"라는 노래가사와 같이 나미코에게 버려진 희생자로 변모하였는데 군신 히로세 다케오[武夫]의 이미지의 착종은 직분에 귀속하는 남성성을 추구하면서도 "정(情)"이 강조되는 방향으로 다케오[武男]의 이미지를 변모시키는 데 기여했다.

2) '소리[聲]'의 〈호토토기스〉 − 공동체의 노래

대중의 러일전쟁 체험에 뿌리를 내린 『호토토기스』의 전쟁 장면은 『가정신시 호토토기스의 노래』와 같이 다양한 '번역서'와 '속서'로 변형되면서 문단을 넘어 대중의 폭넓은 "국민의 소리"로 울려 퍼졌다.

> 드디어 군승을 얻어 / 개선의 소리 용맹하여 / 아버지는 돌아왔다, 사람들도 / 다케오도 함께 돌아왔다 / 승리를 기뻐하는 국민의 / 소리는 천지를 흔들었도다.[95]

개인의 심정을 "황군연승"의 국가 슬로건으로 전화시켰던 서술자의 목소리는 형태를 달리했는데, 전쟁에서 승리하여 다케오와 가타오카 중장이 살아 돌아오게 된 기쁨을 시적 화자는 "국민의 소리"로 노래했다. "어서 돌아와요" 하는 나미코의 애타는 심정의 토로에서부터 피비린내 진동하는 용감무쌍한 해전 전투에 이르는 "국민의 소리"에 이르

---

95 『家政新詩 不如歸の歌』, 169면.

기까지 다양한 음색으로 전쟁의 광기가 휩쓰는 황폐한 시대의 서사시로 위용을 떨쳤다.

당대 군신 히로세 중좌에 열광하던 전 일본 사회의 열기는 문단의 요사노 뎃칸[与謝野鐵幹]의 신체시 「히로세 다케오[廣瀬武夫]」나 이와야 사자나미[巖谷小波]의 「군가 히로세 다케오[廣瀬武夫]」 등 신체시, 군가와 창가 등의 형태로 시세에 발 빠른 시단에까지 영향을 미쳤다. 이와 같이 히로세 중좌를 향한 군중의 집단적 서정을 표출했던 시대적 맥락에 『가정신시 호토토기스의 노래』가 놓여 있다.

"과도할 정도로 상승한 〈호토토기스〉의 열기"는 "도시와 시골의 사대부와 여자"라는 폭넓은 대중 독자층의 반향으로 널리 확산되었는데 이는 나니와부시[浪花節]의 향유층과도 일치한다. 러일전쟁 후 유행한 『랏빠후시[節]』의 가사 중 『호토토기스』와 관련된 다음 가사는 〈호토토기〉의 열기의 정체를 대변한다.

국가의 명예는 내몸의 명예 흩어져 보람있는 대장부의 남겨진 향기는 훗날의 세상에 사쿠라 향기 그윽한 9단 언덕 도코도도도테테테

자 이제부터 출전 하고 향해야 할 적은 러시아 국가 늙으신 모자와 병든 아내에 마음 남겨라 하고 국가를 위해 도코도도도테테테 (…중략…)

즈시 해변가의 나미코인가 두 사람 손에 손을 잡고 죽어도 당신의 아내입니다 피를 토하는 상념의 호토토기스 토토토 타타타타[96]

진후의 시대를 풍미했던 일종의 나니와부시 『랏빠후시[ラッパ節]』 노래에는 '호토토기스'를 제재로 하는 가사가 삽입되었다. 대중에게 '호토토기스'는 국가와 가족, 사랑이라는 인생의 가치 있는 모든 것을 포

---

96   西澤爽, 앞의 책, 2495~2498면.

용하는 표상으로 각인되었다. 출정하는 군인의 사기를 북돋우며, 전지를 향해 떠나는 이와 남겨진 이들의 애절한 심정을 대변하는 군인과 그 가족의 서사로서 '호토토기스'는 전 일본 국민에게 애창되는 "국민의 소리"인 것이다. 이러한 엔카나 『랏빠후시』 등 대중연예의 가사 "피를 토하는 상념의 호토토기스"라는 표현은 원작에는 없는 것으로 『가정신시 호토토기스의 노래』의 7·5조의 형식에서 만들어졌다. 이를 토대로 원작을 읽지 않은, 문자에서 소외된 하층 대중을 중심으로 소리[聲]를 매개로 하는 대중 연예를 통해 급속도로 확산되었다. 시대의 변화와 함께 『소설 호토토기스』는 문자에서 소리로 "대중의 심금을 울리는 공동성을 포획하"는 "러일전쟁기의 나니와부시 붐"[97]을 타고 문단을 넘어 메이지 일본의 "무구(無垢)하고 균열이 없는 심성의 공동체"의 구축에 '호토토기스'는 각별한 역할을 수행하게 된다.

수용의 이른 단계에서는 신파극이나 『각본 호토토기스의 노래』와 같이 문자를 소리로 전환하는 번역이 시도되었는데, 유연하고 다양한 형태의 향유 방식이 대중 연예 '호토토기스'에서 애정과 전쟁이라는 두 가지 방향의 서사를 동시에 담아내는 변환을 가능하게 한 것이다.

3) 전쟁의 서사시에서 哀歌로 — '기러기 소리[雁の聲]'

나미코의 묘지 앞에서 다케오와 가타오카 중장이 재회하는 결말은 『가정신시 호토토기스의 노래』에서는 다음과 같다.

때로는 발자욱 소리 들리고 / 여기에 오는 사람의 자취 / 다케오는 누구냐 하고 놀랐다 / 그쪽을 보고 생각했더니 / 나미코 아버지 중장의 / 눈물

---

97 兵藤裕己, 앞의 책, 127면.

글썽이며 서성거렸다 / 두 사람 서로 손을 잡고 / 털어놓는 괴로움과 슬픔 이여 / 눈물은 떨어져도 땅에 스미는 / 이끼 아래의 아름다운 사람[麗人]이 여 / 꿈과 생각은 어떠한가 / 슬픔을 더하는 기러기 소리[98]

러일전쟁의 환기는 원작의 "전도요원"과 "타이완이야기"와 같은 청일전쟁 시대와 결부된 대화를 배제시켰다. 시공간의 구체성을 탈각시킨 종장에서는 "털어놓는 괴로움과 슬픔이여"라는 추상적인 심정이 부조되는데 국가의 국민통합의 전망에 앞날을 기약하던 청년의 패기는 국가가 사라진 시공간에서 아내 잃은 청년의 슬픔만 남는다. 딸을 잃은 아버지와 아내를 잃은 군인의 만남은 비로소 "괴로움과 슬픔"을 털어놓는 상실감을 나누는 가족애의 유대와 마주한다. 원작의 결말에서 "작은 새의 소리 아득"한 아오야마[青山] 묘지에는 "기러기 소리[雁の聲]" 들리지 않는 고요한 정적이 흘렀다.

원작의 구체적 시공간이 추상화되는 『가정신시 호토토기스의 노래』에서 "슬픔을 더하는 기러기 소리[あはれを添ふる雁の聲]"는 부부애라는 주제를 분명히 하는 비애의 정서라는 의미 생성 장치로서 부가되는 것이다.

원작에서 11월 신상제(新嘗祭)의 배경 시간과 계절감은 "기러기 소리"의 구성 요인이기도 하다. 일본에서 기러기는 북방에서 날아와 월동하여 춘추의 계절감을 나타내고 사랑의 한탄과 기러기 소리의 이미지가 중첩되어 연가(戀歌)의 풍취를 자아내는 소재로서 자주 등장한다. 또한 기러기의 울음소리에서 기러기의 눈물을 연상시켜 사랑의 상실감을 상징하거나[99] 사자(死者)와 왕래할 수 있는 존재[100]라는 의미를 함축한다.

---

98 원문은 다음과 같다. "折しも靴の響して / 此處に來かかる人の陰 / 武男は誰ぞと 驚きつつ / 彼方を見れば思ひきや / 浪子が父の中將の / 淚浮めて佇めり / 二人は互い に手をとりて / 語るつらさや悲みや / 淚は落ちて地に滲みぬ / 苔の下なる麗人の / 夢 や思や如何ならむ / あはれを添ふる雁の聲." 『家政新詩 不如歸の歌』, 199~200면.

이러한 맥락에서 『가정신시 호토토기스의 노래[家政新詩 不如歸の歌]』의 "기러기 소리[雁の聲]"는 7·5조의 형식적 제약과 사자(死者) 그리고 눈물을 상징하는 선택이다. 다만 "피를 토하는 상념의 두견(호토토기스)[血を吐く思いの杜鵑(ほととぎす)]"의 시구의 종결 방식도 7·5조의 형식성에 배치되지 않는다는 점에서 운율만의 문제로 수렴되지 않는 의미론적 선택의 개연성이 크다. "가정에서 음송할 만한 통속의 시를 제공하"는 "가정신시"의 "청아한 취미"의 목적의식적 선택은 두견의 피울음과 결부된 한시의 두견 표상을 배제하고 연가의 이미지를 부각하는 기제를 요청했다. 한시를 공유하는 서생(書生)의 남성 독자층에서 부녀자에 이르는 폭넓은 독자층을 포괄하는 시적 정취는 두견 표상 한시의 "음송"과는 다른 방식의 와카, 속요인 연가의 흐름에 따른 선택을 부추기는 것이다. 이러한 시적 지향이 국가 의식을 탈각시키는 방향의 귀결을 가속화했다. 군가를 방불케 할 정도로 대중 동원의 선동적인 이념의 색채를 뚜렷이 했던 『가정신시 호토토기스의 노래』에서 국가 의식 그 자체가 탈각된 것은 아니다. 이와 대비되는 결말 종장의 급격한 애도의 노래, 아련한 애가의 심상은 한시를 공유하는 공동성과 구별되는 "吟송"과 연가의 슬픔의 정조인 "아와레[あわれ]"[101]의 미의식이 두견성(杜鵑聲)이 아

---

99 「가을밤의 이슬을 이슬로 두면서 기러기 눈물과 들판을 물들이겠구나[秋の夜の露をば露と置きながら雁の涙や野辺を染むらむ]」(『古今集』「秋下」258「忠」)

100 「가는 반딧불 구름 위에까지 떠나야 할 것은 가을 바람 분다고 기러기에 말하렴[行く螢雲の上まで去るべくは秋風吹くと雁に告げこせ]」(『伊勢物語』45段),「미요시 마을 들에 사는 기러기 오로지 하나 당신 쪽을 향하여 울며 기다린다오[みよし野の賴むの雁もひたぶるにきみがかたにぞよるとなくなる]」((『伊勢物語』10段)『伊勢物語』四五段古今六帖 4380『佐中將集』14『業平集』38『續後拾遺集』800), 「나를 향하여 울고 있다 하시는 미요시마을 들에 사는 기러기 내 어찌 잊으리오[わがかたによるとなくなるみよし野のたのもの雁をいつかわかれむ]」(古今六帖 4381(『伊勢物語』10段) 四五段『佐中將集』15『業平集』39『續後拾遺集』801) 구정호 역, 『이세모노가타리』, 제이앤씨, 2003.

101 모노노 아와레[物の哀れ]의 준말. 헤이안시대[平安時代] 왕조문학의 중요한 문학적 미적 이념. 모노[物] 즉, 객관대상과 아와레[哀れ]라는 감정주관의 일치에서 발생하

닌 "기러기 소리"를 선택했을 개연성이 높다. 눈물과 사자(死者)를 환기하는 "기러기 소리"란 시어는 원작에 없는 "이끼 아래의 麗人이여 / 꿈과 생각은 어떠한가"라고 죽은 나미코의 심정을 헤아리게 하는 아련함과 애도의 의미를 부가했다. 군인으로서의 연대감과 국가를 향한 결의가 배제되는 필연적인 선택은 국가의식을 탈각시키려는 작가의 의도에서 연유한 것이 아니라 서정시 저변의 흐름 위의 시어의 연계망에서 구축되는 시적 상상력에 의한 것이다. 이로써 군인 동지의 남성의 연대감은 후퇴하고 제국의 꿈은 아득하기만 한데 "이끼 아래 麗人"의 "꿈과 생각"을 반추하는 애틋한 심정만이 뚜렷해졌다. 슬픔을 극복할 희망과 전망은 부재한 채 비애에 침잠한 심정은 두견성의 비통함의 시적 정취와는 다른 이별의 아픔을 노래하는 연가의 "아와레"의 미의식에 제어된 "流麗平易한" 시어를 선택하게 하는 시적 언어의 연쇄적인 체계에서 발휘되는 상상력이다. 이러한 시어 선택의 결과 전쟁의 서사시에서 연애의 서사시로 원작과는 상반된 형태의 급격한 변모가 이루어졌다.

이러한 맥락에서 『가정신시 호토토기스의 노래』의 문학적 영위는 『소설 호토토기스』의 "음송" "낭송"의 향유 방식으로 다양한 구연문화로 확산되는 길을 열었다. 『소설 호토토기스』의 아속절충제라는 아와속의 대비에 의한 구성이 "음송" "낭송"과 결부된다는 면에서 『가정신시 호토토기스의 노래』의 음독의 향유 방식은 『소설 호토토기스』의 서사에 내재하는 문제와 연관된 것이다. 또한 이 시기 활자만이 아닌 연극·영화·활동사진·유성 음반 등 2차적인 구연[102]에 의한 향유 방식이 개

는 조화적 정취의 세계로 인생의 기민함이나 허무함에 직면하여 발생하는 애절한 정취나 애수. 에도시대 국학자 모토오리 노리나가[本居宣長]가 제창하여 헤이안시대의 문학 『겐지모노가타리[源氏物語]』를 그 정수로 지적.

102 일차적인 구술성과 대비하여 전화, 라디오, 텔레비전, 그 밖의 전자 장치에 의해서 뒷받침된 이차적인 구술성으로 구별한 월터 J. 옹의 개념에 따른다. 월터 J. 옹, 이기우·임명진 역, 앞의 책, 22면.

입된 수용 맥락에서 신문연재소설의 음독의 방식과는 다른 이질적인 구연성의 작용이 탐색되어야 할 것이다. 이러한 문맥에서 『가정신시 호토토기스의 노래』는 연극과의 접점에 한정된 기존의 대중과 통속성의 논의를 문자성과 구연성의 역학의 층위로 심화, 확장한다. 이러한 질적인 변환의 바탕 위에서 다양한 구연 문예로 확산되어 『소설 호토토기스』와는 선을 긋는 새로운 국면으로 전환하게 되었다는 점이 '호토토기스' 수용에서 『가정신시 호토토기스의 노래』가 지닌 의의라고 하겠다.

제
3
장

소설에서 각본으로

『각본 호토토기스』

제1절 신파 〈호토토기스〉

후지이 히데타다[藤井淑禎]에 의한 일본의 '호토토기스' 수용 역사의 시대 구분에 따르면 『소설 호토토기스』가 발간된 1900(메이지 33)년에서 1940년대에 걸친 5,60년간은 "광의의 호토토기스 시대"로 명명된다. 수용의 내부분의 시기를 포괄하는 "광의의 호토토기스 시대"는 발행 직후부터 백판이 발행되던 1909(메이지 42)년 2월의 "중규모의 호토토기스 시대"로 세분되어 그 안에 전성기라고 할 1904~05(메이지 37~38)년을 "협의의 호토토기스 시대"로 구분했다.

이러한 시대 구분은 주로 "나츠메가[夏目家] 문장회(文章會)의 호토토기스[不如歸] 취미"나 "호토토기스 모방 사건" "호토토기스 시대의 공기"라는 결핵을 앓는 문인 주변의 문단 동향을 근거로 하는 문화 현상으로 파악했다. 이 글에서는 "협의의 호토토기스 시대"가 막을 내리는 1906(메이지 39)년에서 1940(쇼와 20)년대에 이르는 시기의 수용의 특징을 문단을 넘어 대중이 향유하는 '호토토기스'로 간주하여 이 시기 전범이 된 연극 〈호토토기스〉를 『각본 호토토기스』를 중심으로 분석할 것이다.

1906(메이지 39)년은 자연주의 문학이 대두하면서 가정소설을 예술과 분리하여 통속소설의 장르로 분류하려는 문단의 경향이 만연했다. 가정소설이 연극화되면서 가정소설과 여성과 통속을 연계하는 시각은 더욱 확고하게 뿌리를 내렸다. "연극과 소설의 결합은 가정소설이 여성과 통속을 연계하는 근거"[1]이다. 연극은 소설의 한정된 독자층을 넘어 광범위한 대중으로 확산되는 계기로서 이 시기의 특징은 연극이라는 미디어에 의해 결정되었다. 이 시기 "호토토기스 자살"[2]이라는 유행어를 낳으며 숱한 화제와 함께 『호토토기스』는 여학생과 여공에 이르는 폭넓은 여성 독자층의 환영을 받아 1909(메이지 42)년 메이지 소설로는 최초로 백판을 기록하여 출판의 신기원을 이루었다.

중등 교육의 확대와 사회적 진출, 여성 권리의 신장을 도모하는 사회 변화의 추세에 따라 여성 독자는 급속도로 증가하여 1926(다이쇼 14)년 "부인잡지의 급격한 발전"을 이룩했다. 이러한 방대한 발행부수의 잡지는 다이쇼기의 신중간층에서 소비되었는데 1911(메이지 44)년, 히라츠카 라이쵸[平塚らいてう]가 『청탑(靑鞜)』을 창간하여 이듬해 1913년의 선언으로 큰 파문을 일으킨 "새로운 여성[新しい女]"은 이러한 중등 교육을 받은 신중간층의 여성군에 기반을 두었다.[3] 이러한 "새로운 여성"의

---

1   飯田裕子, 앞의 책, 59면.
2   1907(메이지 40)년에 한 전화교환원이 『호토토기스[不如歸]』를 품에 안은 채 大阪 天保 해안에서 투신 자살한 사건이 발생한 이후 "不如歸 자살"의 말이 유행했다. 山路健, 『明治・大正・昭和の世相史』上, 明治書院, 2001, 346면.

출현이 "신여성"과 "구여성"이라는 양극화 구도로 일본 사회 여성담론의 지형을 재편했는데[4] '호토토기스'의 수용은 신중간층의 진출과 함께 급속도로 "구여성"의 의미로서 미디어에 유통되었다. 즉, '호토토기스'는 사회 변화의 추세에 따라 미디어와 독자층을 바꾸어 가며 반세기에 걸쳐 다양한 방식으로 향유되었다.

1901(메이지 34)년 1월 하쿠분칸[博文館]에서 발행된 보수적인 입장의 『여학세계』는 비교적 장기간에 걸쳐 발간된 잡지로서 시대에 따라 편집 방침이 변화하였고『부녀계』『부인세계』등과 함께 상업주의적 부인 잡지[5] 현모양처주의의 저널리즘[6] 등으로 분류된다. 당대의 잡지 발행부수가 2,3천부를 상회하던 시기『여학세계』는 7,8천부라는 경이로운 판매 실적을 자랑했다. 다이쇼기에 널리 읽혀진 여성 잡지『부녀계』『주부지우』『여학세계』『부인공론』『여성개조』『부인구락부』등과 나란히 6대 잡지 가운데 속했고 주요 독자층은 10대 후반에서 20대 초반의 여성이었다.『부인공론』『여성개조』『여성』등이 진보적 계몽 잡지라면 이것과 대립적인 잡지가『여학세계』이다.[7]

"새로운 여성"의 등장 이후『여학세계』에는 종종 "구여성"이나 "不如歸"라는 필명[8]으로 현모양처의 이념을 계몽하는 기사를 게재하여 당대 "새로운 여성"에 대한 비판과 야유의 논조를 취했다. 개인 중심적인 "새로운 여성"과 가족중심적인 "현모양처"의 대립 구도에서 상류층 가

---

3   前田愛, 앞의 책, 215~220면.
4   河村, 앞의 논문, 25면; 小川菊松,『일본출판회의 걸음[日本出版會のあゆみ]』, 誠文堂新光社, 1962.
5   岡滿男,『부인 잡지 저널리즘[婦人雜誌ジャーナリズム]』, 現代ジャーナリズム出版部, 1981.
6   川村邦光,『처녀의 기도—근대 여성이미지의 탄생[オトメの祈り—近代女性イメージの誕生]』, 紀伊國屋書店, 1993, 59면.
7   위의 책, 120면.
8   『女學世界』의 "不如歸"를 필명으로 하는 기사는「실화 귀신의 며느리[實話 鬼のお嫁]」(1916.10),「사실소설 학대받는 여재[事實小說 虐待される女]」(1917.1) 등이 있다.

정의 현모양처가 갖추어야 할 교양과 라이프스타일에 관한 정보를 게재하여[9] "새로운 여성"에 대한 방어와 두려움과 기존 도덕 질서를 옹호하는 입장을 전개했다.

『소설 호토토기스』의 간행 시기인 메이지 30년대에는 상류 계층에 대한 동경의 대상으로, 가정과 사랑 등의 새로운 가치를 담보하는 기호로서 기능했던 '호토토기스'는 메이지 40년대인 1907년 이후 "모던 걸"이 전면에 등장하는 시대에 "구여성", 그리고 낡은 도덕과 질서의 표상으로 변모했다.

'호토토기스'의 기호 변화와 관련하여 『오사카매일신문(大阪每日新聞)』(1913.4.22)을 비롯한 각종 미디어에는 "새로운 여성"을 둘러싼 찬반 논란과 각계각층의 반응이 쏟아지는 가운데 『청탑』, 『여자문단』 등의 잡지는 사회 질서를 방해하고 풍속을 해친다는 명목으로 발매금지 처분을 받았다. 이렇게 "새로운 여성"으로 표상되는 진보적인 동향이 정부에 의해 통제되면서 기성 규범으로부터 일탈한 대담하고 자유분방한 행동으로 세상을 떠들썩하게 했던 "새로운 여성"에 대한 여론은 "비판과 야유, 조소의 대상으로 취급"되는 등 호의적인 시선과 부정적인 시선이 교차되었다. 메이지 30년대 『소설 호토토기스』를 부상시켰던 '건전한 사상'과 "도덕"을 지닌 새로움이 다이쇼기에는 "새로운 여성"에 대항하는 "구여성"의 전범으로 변모하여 '호토토기스' 표상은 '건전한 사상'과 "도덕"을 둘러싼 시대의 변화를 뚜렷하게 보여준다. 즉, '호토토기스'의 기호는 '건전한 사상'이라는 맥락에서 신구의 가치가 반전하는 시간 변화를 측정하는 지표인 것이다.

이러한 과거의 신구의 대립을 전도하는 "구"의 상징적 기호는 연극에 있어 새로운 물결의 의미를 지닌 신파(新派)의 대중적인 확산으로 촉

---

9   川村邦光, 앞의 책, 180~184면.

진되었다는 점에서 연극〈호토토기스〉의 재구성 방식은 대중화 시대의 추이를 규명하는 단서가 될 것이다. 따라서 제3장에서는 연극〈호토토기스〉의 구체적 양상을 규명하여 시기에 따른 장르 변환 양상과 수용 조건을 구체적으로 검토한다. 연극〈호토토기스〉는『소설 호토토기스』의 발간 이듬해 첫 공연 이래 수많은 극단에 의해 상연되어 일본 연극사에 혁혁한 족적을 남긴 명레퍼토리로 꼽힌다. 극단에 따라 극의 내용은 달랐으므로 각본은 다수 제작되었을 터이지만 현존하는 활자화된 각본은 야나가와 슌요[柳川春葉]와 마야마 세이카[眞山靑果]에 의해 이루어졌다.[10] 후자는 1936년에 만들어진 것으로 일본 근대의 '호토토기스'의 수용을 분석하는 이 글에서는 대중화의 정점이라고 할 연극〈호토토기스〉의 현황을 "신파는 소설 각본의 전성시대"[11]를 맞이했던 1909(메이지 42)년에 간행된 야나가와 슌요의『각본 호토토기스[脚本 不如歸]』를 텍스트로 하여 분석한다.『각본 호토토기스』의 발행 시기는 이미 "〈호토토기스〉가 신파 연극의 대성공을 거둔"[12] 이후이므로「서문」에 밝힌 바와 같이 "종래의 여러 종을 참고로 하여 집필"함으로써 그 이전까지의 각본의 성과를 바탕으로 하였다. 이후 수차례에 걸쳐 연극화된〈호토토기스〉는 대부분 야나가와 슌요의 각본에 입각한 것으로 메이지 말까지 성황을 이루었다.[13] 소설을 각본화하여 무대에 올리는 관행이 정착된 메이지 시대 신파의 특성은『각본 호토토기스』에 잘 응축되어 있기 때문에 텍스트를 통해 소설과 연극의 연동에 관련한 문제를 고찰하는 데 매우 유용하다. 각색자 야나가와 슌요는『家庭小說 어머니의 마음[母の心]』,『기르지 않은 사이[生きぬ仲]』등으로 가정소설가로서 입지를 굳힌 작가[14]인데 '호토토기스'는 그의 가정소설에 대한 시

---

10   越智 治雄, 「『不如歸』劇の成立」, 『鏡花と戱曲』, 砂子屋書房, 1987, 131면.
11   河竹繁俊, 『日本戱曲史』(ジャンル別日本文學史2), 南雲堂櫻楓社, 1964, 563면.
12   柳川春葉, 「序」, 『脚本 不如歸』, 今古堂書店, 1909(메이지 42).
13   虎外子, 「『不如歸』興行年表」, 『歌舞伎』129, 1911(메이지 44).3 참조.

각이 녹아든 각본이라는 점에서 더욱 흥미롭다. 「서문」에서 명시한 바와 같이 "소설 작가와 극작가 사이에는 다소 견지(見地)를 달리 하"므로 그 차이에 유념하면서 이 글에서는 소설과 각본을 비교하여 이 시대의 연극 〈호토토기스〉 상연의 의미를 분석할 것이다. 그리고 무대 상연을 전제로 하는 각본의 특성에 기초하여, 논의를 문자 텍스트에 한정하지 않고 관객의 감상 행위에 이르는 과정을 포괄해 텍스트에서 상연에 이르는 무대 공간에 대한 상상력과 언어 표현을 검토할 것이다.

원작의 발표 이후 시·노래·연극·영화 등 다양한 장르로 변환된 '호토토기스'의 수용에서 두드러진 특징은 눈물이 증폭되었다는 신파의 양식화된 특색을 보이는 점이다. 원작에 내재하는 눈물과 동정 등 감정 과잉의 표현은 신파극을 감상하는 관객의 눈물로 구체화되어 신파는 눈물이라는 등식이 성립하게 된 것은 주지하는 바이다. '호토토기스'는 눈물이 공유되는 시대에 한해서 수용되었으며 더 이상 눈물과 결합되지 않는 시점에서 작품의 인기는 급속도로 하락했다. 이러한 수용 과정에서 눈물은 독자, 관객, 청중의 감상의 지표로서 적극적으로 기능하는데 특히 신파극『각본 호토토기스』의 무대 위 등장인물에게 관객의 감정 이입과 몰입을 유도하는 장치와 효과는 눈물을 척도로 하여 결정되었다. 이러한 감정 과잉 신파의 시대의 특성을 『각본 호토토기스』의 눈물을 유도하는 감정 구조와 관련하여 고찰할 것이다. 각본 텍스트의 눈물은 문맥에 따라 각각 다른 기능을 수행하며 모두 동일한 의

---

14 야나가와 슌요[柳川春葉](1877~1918), 소설가. 동경 출생, 본명 츠라유키[專之]. 1893(메이지 26)년 탐정소설 『怨之片袖』를 春陽堂에서 간행. 이어 오자키 고요[尾崎紅葉]의 사사를 받아 「하얀 제비꽃[白すみれ]」을 『國民之友』에 발표 출세작이 됨. 1898(메이지 31)년, 春陽堂에 입사한 이후 잡지 『新小說』을 편집하는 한편 『家庭小說 母の心』, 『富と愛』(『東京日日新聞』, 1906(메이지 39).11.8~1907(메이지 40).3.11), 『生きぬ仲』(『大阪每日新聞』, 1912.8.17~1913.4.24) 등의 가정소설을 집필. 메이지 40년대 이후 『不如歸』, 『婦系図』 등 각색과 극작에도 착수했다. 昭和女子大學近代文學研究室 編, 『柳川春葉』(近代文學研究叢書 18), 昭和女子大學光葉會, 1962 참조.

미로 작동하지 않는다. 연극 상연을 전제로 완성된 각본을 토대로 연기에 임하는 신파 배우들의 눈물 연기와 당시의 공연 현황을 염두에 두면서 소설과는 다른 장르의 특징과 신파극에서 갖는 눈물을 키워드로 『각본 호토토기스』의 의의를 분석할 것이다.

1)『각본 호토토기스[脚本 不如歸]』의 성립

『각본 호토토기스』의 분석에 앞서 1909(메이지 42)년에 이르기까지 〈호토토기스〉의 연극화 경위를 간단히 돌아본다.

오치 하루오[越智治雄]에 따르면 〈不如歸〉 초연은 원작 발표 이듬해인 1901(메이지 34)년 2월 10일 오사카아사히좌[大阪朝日座]의 공연이다.[15] 동경에서의 초연은 1903(메이지 36)년 5월 혼고좌[本鄕座]·1904(메이지 37)년부터 그때까지 이합집산이었던 주연배우가 혼고좌에 집결, 이른바 신파연극으로 부르는 〈호토토기스〉, 〈오노가츠미〉, 〈무화과(無花果)〉, 〈백작부인(伯爵夫人)〉 등의 가정소설을 각색하여 상연해서 대성공을 거두었다. 가부키[歌舞伎] 〈호토토기스〉도 성황을 이루었다.[16] 연극이나 대본에서 특히 주목할 것은 1909(메이지 41)년 4월 이이요호[伊井蓉峰]·기타무라 로쿠로[喜多村綠郞]·무라다 마사오[村田正雄]·미즈노 요시미[水野好美] 등이 출현한 혼고좌의 공연으로 야나가와 슌요가 원작에 충실하게 8막 10장으로 각색했다.[17]

이것은 『연예화보(演藝畵報)』(2권 5호, 1909(메이지 41).5)에 "미운생(微雲生)"이란 필명에 각본 〈不如歸(本鄕座4月狂言)〉라는 제목으로 발표되었다. 『연예화보』에 각본과 함께 실린 배우들의 소감에 다케오 역을 맡은

---

15   越智治雄, 앞의 논문 참조.
16   河竹繁俊, 「新派劇」, 앞의 책, 557~570면.
17   秋庭太郎, 「ほととぎす[不如歸]」, 『演劇百科大事典』 5卷, 平凡社, 1961, 188~198면.

그림 9 1908(메이지 41)년 혼고좌(本鄕座)의 호토토기스 공연 포스터인 반츠케[番付](早稻田大學
演劇博物館 소장)

이이[伊井]는 "이번은 야나가와 슌요 선생님께 부탁드려서 꿈으로 각색
해서 받았"[18]다는 진술을 했는데 이것은 야나가와 슌요에 의한 『각본 호
토토기스』와 막의 구성과 내용이 매우 유사하다. 따라서 1909(메이지 42)
년 간행된 『각본 호토토기스』는 그 이전 시기의 각본을 바탕으로 1909
년 각본을 발표하고 이것은 혼고좌의 공연(그림 9)으로 무대에 올려진
뒤 다시 손질하는 과정을 거쳐 완성된 것으로 보인다. 이는 마야마 세이
카[眞山靑果]에 의해 쇼와 시대 새로운 각본이 제작되기까지 연극〈호토
토기스〉의 "정본"[19]으로 '호토토기스' 수용에 지대한 영향을 미쳤다.

---

18   淸潭,「伊井の川島武男」,『演藝畵報』2卷5號, 演藝畵報社, 1908(메이지 41), 5, 86면.
19   越智治雄, 앞의 논문, 131면.

제2절 부부애의 변용

1) 부부애의 형해화 —〈(서막)이카호[伊香保] 교외의 고사리캐기〉

무대의 시공간적 제약을 받는 각본에서 무대 설정과 관련한 원작의 변형은 불가피하다. 『각본 호토토기스』에서는 두 사람의 사랑과 이혼, 병사를 중심으로 8막 10장[20]으로 구성했다. 제1장에서 기술한 바와 같이 『소설 호토토기스』에서는 이카호 치아키[千明]의 여관 삼층에서 저녁 풍경을 바라보는 나미코의 외양을 묘사하는 것으로 시작하여 나미코의 시선을 좇아 구름이 묘사된 이후 장면의 전환과 함께 여관의 하녀와 나미코가 나누는 대화가 전개된다. 이에 대해서 『각본 호토토기스』에서는 야마기[山木] 상인의 딸인 도요[豐]가 다케오에 대한 짝사랑을 독백하는 장면으로 막을 연다. 이어 같은 무대에서 신혼 여행지에서 고사리를 캐는 단란한 신혼의 풍경을 방해하는 인물 치지이와[千々岩]가 등장한다. 원작에서 도요가 등장하여 다케오에 대한 연정의 속내를 비치는 것은 신혼여행 이후의 일이다. 여러 모티브를 통해 갈등과 복선이 깔리는 방식으로 복잡하게 전개되었던 원작의 구성을 『각본 호토토기스』에서는 서막의 한 장면에 여러 모티프를 압축하여 배치한다. 이런 방식을 통해 시공간의 제약을 받는 각본의 특징을 드러냈다. 이러한 변형으로 각본의 기둥을 이루는 대립 축은 신혼의 부부와 두 사람을 방해하는 세력의 구도로 이농하여 다케오를 짝사랑하는 도요와 나미코를 좇는 치지이와가 서막에 등장한 것이다. 서막의 처음과 끝을 다케오

---

20   전체적인 막의 구성은 다음과 같다. 〈(序幕)伊香保郊外の採蕨〉, 〈(二幕)川島邸座敷〉, 〈(三幕)逗子海岸〉, 〈(四幕)片岡邸後園〉, 〈(五幕)一其一, 逗子別莊, 其二, 片岡家玄關〉, 〈(六幕)一其一, 山科亭車場, 夢, 其二, 佐世保海軍病院〉, 〈(七幕)一, 片岡浪子臨終〉, 〈(大詰)一, 青山墓地〉

를 찾아 헤매는 도요의 대사로 장식하여 맹목적이고 우둔한 여성의 짝사랑을 과장함으로써 희극적인 이미지를 유도했다. 1909(메이지 42)년의 시점에서『각본 호토토기스』는 주변인물 도요를 서막에 배치함으로써 희극적인 재미와 관객의 호기심을 자극하는 방식으로 변화한 것이다. 전통적인 희극의 인물 조형 방식을 살려 연극적인 요소나 흥미를 유발하기 쉬운 인물의 특징을 과장하여 삼각관계의 갈등의 이미지를 강조하는 방향으로 변모했다. 이렇게 부부애의 비극적인 면모를 약화시키는 변형은 원작의 즈시 해안의 러브신에서 한층 뚜렷하다.

2) '영원한 아내'의 욕망의 배제—〈(삼막)즈시[逗子] 해안〉

〈호토토기스〉속 즈시 해안의 이별장면은 〈곤지키야샤〉를 위시한 〈琵琶歌〉〈己が罪〉〈乳姉妹〉 등과 같이 "신파 연극의 러브신"[21]은 해안이라는 등식이 성립했던 당시 연극계의 정평과 마찬가지로 해안을 무대로 한 명장면으로서 널리 알려졌다. 원작에서는 즈시 별장의 문 앞에서 나미코가 요코스가[橫須賀]행의 기차를 타기 위해 역으로 향하는 다케오를 향해 손수건을 흔들며 이별하는 장면이『각본 호토토기스』에서는 해안의 무대 장치를 배경으로 조각배에 탄 다케오와 노송에 기댄 나미코가 이별하는 장면으로 변경되었다.(그림 10)『곤지키야샤』의 미야[宮]와 칸이치[貫一]의 해변의 이별장면을 환기시키는 무대 장치와 뱃사공 가락의 애절한 음향 효과가 관객으로 하여금 이별의 정취를 한껏 고조시키는 방향으로 무대의 극적인 기제를 더하여 재구성됐다. 소설에서는 즈시 해안에서의 해후(중, 4의 3~4의 4)에 이어 치지이와가 가와시마 집안을 방문하여(중, 5의 1), 모친에게 불안감을 조장하자(중, 5의 2)

---

21   柳永二郞,『繪番附き・新派劇談』, 靑蛙房, 1966; 關筆, 앞의 책, 109면.

그림 10 즈시[逗子] 해안의 이별 장면(早稻田大學演劇博物館 소장)

모친이 이혼을 요구하던 중에 (중, 6의 1~6의 3) 전보에 의해 즈시[逗子] 해안에서의 이별(중, 6의 4)에 이르는 여러 모티프가 얽히는 복잡한 구성을 취한다. 반면 『각본 호토토기스』에서는 이를 단순화시켜 모친이 다케오에게 이혼을 다그치는 장면(《〈二幕〉川島邸座敷〉)에 이어 즈시 해안에서의 해후와 이별 장면을 연속적으로 배치(「〈三幕〉逗子海岸」)하여 시간적 연속선상에서 이별이 모친의 이혼 종용에 의한 결과라는 논리를 선명히 하는 구성으로 배치했다. 이와 같은 구성은 1901(메이지 34)년 연극의 명장면으로 평판을 얻은[22] 오사카아사히좌[大阪朝日座]의 "즈시 해안을 채용"[23]했다.

각본의 지문을 재현하자면 무대 위에는 오랜 세월을 견뎌낸 듯 낡은 부동당(不動堂) 아래 노송 한 그루 버팀목 삼아 물가에 한 척의 어선이

---

22 1901(메이지 34)년 2월 10일, 大阪朝日座에 의한 「不如歸」의 초연에서 "江ノ島 해안 이별의 장은 극중의 볼거리"(「아사히좌 관람朝日座見物」, 『大阪毎日新聞』, 1901(메이지 34).2.25)라는 평을 얻었다. 越智治雄, 앞의 책, 134면.
23 越智治雄, 앞의 책, 131면.

묶여져 있다. 하늘엔 중추 십오야의 달 걸려있는데 파도소리와 함께 막이 열린다.

다케오 나미씨가 낫지 않는 것은 나를 사랑해주지 않는 거다. 나를 사랑해 준다면 하루라도 어서 완쾌하여 즐거운 가정을 만들고 싶다고 생각할 터이지 않은가, 내가 나으려고 생각하는 일념에서라도 반드시 나아 보여요, 낫지 않고 둘까보냐!

합주의 음 멈추고 단지 파도 음만 조용히 들린다.

나미코 나아요, 꼭 나아 보겠어요. 그렇지만 인간은 왜 죽는 걸까요, 천년도 만년도 살고 싶어요. 죽는다면 둘이서! ……네, 당신.

하고 손을 잡는다.

다케오 나미코가 죽는다면 나도 살 수 없소

나미코 네, 정말! (하고 매달린다)

피리 소리 구슬프게, 소나무 바람에 따라 흐느낌을 전한다.

(…중략…)

다케오 빨리 나아서 둘이서 오래 살아서 금혼식의 끝까지 함께 한평생 같이 합시다, 하하하하[24]

---

24 원문은 다음과 같다. "武男(前略)浪さんか癒らんといふのは僕を愛してくれて居ないんだ、僕を愛して居つてくれるなら一日も早く全快して樂しい家庭を造つて見たいと思ふ筈ぢやないか、僕か癒さうと思ふ一念でも屹度癒して見せるよ、癒さんで置くもんか! 合奏の音歇んで、只浪の音のみ靜かに聞ゆ。浪子は屹度顔を上げて 浪子 癒りますわ、きつと癒つて見せますわ、だけど人間は何故死ぬのでせう。千年も萬年も生きたいわ、死ぬなら二人で!……ね、貴朗」と手を取る、武男 浪さんが死んだら 僕も生きては居らんよ 浪子 え、本当!(と取縋る)笛の音憐れに、松風につれて響きを傳ふ。(中略)武男 そんな話は、モウ止さうさう、ねェ、浪さん早く癒つて、二人で長生して金婚式の末まで添ひ遂げるさ、ハははは" 柳川春葉、『脚本 不如歸』、今古堂書店、1909(메이지 42)、101~103면. 이하 서지 생략. 후리가나 생략.

원작을 대폭적으로 축소하여 변형한 각본에서 〈(삼막)즈시 해안〉의 막은 명장면에 대한 독자층의 기대를 의식하여 원작을 살리되 미묘하게 다른 이미지로 재구성했다.

소설의 "사랑한다면 나을 거야"라는 다케오의 격려는 "즐거운 가정"에 대한 희망으로 나미코에게 투병의 의지를 북돋운다. 극도의 정신력으로 불가항력적인 운명에 저항하려는 소설의 낭만적 상상력은 퇴색한 채 일상의 실감으로 대체된다.

원작에서 다케오가 나미코의 다이아몬드 낀 손등에 입을 맞추던 대목은 각본에서는 삭제되었다. "당대의 생활 습관에는 없는 서양인의 동작"[25]으로 상류 사회에 대한 동경을 자아내게 하는 서사적 장치는 각본에서는 '당대의 생활 습관에' 바탕을 둔 질료로 실감을 더하는 방향에서 선물의 소도구로 구성했다. 원작의 반지는 결혼을 약속하는 서양의 문화를 배경으로 하는 데 비해서 『각본 호토토기스』에서 결혼의 상징적 기호는 일상의 질료로 변화하여 타지에 출장 간 다케오의 나미코에 대한 선물로 그 기능이 변화한다. 반지는 나미코의 가는 손에 맞지 않는다. 병고에 쇠약해져 여윈 손가락에 상심해할 나미코의 마음을 헤아려 반지를 잘못 사왔다며 다케오는 자신의 실수로 돌린다. 이러한 원작에 없는 모티브는 섬세하고 자상한 성품으로 아내를 배려하는 인정 넘치는 인물 조형의 방식을 보여 주는 것이다.[26] 서양풍의 "독자에게 신선한 이미지를 주는" 모던한 행위는 "손을 잡"거나 "매달리는" 동작으로 일본의 풍속과 규범을 일탈하지 않는 일상적인 행동으로 대체했다.

이러한 원작과는 다른 반지의 지표는 새로운 인과 관계를 구성하게

---

25 佐藤勝, 앞의 책, 308면.
26 1912년 김우진의 『류화우』에는 『각본 호토토기스』의 반지를 둘러싼 모티프와 매우 유사한 모티프가 등장한다. 또한 이러한 모티프의 배치의 방식도 유사하다는 점에서 1910년대 식민지 조선에서 원작만이 아닌 다양한 장르의 '호토토기스'의 수용 양상을 살피는 단서가 된다. 이에 관해서는 제2부 참조.

그림 11 나미코역의 남자 배우 기타무라 로쿠로[喜多村綠郞](早稻田大学演劇博物館 소장)

하는데 일상적 공간의 유모를 해안의 이별 장면에 등장시킨 것은 이후의 이별 장면을 연계했다. 앞서 인용한 다케오와 나미코의 영원한 사랑을 약속하는 대화는 나미코가 다케오를 위해 짠 양말을 들고 온 유모의 등장으로 화제가 전환된다. 양말은 먼 길을 떠나는 다케오에게 꼭 전해야 하는 나미코의 살뜰한 정이 담긴 소도구인 것이다. 원작에서는 해안의 이별에 이어 장면이 전환되어 나미코가 폐결핵 걸렸다는 소식을 들은 치지이와가 가와시마 집안을 방문하는 데 반해 각본에서 이 장면은 앞서 2막 〈가와시마저택안방〉에 배치된다. 소설의 시간 축에 따라 복선과 반전이 거듭하는 배열을 해체하고 동일한 주제로 연관되는 시퀀스[27]를 한 장(場)에 집중시켜 공간 축으로 분할하여 배치했다. 시공간적 제약을 받는 각본의 구성 원리는 공간을 중심으로 극에서 갖는 공간성의 효율을 극대화하는 방향에서 재구성되었다. 원작에서 유모가 등장하지 않은 '로망'의 즈시 해안의 이별 장면이 비일상성의 공간이라면 각본에서는 리얼리티가 지배하는 일상성의 논리가 작용한다. 일상성의 공간으로 전화하는 "리얼리티"의 힘이 지배적이다. 이러한 논리에서 해안의 이별 장면에 유모가 등장하는데 이는 결혼의 상징적 의미를 탈각시킨 변형과 동일한 방식이다. 죽음이 갈라놓아도 영원히 함께 하겠다는 비약과 감정을 고조시키는 대화는 속담과 상식으로, 일상성에 제어된 상상력으로 백년해로를 기약하며 웃음으로써 나미코를 위로하는 정겨운 대화로 변모한 것과 동일한 맥락이다. 시공간을 자유자재로 횡단하는 소설과는 달리 시공간적 제약을 받는 각본의 장르에 따라 공간을 매개로 서사의 시간적 질서는 재구성된다.

소설 속 지문에서 언표된 눈물은 각본에서 배우의 신체 표현을 지시

---

27 서사의 기저 단위로서 서사적 행위. 여러 기능체로 구성되는 논리적 단위. 기능이란 등장인물이 서사의 규약에 따라서 행하는 사항으로 어느 항상적 행위 주체로서의 특질을 뜻함.(A. J 그레머스) 롤랑 바르트[ロラン・バルト], 花輪光 譯, 앞의 책, 59면.

하는 지문의 형태로 변형되어 소설의 인물의 감정을 나타내는 언어 표현은 "피리의 음 슬프게[笛の音憐れに]"와 같이 음향과 조명 등의 무대 장치를 지시하는 것으로 재구성했다. 당대 파격적인 원작의 포즈는 신체 동작을 단순화하고 신체 일부의 움직임만을 과도하게 과장하는 신파 특유의 양식미를 바탕으로, 절제된 신체 표현으로 당대의 일본 풍속에 배치되지 않은 몸짓으로 변모했다. 이러한 장르의 규칙 안에서 원작의 "죽어도 나는 당신의 아내예요!"라는 나미코의 절규는 삭제되었다. 일부다처제가 뿌리 깊은 일본의 당대 현실에서 "병이 들어도 죽더라도" 영원한 아내를 외치는 절규가 동정보다 혐오감의 심리로 전이될 수 있는 관객과의 소통체계에서 걸러진 것이다. 이러한 변형 방식에서 원작의 영원한 사랑의 메시지는 일상의 화목한 부부애라는 단란한 풍경에 어울리는 형태로 변주됐다. 원작에서는 죽음에 임박한 나미코와 가타오카 중장과의 마지막 여행에 배치된 노래를 통해 등장인물의 내면을 드러내는데[28] 각본에서는 인물의 심정 표현과 두 사람의 이별을 예고하는 음향 효과로 막을 내리는 극적인 무대 장치를 구성했다.

---

28 1912(메이지 45)년 『新派浪花節』(榎本松之助 編, 榎本書店 (화보참조))에 수록된 「不如歸」에는 이별 장면이 다음과 같이 실려 있다. "○부부로 보이는 백성 두 사람 정겹게 얘기하는 모습 (…중략…) △나미코의 귀에는 이 노래가 어떻게 울렸을까 ○이거라고 입에는 담지 않았어도 생각 있는 몸 숨길 수 없어 눈에는 눈 이슬 옥과 같이 잔디에 뚝 떨어진다"(○ 표시는 곡조, △ 표시는 가사) 스토리텔러라고 할 수 있는 나니와부시[浪花節]의 예능인이 원작에서는 주목받지 못한 세부에 착목하여 서술되지 않았던 서사의 공백을 들려주는 것은 원작의 '문자'로 보여준 '노래'에 나니와부시의 '애조 띤 목소리'로 담아냈을 때의 효과를 의식했음을 보여준다. 이렇게 부가된 어조에서 엿보이는 나니와부시의 예능인의 사고와 상상력은 원작보다 신파극을 바탕으로 했을 가능성이 크다고 하겠다. 나니와부시의 '소리[聲]'가 메이지 일본의 "무구(無垢)하고 균열이 없는 심성의 공동체"의 형성에 기여한 경위는 효도 히로미[兵藤裕己], 앞의 책에 상세하다.

제3절 면죄의 구조

원작에서는 다케오가 해군이라는 설정 하에 위기의 순간마다 다케오가 부재하는 상황이 발생하여 행위 주체로서의 책임을 물을 수 없도록 구조화되었다. 즉, 위기 국면을 모면하는 부재의 상황을 제공하는 해군이라는 직업 설정은 "국가와 가정의, 혹은 전쟁과 사랑의 관계의 상징"[29]으로서 다케오의 책임을 면죄[30]하는 조건을 제공한다. 이혼이라는 행위의 주체로서의 책임을 회피하고 전쟁에 의한 비극으로 어쩔 수 없는 개인의 무력함을 강조하는 방식의 다케오의 "면죄의 구조"는 각본에서는 보다 강화되는 방식으로 구성되었다. 다음 절에서는 소설의 면죄 구조를 대비하면서 각본의 구성 방식을 분석할 것이다.

1) '이에[家]'논리의 변화 — 〈(이막)가와시마[川島]댁 객실〉

2막의 무대는 일본의 여느 가정에서 보듯 불단이 있는 다다미[疊] 깔린 12조 크기의 객실이다. 이 객실을 무대로 나미코와 유모, 그 뒤를 이어 모친과 의사인 도미오카[富岡], 치지이와 야스히코[千々安彦] 등이 번

29　藤井淑禎, 앞의 책, 63면.
30　"면죄"의 구조는 "다케오가 면죄되는 것은 그가 사랑과 여자 때문이 아니라 국가를 위해 목숨을 걸지 않으면 안 되는 천황을 정점으로 하는 군사 내셔널리즘의 상징인 해군의 군인이기 때문이다."(小森陽一, 앞의 책, 201면), "이 화해로 나미코의 이혼에 대한 다케오의 책임이 면죄되어"(江種満子, 「德富蘆花『不如歸』―공치기노래를 난서로 하여[手まり唄を糸口にして]」, 『20세기의 베스트셀러를 읽는대20世紀のベストセラーを讀み解く]』, 學芸書林, 2001, 144면)라는 선행 연구를 바탕으로 한 것이다. 이와 유사한 맥락은 "다케오의 의지 없이 결정되었다는 다케오의 도의적 알리바이의 표상"(高田知波), 「전전문학으로서의 전후문학[戰前文學としての戰後文學―德富蘆花『不如歸』への視点―]」, 『社會文學』 9号, 社會文學會, 1995, 27면), 佐伯順子의 "자기 편의적인" "부부애의 화신"(『戀愛の起源』, 日本経濟新聞社, 2000, 56면)이라는 지적에도 볼 수 있다.

갈아 교대하며 이야기를 나누는데 제 2막을 관통하는 화두는 폐결핵이다. 때마침 방문한 의사 도미오카가 객혈을 하는 나미코를 병원으로 옮기자 야마기 상인이 딸 도요를 데리고 가와시마 댁을 방문한다. 폐결핵과 이혼, 재혼을 암시하는 원작의 모티프는 가와시마 댁 객실의 공간에 집중되어 폐결핵으로 인한 집안의 파장을 여실히 보여준다. 나미코의 퇴장과 엇갈려 들이닥친 도요의 인사로 어수선한 집안에 폐결핵의 불안감을 부채질하는 치지이와에 솔깃해진 모친 게이코(慶子)는 이혼을 시키기로 결심한다. 모친의 이혼 결심에 이르는 심리적 변모를 이끌어내는 구성이다.

마침내 "피아노 찬미가 소리"와 함께 뒤를 이어 다케오와 모친이 마주 앉아 이혼을 놓고 담판을 벌인다. 소설에서 "천황님이 직접 세워주신" 가와시마 집안은 각본에서는 "아버님의 정성으로 화족까지 된 가와시마 집안"으로 당시 화족의 가정을 이끄는 가부장의 공로로 돌려지는 형태로 변모한다. 천황에 의해 떠받쳐지는 가와시마 집안의 기원은 천황을 정점으로 하는 일본 국가 공동체의 상상의 방식을 가정의 기원과 중첩시켜 표상하는데 각본의 가와시마 집안은 가부장의 노력으로 화족의 반열에 오른 내력을 갖는다. 메이지 국가의 기원을 각인하는 청일전쟁 전후 국민소설에서 러일전쟁 전후의 각본으로 시간과 독자층의 변화는 화족이 재편성된 당대 신분 질서에서 폭넓은 계층의 관객을 향해 중류층의 가장을 중심으로 국가에 헌신하는 "단란한 가정"의 상상으로 대체되면서 태생적인 계층성의 기원은 의미를 상실하게 된다.

원작의 "신화족(新華族)"은 각본에서는 "화족(華族)"으로 시간적 차이를 의식한 변모가 두드러지는데, 이는 새로운 상류계층이 형성된 메이지 초의 배경과 각본화된 1909(메이지 42)년의 화족 제도의 변화가 반영된 것이다. 메이지 유신으로 구지배층은 화족으로 통폐합되고 그 아래 사족·평민으로 구성되는 방식으로 신분 제도는 재편성되었다. 1884(메이지 17)년 7월 화족령이 공포되기까지 화족의 재편성을 둘러싸고 급진적인 이토 히로부미[伊藤博文]와 보수적인 이와쿠라 도모미[岩倉具視] 사이에 대립이 격화되어 화족령은 공작·후작·백작·자작·남작의 5단계로 나뉘어졌고 대다수의 구지배층은 자작 이상의 작위를 수여받게 된다.[31] 이러한 신분 제도의 변화는『각본 호토토기스』에도 반영되어 "메이지기의 전형적인 상류사회의 서사"로서의 기능은 퇴색하였고 화족의 함의는 원작과는 달라졌다. 원작의 "신화족"이 화족만이 엘리트 계층으로서 두드러졌던 시기에 대응한다면 각본에서의 화족은 러일전쟁에 공로한 대가로 화족으로 격상된 훈공화족의 발생으로 "몰락하는 엘리트와 벼락부자 평민계층"[32]이라는 새로운 구도의 화족의 의미에 대응한다.

　　1898(메이지 31)년 메이지 민법은 법전조사회의 심의로 "백성의 관습"이 아닌 구 무사 집안의 관습에 기초하여 규범화했다.[33] 이렇게 메이지 초기의 구 무사 계층 집안의 관습을 근대 가족의 집 규범으로 재구성한 맥락에서『호토토기스』의 "이에[家]"는 결코 "구식"이나 "전통적", "전근대적"으로만 볼 수 없는 일본 근대 가족의 탄생사와 역사와 동일한 맥락에서 이해되어야 할 것이다. 유교적인 논리가 아닌 근대의 천황제적인 가부장제 이데올로기[34]를 기반으로 메이지 정부에 의해 주도된 "이에"의 논리는『각본 호토토기스』에서는 가와시마 집안의 역사성과 구체성을 소거함으로써 화족 일반으로 추상화·유형화했다. 청일전쟁을 전후로 이상적인 상류계층의 전범을 형상화하는 것에 주안점을 둔 원작과 러일전쟁 후 질서와 규범이 동요하고 "가족관의 분열과 다양화"[35]

31　다키에·스기야마·리브라[タキエ·スギヤマ·リブラ], 竹內洋·海部優子·井上義和 譯, 『近代日本の上流階級－華族のエスノグラフィ[エスノグラフィー]』, 世界思想社, 2004, 45~48면.
32　위의 책, 48면.
33　鹿野政直, 『戰前·「家」の思想』, 創文社, 1983, 68면.
34　小森陽一, 앞의 책, 203면.
35　有地享, 『近代日本の家族觀－明治編』, 弘文堂, 1967, 130면.

가 이루어진 메이지 말기의『각본 호토토기스』의 가와시마 가계 성립의 변화는 대중화 시대로의 변화와 대중이 향유하는 신파 관객과의 관계 속에서 조정된 것이다.

모친과의 담판 장면에서 전보로 다케오가 자리를 뜬 원작과는 달리 각본에서는 그 이후 치지이와를 등장시켜 모친이 이혼 결행을 암시하는 대화를 나누는 복선을 더해 막을 내린다. 국가의 호출로 모친과의 대결국면을 맞을 위기를 모면했던 원작의 초월적인 국가의 위계는 악인의 권모술수가 두드러진 가정소설의 형식에서 지양되었다. 이와 같은 맥락에서 "병자의 딸을 밀어붙이고 참 태연하게 있으시네요. 그러나 이기주의가 유행인 세상이니까요"라는 치지이와의 대화는 원문에서 치지이와의 부정한 행위를 지칭하던 이기주의를 폐결핵 걸린 딸을 친정에서 거두지 않은 행위에 대한 비난으로 바꾸었다. 이러한 변형은 "사물의 경중을 말한다면, 옛부터 오늘에 이르기까지 변한 것은 없다고 믿습니다"라는 치지이와의 대사를 부가한 것과 동일한 맥락이다. 집안을 위한다는 명분이 불변의 가치를 지닌 신념이며 자연적이고 생득적인 관념으로서 원작의 "이에"의 논리를 한층 더 세간의 통념과 합치하는 방향으로 문화적인 논리를 강화하는 경향을 보였다.

2) 결핵의 이미지 변화—〈(육막) 그 하나. 야마나시[山梨] 정거장〉

가타오카 중장과 나미코의 교토 여행길에서 두 사람이 탄 기차와 다케오가 탄 기차가 스쳐지나가며 일별하는 야마나시역의 이별 장면은 플랫폼이나 기적 소리 등의 기차역사의 이별로 널리 알려진 명장면 가운데 하나이다.

원작에서는 양복 차림의 다케오가 홀로 기차에 탔지만 각본에서는 다케오가 동료 병사들과 함께 기차에 동승한다. 각본에서는 원작의 전투장면이나 병사와의 에피소드를 생략하는 대신에 무대 도구나 무대 장치, 음향 등 제반의 장치를 통해 도처에 전쟁 분위기를 내는 효과를 나타냈다. 원작 대사를 바탕으로 인물의 동작과 표정 등을 제시하는 지문을 변경하는 방식으로 원작을 대폭 수정하였다. 원작에서는 다케오가 탄 기차가 멀어지면서 나미코는 아버지의 무릎에 얼굴을 묻고 흐느껴 우며 격심하게 동요하는데 반해 각본에서는 수건에 입을 대고 각혈하는 동작으로 대체되었다. 원작에서는 애틋한 별리의 심정이 강조되었다면 각본에서는 병의 심각한 증상에 초점을 두었다.

결핵에 의한 사망자가 급증하던 1909(메이지 42)년 『각본 호토토기스』에서는 원작의 폐결핵의 위험성이 보다 과장되고 가래, 각혈 등 병을 앓는 나미코의 고투가 몸짓과 표정의 지문에서 제시되었다. 이렇게 해서 두 사람의 애절한 이별 장면은 나미코의 각혈로 끝나고 무대는 암흑으로 돌변하며 막을 내린다. 짧은 해후 뒤, 조명이 꺼진 암흑의 무대는 임박한 죽음의 이미지를 연출하며 폐결핵에 대한 공포심을 증폭시켰다.

낭만파와 결핵이 결합되는 경위에 대한 수잔 손택의 『은유로서의 질병』의 분석에 따르면, 18세기 중엽까지 서양에서 결핵은 낭만적인 이미지를 지닌 병으로서 결핵을 앓는 자의 얼굴이 귀족적인 용모의 새로운 모델이 되어 "의복"과 "질병"은 "자아를 대하는 새로운 태도의 비유"[36]로서 기능했다. 가라타니 고진[柄谷行人]은 『호토토기스』는 결핵으로 아름답게 쇠약해져가는 나미코의 모습에 주안점이 있으며 결핵이 일종의 메타파로서 작동하여 낭만적으로 그려졌음을 지적했다.[37] 이에 대해서 각본에서는 원작의 낭만적인 결핵의 이미지는 매우 약화되고 폐결핵에 대한 공포가 보다 강조되는 방향으로 변모되었다. 여기에는 소설과 각본의 장르 차이에서 비롯된 서술 방식과 무대적인 제약

---

36   수전 손택, 이재원 역, 『은유로서의 질병』, 도서출판 이후, 2002, 47면.
37   柄谷行人, 『日本近代文學の起源』, 講談社, 1980, 134~137면.

에 따른 집중성과 압축적인 전개가 결핵과 낭만성의 결합을 약화하는 조건으로 작동했다.

소설에서는 상류 계층과 해군 소위의 부인이라는 계층성의 표식에 의존하여 나미코의 폐결핵이 한층 낭만성을 증폭시킨다면, 메이지 40년대의 각본에서 폐결핵은 상류층이라는 계층성의 지표는 약화되며 낭만성은 공포의 이미지로 대체된다. 여기에는 원작이 발표된 메이지 30년대와 메이지 40년대 각본의 결핵을 둘러싼 현실적 차이가 작용한다.

일본에서 1900(메이지 33)년 전국의 결핵사망자 총수는 71,771명이며 1909(메이지 42)년에는 113,622명으로 격증했다.[38] 메이지 이후 결핵 감염으로 인한 사망자는 날로 증가하여 1909(메이지 42)년 결핵사망자수는 110,000명에 이르러 불치의 병이라는 인식이 절정에 달했다. 결핵과 결부된 낭만적인 이미지는 사라지고 두려워해야 할 공포의 질병으로 물리적으로 실체화됐다. 여기에는 결핵에 대한 사회적 인식의 변화가 각본 속 결핵 이미지의 변화를 촉구한 하나의 요인으로 작용하는 것이다. 이 시대의 결핵은 더 이상 상류계층의 질병은 아니다. 1908(메이지 41)년『결핵병과 사회문제』에서 서구의 결핵병은 빈민병 또는 직업병[39]으로 소개하면서 결핵을 사회문제로서 연구할 필요를 역설했다. 1903(메이지 36)년의 성·연령 계급별 결핵 사망률의 통계에 의하면 0~4세에서는 남녀 거의 동등하지만 10~14세까지의 남성의 결핵 사망률은 여성의 2.75배, 15~24세의 여성의 결핵 사망률은 남성의 1.2~1.5배였다. 특히 젊은 여성의 결핵 사망률이 현저하게 높은 이유는 여공의 결핵이 높은 비중을 차지한 것에서 비롯했다.[40]

후쿠다 마히토[福田眞人]는 결핵을 둘러싸고 "가인박명 천재 요절 상

---

38 藤井淑禎, 앞의 책, 147면.
39 竹中繁治郎,『結核病と社會問題』, 東京堂, 1909(메이지 41), 31면.
40 青木正和,『結核の歷史』, 講談社, 2003, 107~108면.

류계급의 편협한 이미지가 형성"되어 현실과의 괴리가 존재하며 이것은 여공애사(女工哀史)와 다케히사 유지(竹久夢二)[41]의 미인화 이미지[42]에 의존한 것임을 지적했다. 현실적으로 결핵의 환자는 열악한 환경에서 작업하는 여공이 많았음에도 불구하고 상류 계층의 질병이라는 이미지를 형성하게 된 배경에는 소설과 시 등 다양한 문학의 결핵 표상과 이를 토대로 한 다케히사 유지의 삽화(화보 참조)가 주는 애수의 몽환적인 여인상의 이미지 등이 복합적으로 작용했다. 이러한 결핵을 둘러싼 두 가지 현실은 『소설 호토토기스』에서 『각본 호토토기스』에 이르는 이미지 변화와도 중첩된다. 『소설 호토토기스』의 결핵이 상류계층을 일시에 불행의 바닥으로 전락시키는 운명의 상징으로서 기능했다면 『각본 호토토기스』에서는 여공들을 중심으로 폐결핵이 사회 전체에 만연되면서 혐오와 공포를 주는 전염병으로 변화했다. 따라서 이러한 결핵을 둘러싼 이미지와 현실과의 간격을 메우기 위한 방식의 변경이 『각본 호토토기스』에서 이루어졌다고 할 수 있다.

이와 같은 사회적 변화를 바탕으로 한 각본에서 폐결핵에 대한 인식이 명확하게 표출되는 것은 2막 가와시마 저택 거실 장면이다. 이혼을 둘러싸고 모자간의 언쟁이 벌어지는 2막 구성에서 모자간의 대립 양상은 원작보다 한층 완화되었다. 모친의 이혼 요청에 대하여 다케오는 침묵으로 일관하며 원작의 반항적인 태도는 한결 누그러졌다. 원작보다 한결 애원조의 다케오는 각혈을 하면 더 이상 가망이 없다는 모친의 말에 나미코를 변호하지 않는 태도가 뚜렷이 드러난다. 폐결핵에 대한 의학적 지식의 빈곤함이 폐결핵에 대한 공포를 보다 증폭시킨 것이다.

소설과 각본의 시간적 차이에서 발생한 폐결핵에 대한 인식 차이 위

---

41   竹久夢二(1884~1934), 화가 시인. 삽화 화가로서 애수에 잠긴 꿈꾸는 소녀의 캐릭터로 인기를 얻음.
42   福田眞人, 『結核の文化―病の比較文化史』, 中公新書, 2001, 85면.

에서 장르에 따른 구성 방식의 차이도 낭만성의 결합을 약화시키는 요인으로 작용했다. "제스처 · 태도 · 갑작스런 울음 · 제스처의 조음(調音)으로부터 더 이상 언어가 아니라 기호들로 구성된 새로운 육체언어의 의미"[43]를 획득하는 연극에서 소설의 언어가 각본의 지문과 대사의 형식을 통해 언어와 음악이나 몸짓 · 억양 · 조명 · 무대 장치 등의 비언어의 기표로 구성하는 장르의 차이는 소설과는 다른 이미지의 차이를 생성했다.

예를 들면, 각혈은 무대에서 보다 시청각적인 효과를 발휘하여 원작에서의 각혈이 지닌 상징적 기능은 더욱 강화되었다. 붉은 피와 하얀 손수건의 소도구로 선명한 색채감을 띤 각혈은 배우의 기침 소리와 몸짓, 쉰 목소리 등의 육체 표현을 통해 보다 선명히 각인되어 폐결핵에 대한 긴장과 공포를 유발했다.[44] '고풍스런 취미'와 서양적인 애정 표현의 상이한 이미지가 공존했던 소설 속 히로인의 이미지는 각본에서는 폐결핵을 전염시키지 않도록 세심한 주의를 기울이며 절제된 동작의 여성적인 태도[45]를 보이는 '고풍스런 취미'에 경사된 이미지로 변모했다. 각혈과 기침, 가래 등의 폐결핵의 기표가 낭만성과 연계되기 어려운 조건으로 작동하는 것이다. 폐결핵에 대한 공포심이 만연한 사회에서 비로소 동정과 두려움의 감정이 생성되며 비극으로 성립한다. 다시

---

43 발리니즈의 연극의 정의, 인용은 T · 토도로프 / 신동욱 역, 『산문의 시학』, 문예출판사, 1992, 249면.

44 당시 배우들의 각혈 연기에 관해서 "피를 관객에게 보이는 것은 도무지 꺼려져서 손수건으로 입을 막았는데 의사가 그것을 떼어 피 얼룩이 있는 것을 인정하는 정도에서 그만두었다" 임종에서도 원작에 있는 각혈을 빼고 "다만 기침만으로 그치게"한 것이 喜多村의 연기였다고 한다.(「『不如歸』劇について」, 『歌舞伎』, 1905(메이지 38), 12면)소설보다 무대에서 각혈이 시각적 청각적 효과를 발휘하여 관객에게 공포감을 불러일으킬 것을 염려한 배우의 충격을 완화시키려는 태도가 역력하다.

45 나미코 역을 맡은 배우는 당대의 상황을 "나의 나미코는 기침을 할 때에는 자신의 질병의 것을 알고 결코 다케오 쪽을 돌아보지 않으려"했다고 증언했다. 「浪子の型」, 『名優 当り芸 芝居の型』(林翠浪 編), 礒部甲陽堂, 1911(메이지 44); 近世文芸研究叢書刊行會, 『名優 当り芸 芝居の型 勧進帳考 助六綠江戸櫻の型』, クレス出版, 1997, 347면.

말하면 비극에서 동정은 공포의 감정이 수반되는 것을 조건으로 획득되며 동정과 두려움의 감정 없이 비극은 성립하지 않는다. 현실적으로는 폐결핵이 만연한 사회에서 관객은 돌연 병마가 덮쳐 불행의 밑바닥으로 전락한 나미코의 운명을 자신과는 무관한 타인의 것으로 우월감을 갖고 거리를 둘 수 없다. 언제 자신을 덮칠지 모르는 폐결핵에 대한 공포가 나미코에 대한 동정을 유발하며 폐결핵에 대한 치료법이 개발되고 더 이상 불치의 병이 아닌 사회에서 폐결핵은 공포의 대상이 아니며 관객의 동정을 이끌어내지 못하는 것이다. 관객의 동정과 공감은 인물의 윤리적인 우위성을 전제로 가능하며 등장인물의 윤리성과 선량함을 보증하는 것이 '눈물'이다.[46] 일본어의 '나미[浪]'는 눈물을 뜻하는 '나미다[涙]'와 동음으로서 '눈물의 강·포구·바닷물결'을 의미하는 눈물의 '환유'이다.[47] 이러한 의미에서 나미코라는 고유명사는 선량하고 윤리적인 존재로 호명된다.

각혈, 어둠과 같은 무대 조명과 효과음 무대 장치 등의 무대 연출에 의하여 폐결핵에 대한 공포가 전이되는 1909(메이지 42)년의 관객은 다케오와 나미코의 이혼을 불가항력적인 것으로 수용했다. 이러한 의미에서 폐결핵의 공포는 다케오의 면죄를 유도하는 장치로 작동했으며 결과적으로 소설과는 달리 낭만성과의 결합이 약화된 폐결핵의 이미지를 발생시켰다.

---

46 롤랑 바르트는 「영화에서의 로마인의 분석」에서 윤리성의 기호로서의 땀의 의미 작용을 분석한 바 있다. 롤랑 바르트, 諸田和治 譯, 『ロラン·バルト映畫論集』, ちくま學芸文庫, 1989, 183면.

47 츠베타나 크리스테바[ツベタナ·クリステヴァ], 『涙の詩學』, 名古屋大學出版會, 2001, 141면.

3) 전투 후의 변화 —〈육막 그 이. 사세호[佐世保] 해군병원〉

소설 속 전쟁 장면은 황해해전과 병영생활의 에피소드, 전투에서의 부상과 구출 등 다양한 전쟁 소설적 요소로 편성되었다. 이에 대해서 연극 〈호토토기스〉」의 극중 청일전쟁의 전투는 현실의 승전보와 겹쳐 지면서 생생한 감동을 주는 현장감을 더해 관객의 환호를 받았다.[48] 전쟁 보도에 일희일비하는 전시기의 관객들은 극중의 전투 장면에 열광하며 열띤 환호와 지지를 보냈다.

그러나 『각본 호토토기스』에서는 직접적인 전투 장면은 삭제되고 부상당한 다케오가 사세호 해군병원으로 후송되어 병상에서 나누는 대화와 독백으로 간략하게 처리된다. 전투 장면의 웅장하고 스펙터클한 감동을 제공하는 것이 아니라 이혼 이후의 심경 변화의 계기로서의 전쟁 체험에 주안점을 둔 구성이었다.

죽음에 직면한 전투 체험이 다케오의 기억을 새롭게 각성하게 했다는 원작 속 전쟁 장면의 지문은 각본에서는 대화로 형식을 바꾼 채 대략적인 내용을 견지했다. 소설에서 모자간의 언쟁을 회상하는 시점은 그로부터 삼 개월이 경과한 후의 전지에서였다. 소설의 이러한 회상에 의존한 시간 서술이 다케오의 의식 변화를 뚜렷이 부각하였는데 각본에서는 다케오의 심정 변화에 이르게 된 구체적 경위가 생략되고 전투 이후의 변화된 심정만이 재구성되었다. 원작의 혐오감과 무상감 등 다케오의 복잡한 심정에 대한 묘사는 각본에서는 배제되어 죽을 각오로 전투에 임하는 다케오의 미세한 심정을 표현하는 대사는 삭제되었다. 소설에서 상이한 세계의 경계를 통과하는 질적인 변화의 계기가 된 전쟁 체험의 서사적 의의가 각본에서는 시공간 변화의 제약을 받는 형태

---

48   無署名, 「號外」, 『中央公論』 29卷11號, 中央公論社, 1914, 59면.

로 정적인 구조에서 편제됨으로써 내면의 변화보다 주인공의 성격적 특성이 인물의 행동을 이끄는 구성 원리의 변화가 이루어졌다.[49] 심정 변화에 이르는 내적인 계기로서의 전쟁 체험 모티브가 배제된 각본에서는 소설과는 다른 관계의 문맥을 형성하여 소설과 각본의 전쟁 관련 모티브는 결정적으로 달라진다.

제4절 눈물의 공동체 — 〈(대단원) 아오야마[青山] 묘지〉

1) 미망인의 부각

청일전쟁의 전사자들이 묻힌 아오야마 묘지는 시대의 아픔을 상징하는 공간으로 유가족들의 발길이 끊이지 않는다. 아오야마 묘지를 배경으로 하는 결말의 무대 장치는 나미코의 죽음을 동시대 전쟁 피해자들의 상흔과 겹치게 하여 관객들의 공감을 이끌어내는 효과를 이끌어냈다. 나미코를 홀로 남겨 두고 전쟁터로 향한 다케오의 애도와 회한의 눈물이 당대 관객들의 눈물로 전이되어 전쟁으로 인한 상처를 아우르고 다독이는 위안과 공감을 불러 일으켰다.[50]

---

49 나케오역을 연기한 배우 伊井蓉峰는 전쟁 후의 다케오의 변화에 대해 "이상할 정도로 생각이 달라졌다"고 하여 "인정에는 변함이 없지만 이전의 다케오는 나미코를 사모한다고나 할까, 가엾고 사랑스러운 사람으로서 취급했지만 전쟁 후 어떤 의미에서는 냉정하게 된 머리로 판단하여 나미코를 측은하게 취급하는 정도의 차이만이 있을 거라고 생각합니다"라는 진술에서도 심적 변화의 계기로서의 전쟁 체험의 의미는 공유되지 못했음을 알 수 있다. 여기에서 당대 관객의 수용 양상을 살필 수 있다. 清潭,「伊井の川島武男」,『演芸畫報』2卷5號, 演芸畫報社, 1908(메이지 41), 86면.

50 나니와부시, 엔카 등의 대중 미디어에 유통된 다양한 버전의 〈호토토기스〉는『脚

원작의 결말에서는 아오야마 묘지에서 다케오가 미망인과 그녀의 어린 아들과 마주친다. 원작에서 그들은 서로 시선을 교환할 뿐 아무 말 없이 스쳐 지나갈 뿐이었다. 한편, 각본에서 해군복 차림의 어린이는 다케오를 가리키며 "저 아저씨도 역시 해군이네"라는 대사를 덧붙여 전쟁의 상흔의 상징을 보다 강화하여 관객의 동일화를 유도했다. 중심 서사와 관련이 희박한 에피소드를 배제했던 각본에서 미망인을 둘러싼 삽화를 삭제하지 않고 보다 확장한 것은 전후의 분위기를 살리려는 변형이다.

러일전쟁에서 전후의 시대를 배경으로 유례없이 수많은 전사자가 발생하여 미망인에 대한 사회적인 관심이 집중되었던 각본에서는 미망인의 존재가 원자보다 부각되었다. 당대 미망인의 처우에 대한 문제는 현실적으로는 '재혼불가능설'이 우세한 형세였고, 미망인에 대한 '인도적인' 문제로서 사회적 동정이 필요하다는 논조도 대두되는 등 미망인과 버려진 유아에 관한 문제가 적극적으로 해결되어 할 사안으로서 제기되었다. 당대 신문에는 '전사자의 이력, 미망인이야기'[51] 등의 기사가 빈번하게 게재되는 등 전사자의 가족, 출정군인의 후원 등 전사자 유족에 대한 관심이 고조되었다.

이러한 전후의 사회적인 분위기는 각본에서 미망인을 둘러싼 에피소드를 보다 부각하는 방향으로 작용했다. 미망인과 해군복 차림의 어린아이와 묘지의 무대 장치가 전쟁의 분위기를 효과적으로 발휘하여 관객이 자신의 전쟁 기억을 환기해 동정과 공감의 감정을 불러일으키

本 不如歸』와 동일한 방식으로 변경되었다. 즉 다케오를 면죄하고 피해자로서의 면모가 강조되는 방향으로 관객의 기억을 환기하는 공통적인 지향성을 갖는다.
51 "눈물은 공포도 분노도 슬픔도 모순도 결락도 마찰도 은폐하고 다른 영역을 오직 하나로 뭉뚱그리는 장치"飯田祐子, 「아줌마의 힘[婆の力]－오쿠무라 이오코와 애국부인회[奧村五百子と愛國婦人會]」, 『일로전쟁 스터디즈[日露戰爭スタディーズ]』(小森陽一·成田龍一 編), 紀伊國屋書店, 2004, 138면.

게 하였다. 특히 전쟁에 찢긴 가족을 표상하는 미망인이 다케오를 바라
보는 시선은 다케오를 향한 관객의 시선을 전쟁의 비애라는 시대의 공
통 문제로 투사하여 관객과 등장인물의 일체화를 유도하는 장치이다.

이와 같이 미망인의 에피소드가 보다 강조되는 것은 러일전쟁 전후
의 연극화된 〈호토토기스〉에 많이 볼 수 있는 현상이다. 이러한 당대
상연된 연극의 사정은 이광수가 일본에 유학하던 1909년의 일기[52]에
생생하게 기록되었다.

> 오후에 연기좌에서 〈불여귀〉를 보았다. 신구도덕의 충돌, 군인의 의기,
> 소아의 천진, 서로 속이고 속는 것이 사람의 길인가.
>
> 아오야마 묘지에 초라한 전사 대위의 무덤을 본다. 미망인이 그 어린 아들
> 을 데리고 성묘를 왔다가, 그 유아더러 "아버지는 명예의 전사를 하셨으니,
> 너도 자라거든 아버지의 뒤를 이으라"고 훈계한다. 아버지가 명예로운가.
> 그가 탄환을 맞고 선혈을 흘리면서 신음하는 순간에 과연 그의 감상이 과연
> 어떠하였을까. 아마 그 아들이 군인이 되기를 두려워하지 아니하였을까.[53]

극단 연기좌의 〈불여귀〉에 대한 이광수의 감상이 미망인을 둘러싼
결말에 집중해 있는 것이 흥미롭다. 여기에서 유추할 수 있는 연기좌의
〈불여귀〉는 『각본 호토토기스』의 미망인 등장 장면보다 더욱 비중 있
게 다루어진 것이다. 원작에서는 침묵했던 미망인이 연기좌의 〈불여
귀〉에서는 어린 아들에게 명예의 전사를 한 아버지의 뒤를 잇도록 훈계
하는 것이다. 식민지 조선의 유학생 이광수에게 〈불여귀〉는 당대 관객
을 사로잡았던 러브신이 아닌, 미망인의 대사가 불러일으키는 전쟁의

---

52 양승국은 이광수의 「일기」를 인용하여 이광수의 신파극관극열의 세례를 지적한 바
    있다. 양승국, 『한국신연극연구』, 연극과인간, 2001, 249면.
53 이광수, 「문헌, 일기, 보유(문예일반)」, 『이광수전집』 19권, 삼중당, 1971, 328면.

표상으로 기억된다. 전쟁의 승리자인 타자에 의한 역사가 아니라 전쟁터를 내준 조선에서의 러일전쟁 역사를 자신의 기억으로 되살리는 것으로 "명예의 전사"라는 수사의 이면에 은폐된 죽음의 고통과 두려움의 정체를 파헤치는 감상으로 당대의 '호토토기스'의 평과는 달리 시대를 예리하게 통찰했다.

이광수의 일기에 남겨진 대단원의 무대는 러일전쟁 직후의 연극 〈호토토기스〉의 방향을 핵심적으로 드러내는 것이다. 당대의 대중 연예잡지 『연예화보』에 게재된 〈호토토기스〉의 무대 사진이 주인공에 초점을 둔 것이 아닌 미망인과 남자들의 악수로 종결하는 장면을 포착하는 것은 러일 전쟁 후 수용의 맥락을 고스란히 보여주는 것이다.

원작에서는 결말 장면에 부재했던 미망인과 어린 아들이 지켜보는 가운데 묘지 앞에서 나누는 악수로 각본은 종결했다. 미망인의 시선을 관객에게 노출시켜 관객의 욕망을 투영하도록 유도하는 시선의 정치화가 이루어지는 셈이다. 즉, 관객은 미망인의 시선과 일체화하여 '명예의 전사'를 상징하는 미망인과 동일한 시선으로 나미코의 죽음을 국가와 결부된 시대적 비애로 투영하여 지켜보게 된다. 이렇게 시대에 따라 원작의 특정한 구성 요소가 확장되는 형태로 변주되며 당대의 사회를 투영하는 의미의 추상화가 이루어졌다.

2) 유서·낭송·목소리

원작에서 결말 장면은 미망인과 어린 아들을 마주친 다케오가 이윽고 나미코의 묘지 앞에서 통곡하는 장면에서 절정에 달한다. "어서 돌아와요!"라는 나미코의 목소리가 아련하게 울리는 가운데 회상에 잠기는 묘지 앞 장면은 각본에서는 삭제되었다. 배우와 관객이 동일한 시간과 공간을 공유하는 것으로 성립하는 무대에서 회상 장면은 재현되지 않는데, 과거의 유서를 읽는 현재 시간이 교차하는 원작의 유서 장면은 다케오가 나미코의 유서를 읽고 흐느끼는 장면으로 단순화했다.

원작과 각본에서 다케오가 나미코의 유서를 읽는 장면은 다음과 같다.

이것은 나미코의 절필이라. 오늘 가토 자작 부인의 손에서 받아 읽을 때의 마음은 어떠했던가. 다케오는 유서를 펼쳤다. 가나 문자의 아름다웠던 필치는 흔적도 없이 그 사람의 글씨인가 의심하게 하는 글자는 흔들리고 먹은 번져 눈물 자국이 뚝뚝 남아있는 것이 보이지 않는가. (…중략…) 마음대로 되지 않는 세상이라면 무엇이나 불운으로 알겠사오니 한은 말씀드리지 않고 이대로 몸은 흙으로 썩어 버려도 혼은 영원히 곁에 함께 따르고자─
「아버지, 누가 왔어요」라는 쾌활한 아이의 목소리가 귓가에 울렸다.[54]

다케오는 보고만 있으며 잠시 멈칫거림. 이윽고 묘지 앞에 와서 하얀 국화를 손에 쥔 채 눈물로 목이 메일 뿐. 아이 있네 안 주머니에서 나미코의 유서를 꺼내 반 입 속으로 읽는다. 손은 흔들리고 목소리는 떨린다. (…중략…)『마음대로 되지 않는 세상이라면 무엇이나 불운으로 알고 있사옵고 누구에게라도 한은 말씀드리지 않고 이대로 몸은 흙으로 썩어 버려도 혼은 영원히 곁에 함께 따르고자……』
눈물이 쉴 새 없이 흘러 그칠 수 없어 편지를 얼굴에 덮은 채 목이 멘다.[55]

54　원문은 다음과 같다. "此は浪子の絶筆なり。今日加藤子爵夫人の手より受取りて讀みし時の心は如何なりしぞ。武男は書を抜きぬ。仮名書の美しかりし手跡は痕もなく、その人の筆かと疑ふ迄字は震ひ墨は泥みて、涙の痕斑々として殘れるを見ずや(中略)儘ならぬ世に候へば何も不運と存じ誰も恨み申さず此ま丶に身は土と朽ち果て候ふとも魂は永く御側に附き添ひ─「阿爺、誰か來てますよ」と涼しき子供の聲耳近に響きつ。"『小說 不如歸』하, 382~383면.

55　원문은 다음과 같다. "武男は見送りててむ事少時。漸く墓前に來りて、白菊を手向け只涙に咽ぶ。や丶あつて內ポツケツトより浪子の遺書を取出し、半ば口の內に讀む。手は戰き聲は震ふ。(中略)『儘ならぬ世に候へば何も不運と存じ誰も恨み申さず此ま丶に身は土と朽ち果て候とも魂は永く御側に附き添い……』涙滂沱

원작과 각본의 유서 내용은 동일하지만 유서를 제시하는 서술 형식과 배치 양상이 다르다. 소설에서는 유서를 펼쳐든 순간 다케오의 눈에 비친 유서를 묘사하는 것으로 시작하여 아이의 목소리가 현실을 일깨우며 유서는 중단된다. 이때 소설에서는 유서를 펼쳐 든 다케오의 심정이 지문과 구별 없이 서술되고 유서 또한 별도의 장치 없이 제시된다. 이에 대해서 각본에서는 소설의 유서에 대한 외형적인 묘사는 배제되었다. 소설에서 유서를 펼쳐든 순간을 정지시키면서 다케오의 눈에 비친 유서의 물질적인 형식을 서술한다면 각본에서 인물의 심리적 상태는 배우의 표정과 동작 등 다양한 육체의 움직임을 통해 표현되었다. 소설에서의 동요와 슬픔으로 착잡한 심리 상태를 각본에서는 표정과 동작, 목소리와 근육의 움직임 등의 배우에게 지시하는 지문의 육체 표현으로 원작의 감정을 선별하며 재현했다. 배우의 언어 표현과 비언어표현이 대사와 지문으로 엄밀히 구별되는 각본에서는 소설에서의 암시적인 분위기와 정황을 배우의 언어와 신체 표현으로 구체화한다. 소설과 각본의 장르 차이에서 기인한 이러한 특성은 각본에서 특정한 심리와 연결된 육체의 표현을 강화하여 복잡다단하고 섬세한 소설의 심리 묘사를 단순화하여 확장하는 형태로 변형시켰다. 플롯이 단순화된 각본에서 소설보다 눈물이 증폭되었다. 소설에서 눈물에 젖어 흔들리는 문자와 번진 먹 등으로 얼룩진 유서에 대한 묘사를 통해 인물의 내면을 드러내는 서술 방식은 각본에서는 번역 불가능하기 때문에 하얀 국화의 소도구나 눈물과 표정, 동작을 지시하는 지문의 형태로 비애와 연민을 드러낸다. 소설에서 유서의 물질성에 대한 묘사는 "손은 흔들리고 목소리는 떨린다"는 지시문의 형식으로 유서를 손에 든 다케오가 동요하는 착잡한 심정을 표현하면서 원작의 유서를 낭독하는 음성의 형식으로 "기호간 번역"이 이루어졌다.

として禁めめあへず、手紙を顔に押當ゝ咽ぶ『脚本 不如歸』, 181~182면.

소설이 각본으로 장르가 변환되면서 문자 표현은 음성이라는 표현 매체 변환을 통해 음성으로 번역될 수 없는 유서의 묘사에 담긴 여성의 울분과 정념이 배제되는 효과가 발생됐다. 소설과 각본의 유서 내용의 변화는 없더라도 유서의 제시 방식 변화는 수용자의 전달 정보를 제약하는 형태로 작용하는 것이다. 소설에서는 다케오의 눈에 비친 유서를 재현하는 것처럼 인용부를 사용하지 않는 연속성있는 형태로 유서가 제시되어 소설을 읽는 독자에게 다케오의 눈을 통해 유서의 물질성에 접촉하는 듯한 착각을 불러일으킨다.

다케오가 자작 부인이 준 나미코의 유서를 접하는 순간, 나미코의 흔들리는 필치나 눈물로 먹이 얼룩진 유서의 "물질적 아스펙트"[56]는 다케오에게 나미코의 고통을 상기시키는 기능을 수행할 것이다. 그러나 유서를 독자가 읽는 것은 다케오의 눈에 비친 유서의 "물질적 아스펙트"를 경유하여 나미코의 고통 흔적이나 손의 떨림을 상징하는 언어를 통해서 그 언어의 이면의 고뇌를 상상하는 것에 머문다. 따라서 소설의 독자에게 유서의 눈물 흔적이나 손의 떨림이라는 언어가 야기하는 정서적인 반응은 다케오가 유서의 "물질적 아스펙트"에서 나미코의 고뇌를 읽어내는 심리적 반응과 동일하다고 할 수는 없다.

문자 이외의 표현 수단에 의존하는 무대를 전제로 하는 각본에서 관객과 텍스트의 소통 방식은 소설 텍스트를 접하는 독자의 그것과는 다르다. 다케오의 육성으로 유서를 낭송하는 방식으로 형식을 바꾼 각본에서는 소설 텍스트에서 언어로 재현된 "물질적 아스펙트"이 나미코의

56　츠베탕·토도로프는 서술의 문제를 시간과 아스펙트(相, aspect), 양태(mode)의 세 가지 범주로 분류하여 아스펙트(相, aspect)는 서술자가 이야기를 인식하는 방법과 관계있으며 서술 시점의 문제를 포괄하는 것으로 설명했다. 또한 소설에서 편지의 "물질적 아스펙트(相, aspect)"는 "편지가 씌어진 편지지·잉크·서체의 형태를 취"하여 소설에서의 편지의 의미작용을 논의한 바 있다. T·トドロフ, 菅野昭正·保刈瑞穂 譯, 『小說の記號學』, 大修館書店, 1974, 17면.

필치나 눈물의 흔적은 음성으로 치환될 수 없는 번역 불가능성을 내포하여 몸짓, 표정, 어조, 동작 등의 언어 이외 신체 표현의 전달 수단이 동원된다. 얼굴의 표정, 미소나 울음 등의 감정 표현과 목소리의 어조, 동작 등 신체 표현을 관객이 보고 듣는 것으로 수용하는 각본에서는 목소리로 환원될 수 없는 문자의 흔들림, 먹물 자국, 눈물의 흔적 등의 "물질적 아스펙트"는 소거되며 이것은 곧 관객의 기억에서 나미코의 고통의 흔적을 희석시키는 것이다.

이러한 맥락에서 유서를 낭독하는 다케오의 음성을 관객이 듣는 방식은 소리의 표현 매체로 전달할 수 없는 눈물로 얼룩진 고통의 흔적의 시각화된 정보를 차단함으로써 나미코의 내면과 관련된 표현 방식의 차이를 발생시켰다.

눈물을 그칠 수 없어 유서로 얼굴을 덮은 채 오열하는 다케오의 몸짓은 가부키의 "우는 종이"[57]로 명칭되는 연기를 연상하게 한다. 이것은 실제로는 울지 않고 우는 행위를 연기하는 것으로 종이로 눈가를 누르는 배우의 동작은 주로 여장한 남자 배우가 최고조의 절정의 장면에서 감정을 고조하기 위한 연출에서 동원되었다. 묘지 앞에서 단지 눈물을 흘리기보다 크고 화려한 몸짓으로 극적인 긴장감을 내도록 각본에서는 다케오가 유서에 얼굴을 묻고 오열하게 지시함으로써 가부키에서의 '수탄장(愁嘆場)'[58]에 배치되는 최고조 감정 표현의 신체적 기호를 차용했다. 가부키의 전통을 환기하는 배우의 신체 동작으로 체념과 비애의 "눈물을 공유하는 장으로서의 극장"[59]의 기능을 수행하는 데 기여했다.

---

57 渡辺保, 『가부키―과잉적인 기호의 숲歌舞伎―過剰なる記号の森』, ちくま學芸文庫, 1993, 298~299면.

58 연극에서 상심하여 슬퍼하고 한탄하는 눈물을 흘리는 장면. 실생활에서의 비극적인 국면을 말하는 의미로도 쓰임.

59 アルレット・ファルジュ, 持田明子 譯, 『涙の歷史』, 藤原書店, 1994, 118면.

3) 개인의 '눈물'에서 공동체의 '눈물'로

아오야마의 나미코 묘지 앞에서 다케오와 가타오카 중장이 악수로 종결하는 대단원의 결말 장면 대사는 원작의 것을 상당 부분 그대로 살렸다. "와신상담"이나 "전도요원"과 같이 당대의 슬로건으로 편성한 원작의 대사를 압축적으로 계승하면서도 "대만 이야기"는 "느긋하게 얘기하"자는 일상의 대사로 대체했다. 청일전쟁의 기억을 되살려 국민의식을 고양하고자 하는 원작의 서사적 지향을 견지하면서도 러일전쟁 후라는 시간적 차이는 원작과의 미세한 차이를 발생시켰다.

전술한 바와 같이 〈호토토기스〉의 극평이나 독자의 감상에서 찬사를 모았던 결말[60]은 청일전쟁과 러일 전쟁이라는 두 전쟁을 거치며 개인의 정체성을 국가와 긴밀히 결부시키는 즉, 개인의 희생을 정당화하는 전후의 수용 방식과 관련한다. 전후 시대를 공유하는 비애를 국가를 위한 자기 헌신의 길로 승화함으로써 실존적 불안을 극복하려는 공동체의 집단 심성은 연극 〈호토토기스〉의 결말에 열광하게 했다. 한편, 당대 시국이 요청하는 감상 방식에 '위화감'[61]을 표명하는 감상도 표출되는 등 당대의 극평에 대한 독자의 반응은 점차 다양해졌다. 찬반이 엇갈리는 결말을 『각본 호토토기스』에서는 원작의 가타오카 중장이 제국의 남아로서의 길을 독려하는 대사를 확장하는 형태로 원작을 취사선택했

---

60 "가장 감동을 준 것은 대단원의 아오야마 묘지의 장이다. 일본 연극의 결말은 대개 화려하고 단 두 사람이 묘지에 선 상태에서 막을 내리는 것은 드물지만 긴장감을 잃지 않고 관객에게 만족감을 줄 수 있는 것은 역시 원작의 힘이다." 無署名, 「『不如歸』物語」, 『文章世界』 1卷3號, 博文館, 1909(메이지 39).5, 103면.

61 극작가이며 연출가인 오사나이 가오루(小山內薰)는 〈不如歸〉의 시국에 영합한 결말을 비아냥거림으로써 당대 신파극과 거리를 둔 예술가로서 비평적 태도를 견지했다. ("▲ 전도요원 다케오, 그 아내의 묘지에 엎드려 운다. 중장 갑자기 나와서 "전도요원 운운"하며 위로한다. 비극의 결말에 단지 이것만 있을 뿐. 극의 "전도요원" 될까나")「劇評及新刊批評」, 『小山內薰全集』 8卷, 春陽堂, 1932, 351면;『帝國文學』, 1908(메이지 39).6.

다. 미망인을 부각하는 결말의 무대는 국가 구성원으로서의 개인의 존재를 자각하는 것으로 불행을 극복하려는 전후의 제국 국민의 방향성과 같은 맥락이다. 결말에서 두 사람의 화해의 악수에 관객은 눈물과 미소로 화답하며 두 사람의 연대와 사회적인 가치를 공유했다. 이런 점에서 감동의 눈물을 흘리는 관객이야말로 국가라는 상상적 공동체의 구성원인 국민으로서 갖추어야 할 올바른 감상의 태도를 갖춘 것이었다.

제3장에서는 원작『소설 호토토기스』와『각본 호토토기스』를 비교하여 그 차이를 드러내는 것으로 〈호토토기스〉의 수용의 특징을 밝히는 실마리를 얻게 되었다. 원작보다 매우 과장된『각본 호토토기스』의 눈물에 착목해서 눈물의 증폭이 어떠한 사태를 발생시키며 동정과 공감의 감정 구조의 생성과 연계되었는가를 가시화했다. 이러한 구조의 해명은 물론 다케오를 단죄하거나 이데올로기를 비판하려는 목적이 아니다. 진정한 목적은 텍스트와 관객의 관계 방식을 구조화하여 개인의 눈물이 어떻게 공동체의 결속을 강화하는 눈물로 전화하는가 개인의 정서적 감응과 국가주의적 자각의 교차 지점을 보다 선명하게 부각시키는 데 있다.

소설과 각본의 장르적 차이에서 기인하는 이동(異同)은 부부애나 영원한 사랑에의 갈망과 같은 메이지 지식인에게 절실히 당면한 문제에서도 시대의 추이에 의한 변화 양상이 드러났다. 국가의 우위를 전제로 하는 사랑의 비극은 러일전쟁 후의 시대, 매우 현실감 있고 첨예한 문제로서 특히 폐결핵에 대한 공포는 비애의 감정을 더욱 조장했다. 이와 같이 개인의 사랑이 국가와 대립하는 사회를 기반으로 폐결핵에 대한 공포와 전후의 비감이 만연한 세대라는 조건을 토대로 '호토토기스'는 수용되었으며, 이러한 특징은 신파극 장르에서 보다 단순화하는 형태로 확장되어 '호토토기스＝눈물'이라는 공식을 성립시켰다.

제2부
식민지 조선의 '호토토기스'의 변용

제
4
장

연극〈불여귀〉

'웃음'에서 '눈물'로

제1절 연극〈불여귀〉수용의 전야

　제2부에서는 일본의 '호토토기스'가 식민지 조선에서 수용되는 양상을 소설의 번역 / 번안과 연극을 중심으로 분석할 것이다.

　먼저 제4장에서는 1912년 수차례에 걸쳐 여러 극단에 의해 상연된 연극〈불여귀〉와 관련된 『매일신보』의 기사와 광고를 단서로 '호토토기스' 수용이 한국에 던진 일련의 현상을 분석한다. 1912년 연극과 소설의 각 방면에서 일제히 '호토토기스'가 수용되어 번역 『불여귀』와 번안 『두견성』이 간행되고 동시에 연극〈불여귀〉가 다투어 상연되는 등 1912년을 기점으로 '불여귀'는 미디어에서 가장 많이 유통되는 새로운 시대의 문화의 상징으로 기능했다. 일본의 '호토토기스'와는 다른 다양한 버전의 '불여귀'는 이후 유성 음반·연극·영화·노래 등의 새로운 테크놀로지에 의한 미디어로 변주되어 대중문화의 새로운 장을 열었다. 또한 식민지 조선의 '호토토기스'의 수용은 각 개별 장르와 미디어를 확립시키는 데 초석이 되었을 뿐만 아니라 정치적인 격동기에 가려진 1910년대 조선 사회 문화 전반의 기민한 변화의 물결을 "취미"와 감정, 심성(mentality) 변화의 기류로 포착할 수 있는 전사회적인 파장을 불러일으킨 획기적인 사건이었다. 일본의 '호토토기스'는 반세기에 걸쳐 지식인층에서 대중으로 독자층을 변화시키면서 대중문화에 뿌리를 내려 다양한 대중 연예의 방식으로 향유되었다. 반면 식민지 조선의 '불여귀'는 단기간에 걸쳐 다양한 층위의 '불여귀'를 공존시키며 새로운 지(知)와 풍속으로 순응과 거부의 양가적인 양태의 변주를 낳는 융합의 장을 제공하였다. 이러한 동시대의 흐름에 주목하면서 조선에서의 수용 첫 해인 1912년, 유일한 한글 일간지 『매일신보』의 기사를 통해 '불여귀'가 조선 사회에 던진 파문의 실상과 그 의미를 규명할 것이다.

1912년 선우일의 번안 『두견성』 상권이 2월, 하권은 9월에 경성보급서관에서 발행되었다. 같은 해 8월 조중환이 번역 『불여귀』를 상·하편 일시에 출판하였다. 또한 연극에서는 〈불여귀〉라는 동일한 제목으로 다른 극단에 의해 수차례 상연되었으며 제목을 변경한 유사한 스토리의 연극이 잇달아 출현하는 등 '불여귀'는 미디어의 판도를 뒤흔들며 문화계를 재편했다. 소설과 연극의 연동적인 문화 상품 산출 방식이 '불여귀'를 통해 구체적 모습을 드러냄으로써 1900년대와 구별되는 예술의 상품화 방식이 제공됐다. 물론 이러한 1910년대 문화의 특징은 조선의 식민지화라는 정치적, 현실적인 규정력 안에서 사회 전반의 근대적 체제의 구축과 맞물린 현상일 것이다. 1904(메이지 37)년 한일보호조약 이후 한국의 내정 외교권을 장악한 일본은 1905(메이지 38)년 2월 통감부를 설치하고 1907(메이지 40)년 7월 신문지법을, 이듬해 출판법을 제정하여 각종 언론 출판의 자유를 제한하는 등 본격적인 식민지 지배를 위한 기반을 조성하였다. 그리고 1910(메이지 43)년 한일합방으로 조선총독부를 설치, 이듬해 8월 조선교육령의 발포, 1912년의 조선민사령(朝鮮民事令)의 공포 등 식민지의 지배 시스템이 정비되었다.[1] 조선총독부에 의한 애국계몽단체의 탄압과 『대한매일신보』『제국신문』『만세보』 등의 애국계몽을 주도하는 언론 출판의 검열과 탄압에 의하여 각종 일간지의 폐지와 조선총독부의 기관지 『매일신보』로 통합되는 폐쇄적인 정치 국면으로 돌입했다. 『매일신보』의 영어판인 서울 프레스와 재선 일본인 대상의 『경성일보』[2]를 제외하고 대부분의 미디어는 폐간·몰수·판매 금지되는 언론 출판 집회 결사의 자유를 철저하게 박탈하는 엄격한 탄압 속에서 정치성이 배제된 이른 바 통속화된 읽을거리만이 출판되었다.[3]

이러한 당대 문화의 맥락에서 1912년 '호토토기스(不如歸)'가 수용되었다. 같은 해 공포된 조선민사령의 제11조는 친족 및 상속에 관한 규정이 있는데 일본에서 『호토토기스』가 발표된 1896(메이지 31)년은 민법 친족편·상속편이 공포된 해이다. 일본에서 메이지 30년대는 가부장제 가족제도의 확립을 꾀한 메이지 민법이 개정되고 상속이나 결혼·이혼·여성의 지위 등을 둘러싼 문제가 법제화되면서 사회적으로 쟁점이 된 시기였다. 식민지 조선의 가족을 호적의 호로 구성하는 민적법이 시행되는 일련의 조치들의 시발로서 1912년의 조선민사령이 발

1   정진석, 『언론조선총독부』, 커뮤니케이션북스, 2005 참조.
2   한일합방 이후부터 1918년 6월까지 德富蘇峰이 감독으로 관여했다. (장석홍, 「일제의 식민지 언론정책과 총독부 기관지 『매일신보』의 성격」, 『한국독립운동사연구』 6집, 독립기념관 한국독립운동사연구소, 1992, 421면), 德富蘇峰의 조선 언론 관계에 관해서는 柴崎力榮, 「德富蘇峰と京城日報」, 『日本歷史』 425호, 日本歷史學會, 1983.
3   최원식, 「장안몽과 위안으로서의 문학」, 『민족문학의 논리』, 창작과비평사, 1982, 69면.

표된 해 조선에서 『호토토기스』가 번역 / 번안된 것은 결혼·이혼 등의 법률적 제도와 관습 습속을 변경하는 근대 전환의 시기와 관련 깊다. 조선민사령은 조선인의 관습법에 의거하여 이를 따라야 한다고 규정했지만 출발 이후 수십 년에 걸친 개정을 통해서 일본의 민사령으로 교체된다.[4] 당초 조선관습을 고려하여 규정되었다는 민적 규칙은 장자를 중심으로 계승되는 조선의 가족 형태와 승계 방법을 일본의 관습에 기초해 이해하여 조선의 호적과는 전혀 다른 방식으로 민적을 만들어 내는 결과를 초래했다.[5] 가족제도의 근간을 이루는 기본적인 법률이 제정되고 친족 가족제도와 관습법에 관한 관심이 증폭되는 시대를 배경으로 『호토토기스』가 수용되었다. 가족·결혼 제도나 생활 풍속·습관의 변경을 겨냥한 조선총독부의 정책에 호응하여 '단순 오락적인 차원'으로 식민지인의 관심을 이동시키기 위한 『매일신보』의 전략[6]의 일환인 것이다. 이러한 시대적 조류에서 도쿠토미 로카[德富蘆花]의 『호토토기스』의 수용을 기점으로 메이지 30년대의 '가정소설'이 지속적으로 번안되었다.

식민지 종주국 일본에서는 메이지가 끝나는 시점에서 많은 메이지의 '가정소설'이 변주되었다는 것은 매우 상징적이다. 1910(메이지 43)년 5월에 대역사건(大逆事件)[7]이 발생하여 이듬 해 1월 고토쿠 슈스이[幸德秋水] 외 12명이 사형에 처해지는 초유의 긴장 상황에서 도쿠토미 로카

4   정광현, 『한국가족법연구』, 서울대 출판부, 1967, 68면.
5   손병규, 「民籍法의 '戶'규정과 변화」, 『대동문화연구』 57집, 성균관대 대동문화연구원, 2007, 109면.
6   전은경, 「1910년대 번안소설 연구─독자와의 상호소통성을 중심으로」, 경북대 박사학위논문, 2006, 35면.
7   메이지 천황 암살계획의 발각에 따른 탄압사건. 1910년 일부의 사회주의자의 천황 암살계획을 이유로 많은 사회주의자·무정부주의자가 검거되어 26명이 대역죄로 기소, 24명이 사형을 선고받고 다음 해 1월 辛德秋水·宮下太吉 등 12명이 처형되었다. 대역사건에 대해서는 大原慧, 『辛德秋水の思想と大逆事件』, 靑木書店, 1997 참조.

는 같은 해 2월『모반론(謀叛論)』의 강연으로 피고를 변호하여 세상에 파문을 던진 이후 자신은 거의 글을 쓰지 않고 칩거하던 1912년 조선에서『호토토기스』가 부상했다.

메이지 30년대 '가정소설'이 식민지 조선에서 거리와 시간의 차를 두고 다시 떠오른 사정에는 "'대일본제국'의 모범적인 '국민'으로서의 가정상을 규범적으로 표상하는 이데올로기 정치"[8]로서의 메이지 가정소설의 기능과 같이 식민지 조선의 가족에 기반한 제국의 '국민' 형성과 무관하지 않다. 따라서 이 글에서는 일본의 근대소설 가운데 메이지 30년대의 '가정소설'이 1912년 식민지 조선에서 집중적으로 번안되는 취사선택의 기제들을 구성하고 메이지 사회의 가치관이 조선사회의 가치와 어떻게 충돌하고 타협해 갔는가 하는 문제를 조명할 것이다.

식민지 조선에서 연극 〈불여귀〉의 상연은 조선에 거주하고 있는 일본인을 위하여 '내지'에서 파견된 극단의 순회공연이 이루어진 1907년으로 거슬러 올라간다. 조선에서 일본인이 경영하는 극장이 문을 열면서 내지에서 상연된 연극이 무대에 올려졌는데 특히 〈불여귀〉가 가장 많이 공연된 인기 레퍼토리였다[9]는 것도 조선의 '호토토기스' 수용을 촉구한 커다란 요인이다.

8　小森陽一,『〈ゆらぎ〉の日本文學』, 日本放送出版協會, 1998, 71면.

9　1907년 11월부터 1911년 12월까지『경성신보』에 의거해서, 조선에서 공연된 일본극단의 신파극 레퍼터리는 약 430여 종이 확인되는 가운데, 〈불여귀〉는 250회 공연되어 최다의 공연기록의 위치를 차지하였다. 자세한 것은 양승국, 「1910년대 한국신파극의 레퍼토리 연구」,『한국극예술연구』8집, 한국극예술학회, 1998; 홍선영, 「1910年前後のソウルにおける日本人街の演劇活動-日本語新聞『京城新報』の演芸欄を中心に」,『明治期雜誌メディアにみる〈文學〉』18號, 筑波大學近代文學研究會, 2000년 참조.

제2절 광고의 수사학 – '모방'의 가치 전도

『두견성』상권이 출판된 뒤 3월 2일자의 『매일신보』에는 "신소설계의 신패왕 상권 두견성"이라는 광고가 연일 게재되었다.

같은 달 3월 31일 『매일신보』의 '연예계정황'난에는 극단 문수성의 창립 공연 〈불여귀〉와 관련한 기사가 다음과 같이 실려 있다.

문슈셩일행 (文秀星一行)의, 불여귀(不如歸)연극은, 직작일부터, 셔부원각사(圓覺社)에서, 기연흐얏는디 (…중략…) 그날은, 처음이라도, 관람쟈가, 만히드러와서, 연극쟝에 갓득 찻스되 홍죵찬(洪鍾燦)군의 셜명이 변々치 못흔 꼬닭으로, 관람쟈가, 불여귀 연극의 뜻을 희셕치 [못] 흐야, 비우졔군의, 고심흔바를 씨트리는 넘려가, 업지안이흐니, 가셕흐더라 ▲ 그 연극 즁에도, 비춤흔 구졀이며, 인졍의리에 디흐야, 가히 동졍의 눈물을, 흘닐만흔 것이 잇스되 ▲ 관람쟈 즁에, 다수는 비춤한 눈물을, 흘닐터에, 도리혀 웃고 드듸여 쟝니가, 쇼요흐게 되는디, 이것은 비우가 잘못힉셔, 그런 것이 안이라, 관람쟈가 불쥴을, 모르는 꼬닭이로다. ▲긔쟈가, 비우졔군에게, 한마디쥬의 흘일이 잇스니, 다름안이라, 졔군은, 연극에, 셩공흘지라도 관람쟈가, 아라보지 못흐면, 셩공이랴 못흘지니, 죠즁환씨던지, 윤교즁씨던지, 누구던지, 셜명잘흐눈니가, 다음막에셔 흐눈것을, 썹어싱키는것갓치, 셜명흐야쥬는 것이 가흐다흐노라 (一記者)

당대 극화의 실태를 알 수 있는 자료가 매우 드문 상황에서 이 기사는 〈불여귀〉 연극의 정황을 전하는 유력한 단서로서 종종 인용된 바 있다. 이 글에서는 1910년대 조선인 관객이 지금까지 경험하지 않았던 신파극을 관람하는 세계와의 첫 대면의 기사로서 주목하고자 한다.

문수성의 〈불여귀〉 연극 첫날의 공연 현장의 실태를 전하면서 기자는 관객의 태도를 중심으로 공연 평을 밝혔다. 극장을 가득 메운 인파로 보아 관객 동원에는 성공했으나 관객이 연극에 심취하지 못한 실패한 공연으로 평가한다. 공연이 성공하지 못한 원인은 배우나 작품, 연극에 있는 것이 아니라 관객이 연극의 진가를 알아볼 수 있는 안목이 없는 데 있으므로 이를 극복하는 처방안으로서 유능한 설명자를 둘 것을 제안한다.

가면극 · 판소리 등의 전통적인 연희에 익숙한 조선의 관객은 〈불여귀〉라는 신파극의 낯선 체험,[10] 배우의 부자연스러운 동작과 과장된 몸짓, 이질적인 소리의 발성법 등에 위화감과 웃음으로 반응했다. 조선 관객의 "웃고 드듸여 쟝너가 쇼요하게 되"는 산만한 관람 태도에 기자의 당혹스러운 반응을 표명하는 진술에는 관객들과의 입장의 차이가 뚜렷하다. "눈물"과 "동정"의 반응을 기대했던 기자의 예상을 빗나가 관객의 웃음과 야유가 퍼부어지는 조선에서의 '호토토기스'의 첫 대면의 현장을 생생하게 포착했다. 이전에는 경험하지 못한 새로운 미적 체험이 경외감이나 찬사로 연계되지 않는 관객의 태도는 '호토토기스'의 수용 이전의 취향을 보여주는 것으로 신파에 눈물 흘리는 관객의 태도와 대조적이다. 이러한 관객의 감상 태도의 뚜렷한 차이는 시간의 문제나 관객층이 다르다는 것으로 설명되지 않는다.

문수성의 〈불여귀〉는 "인정 의리"가 넘치는 감동이 있다고 자부했던 기자는 웃음을 터뜨리는 관객의 태도를 자신의 감수성에 바탕을 둔 건선한 반응으로서 이해하는 것이 아니라 "관람쟈가 볼쥴을, 모르는 ⵈ닭"이라고 관람자의 인식 수준을 원인으로 분석한다. 연극에는 "인정 의리"가 담겨져 있으므로 이를 연극 스태프가 관람자에게 극의 이해를

10 양승국은 1911년 초겨울의 〈혁신단〉에 의한 〈불효천득〉을 한국 최초의 신파극 공연으로 하는 정설의 재고를 촉구한 바 있다. 「한국 최초의 신파극의 공연에 대한 재론」, 『한국극예술연구』 4집, 한국극예술학회, 1994 참조.

돕도록 극 중간에 해설을 곁들이면 "눈물"과 "동정"의 올바른 감상 태도를 기대할 수 있다는 것이다.

내지에서 신파극 '가정비극'이 수용되는 방식, 예컨대 러일전쟁을 전후로 극심한 불황과 사회 불안이 팽배하는 상황에서 불안과 전쟁으로 가정이 붕괴하는 사태에 직면한 일본 관객의 수용 방식을 잣대로 내지 연극에 대한 '모방'의 성취 여부로 관객의 산만한 반응을 무지와 결핍의 상태로 인식하는 것이다. 이러한 기자의 시선에는 식민지배자의 시선을 내면화한 순응하는 주체의 교화 대상 식민지인에 대한 응시와 연극의 진정한 성공을 관객에 두는 상품화에 대한 의식이 중첩되었다. 이러한 기자의 극평에서 일본의 신파극 〈호토토기스〉와 조선의 〈불여귀〉는 동일한 극으로 이해되고 있다. 〈호토토기스〉와 〈불여귀〉라는 미적 대상과 관객 주체의 차이를 간과한 채 동일한 장에서 수치화한 물량의 잣대로 논평되고 있다. 비극이 숭고함의 감정을 환기한다는 면에서 희극과 구별한다면[11] 일본의 〈호토토기스〉와 같은 "눈물"과 "동정"의 '가정 비극'으로 수용된 것이 아니라 〈불여귀〉에 대한 관객의 냉소적인 반응은 이 시대 대중 관객의 감수성과 미의식의 작용을 함축한 문제로서 의미심장한 것이다. 교양 있는 관객이라면 갖추어야 할 "지면의 수사에 지나지 않았던 눈물을 독자와 관객이 흘리는 눈물로 현실화"[12]하였던 1913년 이상협의 〈눈물〉 공연과 불과 일 년 전의 〈불여귀〉의 대조적인 감상 태도는 조선에서 "눈물"과 "동정"의 신파극으로 감상되기까지의 변화를 설명할 수 있는 단서가 될 것이다.

제1장 제3절에서 전술한 바와 같이 『각본 호토토기스』의 "인정 의리"에 입각한 부부애는 일본인이라면 누구라도 아는 이야기로서 공유되

---

11   이마누엘 칸트, 이재준 역, 『아름다움과 숭고함의 감정에 관한 고찰』, 책세상, 2005, 22면.
12   최태원, 「1910년대 신소설의 독자·대중·미디어」, 사에구사 도시카츠三枝壽勝 외 편, 『한국 근대문학과 일본』, 소명출판, 2003, 36면.

었던 '호토토기스' 시대, 폐결핵에 대한 공포와 전쟁을 겪은 공동체의 관객의 극 체험 속에서 한층 극적인 안도감과 위안을 주며 "눈물"과 "동정"의 공감을 자아냈다. 극과 관객과의 상호 관계 속에서 생성되는 경이와 숭고함, 비애 등의 감정과 미의식은 사회의 문화에 뿌리를 둔 주체의 체험과 극의 구성이 빚는 총체적인 감상인 것이다.

가부키[歌舞伎]를 바탕으로 신파[13]의 극적 장치와 특유의 신체 표현과 표정, 창과는 다른 소리를 내는 발성법[14] 등 신파극 장르의 문화 코드에서 해석되는 기호를 공유하지 않는 조선의 관객에게 가부키의 연기를 익힌 적이 없는 한국 배우로서는 설익은 연기를 할 수 밖에 없는[15] 낯선 이질적인 극은 소통되기 어려웠던 것이다. 감정이나 미의식이 물질로서 외부에 존재하는 것이 아니라 그것을 감각하는 인식 주체의 대상과의 관계에서 생성되는 것이라면 극의 "인정 비리"는 조선 관객의 "윤리적 이념과 결부된 도덕 감정과 감성이 일치"할 때[16] 비로소 조선의 "인정 의리"로서 공명하며 "동정"과 "눈물"의 감동에 빠져들게 될 것이다. "고래로 연극을 우숩거리로" 보는 "신명풀이의 미학"[17]을 지닌 조선의 관객 주체의 유흥과 향락적인 향유 방식과는 거리가 먼 신파극의 "눈물"이 관객들에게 전이되지 않는 냉소적인 반응은 신파극 이전과 이후를 명징하게 분절시킨다. 일 년 후 신파극 〈눈물〉에 열광하는 관객의 반응은 〈불여귀〉와는 다른 관객층의 변화가 아니라 공동체의 도덕 감정과 구성원의 감수성, 취미의 변화를 보여주는 것이다.

---

13 大笹吉雄, 明治大正 篇, 『日本現代演劇史』, 白水社, 1990, 480면.
14 "륙장 우는 소리" 『매일신보』, 1912.3.27.
15 서연호, 『한국연극전사』, 연극과 인간, 2006, 145면.
16 윤리적 이념과 결부된 도덕 감정과 감성이 일치할 때 인간의 보편적인 감각인 취미의 쾌의 감정이 발생한다. 취미는 쾌에 의해 판단하는 능력을 말하는데 쾌는 개념의 이성적 인식에 의해 획득되는 것이 아니라 경험적인 표상에 의존하는 미감적 판단이다. 임마누엘 칸트, 백종현 역, 『판단력 비판』, 아카넷, 2009, 406면.
17 조동일, 『카타르시스, 라사, 신명풀이』, 지식산업사, 1997, 84, 163면.

신파극의 장르적 특성을 공유할 수 있는 관객과의 소통 체계를 구축하지 못한 식민 초기 관객주체의 야유와 소란스러운 관람 태도는 자발적인 복종과 협력적 체계로 견고하게 뿌리내리지 못한 피식민지인의 '불길한 응시'[18]와 내지의 권위 사이의 분열과 혼란으로 식민담론의 모순과 균열을 내는 것이다.[19] 이와 같이 상이한 대중 예술의 심미적 태도에는 공감과 '모방'의 심리가 일본과는 다른 방식으로 작동하는 관객 주체의 내적인 체험이 간과된 채 내지와의 관계에서만 논의되는 상황을 단적으로 살펴볼 수 있다.

'모방'을 통해 자발적으로 행동양식을 배우는 즐거움을 얻기 위해서는 체험 대상에 대한 존경과 위엄을 전제로 공감이 필수적인 구성 요건이 된다. 내지를 가치의 중심으로 하여 모방하는 제국 일본의 식민 시스템의 관계 방식의 구조화는 '호토토기스' 수용의 과정에서 여실히 보여준다.

전술한 신파극 〈불여귀〉의 상연 직후인 4월 3일 『매일신보』의 『두견성』의 광고는 "본소설의 편법과 내용은 내지소설에 저명한 불여귀를 모방호바 반도에 효시되는 소설"이라는 진술로 바뀌었다. 불과 한 달 전의 광고에서 내건 "신소설계의 신패왕"의 수사가 신파극 〈불여귀〉의 상연 이후에는 스스로 "내지소설에 저명한 불여귀를 모방호바"라는 진술로 바뀐 것이다. 당초 내지와의 관계를 표면에 드러내지 않았던 "신소설계의 신패왕"의 수사는 신파극 〈불여귀〉의 상연을 계기로 내지와 『불여귀』와의 관련이 적극적으로 주장되는 방향으로 변모한다.

통상적으로 창작의 세계에서 '모방'은 예술가에게 치명적인 결함이 되고 작가의 독자성에 가치가 있는 19세기 이래의 상식을 뒤집어 '모방'을 전략으로 하는 선전 방식으로 새롭게 그 가치를 제기하는 것이다.

---

18   호미 바바, 나병철 역, 『문화의 위치』, 소명출판, 2002, 119면.
19   이덕기, 「1910년대 신파극에 대한 탈식민주의적 고찰」, 김경미 외, 『1910년대 문학과 근대』, 월인, 2005, 252면.

'내지소설'을 '모방'했다는 것이 작품의 가치를 보증하는 양 선전되고, '내지'를 '모방'한 것이 '반도'의 지역 속에서 '효시'라는 것이 강조된다. 이처럼 '내지'를 '모방'했다는 것을 다투어 주장하는 것은 『불여귀』의 번안 신파극뿐만이 아니라 당대의 『매일신보』광고의 수사에 공통적인 특징이다. 제국의 중심인 '내지'야말로 진정성이 존재하고 이를 욕망하는 것이야말로 문화적 가치라는 인식이 자리하는 것이다.[20]

한편, 같은 해 8월 조중환에 의한 번역 『불여귀』가 동경의 경성사(警醒社)에서 간행되면서 그 해 10월 2일자의 『매일신보』에는 다음과 같은 광고가 실렸다.

朝鮮에 以來로 約干의 小說이 有ᄒ얏스나 其 內容을 見ᄒ면 모다 隔靴癢搔之欺를 不免ᄒ야 讀者諸君의 恒常遺憾ᄒᄂ 바이러니 此을 補키爲ᄒ야 本小說이 今也焉出埃라 本小說은 (…중략…) 一大家庭悲劇이라 譯者도 特히 此点을 主意ᄒ고 逆筆을 別樣研究ᄒ야 一字一語가 苟且함이 無ᄒ고 朗闊諶暢ᄒ야 髣髴히 原作의 風趣을 傳ᄒ얏스며 內地一般風俗俗을 知코자ᄒᄂ 人士의 最良ᄒ 村料라 願컨더 江湖諸君은특히愛讀을 與하시옵

여기에는 번안 『두견성』이 앞서 출판되었음에도 불구하고 다시 번역하는 취지가 선명히 나타나 있다. 예컨대 『두견성』이 등장인물과 배경을 조선 풍속으로 바꾼 것이 "隔靴癢搔之欺을 不免ᄒ"다는 불만을 표하고, 그것과 달리 원작의 "내지 일반풍속"을 살려 번역했다는 점에 『불여귀』의 특징이 있음을 명확히 밝혔다.

그로부터 얼마 뒤 『매일신보』1912년 11월 3일자의 「연극계」 동향란에 극단 '청년파일단'에 의한 〈불여귀〉의 공연 기사가 게재되었다. 여기

---

20 호미 바바, 나병철 역, 앞의 책 참조.

에 소개된 신파극 〈불여귀〉의 줄거리[21]는 원작과 상당히 다르다. 남녀의 애정이 중심축이 아니라 딸을 "츌가식이랴"는 부친의 욕망과 딸의 혼사를 둘러싼 친족 간의 대립 관계가 극의 갈등을 이룬다. 질병으로 아내가 죽는 원작과 달리 연극 〈불여귀〉에서는 본처가 있는 남자에게 딸을 시집보내려는 어느 재상의 음모로 본처는 쫓겨나 질병으로 죽는다는 스토리로 변형되었다. 즉, 질병 · 별리 · 결혼 · 모함 · 금전 · 죽음 · 눈물 · 묘지 등 원작『호토토기스』를 구성하는 서사적 질료들은 조선의 가족, 결혼 제도와 서사의 전통 속에 새로운 인과 관계로서 전혀 다른 플롯으로 재구성되었다. 원작과의 차이는 결혼이 혼인 당사자가 아니라 가부장적 권위 하에 부부의 애정과 고부간의 갈등이 배제되는 방식에 극명한데 고부간의 갈등은 금전이 매개된 친족 관계의 대립으로 교체되고 혼사에 얽힌 여러 우여곡절 끝에 재혼하지 않겠다는 결심으로 종결하는 방식으로 변형되어 당대 조선의 결혼과 가족 제도가 투영되었다.

　같은 해 11월에 상연된 두 번째 신파극 〈불여귀〉와 9월에 출판된『류화우』(그림 12)는 음모와 축출, 장애, 악인의 참회, 재혼의 암시 등 당대의 서사적 관습을 공유하는 여러 공통분모가 산견된다. 이점 신파극 〈불여귀〉의 각본과『류화우』의 서사를 개별적인 영향 관계의 틀에서 이해하기보다 전대의 서사적 관습을 공유하는 문화의 맥락에서 고찰해야 할 필요성이 있겠다. 또한 같은 해 3월에 행해졌던 〈문수성〉의 창

21　"靑年派一團 : 청년파일단에서는 금야에 불여귀(不如歸)라는 연뎨로 흥행할 터이라는데 그 각본은 한중장의 딸이 최쇼위에게 츌가하얏는데 그때 엇던 한 재상이 자긔딸을 최쇼위에게 츌가를식이랴다가 여의치못함애 긔어히자긔딸을 최쇼위게로 츌가식이랴고 중쟝의딸을 모함하는데 최쇼위의 의형김정위를 금전으로 소개하니 김은 원래 악한쟈이라 금전에 탐이나서 허락하고 쇼위츌전한 사이에 그부인을 모함츌축케하니 그부인이 인해 병이나서 세상을 하직하니라 김정위와 최쇼위가 견디에서샹봉함애 김정위가 그때피상하야 임의죽게된지라 그 자리에서 개과쳔션하야 그사실을 이실직고하고 인해죽으니 최쇼위가 그말을듯고 집에도라와보니 부인은 세상을 하직하얏는지라 쇼위가 그부인 묘샹에가서 일쟝통곡하고 다시쟝가안이들기로 결심하더라."

립공연에서 내지의 풍속에 충실한 신
파극에 조선 관객이 "웃고" "쇼요"하는
반응을 일정하게 반영하여 당대의 사
정을 예민하게 주시하는 기민한 대응
의 방식이다.

한편, 1912년 11월 16일 『매일신
보』의 「신간소개」 난에는 8월에 출판된
조중환의 번역 『불여귀』 평이 다음과
같이 실려 있다.

그림 12 『류화우』 표지(동양서원, 1912.9)

신쇼셜 불여귀의 평론은 니디문학가
로 유명한 덕부로화(德富蘆花)씨의 일
생의 걸작으로, 호평이 쵝쵝하든, (…
중략…) 한집안을, 단란ㅎ게 지니려ㅎ
는 사룸과, 샤회에서, 활동ㅎ는 사룸은,
넉넉히 참고가 되겟스며, 도도훈 언론과, 진쵝훈문학취미는, 가위진정을,
그린것갓ㅎ야, 보는사룸으로 흥취를 도도며, 스실에 니르러셔는, 홀연, 비
챵한 눈물을 금키어려오니, 이 소셜은, 짐짓스계에우동쟈라ㅎ겟고, 부즈
간의 졍리와, 친쳑간의 의리와, 부쵝간의스랑은, 이소셜을 인연ㅎ야, 가히
샤회의 진샹을, 토론ㅎ겟다라

「不如歸의 好評」이라는 제목의 이 단평에는 "진졍"을 그린 "진쵝한
문학취미"를 도입하려는 "신쇼셜 불여귀"의 기획 의도가 뚜렷이 표명
되었다. "졍리"와 "의리"와 "스랑"이 담긴 소설 『불여귀』는 교양 있는 독
자라면 "비챵한 눈물"을 흘려야 하는 올바른 감상법을 제시하는 감정
교육의 교양서와 같은 역할인 것이다. 소설에는 "진졍" "의리"와 "스랑"

이 나란히 자리하여 사회의 "진상을 토론ᄒ"는 풍부한 내용을 담고 있다는 것이다. 가정의 "단란"함과 사회의 활동에 "참고"가 되고 메시지를 전하는 "언론"의 기능과 "샤회의 진상을 토론하는" 교화를 위한 수단으로서의 효용적 가치를 제시했다. 소설의 공리성, 효용성을 중시하면서도 "진々한문학취미"를 "진졍"을 고양시키는 것에 둠으로써 감상과 감정에 우위를 둔다. 인간의 "진졍"이야말로 독자의 "흥취"를 돋우는 감동의 원천이며 "눈물"이 "스실"의 힘에서 고조된다는 실재(reality)에 대한 인식은 "소설의 주안점[主腦]은 인졍"²²이라는 츠보우치 쇼요[坪內逍遙]의 소설론이나 감정, 감성의 면에서 근대를 특징짓는 낭만주의적 경향의 특징으로 통합되지 못할지라도 현실을 모사하는 "스실"과 "진졍"의 가치를 각성하게 함으로써 "문학취미"를 함양하는 방향으로 이끌어내는 역할을 수행하는 것이다. 이 짧막한 광고담론이 "진졍"과 "스실"을 병치시키고 "샤회의 진샹"과 "흥취"를 병치시키는 방식으로 새로운 "문학취미"를 구성하는 도정에 『불여귀』를 자리매김함으로써 이후 '호토토기스'의 수용이 감정과 "취미"의 변화와 궤를 같이 하는 맥락의 출현을 예고하는 것이다. 순차적으로 이행하지 않는 여러 개념이 얽혀 드는 혼돈의 시대 속에서 새로운 "문학취미"를 의식적으로 도출하려는 전략이 독자의 욕망을 이끌어내고 소설 자체의 쾌락, 심미적 가치로의 이행을 예비하는 과정의 일단을 발견할 수 있다.

이는 전술한 바와 같은 동년 3월의 연극〈불여귀〉의 연극평과는 다른 면모를 보이는데 독자층 구성 차이를 단적으로 볼 수 있다. 연극이 대중 관객을 의식한 조선 사회의 가부장제의 권위가 강화되는 방향의 변형이라면 소설은 "사회의 진상을 토론"하려는 "언론"과 "문학취미"가 있는 "짐짓ㅅ계에우동쟈"라는 지식인 독자층을 의식하여 이들의 지,

---

22 가메이 히데오[龜井秀雄], 신인섭 역, 『「소설」론-『소설신수』와 근대』, 건국대 출판부, 2006, 68면.

앞에 대한 욕구와 호기심을 자아내려는 형태로 새로운 요소가 구성되는 편차를 보인다. 소설에서 상정되는 남성 지식인층에 대한 의식이 원작의 "모자간의 정리"를 "부ᄌ간의 정리"로 교체하게 하고 "친척간의 의리"와 "부ᄉ간의 ᄉ랑"도 "토론"의 용도로 부각하게 하는 것이다. 조선의 현실과 원작과의 간격이 명료하게 의식되는 가운데 연극과 소설은 각각 다른 방향에서 서사의 작중 세계와 현실과의 거리를 좁혀나갔다. 이러한 재구성 방식은 소설과 연극의 장르적 특성과 결부되는데 그 차이의 핵심에는 지식인층과 대중이라는 주체의 구성이 자리한다.

제3절 '정극' / '원조' – '내지'의 권위 쟁탈

『매일신보』를 중심으로 살펴본 조선의 〈불여귀〉 수용의 연극의 정황은 다음과 같은 회상을 통해 1910년대 연극을 총체적이고 포괄적으로 요약한다.

革新團이 「신소설연극」을 상연하고 성공함으로써 李人稙의 小說演劇에의 꿈을 어느 정도 이루었다고 할 수 있겠고, 한편 같은 시기의 라이발인 尹白南一派의 文秀星을 그 인기에 있어 명실공히 능가하게 된다. 文士劇이라고 불리운 文秀星의 신파극이 일반에게 그다지 인기가 있었던 것은 처음부터 일본신파극의 고전인 『호토토기스[不如歸]』를 상연하면서 正劇이라고 자부하였으나 '항상 일본쇼설을 모범ᄒ야 흥힝'하므로 '일반인은 그 진졍ᄒ 취미를 ᄌ세히 알지 못하게 된데 그 이유가 있지 않았나 생각된다. '尹白南의 연극은 왜색이 너무 짙어서 일반에게 환영을 못 받았다'고 박승희도 술회한

일이 있다. 식자우환이라고 할가, 윤백남은 임성구보다 원작에 더 충실하였고 임성구는 한국적으로 번안하는데 있어 좀더 대담하였고 또 대중의 요구에 민감하였다고나 할가, 같은 시기에 있어 양자는 좋은 대조를 이루었다.[23]

　　조선 연극계의 〈불여귀〉 공연의 위와 같은 진술은 당시 조선에서 경쟁적으로 〈불여귀〉가 수용되는 역학적 양태를 핵심적으로 보여준다. 1965년에 이루어진 이 회고의 기술은 1910년대의 내지를 축으로 한 문수성과 혁신단의 대립이 '왜색'과 '한국적'을 둘러싼 대립으로 뒤바뀌고, 조선의 대중이 "한국적으로 번안"한 쪽을 선택했다는 결론이 도출되었다.[24] 분명 '내지풍속'을 전면에 내건 문수성과 '조선풍속'을 내건 혁신단은 '좋은 대조'를 이루지만 무엇이 과연 '한국적'인가에 관해서는 의문의 여지가 없지 않다. '왜색'과 '한국적'의 대립 틀은, 1910년대 당시 전제되었던 내지와 외지라는 대립의 도식을 해방 이후의 한국 사회의 내셔널리즘의 구도로 뒤집는 것에 다름 아니다. 당시의 이항대립에서는 이미 "정극이라고 자부"하는 윤백남의 문수성이야말로 내지의 신극 전통을 이은 '진짜'이고, 임성구의 혁신단은 '가짜'라는 일종의 진위를 둘러싼 대립으로 전개되었다. 이것은 앞에서 언급한 대로 내지의 '모방'에 가치를 두면서 한반도라는 지역 속에서 최고의 지위를 다툰 『호토토기

23　이두현, 「신파극의 시대」, 『사상계』, 1965.3, 301면.
24　양승국의 연구에 의하면 〈문수성〉과는 달리 〈혁신단〉은 일본 신파극의 대작을 공연하지 않았던 까닭에 보다 많은 관객을 획득할 수 있었고, 다양한 레퍼토리를 창작할 수 있었다고 한다. 이 글은 양승국의 논의에 힘입은 바 크지만 "1910년대의 한국 신파극의 레퍼토리의 대부분은 일본신파극 레퍼토리의 직수입이 아닌 그 나름의 창작레퍼토리일 가능성이 높은 것이다"(양승국, 앞의 논문, 45면)라는 지적에 대해서는 의문이 제기된다. 이 주장을 뒷받침할 만한 또 다른 실증이 요구된다. 창작 레퍼토리 가능성의 근거가 주로 제목의 비교에 의한 것이라면, 『金色夜叉』가 『장한몽』으로 제목을 변경한 번안소설을 각색한 연극은 모두 창작으로 간주하게 될 우려가 있다. 저작권법의 번안의 규정에 힘입어 원작의 제목과 의장을 탈피한 새로운 저작물로 간행했던 번안소설을 바탕으로 한 연극을 구별할 수 있는 기준이 요구된다.

스』의 번안 / 번역을 둘러싼 역학을 보여주며 이러한 진정성＝'모방'에의 욕망은 제국의 중심이라는 진정성을 자기의 것으로 하려는 출판사간의 경쟁과 마찬가지라고 할 수 있다.

실제로 당시의 『매일신보』의 광고에는 '신파연극원조혁신단'[25] '조선풍속신파연극원조혁신단'[26] 등 주로 혁신단은 '원조'를 문수성은 '정극'이라는 형용을 구사하였다. 하지만 '원조', '정극'이라는 어휘 자체는 애초부터 자신의 근거를 나타내는 말로서 결코 대립하는 개념은 아니다. 예컨대 '원조'든 '정극'이든 양자는 내지의 전통을 잇는다는 공통적 토대를 전제로 하여 자신의 정통성의 근거를 내지에 구하는 것 그 자체에 대한 의문을 던지는 것은 아니었다. 양자는 내지의 정통적인 계승자의 지위를 다투는 조선내의 주도권을 둘러싼 차이인 것이다.

여기서 특히 주목하고 싶은 것은 '원조'와 '정극'의 수사 전략에 의하여 내지와 조선이 동일한 범주로 묶여져 입장이 다른 식민과 피식민지인이 동일한 정신적 가치를 공유하는 것으로 표상되었다는 점이다. 내지를 '모방'하는 정신적 가치는 '원조', '정극'을 표방하는 신파극과 번안을 통해서 점차 조선의 생활과 문화에 침투하게 된 것은 주지하는 바이다. 『매일신보』 광고의 표층적인 차원의 '모방'담론이 식민지 체제의 완전한 순응을 의미하는 것만은 아니다. 주지하다시피 '모방'담론은 식민지 체제의 엄격한 탄압을 배경으로 형성되었다는 점을 상기해야 한다. 언론·출판·집회·결사의 자유를 철저하게 박탈하는 극심한 탄압이 지속되면서 "정치와 시사는 일체 논할 수 없었던 언론 암흑시대, 언론 부재시내"[27]의 상황 하에서 공백을 메우는 상품으로서 정치성이 배제된 이른바 통속화된 읽을거리가 출판된다.

---

25 『매일신보』, 1912. 2. 20.
26 『매일신보』, 1912년 4월 6일과 18일의 「예제변경」 광고.
27 김근수, 「무단정치시대의 잡지 개관」, 『한국잡지개관및호별목차집』, 한국학연구소, 1988, 111면.

그러나 이 시대의『매일신보』번안소설의 문제를 일방적인 외부의 구속력과 억압의 틀로서만 파악하는 것은 메이지의 신문연재소설이 식민지 조선에서 성공할 수 있었던 제반의 조건을 간과하게 될 우려가 있다. 메이지의 신문연재소설이 조선에서 번안소설로서 대중적인 지지를 획득하게 된 경위를 보다 세밀하게 규명할 필요가 있을 것이다.

　　지금까지 언급한 조선의『불여귀』수용의 한 단면에 대한 성찰에서 특히 연극의 수용방식의 측면에서 매우 특이한 양상을 드러낸다. 당시 일본에서는 오사나이 가오루(小山內薰)에 의한 서양의 번역극이 주류를 이루었지만 조선에서 자연주의 사회극은 아직 등장하지 않았고 자연주의 이전의 메이지기 신파극이 공통적으로 유입되었다. 1920년대 조선에서 일본 유학을 통해 근대극을 접한 연극인들이 본격적으로 등장하면서 신극으로 전환[28]하는데 문학에서도 조선에서는 동시대의 자연주의의 작품이 아닌, 메이지 30년대의 '대중문학'이 유입된 사정은 지금까지 살펴본 바와 같다. 여기에는 식민모국과 피식민지간의 문화적 진보의 '시차'를 두는 식민 논리와 문화와 역사적 차이에 따른 제반의 조건차가 개입되어 있다.

28　김재석,「근대극 전환기 한일 신파극의 근대성에 대한 비교연극학적 연구」,『한국극예술연구』17집, 한국극예술학회, 2003, 41면.

제4절 '취미'의 변화-'가정비극'에서 '신성연애'로

1) 연애와 고부간 갈등의 병치-'천연묘사'의 '필법'

조선에서 번역『불여귀』가 간행된 그 이듬해 1913년 10월 22일자의
『매일신보』에는『불여귀』의 광고가 다음과 같이 바뀌어졌다.

> 神聖戀愛! 肉慾戀愛! 何?
>
> 嗚呼라 熱렬혼神聖戀愛는 此券中에 滿載
>
> 男女間 血淚가 此小說을 一讀에 汪然衿沾
>
> 苦難風波의 眞意味도 此編을 試讀
>
> 姑婦親子間事情을 天然描寫도 此小說이 覇王
>
> 譯述혼筆法도 原本의 眞意를 豪末도 不失
>
> 此小說를 未見ㅎ고도 好小說家라 稱홀가?

앞에서 인용한 1912년 11월의 신문광고에 비하면 동일한 작품으로
간주할 수 없을 만큼 광고담론은 급변했다. 1912년의 광고담론에서 '가
족'에 초점을 두는 '가정비극'의 서사에 대한 정보와 함께 "내지일반풍
속"의 "知"를 위한 효용성의 측면이 부각되었다면, 1913년의『불여
귀』의 광고담론은 내용과 표현의 양면에서 소비 주체의 조선 독자층에
대한 의식이 상업성과 결부된 구체적인 형태를 띤다. 겨우 일 년 남짓
한 이 짧은 시기에 가파르게 진행되는 '신소설의 통속화'의 동시대적인
일련의 문화 현상과 궤를 같이 하는 것이다.[29] 얄팍하나마 "샤회의 진

---

29 181종의 신소설 가운데 1912년과 1913년 사이에 백여 종의 신소설이 발간되었다.
(하동호,「개화기소설의 발행소 · 인쇄소, 인쇄고」,『출판학』12집, 한국출판학회

상을 토론"하기 위한 "교재"의 효용성의 가치는 자취를 감추었으며 "호소설가라 칭"하는 한정된 독자층을 호명하면서 '연애'에 초점을 두는 방향으로 변모했다. 무차별적이고 광범위한 대중 독자층이 아니라 "진々혼문학취미"가 있는 "소설가"로 지칭되는 조선의 독자층을 광고 대상으로 하여 이들의 호기심을 자극하려는 취지에서 원작에 없는 "신성연애"와 "천연묘사"가 제시된다. 일 년 전 원작에 충실했다는 것에 권위를 두는 광고 전략과는 다른데 광고 대상을 향한 상업성이 원작과는 다른 '연애'와 "묘사"의 문맥을 이끌어낸 것이다. 즉, 소설의 내용과 표현 기법에 관심을 갖는 "진々혼문학취미"가 있는 "소설가"를 향한 상업적인 전략이 원작과는 달리 『불여귀』를 "신성연애"와 "천연묘사"의 문맥에 배치하게 하는 것이다.

"신성연애"와 "천연묘사"라는 전대의 한자 · 한문의 교양과는 전혀 다른 한자어의 조합이 원작과 무관하게 조선의 "소설가" 지망자들에게 호소하는 전략에서 출현했다는 것의 문화적 함의는 그리 단순하지 않다.

원작에서는 신혼부부의 파란만장한 삶을 다룬 『호토토기스』의 담론에 "신성연애"의 한자어는 등장하지 않았을 뿐만 아니라[30] 전술한 바와 같이 서사는 연애를 거치지 않은 결혼 이후의 전개에서 출발했다. 번역 『불여귀』에서도 원작에 없는 '연애'의 서사가 부가된 것은 아니다. 따라서 광고담론의 수사의 전략을 식민지 조선의 『불여귀』의 '연애' 표상

───────────────

편, 현암사, 1972; 한기형, 『한국 근대소설의 시각』, 소명출판, 1999 참조)

30   내지의 『불여귀』의 광고문은 "메이지의 나이는 30을 넘었지만 사회의 섬유에는 두려워해야 할 구습이 유세를 부리는 자 적지 않다. 저자는 조용히 가장 가까운 하나를 파악하려고 시도하기도 하고 스스로 큰 북을 두드리고 나팔을 부는 것을 바라지 않을지라도 불건전의 문자를 끊고 청정한 가정에도 들어가야 할 것을 스스로 믿는 바이라 (…하략…) [明治の齡は三十を超えたれ共、社會の纖維には恐る可き旧習の猶勢を逞ふする者少なからず。著者は密かに其尤も手近き一を捉へんと試みたり、自ら太鼓を叩き喇叭を吹くを欲せずと雖も堅く不健全の文字を絶ちて淸淨なる家庭にも入り得可きは自ら信ずる所なり(下略)]"(1899(메이지 32).12.13) 『德富蘆花全集』第十九卷 偶感偶像, 蘆花全集刊行會, 1929, 511~512면.

으로 등치할 수 없다. 역사적 구성물로서의 '연애' 표상을 실재의 등가물로 인식하는 오류를 경계한다면 광고의 "신성연애"의 전략이 한국에서의 '연애'담론의 성립을 망라하는 광범위한 고찰을 통해서만 해명될 수 있는 것은 아니다. 즉,『불여귀』의 서사와는 무관하게 표층적인 차원에서 구사되는 수사적 전략은 "소설가"를 지망하는 독자층의 "사회의 진상을 토론"하는 '지'에 대한 욕구를 '연애'의 욕망으로 견인하는 미디어의 통속성 일반의 '일시적 표층적 육체적' 속성과 관계 깊다. 서사의 부부애가 "가족"의 현실 문제로서 제시되는 것이 아니라 "신성연애"라는 '연애'의 문맥에서 소비 유통되기를 기대하는 수용의 틀을 제시하는 방향이라는 점에서 결혼과 가족을 둘러싼 당대의 현실과 직결할 수는 없을 것이다.

신파극 〈불여귀〉의 변형에서 보는 바와 같이 결혼과 가족의 서사는 남녀를 당사자로 하는 주체의 욕망과 결부된 것이 아니라 딸을 출가시키려는 가부장의 권위를 부추기는 원작과는 전혀 다른 방향으로 변형되었다. 1900년 초 이래 남녀의 자유 의지에 의한 '자유연애' 결혼의 이념이 싹트는 새로운 변화의 기운은 기존의 가부장의 권위에 대한 도전으로 경계심과 위기의식을 부채질했다. 원작과는 다른 변형에 각인된 대중 관객의 욕망 표출은 가부장적 권위 하에 전대의 서사와의 절충과 타협이 이루어졌던 것과 유사한 맥락에서 광고의 주체와 대중 독자층의 욕망 사이의 간극을 드러내는 것이다.

당시 『매일신보』의 인적 구성에서 보자면 『불여귀』 광고담론의 주체외 기자는 거의 일치하지만 특히 광고담론에서는 원작에 없는 '연애'의 문맥을 "묘사"라는 표현의 문제와 연계하는 독특한 결합 방식을 보여준다는 점에서 전술한 신파극 〈불여귀〉의 기사와 내지의 가치를 공유하면서도 다른 구성 방식의 특징을 드러낸다.

광고담론에서 의식되는 독자층은 연극 〈불여귀〉의 전대의 서사 관습에 익숙한 대중 독자층과는 확연히 다르다. "진々흔문학취미"의 "필법"을 강구하는 "소설가"를 지망하는 조선의 독자층을 향해 "고부친자간"의 현실을 "천연묘사"라는 표현 방법론과 같은 형태로 유인한다. 이들이 의식하는 독자층은 서사의 내용만이 아니라 "원본의 진의"를 살린 "역술한 필법"의 표현 형식도 고려하는 독자층이다. '연애'와 "묘사"로 내지의 문단을 풍미하는 자연주의의 흐름을 동시대로 호흡하면서 『불여귀』의 독서가 내지의 문단의 사정에 정통하게 하는 맥락에 놓여 있음을 강조한다. 이러한 "소설가"를 갈망하는 이들의 "문학취미"의 형성에 기여하는 방향에 대한 자각은 "고부친자간 사정"이라는 전대의 독서 관습과 "천연묘사"라는 "필법"의 방식을 결합한 조합 방식에서 단적으로 드러난다.

또한 현실과 충돌하는 "가족"의 문제보다 "신성연애" "육욕연애"라는 '연애'의 틀로 내지의 유행에 민감하게 반응하면서도 그 내실은 러브의 번역어 '연애'와는 거리가 있다. '연애'와 "고부친자간 사정"이 병치되고 "필법"과 묘사의 방법론에 이르는 표현의 문제를 잡다하게 공존시키는 방식으로 독자층의 관심을 견인하면서 문단의 새로운 경향을 피상적인 형태로 결합한 기묘한 조합의 방식으로 제시되었다. 이러한 상이한 경향이 공존하는 조합 방식은 『불여귀』의 번역에서 다양한 형태로 일관되게 추구된다. 조중환의 사유 방식의 특징이라고도 할 상이한 경향을 공존시키는 절충의 미학은 통속성 구성의 원리로서 한자어를 조합하여 새로운 한자 성어를 만들어내는 조어 방식으로 표출된다.

『불여귀』광고담론의 "신성연애"는 '연애'와 '신성'을 결합한 메이지 러브의 수용과는 다르다. 러브의 번역어 '연애'와 '신성'을 결합한 사용은 이와모토 요시하루[岩本善治]의 "연애는 신성하다[戀愛は神聖なリ]"[31]

---

31   嚴本善治, 『女學雜誌』, 1890(메이지 23).8.

기타무라 도코쿠[北村透谷]의 "신성한 연애[神聖なる戀愛]"[32] 등의 형태로 기독교적 세계관을 배경으로 하는 '러브'의 번역어 '연애'를 일본 전통의 '애(愛)'나 '련(戀)'의 육체성과 결부된 이미지를 배제하고 고상한 정신성의 의미를 부각하는 명제에서 비롯되었다.[33] 한편, 일본에서는 광고담론의 "신성연애"라는 한자성어는 발견되지 않는다. 또한 『불여귀』의 "신성연애"는 전후의 문맥에서 결혼 당사자를 주체로 하는 '자유연애'의 이념과는 역방향의 의미를 생성한다는 점에서도 메이지의 "신성한 연애" 표상 체계의 자장 안에서 작동하는 연애담론으로 수렴할 수 없다. 오랜 세월 공동체의 관습과 사고 체계와 긴밀하게 관련 맺는 "신성"과 '연애'의 상상이 메이지 일본의 그것과 동일한 방식으로 재현되지 않는 것은 연극 관객의 태도에서도 자명하다.

　서구에서 '러브'의 유입은 '연애'로 표상되는 기존의 질서의 억압에서 구속된 자아의 각성이라는 지식인층의 새로운 세계 인식과 삶의 방식을 낳는 방향과 또 한편에서는 기존의 가부장에 대한 위협과 도전을 경계하는 전근대의 사고도 나름의 방식으로 대응과 변형을 거듭했다. 더욱이 "신성"의 관념은 사회의 문화의 역사 고유한 체험에 뿌리 깊은 숭고함의 감정과 관련한다.[34] 원작은 장엄한 자연 풍경과 대비되는 인간의 무력함과 천황제, 청일전쟁 등 메이지 일본 국민국가의 문화체계에서 부부애의 관념과 폐결핵의 공포, 질병으로 인한 격리와 고독이 두려움과 내밀한 성찰을 수반하며 국가에 개체로서의 개인을 내던지는 직분의 사명감과 공동체의 신성 관념의 지반에서 발생하는 숭고함[35]의

32　北村透谷, 「厭世詩歌と女性」, 『女學雜誌』, 1892(메이지 25).
33　柳父章, 앞의 책 참조; 리스·모톤, 「〈共同研究報告〉綜合雜誌, 『太陽』と『女學雜誌』に見られる戀愛觀－1885～1905年」, 『日本研究』 第19集, 國際日本文化研究センター, 1999 참조.
34　장 뤽 낭시 외, 김예령 역, 『숭고에 대하여－경계의 미학, 미학의 경계』, 문학과지성사, 1988, 14면.
35　버크에 따르면 공포가 직접적으로 숭고를 야기하는 것이 아니라 공포의 정서가 완

감정 생성과 결부되어 구성되었다. 이러한 원작의 서사와 일본 독자층이 이루는 수용 맥락과 번역 / 번안의 텍스트와 식민지 조선의 독자층의 수용 맥락은 숭고함의 작동 방식의 차이에서 다르다. 이에 대해서는 번역 / 번안의 텍스트 분석에서 후술할 터이지만 『매일신보』의 『불여귀』와 "신성연애"를 결부하는 광고담론은 역설적으로 "신성"함과 부부애의 결합이 희박한 수용의 맥락을 반영하는 것이다.

    부부애와 교체된 "신성연애"에서 "신성"함이 '연애'의 어휘에 작동하는 방식은 "혈루"와 "고난풍파"의 파란만장한 인생의 고난의 이미지와 결부되고 고부간이나 부자간의 친족관계는 현실에 근거한 긍정적인 이미지와 결부하는 전도된 방식의 '연애'와 "신성"의 결합으로 전유하는 것이다. 이러한 광고 주체의 기획은 "인정의리"를 담았다는 〈불여귀〉를 웃음거리로 만든 관객의 야유의 반응과 상통하는 것으로 대중독자층과의 소통 체계를 겨냥한 광고담론의 상업성이 야기한, 원작에 대한 굴절과 오해의 수용 맥락이라 하겠다.

    "신성연애"와 "육욕연애"를 대비시키는 정신과 육체의 이원론적 사고와 남녀의 정념을 결부하는 방식은 기독교적 세계관의 이원론적 사유 방식과 차이가 있다. 남녀의 연애와 결혼을 일치시키는 서구의 낭만적 사랑(romantic love)이 일부일처의 결혼제도와 가족 제도를 지탱하게 하는 문화 체계의 이념이라면 이와는 다른 제도와 이념의 체계에서 일본의 "신성한 연애"라는 언표로, 여기에서 촉발된 식민지 조선의 미디어의 광고담론에서는 신혼부부의 애틋한 정념도 "신성연애"의 범주로 제시함으로써 "육욕"과 대립되는 의미에서 정신성을 부각하는 것에 주력했다. 기독교라는 특정한 종교를 배제한 "신성(神聖)"의 한자어로 육체에 대한 정념이 배제된 고상함과 고결함으로 육욕과 대립시키는 방

화되어 영혼의 고양을 동반하는 환희와 같은 긍정적인 정서를 수반함으로써 숭고함의 감정을 느낀다. 이마뉴엘 칸트, 이재준 역, 앞의 책, 122면.

향으로 '연애'의 의미를 한정시키는 수사이다. 이러한 "신성연애"와 "육욕연애"의 대립적 체계에서 결혼의 여부는 의미를 갖지 않는다는 점에서 '연애'는 결혼제도와 분리된 남녀의 정념으로 의식된 것이다.

이러한 맥락에서 『불여귀』 광고담론의 "신성연애"는 가부장적인 가족 제도의 속박에 대한 비판에서 연애에 입각한 자유결혼에 대한 주장을 담은 중국의 "연애신성(戀愛神聖)"의 맥락과도 다르다. 5.4신문화기 우생학이 도입됨으로써 국가와 사회가 성욕과 생식을 통제하여 "낭만적인 '연애' 결혼은 우생학이라는 '과학'과 결혼"하여 새로운 국민으로서의 가정 부모의 모델을 창출하는, 자유연애가 주창되는 청년의 사상의 개조의 함의를 갖는 일종의 "시대의 정신"[36]으로서의 "연애신성"의 표상과는 다르다. "신성연애"는 러브의 번역어 '연애'에 대한 오해나 굴절의 맥락에서 남녀의 정념이 결혼 제도의 현실적 토대와 무관한 육체와 정신의 이분법에서 재조명되는 사고의 표현일 가능성이 있다. 현실에서 낯선 부부애를 "신성"의 한자어가 표상하는 정신적 가치와 결합하여 '연애'를 상상하게 한다는 면에서 '연애'의 함의는 결혼 제도와 분리된 남녀의 정념 일반을 지칭한다고 하겠다. 1910년 일부다처제의 가부장의 질서에서 일부일처의 자유결혼이 전제된 '연애'의 상상은 과학적 세계인식의 부재 속에 한층 현실을 초월한 "신성"의 의미를 부여하는 방식으로 "육욕"과 대립되는 정신성이 추구되었다. 이러한 한자어의 조어방식은 역자 조중환의 사유 체계의 특징을 드러내는 것으로 "천연묘사"라는 한자어도 이와 유사한 방식에서 이해된다.

"처여"과 "묘사"가 결합된 "천연묘사"는 일본어의 자연주의 맥락의 함의를 갖지만 일본어에서 이러한 한자성어는 발견되지 않는다. 메이지 초 'nature'의 번역어로 채택된 한어 '자연(自然)'은 '저절로 그러한 것,

---

36   坂本ひろ子, 「戀愛神聖と優生思想」, 『中國民族主義の神話－人種・身体・ジェンダー』, 2004 참조.

천연(天然)'의 뜻이 있다.[37] 즉, 전대의 한어 '자연(自然)'의 어휘는 "그대로 인위적이지 않은 상태"를 뜻하는 '천연(天然)'[38]과 동의어로서 사용되었다. 의식적이지 않다는 의미의 "인공 · 인위적"과 대립되는 한어 '자연(自然)'을 'nature'의 번역어로 선택함으로써 "저절로 생성 · 전개되는 상태"의 의미를 더하여 이후 '자연(自然)'에는 두 가지 의미가 공존했다. 여기에서 'nature'의 번역어 '자연(自然)'의 성립 이후의 '천연(天然)'의 한자어는 '자연'과 동일한 의미로 등치되지 않을 것이다. 즉 '천연(天然)'의 동의어인 '자연'과 '묘사'를 결합하여 '자연묘사'의 한자성어는 구사되지만 '자연묘사'를 '자연(自然)'의 동의어 '천연(天然)'[39]으로 교체하여 "천연묘사"로 등가 교환할 수 없다는 것이다. 자연주의의 묘사법[40]의 일종과 같은 효과를 주는 "천연묘사(天然描寫)"는 당대 비평용어로서 유통된 것은 아니다. 묘사의 방법론을 중심으로 전개되었던 자연주의 시대의 유행을 모방하는 일종의 의사(擬似)적 용어의 성격을 띤 것이다. 그런데 광고담론에서는 한어 '자연(自然)'과 동의어 '천연'과 소설의 표현 방법론을 중심으로 전개되었던 일본 자연주의의의 '묘사(描寫)'를 결합하여 일본의 통상적인 조어와는 다른 방식의 배치를 통해 다른 효과를 발생시키는 것에 주목할 필요가 있다. 즉, 과학의 대상인 'nature'의 번역어로서의 '자연'을 대체하는 '천연(天然)'과 '묘사(描寫)'를 결합한 '천연묘사(天然描寫)'라는 새로운 한자어의 조합은 일본의 자연주의의 맥락에 회수되지 않는 틈입의 공간을 만들어낸다.

---

37 柳父章, 앞의 책(1982), 136면.
38 大槻文彦, 앞의 책, 444면.
39 '천연(天然)'은 개화기 한국에서 일본으로부터 수용한 근대 외래 한자어로서 'natural'의 역어로서의 '천연(天然)'의 용례는 1906년 『초등소학』이 시초라고 한다. 최경옥, 『한국개화기 근대 외래한자어의 수용연구』, 제이앤씨, 2003, 107면.
40 일본에서 자연주의 흐름이 지배적인 시대의 묘사법과 관련하여 '평면묘사' '입체묘사' '주관묘사' '객관묘사' '심리묘사' '육욕묘사' '성욕묘사' 등의 비평용어가 등장했다. 小山內薰, 『文芸新語辭典』, 春陽堂, 1918.

메이지 30년대 자연주의의 경향은 고스기 덴가이[小杉天外],[41] 오구리 후요[小栗風葉][42]의 계열과 시마자키 도손[島崎藤村], 다야마 가타이[田山花袋] 등의 두 가지 계열로 나누어 전자는 졸라를 피상적으로 모방하는 전기 자연주의로 구분하여 일본의 자연주의는 후자에서 성립했다는 견해가 정설로 굳어졌다.[43] 이러한 전기와 후기 자연주의는 졸라에 대한 인식의 차이로 가른다. 졸라로 대표되는 서구의 자연파 작가들은 인간이 유전과 환경에 의해 규정되는 존재로 인식함으로써 유전과 환경을 사실을 가능하게 하는 사회 조건으로 파악하는 견해를 보이는 데 반해서 덴가이는 유전과 환경을 소설의 기법의 문제로서 졸라의 자연파의 소설을 풍속소설로서 제한적으로 설명하는 방식으로 변형했다고 한다. 다양한 방식으로 묘사의 수법을 모색하던 메이지 30년대의 산문계의 묘사의 문체 획득 운동도 가미되어 한층 묘사의 태도의 문제로 경사했던 이 시대의 졸라의 자연주의의 수용은 다야마 가타이의 '노골적인 묘사[露骨なる描寫]' '평면묘사(平面描寫)' 이와노 호메이[岩野泡鳴]의 '일원묘사(一元描寫)' 등 다양한 묘사의 방법론의 모색으로 나타났다.[44] 당대 사회의 객관적 묘사와 과학적 방법론을 바탕으로 하는 프랑스의 자연주의를 도입하는 과정에서 객관과 주관, 내면과 외면, 정신과 육체, 실행과 예술 등의 논점이 제기되며 다양한 묘사의 방법론이 대두되었다. 이러한 일본의 자연주의의 흐름이 지배적인 문단 동향에 대한 의식은 『불

---

41 小杉天外(1865~1952), 소설가. 졸라의 자연주의의 영향을 받은 『유행개[はやり唄]』 등으로 전기 자연주의를 대표하는 작가적 지위를 확립. 신풍속의 여학생을 그린 「魔風戀風」 등으로 선풍적인 인기를 모았다.

42 小栗風葉(1875~1926), 소설가. 오자키 고요[尾崎紅葉]의 문하생[門人]. 『청춘』으로 주목을 받아 『연모곡[戀慕ながし]』 『련에 눈뜨다[戀ざめ]』 등의 작품으로 대중적 작가의 명성을 굳혔다.

43 和田謹吾, 『描寫の時代-ひとつの自然主義文學論』, 北海道大學図書刊行會, 1975, 1면; 吉田精一, 『自然主義の研究』 上卷, 東京堂, 1950, 91면.

44 안영희, 「한일 근대소설에 나타난 고백체 담론의 전개-다야마 가타이·이와노 호메이·김동인」, 사에구사 도시가쓰 외, 앞의 책, 105면.

여귀』의 광고에 원작과는 무관하게 "천연묘사(天然描寫)"라는 조어를 구사하는 방식으로 나타났다. 인공의 미와는 대조적인 의미에서 "천연(天然)"의 어휘와 자연주의의 핵심적인 개념 "묘사(描寫)"를 결합한 새로운 조어 "천연묘사"와 "고부간친자간사정"이라는 상이한 영역을 '사실'의 접점에서 소설의 표현과 소재로 공존시켰다.

전기 자연주의가 태동하는 메이지 30년대 낭만주의 소설에서 자연주의로 이행하는 시기의 원작 『호토토기스』는 본격적인 일본의 자연주의의 논쟁에서 비껴나 가정소설이라는 다른 지류를 형성했다. 따라서 『호토토기스』의 일본 수용 담론이나 문단의 자연주의의 사조에서도 "천연묘사"라는 한자 성어의 용례는 좀처럼 발견하기 어렵다. 다만, 대중잡지나 통속 서적에서 자연주의 시대에 편승하여 "천연"과 결합한 신조어가 구사되는 유행과 유사한 발상이라고 생각된다. "천연묘사"라는 생경한 한자성어에는 "신성연애"와 동일한 방식으로 한자·한문 교양의 지식인의 사유 방식과는 다른 세계관과 교양을 소유한 이들의 사물에 대한 이해의 방식이 각인되어 있다. 중국 고전에 뿌리를 둔 '정격 한문'의 교양에 숙달되지 않은 한글과 일본어의 언어를 교양의 원천으로 했던 중간층이 세계를 향유하는 방식, 중간층의 조어로 새로운 지식의 권위를 접속하는 나름의 사유 방식을 드러내는 것이다. '정격한문'의 틀에서 벗어나면서도 기존의 한자어의 권위에 의지하여 새로운 시대의 흐름을 지각하는 방식의 특징을 보인다. 전대의 '천연'의 한자어를 '묘사'와 결합하는 과거에 없는 조합 방식에서 주관은 객관 세계를 그리는, 술어의 지각 대상이라는 새로운 관계를 발생시킨다. 자각적이지 않더라도 "천연"은 새로운 결합방식의 조어로 전대와는 다른 "천연"의 관계, 'nature'의 가능성을 함유하는 '자연'의 의미를 함축한다는 것이다. 즉, 전대의 한자어 "천연"에 규정되는 한자어 운용의 폭을 넓히는 효과를 발생시킴으로써 어의 전이의 가능성을 내장한다.

"천연묘사"의 한자성어가 서사의 표현 방식으로 구체적인 방법론으로서 구현되지 못한 선언적 의미에 그쳤다는 점에서 자연주의 시대의 풍속에 관심을 두어 개인의 내면의 발견[45]을 본격적으로 등장시킨 1910년대『청춘』과『학지광』등 일본 유학생들을 중심으로 한 '신지식인층'[46]의 '학적인식'과는 구별된다. '신지식인층'이 급부상하기까지 근대 주체의 공백을 주도하는 1910년대『매일신보』의 미디어 주체를 특징짓는 것은 통속성에 대한 사고이다.

통속성의 일관된 특징은『불여귀』의 광고담론에서 드러나는 자연주의와 유사(analogy)적 관계를 맺는 모방 행위를 통해 "신성연애"와 "고부친자간사정(姑婦親子間事情)"의 상이한 문제 영역을 결합하거나 "천연묘사"의 표현 방식과 "고부친자간사정"을 "스실"을 의식한 "필법"의 차원에서 병치시킴으로써 원작과는 전혀 다른 맥락으로 소환했다. 이러한 수용 맥락에서 도출되는 "천연묘사"[47]라는 한자성어에는 고부간의 갈등과 같은 서사의 금기된 모티프를 도입하는 장이 인위적으로 가공한 상상의 세계가 아니라 "고부친자간사정"을 담아내는 실재를 인식하는 장에서 출현했을 가능성을 시사한다.

---

45 박헌호, 「초기 근대소설에 나타난 내면의 서사-1910년대 후반~20년대 초반 단편을 중심으로」,『대동문화연구』45집, 성균관대 대동문화연구원, 2004, 262면.

46 박찬승,『한국 근대정치사상사 연구』, 역사비평사, 1992, 112~140면.

47 『불여귀』의 원작에 없는 "선천폐병"도 이와 유사한 예로서『불여귀』특유의 조어 방식이다. 타고난 선천적 질병이라는 문맥적 의미로 파악되는 "선천폐병"의 조어는 '태어날 때부터 몸에 지닌' '타고난'을 뜻하는 '선천(先天)'과 질병 '폐병(肺病)'을 결합한 조어이다. 유전적 형질이 '천성(天性)' '천생(天生)' 등의 유사한 한자어로 대체 기능한 '신천(先天)'의 명사로 파악되는 이러한 조어는, 'natural'의 개념으로서의 '타고난'의 의미를 '선천(先天)'에 함축하여 "천연묘사(天然描寫)"와 동일하게 '본래의' '타고 난'의 의미를 뜻하는 '천(天)'의 한자어로 자연주의 시대의 추세에 따른 명명 방식이다. 근대적 지식으로서의 '유전'의 개념이 확산되기 이전 환경에 의한 질병과 구별하여 '선천의 병[先天ノ病]' '선천매독'과 같이 타고난 질병이라는 의미에서 병을 수식하는 형태로 사용되어 "선천폐병"은 결합 가능한 조어이지만 현실에 뿌리내렸다고 보기 어렵다.『불여귀』의 '유사(類似)-유희적' 관계로 세계와 관련 맺는 '대중적 취향과 관련한 언어적 특징이라 하겠다.

2)『불여귀』에서 『쌍옥루』로 - '신성연애'에서 '육욕연애'로

　『불여귀』의 신문 광고 문안의 "신성연애"와 "육욕연애"의 한자성어는 원작과는 다른 문맥에서 수용되는 양상의 한 단면을 매우 특징적으로 드러낸다. 원작에서는 '연애' 자체가 전혀 등장하지 않았거니와 이러한 반대 개념의 한자성어는 구사된 바 없다.『불여귀』의 서사 내용과 무관하게 '연애'담론에서 소비 유통되는 광고 전략에서 식민지 조선의『불여귀』서사 수용의 맥락을 살펴볼 수 있다.

　"신성연애"와 "육욕연애"라는 한자 성어와 직접적으로 연관되는 작품은 기쿠치 유호[菊池幽芳]의『오노가츠미[己が罪]』이다. 전술한 바와 같이『오노가츠미』는『오사카매일신문[大阪毎日新聞]』에 전편이 1899(메이지 32)년 8월~10월, 후편 1900(메이지 33)년 1월~5월에 연재되었으며 조중환은『매일신보』(1912.7~1913.2)에『쌍옥루』라는 제목으로 번안했다.『불여귀』의 번역 후속 작품으로 조중환은『쌍옥루』를 번안한 셈이다. 연속적으로 수행된 번역／번안의 작업이『불여귀』와『쌍옥루』를 '연애'의 맥락에서 관련짓게 한 것이다. 이러한 시간적인 연속성이라는 우연성만이 아니라『불여귀』와『쌍옥루』는 서로 대비되는 특질로 이해될 수 있는 여러 요인이 작용하는데 여기에 조중환의 '연애'담론의 특징이 있다. 번안소설『쌍옥루』에서는 원문의 '연애'를 배제하고 문맥에 따라 다른 한자어로 대체하면서 정작 원작에 없는 '연애'라는 어휘를『불여귀』의 선전 문구로 구사하는 이 미묘한 어긋남의 관계는 1910년대 번안／번역의 특징과도 연계되는 문제이다.『쌍옥루』의 원작『오노가츠미』는 "도코쿠[透谷]가 고군분투한 '연애'의 통속적 해석"[48]이 이루어졌다는 후대의 논평과 같이 메이지 20년대 기타무라 도코쿠[北村透谷]로 대표되는 연애담론과는 확연히 다르다. 기타무라 도코쿠

48　安西彰,「解說」,『菊池幽芳全集』15권, 日本図書センター, 1997.

나 이와모토 요시하루[巖本善治]를 필두로 하는 메이지 20년대 지식인의 '연애' 담론에 대해서는 제1장에서 기술한 바와 같다.

한국에서 '자유결혼'이 주창된 것은 1900년대 초이지만 연애라는 사회적 현상이 대중적으로 확산된 것은 1920년대 이후이다.[49] 1917년 이광수의 "영육의 합치가 연애의 이상"[50]이라는 "고상한 연애" "신성한 연애"가 주창되며 본격적인 '연애 시대'를 맞이하기 이전 1910년대의 번역/번안의 연애담론은 일본과는 다른 연애담론이 전개되는 과정을 보여준다. 메이지 20년대 지식인의 연애담론에 비견되는 이광수를 비롯한 연애담론이 한국에서는 뒤늦게 발신되고 "'연애'의 통속적 해석"이 선행하는 관계가 형성되는 셈이다. 부연하자면 근대적 이념으로서의 '연애'의 개념적 지식 이전에 "'연애'의 통속적 해석"의 영향이 선행한다는 의미에서 복잡다단한 특질을 보인다. 메이지 후발 주자인 『오노가츠미』의 번안이 식민지 조선의 연애담론의 첫발을 내딛게 하는데 일조하면서 메이지 20년대의 지식인 담론과는 다른 갈래가 유입된다는 사실에 주목하고자 한다. 메이지 20년대 발원된 연애담론이 서양과 일본의 대립 구도 경계에서 추상적인 개념적 지식의 문제였다면 메이지 30년대 가정소설[51]의 연애담론은 대중의 일상생활에 가해진 여파의 외연을 그려내는 감각적 측면의 수용 방식이다.

이러한 배경에서 1913년 『매일신보』의 광고 담론이 '연애' 개념을 둘러싼 치열한 인식의 전환 과정 없이 간단히 "신성연애" "육욕연애"의 한자성어가 등장한다는 것의 의미 그 자체를 직시해야 한다. '연애'의 용어는 1889년 유길준의 『서유견문』 제15편 '혼례의 시말'에서 최초로 구사한[52] 이래 이광수 등의 지식인을 중심으로 하는 연애담론이 유통되기

---

49   권보드래, 『연애의 시대-1920년대 초반의 문화와 유행』, 현실문화연구, 2003, 15면.
50   이광수, 「혼인에 대한 관견」, 『學之光』 12호, 學之光發行所, 1917.4, 30~31면.
51   "실연·결핵·계모 문제를 호토토기스적 주제"로 지적했다. 藤井淑禎, 「海辺にての物語-『不如歸』の系譜」, 『文學』 54호, 岩波書店, 1986.8, 194면.

이전의 단계에서 한자성어로 대면하게 되는 번역어인 셈이다. 한자·한문의 교양에 숙련된 지식인들조차 막연한 '연애' 개념은 "신성연애" "육욕연애"라는 생소한 한자성어로 비로소 어렴풋하게 그 뜻을 가늠해 볼 수 있을 것이다. 이러한 한자성어의 광고 문안으로 대면하는 '연애'는 근대적 개념의 일반적인 유포 과정과는 다른 역사성을 함축한다.

『불여귀』의 광고 문안이 등장한 것은 1913년 10월, 『오노가츠미』에 구사된 "육욕연애"라는 한자 성어는 1912년 7월에 시작된 번안소설 『쌍옥루』에서는 번역되지 않는다. '연애'의 어휘가 등장하는 최초의 소설로 꼽히는 『쌍옥루』[53]에서 육체적 욕망과 결부된 '연애'의 용어는 회피되는데 『불여귀』 광고 문안의 '연애'에 중점을 두는 전략은 광고 작성자가 번역자와 동일하지 않을 가능성을 배제할 수 없다 하더라도 '연애' 개념의 오해와 혼란의 양상을 드러낸다는 점에 의의가 있다.

원작 『호토토기스』와 『오노가츠미』는 메이지 가정소설 취향의 "풍요성을 계승"한 『호토토기스』의 계보를 잇는 작품[54]으로 '연애'를 공통분모로 정신성과 육체성으로 구별하여 관계 짓는 분류 방식은 존재하지 않았다. 이러한 점에서 "신성연애"와 "육욕연애"의 광고 문안은 원작과는 달리 '연애'에 대한 오해나 일정한 이해 방식의 공유를 전제로 『불여귀』를 『쌍옥루』와 대비시키는 관계에서 견인되는 맥락이라고 하겠다.

먼저 『오노가츠미』의 서사는 "연애 즉 육욕론"의 입장을 신봉하는 인물을 주인공으로 그 주변의 다양한 인물군상을 통해 연애가 결혼과 가정·성·종교 등 일본의 현실에서 부딪치는 가치의 충돌과 모순을 파헤쳤다. 연애는 곧 육욕과 동일하다는 확고한 소신의 소유자 츠카구치 겐조[塚口虎三]는 의학도로서 기독교 신자이다. 『쌍옥루』에서는 서

---

52 구인모, 「『무정』과 우생학적 연애론─한국의 근대문학과 연애론」, 『비교문학』 28집, 한국비교문학회, 2002, 180면.
53 권보드래, 앞의 책, 12면.
54 藤井淑禎, 앞의 논문(1986), 197면.

병삼이라는 인물로 번안되는데 그의 주장의 핵심은 다음과 같은 서술에 명료하다.

> 특히 겐조는 의학상의 견지에서 성경정반대의 기치를 뒤집어 육욕 이외의 연 없다고 하는 연애 즉 육욕론을 주창하는 자라 하여, 원래부터 고상한 취미의 사이에 존재하는 것 등 이해할 수도 없고, 그러니까 (…후략…)[55]

> 이 남즈는, 연이라하는것슨,즉육욕이라ㅎ며,더욱이의학샹의지식으로, 육욕이외에는,연이라ㅎ는것슨,업다고쥬창ㅎ는사롬이니, 신셩ㅎ며 쏘는 고샹훈 취미가 그 스이에잇슴은 모로는 연고로[56]

원작과 번안을 견주어 보면 츠카구치 겐조를 가리키는 "이 남자"에 대한 서술이 사뭇 다르다. 원문에서 "성경정반대의 기치를 뒤집"었다는 육욕과 대립되는 개념을 표상하는 표현이 삭제되고 "연"과 '연애'의 표기는 문맥에 따라 "편이(偏愛)"로 대체함으로써 기독교적 세계관을 배경으로 하는 정신과 육체의 길항이 약화된 채 "육욕론"의 근거가 희박한 형태로 그릇된 편견에 사로잡힌 인물로서 조형하는 역자의 시선이 더해졌다. 원작의 서술자는 연애를 육욕으로만 보는 인물을 "고상한 취미"를 모르는 탓으로 간주하는 서술자의 논평적 태도를 노출시킴으로써 그 간극에 정신적 사랑의 여지를 남긴다. 그러나 『쌍옥루』의 서사에서 인물과 서술사의 연애를 바라보는 시각은 연애를 "편이"로 비리보는 육욕과 동일한 틀에서 양자는 일체화하고 경계가 모호한 투명한 시선이다.

---

55 원문은 다음과 같다. "特に虎三は医學上の見地より聖経正反對の旗幟を翻へし、肉欲以外に戀なしてふ戀愛卽肉欲論を唱へ居る男とて、素より高尚なる趣味のその間に存する事など解す可くもあらず、されば。" 후리가나 생략. 菊地幽芳, 『己か罪』 前編, 春陽堂, 1900(메이지 33), 11면.

56 『쌍옥루』 전편 제3회 및 제21회, 『매일신보』, 1912.7.9.

이러한 역자의 시선은 원문의 "고상한 취미"를 "신셩ᄒ며 쏘논고샹ᄒ 취미"로 번안하는 방식에도 투영된다. 원문의 인용 대목 앞에는 기독교 신자가 갖추어야 할 덕목 "연애의 신성함(戀愛の神聖)"의 표현이 삭제되고 "신성"함의 형용을 연애가 아닌 "고샹ᄒ 취미"와 병렬시키는 관계로 배치한 것이다. 표현의 층위에서만이 아니라 '연애'의 개념적 표상을 원작과는 다르게 변개시키려는 흔적을 여실히 보여주는 것이다.

이러한 번안 방식의 특징을 규명하기 위하여 원작의 "육욕론"의 주장의 배경을 검토하면서 번안에서 변주되는 함의를 규명하고자 한다.

원작의 츠카구치 겐조의 연애론은 메이지 20년 이후의 '연애신성론(戀愛神聖論)'과 메이지 40년을 전후로 만연한 '성욕에 유린된 무질서'의 현상을 '수적성애론(獸的性愛論)'으로 평했던 일본 연애론[57]의 두 가지 경향의 후자의 흐름을 잇는 것이다. 스펜서의 진화론에 기초하여 인격의 완전한 결합을 지향하는 엘렌 케이의 영육(靈肉) 일치라는 새로운 연애 사상을 뒤집어 생물학적 욕구 성욕에 지배되는 영육의 일치로 무질서 혼돈의 시대가 초래되었다는 '수적성애론'은 "연애는 신성한 것이라"는 연애론의 주장과 동전의 양면과 같이 동일한 발상에서 사고되는 것으로 간주할 수 있을 것이다.

기독교 이념을 바탕으로 하는 육체와 정신의 이분법을 전도하여 육체의 정신에 대한 우위에 입각한 연애론을 중심으로 츠카구치 겐조는 "연애 즉 육욕론"을 주창한다. 따라서 원작에서의 정신과 육체의 이분법이 육체를 부정하고 정신성을 부각하기 위한 수사적 장치라면 번안에서는 정신과 육체의 구별은 그다지 의미를 갖지 않고 남녀의 정념 그 자체

---

57 엘렌 케이의 『연애와 결혼』을 소개하는 글에서 일본의 연애론을 두 가지 갈래로 파악하는 견해가 제출되었다. 金子筑水, 「新しい兩性」, 『太陽』, 博文館, 1910(메이지 43). 인용은藤井淑禎, 「愛の表現における同時代的課題-自然主義前後」, 『日本近代文學』 53號, 日本近代文學會, 1995.10, 14면)이에 대한 논의는 廚川白村, 『近代の戀愛觀』(1922)에서 정리된 바 있다.

가 부정적으로 인식됨으로써 '연애'의 어휘는 "편이"로 정신적 '연애'를 수식하는 수사는 "취미"의 형용으로 재조정된다. 이러한 관계에서 정신적 '연애'가 육욕보다 우월한 가치가 부여되는 위계는 성립할 수 없다. 원작에서 연애는 육체와 정신 양쪽을 포괄하는 것으로 육욕의 단계에서 "고상한 취미"의 계단을 통해 정신성을 추구하는 상위의 단계로 진입하는 것으로 비로소 "신성한 연애"에 도달할 수 있는 것이다. 이를 매개하는 핵심적인 역할은 "성경"이 표상하는 기독교와 관련하여 "육욕연애"를 하위로 정신적인 연애, 즉 "신성한 연애"를 보다 우위로 편제하여 구별했다. 이에 대하여 『쌍옥루』에서는 연애 그 자체가 하위로 "고상한 취미"는 "신성"함이 표상하는 최상의 가치로 편제된다. 연애를 정신과 육체로 나누는 구별에 종교에 대한 의식은 그다지 견고하게 결부되지 않으며 "취미"와 인물의 성정의 문제라는 무의식적인 선택이 작동한다.

이러한 선택의 기제에서 우생학과 진화론 등의 자연 과학의 지식 체계나 기독교의 세계관 등 인식 변화가 전제되지 않는 도덕적 교화는 원작보다 한층 강화되어 "가련 무죄"한 여성을 "희롱"하는 "타락흔 학싱"에 대한 질책과 심판이 부가된다. 사랑은 정욕에 불과할 뿐으로 사랑이 신성하다는 시각에서 부부의 관계를 규정하는 것은 위선과 수사에 지나지 않는다는 주장을 펴는 츠카구치 겐조의 실감 있는 대사는 『쌍옥루』에서 서병삼이라는 인물의 발화로 "직역에 가까운 축자적 방식"[58]으로 번안되었다. 그러나 원작의 스토리에 충실한 번안에서 "서생"이 "타락흔 학싱"으로 "무구한 소녀"는 "결백흔 남의녀ᄉ의몸"으로 끊임없는 첨삭이 가해지는 변개를 통해 주조되는 세계는 책략과 술수에 능한 "육욕"에 사로잡힌 도덕적 "타락"상이다. "의학"에서만은 뛰어난 "준재"의 수완을 발휘하는 의학도의 직업과 지식은 "육욕"론의 주장의 근거

<hr>

58   韓光洙, 「日本近代小說の韓國における翻案に關する研究－『己が罪』『金色夜叉』『捨小舟』」, 專修大學博士論文, 1994, 51면.

를 성욕과 생식 등의 신체 생리학과 결부시키면서 "신성한 연애"에 대한 풍자와 야유로 그 위선을 폭로하는 것이다. 이러한 츠카구치 겐조의 인물 조형 방식은 '연애'의 유행과 함께 '연애'에 대한 위화감과 허위의식[59]에 의존한 것이지만 『쌍옥루』에서는 주인공의 심리나 외양의 서술에 직업이나 신분 계층을 막론하고 존재하는 "타락한"남성의 야망을 소묘하는 것으로 충분했다. 원문의 "戀愛"의 한자어를 그대로 한글의 음으로 읽는 방식을 회피하고 굳이 "편익"로 번역하는 의식적인 선택에는 '연애'의 어휘가 낯설었던 1910년 초의 시대를 배경으로 새로운 개념의 신조어로 표상하지 않아도 기존의 관념에서 이해될 수 있다는 의식의 발로이다. 조화로운 인간의 균형 감각을 상실한 편협한 심성의 부정적인 의미를 함축한다는 맥락에서 '연애'가 아닌 "편익"라는 한자어가 채택된 것이라고 하겠다. 번안 의식에 자리한 서사는 '연애'가 아니라 기구한 운명을 덮치게 하는 남녀의 정념을 노래하는 "편익"의 서사인 것이다. 이러한 '연애'의 개념에 대한 오해는 『불여귀』와 『쌍옥루』를 연관 짓는 의식에도 동일하게 발견된다. 남녀의 정념 일반을 지칭하는 독자적인 '연애'의 개념 위에서 '연애'이후의 부부애를 다룬 『불여귀』와 육체적 욕망에 초점을 둔 『쌍옥루』는 "신성연애"와 "육욕연애"의 관계로 배치될 수 있는 것이다. 결혼 제도와 분리된 '연애'의 개념 하에 정신과 육체를 분할하는 방식이다.

이러한 점에서 원작 『오노가츠미』와 『쌍옥루』의 서사는 각각 다른 방식으로 '연애'의 통속화의 원형을 이루며 '연애'의 개념이 널리 안착

---

59 이토세에 따르면, 유럽의 고유한 전통과 습관에서 배태된 기독교적인 애(愛)의 발상이 없는 동양 사회의 인간관계나 심적 습관의 차이는 남녀사이의 정념이 러브의 번역어 '사랑[愛]'으로 표현되면서 허위의식을 파생시켰다. 메이지 이래의 문학 작품에서는 이 허위의 '사랑[愛]'이 점차 형식적으로 사유되면서 일본 근대문학의 정체(停滯)와 박약함을 야기했다는 것이다. 伊藤整, 「近代日本における愛の虛位」, 『近代日本人の發想の諸形式他四篇』, 岩波書店, 1981, 153면.

하는 과정에서 빚는 오해와 갈등의 실상을 조명하는 의의가 있다. 다시 말하면 당대의 유행어 '연애'에 대한 질문의 방식은 "신성한 연애" 표상의 구축과는 다른 형태로 결혼·가족·성·종교 등의 공동체의 가치와 착종하는 갈등에 직면하게 했다. 이러한 단적인 예로서 하나님 앞에서 올린 교회의 결혼식과 부모님 앞에서 약속한 결혼의 두 가지 방식을 민법상에서 겨루게 하는 『오노가츠미』의 삽화는 "청년의 고뇌"를 담은 내면의 서사와는 다른 방식으로 대중의 혼란과 갈등을 예리하게 간파한다. 동일한 남성과 다른 방식으로 결혼을 한 두 여성이 "그러면 언제 어디서, 뉘 허락을 밧아가지고, 성례를 하엿단 말이오"[60] 하며 진짜 아내를 가리는 설전을 벌이게 함으로써 결혼의 승인을 둘러싸고 기독교라는 새로운 권위와 부모가 표상하는 전통적인 가치가 충돌하며 법정에서 그 시비를 가른다. 이와 같이 결혼을 둘러싼 두 가지 방식의 대결은 기존의 가부장적 권위와 기독교적인 질서 대립 체계의 표상을 근대국가의 법적 체계에서 배치시키는 맥락과 관련한 것으로 공동체사회의 변모와 남녀의 정념을 바라보는 시선의 변화, 즉 제도와 주체의 관계 양상의 첨예한 변화를 단적으로 포착하는 상징적인 장면이다.

『호토토기스』의 신문 연재가 가부장제 가족 제도의 확립을 추진하기 위한 메이지 민법의 친족편·상속편이 공포(1898(메이지 31))된 직후의 상속, 결혼·이혼, 여성의 지위 등에 관심이 집중되던 시기의 가족 제도를 뒤흔드는 혈통(계모 문제)과 죽음(결핵과 전염)의 문제가 다루어지는 것으로 독자층의 폭넓은 지지를 획득했다.[61] 이렇게 낭내의 다양한 현실을 적극적으로 제재로 끌어들여 "소설과 〈현실〉과의 경계를 무너뜨"리는 독서 방식을 창출한 『호토토기스』 취향의 "풍요로움"은 『오노가츠미』에서 계승되어 가정소설의 계보를 형성했다.[62]

---

60   『쌍옥루』 전편 제31회, 『매일신보』, 1912.9.7.
61   藤井淑禎, 앞의 논문(1988), 196면.

『오노가츠미』의 신 앞에서의 결혼을 사기 행각으로 "신성한 연애"를 조롱하거나 법정에서 혼인의 진위를 따지는 모티프는 근대로의 이행의 시기에 벌어지는 가정소설의 유형이다. 이러한 전대와는 다른 메이지 가정소설의 모티프는 식민지 조선시대 독자층의 취향을 전면적으로 바꾸기 위한 새로운 문화 유입의 노선이었다. "신성한 연애"의 허약한 지반 위에서 "육욕연애"가 긍정적으로 대두하는 급격한 변화가 선행하는 방식으로 새로운 모티프의 충격을 보전 완화하는 설명 방식이 더해졌다. 그 결과 부모의 허락을 받지 않은 남녀 당사자의 의지에 의한 결혼이나 결혼 이전의 남녀 교제 등 전대와는 다른 새로운 풍속의 삽화가 자유연애 결혼이 낯선 조선의 현실[63]에서 "부모가 허락지 아니한 악행의" 업보로서 불효의 죄의식에 기초한 인과 관계가 더해졌고 기존의 도덕과 결합된 마음 수양을 강조하는 방식의 번안으로 나타났다. 이러한 변형 방식은 이 시기 조중환의 번안소설을 특징짓는 번안의 구성 원리로서 작동한다. 이러한 변형이 가능했던 메이지 가정소설의 "소설과 〈현실〉과의 경계" 조건이 조선의 관계로 대체되는 결합 방식을 제공했다. 서양의 근대적 가치관을 기조로 하면서도 전대와의 연결고리를 모색하는 절충 방식을 조명한 메이지의 가정소설은 식민지 조선에서도 공유될 수 있는 가능성이 기대되었던 것이다. 일부일처제의 결혼 가족제도와 이에 따른 이념의 산물로서의 서양의 '러브'의 개념이 유입되면서 일부다처제가 온존했던 일본 사회의 다양하고 새로운 풍속과 심성의 변화 양상을 주제로 한 가정소설은 번안의 방식으로 식민지 조선의 현실로 교체될 수 있는 개연성이 높다고 하겠다.

---

62 이러한 서사 구성 방식은 실화 구성의 수법과도 관련한다. 藤井淑禎, 앞의 논문 (1988), 195면.

63 "조선의 부부의 불행은 실로 부모가 부부될 자의 의사를 무시하고 자의로 부부를 삼음에 있고 혼인은 성년 된 남녀의 자의로 할 규약 행위" 이광수의 「결혼론」, 『매일신보』, 1917.11.21～20; 권보드래, 『연애의 시대-1920년대 초반의 문화와 유행』, 현실문화연구, 2003.

이와 같이『불여귀』에 이어『쌍옥루』의 번안으로 이어지면서 일정한 편견이 더해진 변형된 형태로 "육욕연애"와 친연적인 신문 연재소설의 방향과 또 한편의 "신성한 연애" 표상이 구축되는 문단의 두 갈래의 경향으로 갈라졌다. 남녀의 정념과 결혼제도를 연관 짓는 사유 방식의 정신성과 육체성의 분할 구도에서 전자에 대비하여 통속으로 간주되는 신문 연재소설의 대중성의 특징은 이 시기에 마련되었으며『쌍옥루』의 서사에 명쾌하게 발현된다. 이러한 맥락에서 "육체연애"의 명제는 "신성연애"의 대립적인 존재로서 발견된 관념으로 "신성한 연애"의 명제에서 파생된 것이다. 일본에서는 "신성연애"와 "육욕연애"의 연애의 틀에서 분류될 수 없었던『호토토기스』와『오노가츠미』라는 가정소설 범주의 개별 작품이 조중환이라는 번역 주체를 매개로『불여귀』와『쌍옥루』는 오해와 제한된 주관적 '연애' 관념을 공유하면서 신성과 육체의 새로운 분할 구도로 배치되었다. 이런 의미에서『불여귀』광고의 "신성연애"와 "육욕연애"는 원작『호토토기스』에서 파생된 것이 아니라 당대 식민지 조선의 '연애' 담론에서 차지하는『불여귀』의 위치를 여실히 나타낸다. 오늘날에는 자명한 '연애'와 부부애의 관념은 육체와 정신, 연애와 결혼의 모호한 관계성을 상상하는 방식에서 여러 관념이 동원되며 혼동과 혼란을 초래했다.

메이지 가정소설에 내재하는 특징이 식민지 지배 체제가 구축되는 현실과 맞물려 문단의 맹위를 떨치던 나츠메 소세키[夏目漱石]나 자연주의 작가의 작품보다 경쟁력 있는 우위적인 조건으로 작용하는 복합적인 요인에서『호토토기스』는 채택되었다.『호토토기스』에서 포문을 연 가정소설 출판은 일종의 네트워크와 같은 집단을 등장시켰는데 신문 연재소설이 단행본으로 광범위한 문화 산업의 유형을 창출하는 방식을 정착시켰다. 이로써『오노가츠미』에서『곤지키야샤[金色夜叉]』로 잇달아 번안소설이 생산되는 시대를 맞이하게 되었다.

이렇게 1912년에 조선으로 건너간 『호토토기스』의 번역과 번안이 출판되고 수차례 연극화되는 다양한 변용을 통해 일본과 식민지 조선의 문화 갈등, 신구의 가치관의 대립과 공존, 경합의 역학 관계 속에서 변주된 새로운 이본이 생성되는 양상이 가시화되었다. 따라서 조선의 '불여귀'는 『호토토기스』라는 제목의 동일성으로 묶어낼 수 없는, 원작과는 다른 이질적인 문제를 내포하는 복수의 통섭적인 텍스트군이 생성되었다. 즉, 결혼과 사랑의 개념이 유입되고 법률이나 가족제도 등 사회의 변화를 맞이하는 시기, 조선에서의 '불여귀'는 원작과 이탈하여 현실과의 관계에서 구축되는 의미망 속에 다양한 차이적인 언어의 계보를 형성하며 자립적인 길을 열었다.

전술한 바와 같이 조선 최초의 〈불여귀〉 공연에서 관객이 웃음을 터뜨렸던 반응은 조선 관객의 "취미"의 변화를 '호토토기스' 수용 이전과 이후의 시대로 나누는 상징적인 장면이다. 즉 광고담론에서 표출되는 바와 같이 조선의 '호토토기스'의 수용은 "취미" 변화에 대한 기획이며 이러한 "의도의 달성은 쾌의 감정과 결합"[64] 됨으로써 현실화될 수 있었다. 동일한 대상에 대한 "웃음"과 "눈물"의 상이한 수용 방식의 근간에는 수용 주체의 미적 체험과 감수성의 변화 방식의 문제들이 자리한다. 이와같이 관객의 "눈물"은 내지와 동일한 반응으로 내지의 감정과 감수성을 공유하는 제국의 공동체로 편입되는 맥락에서 이해될 수 있다. 따라서 연극 〈불여귀〉를 둘러싼 수용 양상은 번역 / 번안을 통해서 이 문화의 충돌을 회피하고 그 차이의 은폐 속에 자국 문화를 형성한 문화 변용의 근본적인 문제를 내장하는 것이라고 하겠다. "동정"과 "눈물"의 감정이 숭고함의 감정과 결부되며 당대 식민지 조선의 미디어에서 신성함과 연루하는 언설이 반복 유통되었던 수용의 특징은 내지를 가치의 중심으로 하는 구조화 방식과 연관된 것이라는 것을 웅변한다.

---

64   임마누엘 칸트, 백종현 역, 앞의 책, 173면.

번역 『불여귀』의 탄생

제1절 『불여귀』 이전

1) 번안 / 번역의 역사

제5장에서는 『호토토기스[不如歸]』를 원작으로 하는 번역 / 번안의 수용 양상을 서적 출판의 관점에서 고찰할 것이다. '역술' 『불여귀』는 1910년대 유일한 번역으로 외국문학 수용 방식을 진전시킨 질적인 변환을 가져왔다. 1910년대 『매일신보』를 중심으로 하는 번안소설 시대에 앞서 생성된 번역의 성립과 이후 폐기된 역사성에 대한 구체적 해명의 계기를 조명함으로써 조선에서 『호토토기스』의 수용의 맥락이 조선의 문

화 저변에 맞닿아 있는 심층적인 문제를 들추어낼 수 있을 것이다. 1912
년 간행된 번역소설 이전의 한국의 번역 / 번안의 역사를 간단히 일별하
면 1895년의 『아라비안나이트』의 번역 『유옥역전』과 성서 번역 『텬로
력뎡』 등[1] 서양문화의 일본어 번역 / 번안을 중역하는 방식으로 한국근
대번역문학사의 기틀을 다진 이래 정치소설 · 과학소설 · 역사서 등의
'정치적 · 사회적 효용으로서의 문학이 중시'[2]되는 관점에서 중역의 방
식이 이루어졌다. 1900년대 일본문학을 저본으로 하여 야노 류케이[矢
野龍溪]의 정치소설 『경국미담(經國美談)』(1883)이 역자 미상의 『경국미
담』(1904)과 현공채 역 『경국미담』(1908)으로, 스에히로 뎃초[末廣鐵腸]의
『셋추바이[雪中梅]』(1886)가 구연학에 의해 『설중매』(1908)로 번안[3]되는
등 정치소설이 유일하게 중역을 거치지 않은 번역 / 번안의 방식으로 이
루어졌다.[4] 서양문학의 일본어 번역을 중역하는 방식이 『소년』을 중심
으로 최남선의 신문관 발행의 단행본 서적으로 이어진다면 1912년 『호
토토기스』의 번역 / 번안은 일본과 식민지 조선이 서양의 번역이라는
중개가 아닌 발신과 수신으로 직접 대면하는 관계를 맺는다는 점에서
정치소설의 계보를 잇는 셈이다. 널리 알려진 바와 같이 1910년 한일합
방 이후 식민지의 조선에서는 각종 언론출판의 자유는 제약되고 식민지
의 검열[5]로 인하여 출판시장의 개편이 불가피해진 상황에서 1900년대
에는 『설중매』와 같은 일본 자유민권운동시대의 대표적인 정치소설이,
1910년대에는 『곤지키야샤[金色夜叉]』의 번안인 『장한몽』과 같은 일본
근대문학이 정치로부터 탈각한 시기의 소설이 번안[6]됨으로써 정치와

1   김병철, 『한국근대번역문학사연구』, 을유문화사, 1975, 152면.
2   위의 책, 153면.
3   최원식, 『한국계몽주의문학사론』, 소명출판, 2002, 표세만, 「『셋츄바이』와 『설중매』의
    계몽주의 — 남여 인물조형을 중심으로」, 『일본학보』 61~2집, 한국일본학보, 2004, 23면.
4   김윤식 · 정호웅, 『한국소설사』, 예하출판사, 1993, 34~35면.
5   한기형, 「문화정치기 검열체제와 식민지 미디어」, 『대동문화연구』 51집, 성균관대
    대동문화연구원, 2005 참조.

서사가 결합한 장르가 가정소설의 번역 / 번안으로 자리바꿈을 하게 된 것이다. 정치소설과 가정소설의 번역 / 번안을 연계하는 맥락은 그 내용에 차이가 있으면서도 일본과 조선의 관계 방식과 예술의 생산과 소비, 유통의 관점에서 공유되는 측면을 되짚어보기 위함이다.

『호토토기스』의 번역 / 번안을 시발점으로 하는 1910년대의 번안소설은 정치소설이 축약의 방식으로 수용된 것과는 달리 '완역'의 방식으로 이루어졌다는 점에서 일본과 조선의 관계 방식을 완역의 형식으로 정형화한 셈이다. 대중 독자층 대상의 통속소설인 메이지의 가정소설이 통상적인 원전 중심의 완역 방식으로, 정치소설이나 서양 문학이 독자층 중심의 축약의 방식으로 이루어져왔다는 점은 한국의 번역 / 번안의 역사성과 결부된 특징적인 현상이라 하겠다.

'외국문학을 도입하는 초기과정에 있어서의 어쩔 수 없는 기형적인 도입'[7] '본격적인 번역이 행해지기 전에 요구된 시대적인 산물'[8]로서 번안이 주류를 이루는 시대 『호토토기스』의 번역 / 번안은 경합 속에 번역자 주체의 목적에 따라 자각적으로 선택된 기제로 작동하는 드문 사례인 것이다. 『불여귀』의 번역에서 번안으로의 선회는 번안과 번역의 경합에 의한 자각적인 선택의 결과라는 맥락에서 1910년대의 번안소설의 시대와 근대소설 형성의 다양한 문제를 내포한다.

1920년대 후반 해외문학파에 의해 외국문학이 번역의 형태로 본격적으로 수용[9]되기까지 번안에서 번역으로 다시 번안으로 회귀하게 되는 한국 번역의 작동 메커니즘을 해명할 필요가 있다. 한국문학사 전반을 통해 번안의 방식으로 향후의 일본문학 수용의 방향을 결정지은 조중환의 번역 『불여귀』의 유례없는 '완역'의 역사적 경험을 간과하지 않

---

6   최원식, 「장한몽과 위안으로서의 문학」, 『민족문학의 논리』, 창작과비평사, 1982, 69면.
7   전광용, 『신소설연구』, 새문사, 1986, 47면.
8   권두연, 「『장한몽』연구」, 연세대 석사논문, 2003, 32면.
9   김병철, 앞의 책 참조.

고 동아시아의 상호 관계의 지평에서 한국문학을 성찰하는 계기로서 논의할 것이다.

2) 『불여귀』의 선행 연구

임화가 『불여귀』를 "번안소설"[10]로서 언급한 이후 전광용[11] 이재선[12] 최원식[13] 등의 신소설 연구사에서 『불여귀』는 "번안소설"의 범주에서 기술되었다. 다만, 신근재는 도쿠토미 로카의 『호토토기스』와 『두견성』·『류화우』를 비교한 「불여귀의 번안양상」에서 "조일재가 같은 제목의 「불여귀」로 번역(飜譯),[14] 번안(飜案)[15]했다는 기록이 보이나 확인할 수 없다"[16]고 서술하여 일본과 한국의 차이를 드러냄으로써 '번역'의 가능성의 여지를 남겼다. 이후 『불여귀』가 '번안'이 아닌 '번역'임을 밝히며 자료적 의의가 조명되고[17] '순 한글의 한국어 문장'의 근대소설로서 한국의 근대소설어의 형성에서의 자리매김을 위한 일련의 연구 성과[18] 와 소설과 연극 등의 상관성을 다룬 학제적 연구[19] 등이 이루어졌다.

---

10   임규찬·한진일 편, 『신문학사』, 한길사, 423~424면; 임화, 「조선소설에 관한 보고」, 『건설기의 조선문학』, 조선문학가동맹, 1946.6.
11   전광용, 『신소설연구』, 새문사, 1986, 47면.
12   이재선, 『한국 개화기소설 연구』, 일조각, 1982, 127면.
13   최원식, 앞의 논문, 77면.
14   번역의 근거로서 佐藤勝, 「德富蘆花著作目錄」, 『明治大正文學硏究』 第23號(東京堂, 1957), 66면을 제시하였다.
15   전광용, 앞의 책, 47면.
16   신근재, 『한일 근대문학의 비교연구』, 일조각, 1995, 100면. 최숙인, 「한국 개화기의 번안소설 연구」, 이화여대 석사논문, 1977.
17   권정희, 「도쿠토미 로카 『호토토기스[不如歸]』의 번역과 번안-조중환의 『불여귀』」, 『민족문학사연구』 22호, 민족문학사학회, 2003.
18   박진영, 「한국어 번역 및 번안 소설과 근대소설어의 성립-근대소설의 양식과 매체 그리고 언어」, 『대동문화연구』 59집, 성균관대 대동문화연구원, 2007.
19   연극 「불여귀」의 선행연구에 대해서는 제5장. 윤민주, 「'불여귀'에 대한 비교문학적 연구」, 경북대학교 석사논문, 2007.

한편, 『두견성』을 신소설의 범주에서 그 의의를 밝히는 연구,[20] 원작과의 비교를 통해 『두견성』의 번안의 의의를 조명하는 연구,[21] 동아시아의 문학 개념 형성에서 번역 번안의 의의를 조명하는 연구[22] 등을 통해 『두견성』과 『불여귀』의 개별적인 특징이 고찰되고 일국문학사를 넘어 한·중·일의 관련 속에서 문학의 형성과 텍스트 연관의 일단이 해명되었다.

이와 같은 개별 연구 성과를 통합하여 번역 / 번안 문학을 구성하는 관점에서 분류하자면 선행 연구는 원작과 2차 번역 / 번안 등의 수용 연구, 근대소설 형성사의 관점에서의 문학 연구, 소설에서 파생된 연극·영화·유성 음반 등의 장르의 교섭 등을 축으로 하는 문화 연구 등 크게 세 갈래의 방향에서 논의가 이루어졌다. 수용 연구는 원작과 비교하는 방식으로 번역 / 번안 텍스트가 전제하는 원작에 대한 이해를 넓히는 의의와 함께 영향 관계의 여부에 주안점을 둠으로써 원작과는 달리 새롭게 생성된 맥락에 대하여 충분한 설명이 이루어지지 못한 한계가 있다. 근대소설 형성의 관점에서는 개별 텍스트를 동아시아의 근대적 개념의 구축이라는 보편적 틀에서 사유하는 시각을 제공함으로써 국문학을 동아시아로 그 외연을 확장하는 성과와 동시에 텍스트의 고유성의 의미는 살리지 못했다는 아쉬움을 남긴다. 문화 연구는 근대 초기의 역동성과 장르의 상호 순환 구조 분석에 일정 부분 기여하고 문학을 문화 연구

---

20 이상권, 『한국기경소설사연구』, 국학자료원, 1988; 김경애, 「신소설 『두견성』 연구」, 『시학과 언어학』 3호, 시학과언어학회, 2002.

21 草間幸子, 「「不如歸」と新小說「杜鵑聲」との比較考察—「新しさ」「感傷性」「家」の問題を中心にして—」, 『상명여자대학논문집』 14, 상명대, 1984, 1995; 신근재, 「不如歸의 번안 양상」, 『한일근대문학의 비교연구』, 일조각, 1995; 김순전, 「한일 근대소설의 비교문학적 연구」, 한림대 박사학위논문, 1997; 홍선영, 「德富蘆花『不如歸』と韓國の翻案小說と比較考察—「新しさ」, 「感傷性」, 「家」の問題を中心にして」, 『일어일문학연구』 43집, 2002; 권정희, 「〈不如歸〉の変容—日本と韓國におけるテクストの〈翻譯〉」, 동경대 박사학위논문, 2006.

22 권보드래, 앞의 논문(2003).

로 확장했지만 장르에 제한된 시각에서 이러한 문화 지형을 성립시킨 틀을 조감할 수 있는 메타적 시각을 제공하지 못한 것으로 이해된다.

이러한 선행 연구의 성과를 바탕으로 이 글에서는 논의의 방향을 한국문학의 내적인 동인을 탐사하는 것으로 출발하여 동아시아로 확산되는 구조를 염두에 두면서 정밀한 텍스트의 분석을 전개할 것이다.

제2절 『불여귀』의 성립

1) 서적으로서의 『불여귀』

번역으로서 『불여귀』[23]의 특징은 번안 『두견성』과 대조되는 서적의 형태를 구현했다는 점이다. '번역'의 특이한 수용 방식은 서적으로서의 외형적 측면에서도 『두견성』과 구별되는 독특한 출판 방식을 낳아 여타의 신소설과 차별화되는 물질적 형태로 근대적 출판을 앞당겼다. 『불여귀』는 상·하 2책으로 표지와 판권은 주로 한자로 표기했지만 표제지 및 목차, 본문은 전부 한글 표기이다. 표지는 5색 인쇄, 본문 안에는 단색의 삽화가 있다.[24]

표지의 상단에 가로쓰기의 '不如歸'라는 한자표기의 제목이 왼편에는 세로쓰기의 한글표기의 제목이 배치되고 그 아래 '德富盧花 原著 趙重桓 譯述'의 원작자와 번역자가 2행으로 한자로 표기, 표지 하단에 '上篇'을

---

23 이 글에서 인용된 『불여귀』는 서강대 도서관 소장본 자료이다.
24 青木次彦, 「『不如歸』の翻譯本と關連書誌」, 『文化學年報』 21號, 同志社大學文化學 會, 1971, 14면.

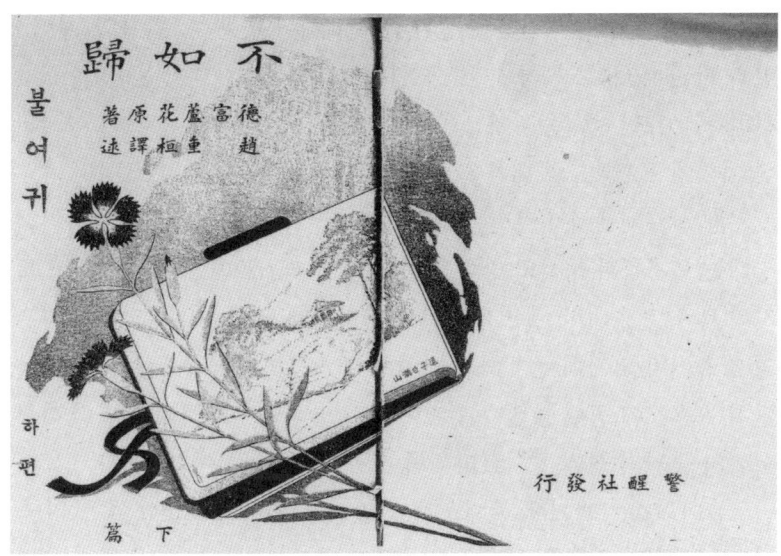

그림 13 『불여귀』 표지 (경성사서점, 1912.8)

한자와 한글 표기를 병기했다. 표지 한가운데 일본 풍경을 담은 화폭에
일본 여성을 상징하는 패랭이꽃의 일종인 야마토나데시코(大和撫子)[25]
가 놓인 그림을 장정으로 하는 표지(그림 13)는 판형과 꽃모양의 소재에
서는 단행본『호토토기스』의 체제를 따랐지만 단행본의 장정과는 다르
다. 또한『한역 불여귀』나『가정신시 호토토기스』와 같이 세로가 긴 종
장형의 판형으로 휴대하기 편리함을 추구한 실용적인 판형과도 다르다.
　속표지에는 '불여귀 상편'의 한글 표기와 출판사 '경성사서점(警醒社
書店)'[26]을 명기하고 이어 서문은 없고 곧바로 '목록'이라고 씌여 있는
목차가 3면에 걸쳐 이어진다.[27] 상편의 본문은 158면, 판권 1면으로 총

25　やまとなでしこ(大和撫子)≪名≫① 식물「なでしこ(撫子)의 다른 이름. ② 일본여
　　성의 청초한 아름다움을 비유하는 말.『日本國語辭典』19卷, 小學館, 1976, 565면.
26　기독교의 포교, 계몽 서적을 주로 하는 일본의 출판사. "경성사의 창업 20주년을 기
　　념으로 해서 동사에 연고 깊은 20명의 학자 종교가의 기고를 모아서 한 권의 책으로
　　펴낸"『회고 20년』에는 도쿠토미 로카의 글도 실려 있다. 福永文之助,『회고 20년』,
　　경성사서점, 1909, 20면.

182면의 분량이다. 하편은 상편과 같은 체제이며, 본문은 121면, 여백 1면과 판권 1면으로 목차 3면을 포함하여 총 126면이다. 『불여귀』상·하편은 1912년 8월 동시에 2권이 발행되었으므로 상·하편이 명시된 점 이외에도 판권[28]의 내용은 사뭇 다르다.[29]

　로제 샤르띠에에 따르면 텍스트의 편집, 인쇄 등의 출판물의 물질적 형태는 독자층과 독서의 방식을 결정한다. 텍스트의 물질적 형식이 독자의 텍스트에 대한 예상과 일정한 방향성을 제시하여 새로운 독자층의 창출이나 과거에 존재하지 않았던 텍스트의 새로운 독해의 방식을 환기하는 것에 공헌을 한다는 것이다.[30] 당대의 출판물과는 전혀 다른 서적의 물질적 형태를 샤르띠에의 텍스트의 독서 문화와 연관 짓는다면 『불여귀』는 "과거에 존재하지 않았던 텍스트의 새로운 용법"으로 새로운 시대의 취향을 이끌어내는 문화 전략의 일환으로 상정할 수 있다. 당대의 신소설과도 다른 독특한 취향의 『불여귀』의 고급스런 출판물의 물질적 형태는 서적으로서의 의의를 새롭게 한다.

　『불여귀』는 45전으로 30전인 『두견성』이나 평균 20전에서 30전 사

27　『불여귀』의 편집스타일, 의장(意匠)이 어디서 연유한 것인가에 대해서 고찰할 필요가 있다. 『불여귀』의 의장은 곧 어떠한 서적으로서 읽혀질 것이 기대되었는가의 문제와 연관된다. '목록'으로서 목차가 제시되는 점, 권두화가 없다는 점, 순서 등의 의장이 근대 번역소설 『浮雲』의 '새로운 의장'이나 에도 게사쿠(戯作)와 어떻게 관련 맺는지 검토되어야 할 것이다. 紅野謙介, 『書物の近代－メディアの文學史』, 筑摩書房, 1992, 29면.

28　『불여귀』의 판권면은 다음과 같다. "大正元年八月十六日印刷 大正元年八月二十日發行", "不如歸 上卷 定價金 四十五錢", "譯著 趙 重桓", "發行者 福永文之助", "印刷者 村岡平吉", "印刷所 福音印刷合資會社", "發行所 警醒社書店", "發賣元 京城本町四丁目 織居商店", "總賣捌所 朝鮮京城相思洞 三光組", "賣捌所 朝鮮京城鐵物橋 東洋書院 朝鮮京城大寺洞 美圓商店 全鐘路 韓盛商會 全 安峴普及書館 全 銅峴 滙東書館 其他京鄕有名各書店."

29　『불여귀』의 서지적 사항에 대해서는 권정희, 앞의 논문(2003); 박진영, 앞의 논문(2007) 참조.

30　로제 샤르띠에[ロジェシャルチェ], 福井憲彦 譯, 『독서의 문화사－텍스트·서적·독해[讀書の文化史－テクスト·書物·讀解]』, 新曜社, 1992, 14면.

이[31]인 1910년대 신소설의 정가보다 비싼 가격이라는 점에서도 대중 지향성보다 당시의 신소설과 차별화한 고급 취향의 독자의 창출을 지향하는 목적성이 뚜렷하다고 하겠다. 지식인과 대립적인 의미에서 대중 독자를 특정하기보다 한자 · 한문을 탈각한 한글과 일본어의 리터러시에 기초한 새로운 취향과 감수성의 독자층을 견인하는 것이다. 이러한 새로운 취향의 내실은 구체적인 번역의 분석을 통해 보다 분명해질 것이지만 신소설의 통속화가 야기한 '구소설적인 퇴행'과 '현대 통속물로의 변화'로 요약되는 두 방향의 변화[32]가 "근대소설과 영화 · 연극에서 보편적으로 나타나는 '멜로드라마'와 '추리'라는 새로운 대중성의 코드를 향"[33]했던 흐름을 맥락화한다면 그 출발점에 『불여귀』를 위치지울 수 있다. '멜로드라마'의 원형으로서 '현대 통속물'의 시발점이라고 할 『불여귀』는 한자 · 한문의 탈각과 한글 교양의 새로운 취향으로 1910년대 "소설 독자들 사이의 취향과 교양의 분화가 존재했"[34]던 서적 출판계의 요구에 부응하는 것으로 "신소설의 핵분열"[35]을 가속화하여 1930년대 후반의 통속소설[36]로 이어지는 대략적인 조감도를 그릴 수 있겠다.

　서적으로서의 소유 관계를 명시한 판권에서도 『불여귀』에서는 '불허복제'로 명기되어 『두견성』의 '판권 소유'와 뚜렷하게 대비되었다. 『불여귀』의 판권면에는 원작과의 관계와 서적의 권리나 소유 주체가 명시되

31　한기형, 앞의 책, 241면.
32　임규찬 · 한진일 편, 『임화 신문학사』, 한길사, 1993, 299면.
33　천정환, 『근대의 책읽기-독자의 탄생과 한국 근대문학』, 푸른역사, 2003, 74면.
34　위의 책, 74면.
35　한기형, 앞의 책, 252면.
36　김말봉의 『찔레꽃』(1937)의 '통속소설'의 특성(김영찬, 「1930년대 후반 통속소설 연구-『찔레꽃』과 『순애보』를 중심으로」, 성균관대 석사논문, 1994; 서영채, 「1930년대 통속소설의 존재 방식과 그 의미-길말봉의 『찔레꽃』을 중심으로」, 『민족문학사연구』 4호, 민족문학사학회, 1993)은 번역 『불여귀』의 순응과 체념, 무상함 등의 통속적인 기제와도 일맥상통한다. 『찔레꽃』이 『장한몽』과 신파와 연계된다면 이러한 연속선상의 근원 지점에 『불여귀』를 자리매김할 수 있다.

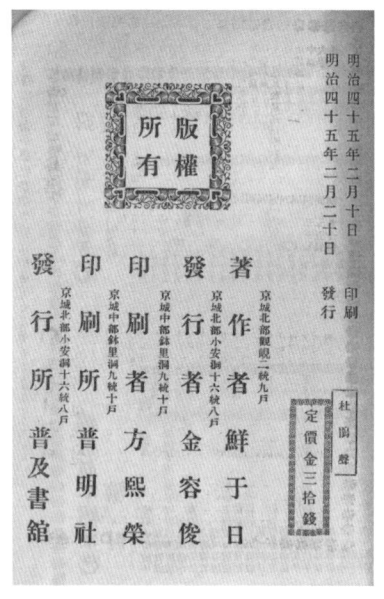

는데 『두견성』에서는 저작자를 작가 선우일로 명기하고 발행자를 김용준으로 하여 작자와 발행자를 구분했다.(그림 14) 이에 대하여 『불여귀』의 판권면에는 역자 조중환을 명시하고 "발행자 후쿠나가 분노스케[發行者 福永文之助]"를 명기했다. 이러한 판권의 차이가 당시의 식민지 조선의 관련 법제에서 서적으로서 어떠한 의미를 지니는지 1910년대 식민지 조선의 출판법과 저작권법 등의 법제와 이와 관련한 인식을 살펴볼 것이다.

그림 14 『두견성』의 판권

2) 주체·법제·작용─번역/번안의 분절과 저작권

1910년대 신소설의 출판 관행은 원저자는 일정한 보상을 받고 작품에 대한 모든 권리를 한 몫에 양도하여 저작권에 관한 일체의 권리가 포기되고 이를 사들인 출판업자나 서적상이 저작물에 대한 권리 일체를 소유했다.[37] 이러한 신소설의 매매 관행은 당시 대부분 저작권 등록을 하지 않은 채 민간 차원에서 이루어진 것으로 신소설 판권면의 '판권 소유' 혹은 '복제 불허'의 표시는 저작권법의 효력을 발생하는 법률적 의미보다 민간 차원의 상업적 계약의 의미가 강했다.[38] 1908년 한국

---

37 한기형, 앞의 책, 246~249면.
38 남석순, 「1910년대 신소설의 저작권 연구─저작권의 혼란과 매매 관행의 원인을 중심으로」, 『동양학』 43집, 단국대 동양학연구소, 2008, 9면.

에서 시행된 저작권법은 1899(메이지 32)년 제정된 일본제국의 법률 제 39호의 저작권법[39]을 한국에 확대 적용했다. 저작권법과 출판법이 같은 해 동시에 시행되면서도 이 시기 한국의 판권은 저작권법이 아닌 1909년 공포된 출판법에 기초하여 작성됨으로써 저작권법에 따른 저작권자보다 포괄적인 범주에 속한 판권상의 저작자 규정에 의거하여 저작권은 출판법의 구속력 하에 두어졌다.[40] 한국에 적용된 출판법은 저작물의 원고 검열, 조판된 대장 검열, 납본 검열의 삼중 통제의 과정을 거치는 사전 검열을 원칙으로 하는 출판허가주의[41]로서 저작자 및 발행자의 날인을 연명한 원고를 첨부하여 내부대신의 허가를 받지 않는 출판은 처분을 받았다.[42] 이러한 검열과 사전 납본제로 엄격하게 통제된 출반법의 법제와 같은 해 동시에 시행된 저작권법은 일본과 미국의 저작권 보호를 목적으로 하여[43] 선언적 내용만 있을 뿐 등록을 위한 시행 규칙이나 행정 명령의 구체적인 절차와 방법이 명시되지 않음으로써 한글인 '언문'은 저작권의 등록의 불허와 방기되는 사태를 야기하고 저작권의 혼란과 매매 관행이 횡행하는 현상을 초래했다.[44]

일본과 동일한 저작권법이 제정된 한국의 저작권법에는 '언문'서적에 대한 차별적 조항을 두었다기보다[45] '언문'서적이 법률 적용 대상이

---

39   통감부, 『第二次韓國施政年報明治41年』, 1910(메이지 43), 31면.
40   "저작자는 문서를 저술, 번역, 편찬하거나 도서를 作爲하는 자", 출판법법률 제6호 제1조, 1909. 방효순, 「일제시대 저작권 제도의 정착과정에 관한 연구」, 『서지학연구』21집, 서시학회, 2001, 219면.
41   정근식, 「식민지적 검열의 역사적 기원」, 『사회와 역사』 64집, 한국사회학회, 2003, 25면.
42   朝鮮總督府, 『韓國施政年報明治42年』, 朝鮮總督府印刷局, 1911(메이지 44), 67면.
43   남석순, 앞의 논문, 9면; 박성호, 「현행 저작권법의 해석상 판권의 개념」, 『변호사』 22호, 서울지방변호사회, 1992.
44   한국의 저작권물이 법의 보호를 받지 못한 것은 저작권법제15조(등록)에 관한 규정에 그 근거를 두고 있다고 한다. 남석순, 앞의 논문, 8면.
45   저작권법제15조의 조항에 '언문'서적에 대한 언급은 없다. 統監府 特許局, 앞의 책, 157면.

그림 15 『불여귀』의 판권

아니었던 법제에서 신고와 등록에 의한 행정 절차의 비용[46] 등이 요구되는 저작권 등록은 포기함으로써 저작권법의 보호망을 벗어난 사각 지대에서 '언문'신소설의 저작권은 상업적 목적의 파행적인 형태로 굳어졌다.

따라서 『두견성』의 '판권 소유'는 판권을 출판사 발행인이 저작자 선우일로부터 매입하여 소유했음을 뜻한다. 한편, 『불여귀』에서는 조선 신소설의 관행적 표기인 '복제 불허'가 아니라 '불허복제'로 명기되었다.(그림 15) 일본 서적의 판권면에는 대체로 '판권소유'나 '불허복제'로 표기되었는데 『불여귀』의 '불허복제'는 일본의 표기 방식을 따른 것이다. 조선의 신소설 판권면의 '복제 불허'는 세로조판인 일본 서적의 '불허복제'를 왼쪽에서 오른쪽으로 읽는 방식에 따라 명기했다고 생각된다. 따라서 『불여귀』의 '불허복제'의 명시는 저작권법에 근거한 표기 방식의 가능성이 크다고 하겠다.

1910년대 저작권과 같은 개념으로 사용된 '판권'[47]은 일본의 저작권

---

46 統監府 特許局, 『統監府特許局法規類集』, 1909(메이지 42), 167면. 저작권 등록세법에 규정된 저작권 등록을 위한 등록세는 10원으로 저작권 양도 또는 점유권(저당) 1건 당 5원이었다. 한국저작령시행규칙 제10조는 허위의 신고를 하거나 허위로 인하여 검인을 받은 자는 10원 이상 백 원 이하의 벌금에 처한다는 조항이다. (『韓國實業要報 第2編』, 山口縣內務部, 1910(메이지 43), 125면) 저작권의 벌칙 규정 역시 일본과 동일하여 벌금액수도 같다. 內務省, 앞의 책, 2면

47 작품에 대한 모든 권리를 양도하는 방식으로 서적상이 저작물에 대한 권리 일체를 소유.(한기형, 앞의 책, 256면) 1875년 출판 조례 제2조. "도서를 저작하거나 또는 외

법 제정 이전인 1875(메이지 8)년 출판법의 판권 규정 이래 사용된 개념으로 1893(메이지 26)년 판권법이 공포되면서 판권소유의 표시가 의무화되었던 시기에 발행된 서적에서는 '판권소유'라 명기했다. 이후 1899(메이지 32)년 저작권법이 공포되면서 판권을 저작권의 용어로 대체[48]했는데 "저작물을 복제하는 권리를 전용"[49]하는 것에 있다는 저작권법의 저작권자 규정에 기초하여 '불허복제'는 저작권자의 권리를 명시했다. 일본에서는 저작권법의 역사적 변천에 따른 표기가 1910년대 식민지 조선에서는 시간적 선후와는 관계없이 동일한 시공간에서 병기된 셈이다. 즉, 저작권 등록을 하지 않은 신소설의 판권에서 '판권소유'와 '복제불허'의 표기는 가상의 법적 체계에서 별다른 법률적 효력의 차이가 없는 개념으로 원저작의 출판 시기와 관련한 차이라고 추정된다.

이에 대하여 『불여귀』에서는 역자 조중환을 명시하여 저작자와 구별했으며 단행본 원작 『소설 호토토기스』에서와 같이 '불허복제'[50]로 표기함으로써 당시 조선의 서적의 '복제불허'와는 달리 일본의 출판물

국의 도서를 번역하여 출판할 때에는 30년간 전매권을 부여해야 한다. 이 전매권을 판권이라 한다." 김창록, 「일제 강점기 언론·출판법제」, 『한국문학연구』 30집, 동국대학교 한국문학연구소, 2006, 249면.

48 후쿠자와가 저작권 개념을 유입할 때 'copyright'를 '판권'의 역어로 사용한 데서 유래했다. 菅聰子, 『メディアの時代—明治文學をめぐる狀況』, 双文社出版, 2001, 13면.

49 內務省, 앞의 책, 1면.

50 단행본 『不如歸』(민유샤民友社,[]1900(메이지 33).1)의 간기에는 '불허복제'로 명시되었는데 저자명이 명기되지 않았다는 점이 이채롭다. 1899(메이지 32)년에 공포된 서적권법에 따르면 신문 소설의 저작권은 저자가 소유한다. 1898(메이지 31)년 11월에서 이듬해 5월까지 『國民新聞』에 연재된 『不如歸』의 발표 시기는 저작권이 입법, 공포되는 시기로서 저작권의 소유 여부는 당대 민감한 사안인데 단행본의 판권에 저자명이 명기되지 않은 것은 저작권자가 원저작자가 아님을 뜻하는 것으로 간주된다. 이와 유사한 경우인 『金色夜叉』의 판권은 저작권법이 공포되기 전해인 1898(메이지 31)년의 출판조례에 따라 '판권소유'로 표기하고 저자명을 명시했다는 점에서도 『不如歸』의 저작권 문제는 불만의 소지를 남겼을 것으로 여겨진다. 『不如歸』가 100판 발행이라는 일본 초유의 베스트셀러를 기록했음에도 불구하고 저작권을 소유하지 못한 경험이 저작권에 대한 강박관념을 낳아 이후 출간된 로카의 저서의 판권에 저자명을 명시하고 '저작권소유'로 명기한 특이한 사례를 출현시켰을 것으로 생각된다.

과 같은 법적 구속력이 작용함을 알 수 있다. 일본 '경성사서점(警醒社書店)'에서 발행된 『불여귀』는 당시의 신소설 출판과는 달리 1910년대 상업적 유통 관계의 제한적 의미가 아닌 법적 의미를 갖는 저작권자의 배타적 권리를 명시한 것이다.

『불여귀』의 '불허복제' 표기는 복제의 권리를 행사하는 저작권의 소유를 명시한 것이다. 저작권법에서 규정하는 번역권은 원저자에 속한 것이다.[51] 또한 "적법의 절차에 따라 번역을 한 자는 저작자로 간주"되는 저작권법에 의거한다면 번역자 조중환이 한국에서의 저작권자의 권리인 "복제, 번역, 흥행"[52] 등의 배타적 권리의 소유가 가능하다. 따라서 『불여귀』의 '불허복제'는 역자 조중환이 원저작의 저작권자의 양해를 얻어 일정한 절차를 밟아 한국에서의 저작권의 권리를 양도 또는 허락받았음을 뜻한다. 로카의 저서가 경성사서점에서 출판[53]되어 『불여귀』 서적 뒷면의 광고에 로카의 저서가 게재되었다는 점에서도 원저작의 매개로 출판사에서 발행되었을 가능성이 크다고 하겠다.

서적으로서의 『불여귀』의 특징은 이러한 저작권 문제를 둘러싼 관계에서 이해될 수 있다. 원작에 없는 삽화를 10매 게재하는 등 비주얼한 요소를 부가하여 『두견성』과 차별화했던 『불여귀』에서 단행본 『소설 호토토기스』의 구로다 세이키[黑田淸輝]에 의한 권두화를 게재하지 않았던 연유가 저작권법[54]의 관계에서 발단한 것임을 보여주는 것이다.

---

51   제1장 저작자의 권리 제1조. 內務省, 앞의 책, 1면.
52   저작권법령, 1908(메이지 41).8.2 公布, 『統監部特許局』, 日韓書房, 1909(메이지 42), 149면.
53   로카는 警醒社에서 『順礼紀行』(1906(메이지 39))와 『寄生木』(1909(메이지 42))를 펴낸 바 있다.
54   "문학예술의 저작물속에 삽입한 사진"의 저작권은 그 문학예술의 저작자에 속한 것으로 규정했다. 여기서 사진에 관한 규정은 저작권법 제26조 "사진술과 유사한 방법에 의해 제작한 저작물에 준용함"과 같이 도판을 포괄하는 것으로 간주된다. 內務省, 앞의 책, 2면.

『소설 호토토기스』의 저자 도쿠토미 로카는 1903(메이지 36)년경 형인 도쿠토미 소회[德富蘇峰]와 절교하여 '민유샤[民有社]'에서 독립했다.[55] 일본 회화의 중심을 이루는 구로다 세이키의 초기작인 단행본의 권두화는 저작권을 소유하지 못한 로카가 자의적으로 행사할 수 있는 권한이 없음은 자명하다. 이와 같은 관계에서 번역『불여귀』는 민유샤에서 간행한 단행본을 저본으로 하면서도 출판의 의장(意匠)에서 단행본과는 상이한 면모를 띠게 되었다. 이러한 추론을 바탕으로 저작권을 중심으로 하는 이 절의 논지와 관련하여 간기의 서지 사항으로부터 다음과 같은 가설을 제기할 수 있다.

번역『불여귀』는 원저자 로카의 양해를 얻어 일본의 출판사에서 저작권법에 따라 적법한 절차를 거쳐 발행되어 저작권은 번역자 조중환이 소유했을 가능성과 발행인 후쿠나가 분노스케[福永文之助][56]가 소유했을 가능성이 있다. 전자라면 원저자의 승인 하에 저작권자로부터 한국에서의 독점적인 복제권, 즉 한국에서의 저작권자의 실질적인 권한을 조중환이 위임받았을 가능성이 있다. 당시 저작권법에서 규정한 "번역권을 포함한 각종 각본 및 악보의 저작권은 흥행권"[57] 등의 저작권의 권리에 대해 출판 외의 부분에서 후쿠나가 분노스케가 권리를 행사한 흔적은 보이지 않는다는 점에서 유력하다. 1910년대 저작권을 매입[58]한 출판업자가 2차적 저작물, 혹은 편집 저작권을 만들 권리[59]를

---

55 高野靜子, 「蘆花と蘇峰蘆花の蘇峰宛未発表書簡を通じて」, 『國語と國文学』, 722号, 東京大學國語國文學会, 1984, 41면.
56 1861년 출생, 와카야마켄[和歌山縣] 출신, 福田猪左衛門 씨의 삼남으로 서적업자. 미국 선교사의 영향을 받은 기독교 신자로서 경성사 서점의 발행인, 그 밖에 어린이 잡지『지혜의 새벽[ちゑのあけぼの]』발행, 편집인 역임. 『懷古 二十年』, 『基督教及社會』등의 편저와 역서 다수 펴냄. 古林龜次郞 編, 『現代人名辭典』, 中央通信社, 1912(메이지 45), 718면.
57 統監府 特許局, 『統監府特許局法規類集』, 1909(메이지 42), 155면.
58 한기형, 앞의 책, 252면; 김동인, 「조선의 소위 판권문제」, 『신천지』 22호, 1948.1.
59 방효순, 앞의 논문, 223면.

그림 16 『호토토기스[不如歸]』의 판권

행사했던 출판계의 관행에 따른다면 번안 『두견성』의 판권 소유는 선우일을 저작자로 하는 원작에서 파생되는 변형된 저작물에 관한 권리이다. 그런데 『불여귀』 저작물의 저작권자의 권리는 『불여귀』에서 파생된 출판 이외의 제반의 영역에 걸쳐 있다. 즉, 좁은 의미의 판권 개념이 아니라 저작권법에서 규정하는 저작권자의 "복제, 번역, 흥행"의 제반의 권리에 미치고 있다는 점이다. 이러한 저작권자의 권리는 원작의 '동일성'이 보유되는 번역의 방식을 요청했으며 제목과 의장, 완역 등의 장치에서 담보되었다. 판권을 저작자가 아닌 출판사에서 소유하는 기존 출판 관행에 대한 파격을 원작자가 지배하는 권리인 번역 행위에서 보장받으려는 저작권자의 권리에 대한 자각은 일본 출판사의 조선 진출 판로 확장과도 이해가 일치한다. 저작권법 첫해인 1908년 8월에서 1909년 12월까지 저작권 출원건수는 일본인 6건, 한국인 5건으로[60] 식민지 조선 내에서 일본인들의 저작권 출원 등록이 적극적이라는 점에서도 저작권 권리에 대한 이해를 공유[61]하는 접점이 있다.

이 시기 번역과 각본을 거의 동시에 진행하거나 연극이나 광고 등 원작 『호토토기스』의 번역 『불여귀』에서 파생된 기획 일체를 두루 관할

---

60 統監府農商工部, 『韓國通覽』, 農商工部, 1910(메이지 43), 159면.
61 저작권법제13조, 여러 사람이 합하여 저작에 관계한 저작물의 저작권은 각 저작자의 공유에 속함. 內務省, 앞의 책, 1면.

하고 주도하는 조중환의 활동 반경은 "복제, 번역, 흥행"의 저작권의 권리 범위와 일치한다. 저작권의 권리를 최대한 행사하려는 시도가 장르를 넘어 각본·연극·연출·광고 등의 기획에서 흥행에 이르는 문화 상품 생산의 전 과정을 장악하여 주도하는 체계를 구축하는 형태로 나타나는 것이다. 조중환의 눈부신 활약이 저작권의 권리 행사 범위를 망라한다는 점에서 저작권의 실질적 권한은 조중환이 행사했다는 가정이 가능하다. 경성사서점이라는 일본의 출판사에서 발행함으로써 판권이 출판사에 귀속되는 당시의 출판 관행을 뛰어넘어 저작권자의 권리 획득을 위해 필요한 원저자와의 허가를 위한 "적법"한 절차와 관련한 것이다. 즉, 번역자가 저작권자로서 인정받기 위해서는 "적법"성의 여부가 관건으로 작용함으로써 "자본 규모의 취약함"을 안고 있는 한국의 상황을 고려하여 전격적으로 일본의 출판사에서 발행했을 공산이 있는데 이것은『소설 호토토기스』를 세계 문학으로 각국의 번역이 속속 발행되는[62] 사정을 감안할 때 원저자의 이해와도 맞아떨어지는 선택이라 할 수 있다.

『불여귀』는 요코하마(横浜)의 복음인쇄합자회사(福音印刷合資會社)에서 인쇄 발행되었는데 초창기 한국어 성서 및 자전과 옥편 등을 인쇄[63]한 곳으로 1914년의『학지광』에서부터 1922년까지『여자계』『기독청년』『창조』등 재일조선인 유학생을 중심으로 하는 출판물이 일본에서 발행되었다.[64] 이른 시기에 조선어성서를 인쇄했던[65] 복음인쇄합자회사를

---

62 藤井淑禎, 앞의 책 참조.
63 박진영, 「한국어 번역 및 번안 소설과 근대소설어의 성립―근대소설의 양식과 매체 그리고 언어」, 임형택·한기형·류준필·이혜령,『흔들리는 언어들―언어의 근대와 국민국가』, 성균관대 출판부, 2008, 281면.
64 최준, 「한국의 출판 연구 : 1910~1923년까지」,『한국연구소학보』, 서울대 신문연구소, 1964, 14면.
65 小野容照, 「福音印刷合資會社と在日朝鮮人留學生の出版社」,『靑丘文庫月報』236호, 2009.10, 3면.

발판으로 재일조선인에 의한 출판이 활발했다. 원저자와의 협의를 거쳐 일본의 출판사에서 간행하여 조선에서 소비하는 생산과 유통을 분리하는 연계적인 출판의 방식이 『불여귀』 이후 1910년대 번안소설에서도 지속되지 못한 채 1926년 프로문학의 간행[66]에서 부활된 것은 검열과 식민지의 문단의 형성[67]과 관련한 저작권의 관계에서 이해될 수 있다.

이와 같은 과정에서 『장한몽』이 '번역'이 아닌 번안소설이라는 새로운 저작물로 간행되어야 했던 근거들이 발견된다. 조중환의 번역 방식이 크게 상업성을 담보하지 못하는 여러 요인이 작용하는 가운데 원저작과 단절한 새로운 저작물로 출간하려는 저작권에 입각한 창조성에 대한 의식도 영향을 미쳤을 것으로 추정할 수 있다. 저자와 출판사와 조중환 사이에 저작권을 둘러싼 어떠한 구체적 교섭 방식이 이루어졌는지 이 글에서는 확정할 수 없지만 『불여귀』의 저작권에 대한 자각이 번역 / 번안을 결정짓는 요인의 하나로 작용함으로써 번역 / 번안을 둘러싼 사유로 확장될 수 있는 가능성에 주안점을 두는 논의를 지향하고자 한다.

3) 지적재산의 소유와 저작자의 권리 — 번역 / 번안의 위치

출판법과 저작권법이 시행된 1907~1908년 무렵 신소설이 양산되어[68] 한국 출판역사의 황금기를 맞이하게 된 것은 법제가 출판을 활성화하게 하는 방향으로 작동했음을 여실히 드러내는 것이다. 신소설이 다량 생산되는 출판 시장의 변동은 문필 행위에 종사하는 엘리트의 증

---

66   1926년 나카니시 이노스케[中西伊之助]의 『熱風』이 『조선일보』(1926.2.3~1926.12.21)
      에 연재된 이후 단행본으로 출간되고, 그의 다른 작품 『너희들의 배후에서[汝等の背
      後より]』(改造社, 1923)도 잇달아 번역되었다. 권영민, 「나까니시 이노스께[中西伊之
      助]와 1920년대의 한국 계급문단 — 카프 창립 준비모임 사진을 공개하며」, 『외국문
      학』 29호, 열음사, 1991, 108면.
67   박헌호 외 편, 『작가의 탄생과 근대문학의 재생산 구조』, 소명출판, 2008 참조.
68   한태석, 「신소설의 판권」, 『출판학 연구』, 한국출판학회, 1981, 20면.

가에 따른 것이 아니라 출판 시장의 상업 자본화와 맞물려 소유에 대한 관념이 지적 재산으로 연결할 수 있는 번안의 방식을 쉽게 선택하게 하는 사회 문화 변화의 사상(事象)을 함축한다고 하겠다. 한자·한문의 조예를 바탕으로 하는 식자층의 번안 능력은 일본어 해득 능력으로 대체되고 일정한 조건이 구비된 중간층에서도 저작자의 지위를 획득할 수 있었기에 신소설의 판권에는 그 작품이 누구의 것인가는 그다지 중요하게 인식되지 않았다.[69]

"'이 텍스트는 내가 쓴 것이다'라고 주장하는 권리는 '이 텍스트는 나의 것이다'라는 것을 주장하는 권리도 부여하여 정신면에서의 권리와 실익을 수반하는 권리가 결부되면서 문학적 창작이라는 상징적 가치는 상품 가치, 즉 소유권으로 전환"[70]된다. 인쇄술에 의해 고전시대의 텍스트를 출판했던 16세기 이래 프랑스에서 '이 텍스트는 내가 쓴 것이다'라고 말할 수 있는 텍스트의 소유권을 결락한 출판특권이 서적출판 판매업자에게 돌아갔던 저작권 초기 소유권의 문제와 동일한 맥락으로 간주된다.

'정신적인' 권리[71]에서 유래한 저작권에 대한 저작자의 권리가 창작 행위에서 발생하는 권리로서 인지되기 위해서는 텍스트의 존중권에 대한 의식이 요구된다는 것이다. 1910년대 일본어 원작의 내용·형식

---

69 "저작권료를 지불할 대상이 존재하지 않았"(한기형, 앞의 책, 246면)던 구소설에는 신소설의 판권과 같은 권리 표시가 없다는 점에서도 텍스트의 소유의 문제는 "작가를 알 수 없는 시대"에서 "작가가 분명한 시대"로의 도약을 가능하게 하는 인식 장치로서 기능한다고 하겠다. 전통과 연계된 텍스트의 산출 방식이 소유 주체를 불분명하게 하는 것을 부추겼다면 일본어 원작을 번안한 신소설 성립의 조건은 "이 텍스트는 내가 쓴 것이다"라는 소유권의 권리 주장을 흐리게 할 요인으로 작용했을 것으로 사료된다.

70 アラン・ビィアラ, 塩川徹也 외 역, 『作家の誕生』, 藤原書店, 2005, 118면; D. Richet, La France modrnme, l'esprint des instititions, paris, Flmmarion, 1973.

71 타자의 텍스트를 도용하지 않는 작자권, 텍스트의 인용시 왜곡하지 않는다는 존중권, 텍스트에 대한 수정권, 작품의 공표 여부를 결정하는 공표권 등이 저작권의 '정신적인' 권리이다. アラン・ビィアラ, 塩川徹也 외 역, 앞의 책, 118~119면.

및 제호를 변형시키는 번안의 방식으로 성립한 신소설은 텍스트의 '정신적인' 권리를 미약한 형태로 제어하면서 매매되는 물품으로서의 "'발행권'소유자의 권리"[72]만을 두드러지게 의식하게 했을 것으로 짐작할 수 있다. 이러한 점에서 신소설은 '이 텍스트는 내가 쓴 것이다'라고 당당히 '작품에 서명하는'독창성의 가치를 중핵으로 하는 근대적 작가[73]로서의 자기 인식을 지체시킴으로써 서적상의 권리로 귀속시키는 것을 가속화한 것으로 추정할 수 있다.

또한 1910년대 서적의 "판권소유"라는 법적 체계에 포괄되지 않는 가상적인 유사 법률행위로 구성되는 출판 시장은 텍스트에 대한 '정신적인' 권리를 뿌리내리지 못하게 하는 집단적인 심성(mentality)을 형성하는 데 일조했다고 하겠다. 번안이 "위작(僞作)"[74]의 법적 지표로 현존하는 성립의 태생적인 혼종성은 독창성의 가치에 대한 균열을 야기하면서도 저작권법이 시행된 1908년 최초의 저작권 침해 사건의 법적 소송이 교과서 저술가 현채에 의해 제기[75]된 이후 점차 일련의 저작권 관련 소송이 발생했다. 이 무렵 집필 행위를 직업으로 삼는 "문필가의 등장과 지적 재산에 대한 사회적 인정이 정착되"[76]면서 저작권에 대한 인식은 확산되어 "제국의 신민과 식민지인은 근대 텍스트의 주인"[77]으로서 지적재산권을 행사하게 되었다. 이러한 점에서 출판법과 저작권법의 법제화 이전의 단계에서 1882년의 지석영, 1897년 이봉운,[78] 1895년 유길준의『서유견문』[79] 등 애국계몽의 지식인을 중심으로 저술을 지적재산

---

72   방효순, 앞의 논문, 221면.
73   アラン・ブィアラ, 塩川徹也 외 譯, 앞의 책, 116면.
74   통감부 특허국, 앞의 책, 159~160면. "위작(僞作)"은 저작권을 침해하는 불법행위를 말한다.
75   방효순, 앞의 논문, 243면;『황성신문』, 1908.9.10.
76   한기형, 앞의 책, 244면.
77   한기형, 앞의 논문, 427면.
78   남석순, 앞의 논문, 9면.

으로 인식하는 근대적 가치의 자각은 1908년의 저작권법제로 지적재산의 소유라는 저작권자의 권리 의식으로 이어지는 토대가 되었다.

소유권으로서의 저작권은 "작자의 소유권을 개인의 노동의 결과"로 여겨 작품을 "그 표현의 특수성에 의해서 식별되는 독창적인 창조물로 간주하는, 새로운 미학적 지각"[80]으로 보는 견해나 "The Genius and the Copyright"[81]라는 명제와 같이 저작자의 'genius'를 그 정당성의 근거로 하여 저작권의식은 작자 자신의 'authorship'의 생성을 둘러싼 논의와 관련하여 전개되었다.[82] 베른 조약의 저작권에서도 원작의 '동일성'의 근거를 "동일한 형체"로 삼아 표절을 가려내거나 "신저작물로서의 성질"[83]을 갖추었는가의 여부를 판단하는 방식이 채택되었다. 결국, 저작권의 발생 여부는 원저작의 '동일성'의 근거를 어디서 찾느냐가 핵심적인 사안인데 제호와 내용과 형식의 '의장'을 변경한 번안[84]의 방식은 원저작의 '동일성'을 해체하여 번안의 '오리지널리티'를 인정받기 위한 저작권 의식에 촉발된 셈이다. 이러한 번안의 규정에는 "저자의 권리가 발생하는 것은 텍스트의 형태, 즉 내용상 및 표현상의 형태에 대한"[85] 것이라는 저작자의 독창성에 대한 인식이 저작권 논의의 핵심에 자리한다.

---

79   한기형, 앞의 책, 244면.
80   ロジェ・シャル, 長谷川輝夫 譯, 『書物の秩序』, ちくま學芸文庫, 1996.
81   Martha Woodmansee, *EIGHTEENTH-CENTURY STUDIES* Volume17, Number4, Summer 1984.
82   菅聰子, 앞의 책, 12면. 이러한 견해는 샤르띠에, 마르타의 논고에서 제시된 바 있다.
83   제10조 "번안, 변곡 등과 같이 여러 가지 명칭으로 하는 문학적 혹은 미술적 저작물의 허락 없는 간접 표절은, 동일한 형체 혹은 그 밖의 형체에서 단지 주요하지 않는 변경 증보, 또는 절약을 더한 복제에 지나지 않아 특히 신저작물로서의 성질을 구비하지 않는 경우에는 본 조약을 적용하여 불법복제 속에 포함해야 할 것으로 함" 內務省警保局, 『著作權保護二關スル國際同盟條約・國際同盟條約追加規定・ベルヌ條約追加規定二關スル解釋的宣言書』, 1898(메이지 31), 4면.
84   당시의 저작권 등록에 관한 규정에는 저작물 제호, 저작자 명칭, 저작 및 발행 연월일, 저작물의 의장 등이 구비되어야 했다. 통감부특허국, 앞의 책, 162~163면.
85   アラン・ヴィアラ, 塩川徹也 외 譯, 앞의 책, 109면.

법률 제정 초기 저작권(Copyright)이 서적상의 권리로 원저자의 창작 행위에서 발생한다는 인식을 갖지 못했던 영국의 저작권 제도의 역사[86]에서도 공통적인 뿌리를 확인할 수 있는데 "검열제도로부터 저작권의 분리"[87]에 이르는 오랜 세월에 걸쳐 이익 단체의 경합과 길항 속에 원저자의 창작 행위의 소산이라는 인식을 획득했다. 법이 선행하여 법에 의해 부여된 저작권 의식이 '작가'의 자각을 촉구함으로써 '문학의 자율'[88]에 개입했던 근대 일본[89]과 유사한 방식으로 식민지 조선의 저작권법제에서 번역 / 번안은 번역자와 저작자의 지위를 부여함으로써 번역보다 번안이 압도적으로 우세한 형세로 안착하게 되었다. 원작의 '동일성'을 일탈하는 번안의 방식으로 신소설이라는 신저작물이 생산된 것이다. 원작의 '동일성'이 유지되는 번역과 그것을 해체하는 것으로 성립하는 번안은 예술의 '오리지널' 개념에 기초한 저작권법의 규정에서 특징 지워졌다. 일본과 동일한 저작권법이 적용된 한국에서 원저자와 무관한 번안의 방식이 성행하게 되는 것은 이러한 지반에서 가능했다.

한편, 『불여귀』에서 번역이 채택되어야 할 필연성은 번안보다 우위적으로 작용하는 권리에 있다. 번역은 원저자와의 관계 속에 법적 효력이 발생하는 저작권을 소유하여 서적 출판만이 아닌 "복제, 번역, 흥행"[90] 등의 저작권법에 의거한 저작권자의 권리를 획득할 수 있었다. 『불여귀』의 번역자 조중환이 번역의 집필과 각색, 배우 등 다방면에 걸쳐 〈불여귀〉 수용을 주도면밀하게 장악함으로써 이후 『쌍옥루』 『장한

---

86   白田秀彰, 「コピーライトの史的展開(3)−17世紀イギリスにおける檢閱制度とコピーライト−」,『一橋硏究』20-3号, 一橋硏究編集會, 1995 참조.

87   白田秀彰, 「コピーライトの史的展開(4)−檢閱制度からのコピーライトの分離」,『一橋硏究』20-4号, 一橋硏究編集會, 1996 참조.

88   브류드의 '문학장' 개념과 '문학장'의 자율화해가는 프로세스에 대해서는 ピエル・ブルデュー, 石井洋二郎 譯,『芸術の規則』, 藤原書店, 1995 참조.

89   菅聰子, 앞의 논문, 13면.

90   統監府 特許局, 앞의 책, 158면.

몽』『단장록』등 "전문 번안 작가"[91] 로서 번안과 동시에 공연에도 관계했다. 원저자와의 관계에서 저작권자의 배타적 권리를 행사하기보다 원작에 대한 번안의 '오리지널리티'를 실현하는 번안에 주력함으로써 저작권자의 지위를 확보한 것이다.

이와 같이 1910년대 서적의 출판 제도와 관련 법제를 참조하여 『두견성』과 『불여귀』의 서지상의 차이를 분석하면 양자의 수용 방식의 분절에는 저작권의 법제를 둘러싼 주체와 제도의 상호 작용의 역동성이 작동하는데 이러한 측면이 간과되었다. 동일한 선상에서 『불여귀』에서 『장한몽』으로 번역에서 번안으로의 회귀에는 저작권에 대한 인식이 작용한 것이다. 불과 일 년도 채 되지 않는 수용 방식의 두드러진 변화를 작가 개인의 문학 관념으로 제한하여 이해함으로써 주체 인식에 작용하는 제반의 물적 토대에 대한 조명이 이루어지지 못했다. 조중환은 자신의 번역 행위에 의한 지적 재산을 상품적 가치로 직결시키려는 저작권자 권리의 적극적인 행사가 다양한 장르에 걸친 문화로 그 활동의 폭을 넓히게 되는 결과를 가져왔다. 『호토토기스』의 원천을 소설과 연극 등으로 "복제 · 번역 · 흥행" 등의 연쇄적이고 동시 다발적인 폭넓은 파급 효과를 겨냥하려는 상업적 의욕이 통속성의 목적의식적인 지향을 뚜렷하게 하는 요인으로 작용함으로써 『불여귀』의 번역은 역자의 저작권자의 권리에 대한 자각이 문학과 문화를 어떻게 변화시키는지 여실히 보여주었다.

4) 표지·삽화·의장 – 활자와 삽화의 역학

『두견성』과 『불여귀』는 표지나 장정 편집 등의 의장을 달리하여 서

---

91   박진영, 「일재 조중환과 번안소설의 시대」, 『민족문학사연구』 26호, 민족문학사학회, 2004, 208면.

그림 17 『두견성』 표지(보급서관, 1912.2)

적으로서도 뚜렷하게 변별되었다. 한복 입은 여인을 표지로 한 『두견성』(그림 17)과는 달리 『불여귀』는 일본 여성을 상징하는 꽃을 스케치 화폭에 담은 표지와 화려한 삽화를 게재했다. 『불여귀』의 시각적 이미지는 삽화가 없는 『두견성』이나 당시의 신소설과 선명하게 구별되었다.

『불여귀』의 상·하편에는 각 5장, 모두 10장의 삽화를 게재했다. 무기명의 이 삽화는 서사의 핵심적인 장면을 포착하여 일본의 풍속과 인물을 섬세한 일본 화풍으로 시각화했다. 동시대의 신소설이나 한국의 삽화 전통과는 상이한 이질적인 화풍은 기존과는 다른 독서 체험을 제공한다. 전술한 바와 같이 단행본 『호토토기스』에는 삽화가 수록되지 않았으며 『국민신문』에 연재되던 당시의 삽화와도 판이하게 다르다. 그러므로 단행본 『호토토기스』라는 원천의 고유성에 환원할수 없는 다층적인 텍스트를 생성한다는 맥락에서 『불여귀』의 삽화를 둘러싼 서적 출판의 문화적 함의에 대한 분석은 『불여귀』 성립의 특징을 해명하는 의의가 있다 하겠다.

상·하편 5장씩 모두 10장의 삽화는 서사의 골격을 이루는 중심 모티프를 간추려 시각적 이미지로 재구성한 것으로 연극 〈호토토기스〉의 명장면으로 널리 알려진 막의 구성[92]과 대체로 부합한다고 할 수 있다. 또한 당시의 한국 출판물의 삽화와는 전혀 다른 표현기법의 화풍이

---

[92] 삽화의 장면 구성은 다음과 같다. ① 신혼여행지의 나미코 부부 ② 훼방꾼 치지와 ③ 해안의 바위에서의 사랑의 약속 ④ 모자 언쟁 ⑤ 해안의 이별 ⑥ 부녀 상봉 ⑦ 투신하는 나미코의 구원 ⑧ 기차역사의 일별 ⑨ 나미코의 임종 ⑩ 묘지 참배.

라는 점에서 삽화는 원작 소설 이후의 일본 '가정소설의 복합적인 수용' 과 관계있을 것으로 추정할 수 있다. 이른 바 명장면은 소설이 연극으로 상연되면서 관객의 인기를 모은 무대의 장을 지칭하는 것으로 소설의 핵심적인 장면을 중심으로 구성한 각색은 상연 극단마다 다르다. 삽화의 장면 구성이나 세부 묘사에서 소설과는 다른 연극의 명장면[93]과 결부된 장면 구성의 특징을 보였다는 점에서 삽화의 출처를 연극과 관련한 문화 산업으로 좁힐 수 있다. 제3장에서 기술한 바와 같이 연극에 연원을 둔 명장면은 다양한 문화 상품으로 무한히 복제 유통되어 선풍적인 인기를 끌었다.

이 시대 출판물의 시각적 요소는 작품의 흥미로운 내용을 흑백으로 그린 표지나 울긋불긋한 딱지본[94]과 같이 표지 외의 본문에서는 매우 제한적이었던 데 비해 『불여귀』에서는 삽화를 다량으로 수록하여 차별화했다. 삽화는 애정의 서사 위주로 화면이 구성되었다. 전체 세로 조판의 지면의 상단에 삽화를 하단에 활자를 같은 비율로 분할하는 구도와 세로가 긴 장방형의 삽화를 중앙에 배치하고 양옆과 하단에 삽화를 포위하여 활자를 배치함으로써 화상을 전면에 부각시키는 구도의 두 가지 유형이 있는데 양쪽 모두 펼친 면을 기준으로 왼쪽 홀수 페이지에 배치했다. 이러한 통일된 지면 구성은 삽화와 문자의 관계에 대한 의식의 일면을 보여준다.

통상적으로 일본의 세로조판 편집은 위에서 아래로, 오른쪽에서 왼쪽으로 시선의 이동을 축으로 배열된다. 지면의 화상의 이미시에 초점을 두고 전체를 한 눈에 조감하여[95] 줄거리나 분위기를 간취하면서 문자로 이동하여 위에서 아래로 오른쪽에서 왼쪽으로 문자를 눈으로 좇

---

93   윤민주, 앞의 논문, 26면.
94   소재영, 「이야기책 읽기와 대중문화의 전개」, 소재영 · 민병삼 · 김호근 역, 『한국의 딱지본』, 범우사, 1996, 10면.
95   월터 J. 옹, 이기우 · 임명진 역, 앞의 책, 159면.

으며 언어에 의한 정보를 습득하면서 화상으로 이동하는 순차적인 독서가 이루어지도록 배치되는 편집인 것이다. 시각적 이미지가 전면에 부각되는 구성에서도 문자에 중심을 두는 위계에서 이를 보완하는 방식으로 삽화는 배치된다. 이러한 지면 구성에 대한 가설을 뒷받침하는 것은 지면의 활자 정보와 삽화가 일치하지 않는 장면이 발생하는 경우 활자에 우위를 두는 구성 방식을 취했다는 점이다.

예컨대 저택 현관에서의 부녀 상봉의 삽화는 문장의 서술이 완료된 후 "방울소리, 달낭날낭나며, 신문비달부가, 다름질ㅎ여 쐬여가며" 하고 조선의 청일전쟁 관련 신문보도로 시작하는 다음 장의 상단에 삽화가 배치된다. 활자와 삽화가 조응하는 방식으로 활자가 선행하고 이를 시각적으로 재현하는 삽화가 뒤에 배치되어 활자의 정보를 사후적으로 확인하는 구성인 것이다. 이러한 지면 구성이 인쇄 기술의 제약에서 비롯했을 가능성을 감안하더라도 원문을 대폭적으로 수정하는 역술의 방식에서 일관된 지면 구성의 원리가 관철되는 것은 일정한 편집의 의도를 보여주는 것이다. 선행하는 문자에 의존하여 정보를 습득하면서 문자의 정보를 삽화로 이미지화함으로써 서사의 이해를 돕는 방향에서 배치되었다고 하겠다.

오랜 세월에 걸쳐 "삽화의 시각적 이미지와 본문의 청각적 이미지가 상승효과를 발휘하는 쿠사조시[草双紙]"[96] 등의 목판 서적의 전통이 "활판 인쇄의 테크놀로지가 침투하는 상황에서도 이어져"[97] 독자층의 감상을 제약했다. 관습으로 뿌리 내린 일본 삽화의 맥락은 『불여귀』의 삽화를 감상하는 방식에 동일하게 작용하지 않는다. 이것은 시각적 이미지가 구성되는 방식과 인식주체의 지각 방식에 따라 감상이 다르다는

---

96 前田愛, 「또 하나의[もう一つの]『소설신수(小說神髓)』」, 『日本近代文學』 25集, 本近代文學會, 1978.10.
97 山本芳明, 「近代文學と挿繪－逍遙を中心に」, 『近代文學の成立－思想と文体の模索』(小森陽一 編), 有精堂, 1986, 25면.

의미에서이다. 그러므로 일본의 삽화와 동일하다는 물질성만으로『불여귀』에서 삽화의 기능을 일본 삽화의 전통 맥락으로 등치할 수 없으며 서적으로서의『불여귀』의 시각성은 소설 미디어의 편제와 독자층의 관계에서 이해되어야 한다.

소설『호토토기스』의 다양한 변주는 시각적 이미지에 의존한 재구성 방식의 화보를 등장시켰는데 1911년 나카자와 히로미츠[中澤弘光]의『호토토기스 화보』[98]는 일본화의 기법을 탈피한 화가의 개성이 드러나는 실험적인 화풍으로 판매 실적에서도 호조를 보였다. 이는 오락성을 강조하는 서적 출판의 상업성에 시각성이 크게 부상하는 시대를 웅변하는 것이기도 했다.

한편,『불여귀』의 삽화는『호토토기스 화보』나 연극·영화의 대중 미디어에서 널리 유통되는 시각적 이미지가 아니라 메이지 말에 발행된 그림엽서[99]와 동일하다.

메이지 30년대 우편통신제도의 성립과 인쇄 기술 등의 발전과 함께 1900(메이지 33)년 최초로 그림엽서가 출현한 이후 러일전쟁을 거치면서 사진제판의 인쇄기술의 개량[100] 등에 힘입어 다양한 그림엽서가 발매되어 전지의 병사의 통신용에서 일반 국민의 일상적인 통신 매체로 전국적으로 확산되어 메이지 말 널리 유행했다.[101]

특히 당시 유행하는 소설이 연극화되면서 대중적으로 인지도가 높은 명장면을 한 묶음으로 하는 그림엽서가 인기를 모아 〈곤지키야샤〉와 함께 '나미코와 다케오'를 주인공으로 하는 〈호토토기스〉를 세재로 한 각종 그림엽서가 쏟아져 나왔다.(그림 18)『불여귀』에 수록한 삽화는

---

98   中澤弘光 畵,『不如歸畵譜』, 左久良書房, 1911.
99   이점은 동경에서 개최된 전시회「波亂万丈! 明治·大正の家庭小說展」(2005)에서 확인되었다.
100   關肇, 앞의 책, 249면.
101   桶畑雪湖,『日本繪葉書史潮』, 日本郵便俱樂部, 1936 참조.

그림 18 메이지 말 유행한 그림엽서

이러한 메이지 말에 발행된 그림엽서의 한 종과 일치한다.

『호토토기스』의 여러 '번역'과 '속서' 등 무수히 많은 시각적 이미지 가운데 그림엽서라는 선택은 저작권과 관련한 문제가 우선적으로 고려되었을 것으로 사료된다. 저작물이 아닌 매체의 복제 이미지의 선택이 결정적으로 작용하는 것이다. 즉, 그림엽서는 소설에서 파생된 다양한 '흥행' 상품 가운데 '저작물의 저작자'가 소유하는 저작권자의 권한이 미치지 않으며 각본·연극과 직결된 무대·극장 간판·반츠케[番付]·나니와부시[浪花節]·유행가 등 오리지널에 대한 복제를 직업으로 하는 무명 화가들에 의해 익명성이 유지됨으로써 저작권법의 법망을 벗어난 사각지대에 놓여 있었다. 또한 휴대하기 편리한 이동성 높은 그림엽서라는 매체는 단행본의 삽화로서 활용 방식을 용이하게 하는 것으로 새로운 '흥행'적 요소를 추가하는 다양한 접근의 가능성이 기대되었을 것이다. 이러한 매체에 대한 이해를 바탕으로 당시에 발행된 다종다양한 그림엽서 가운데 특정한 그림엽서가 선택되는 요인에는 『한역 불여귀』라는 언어와 매체의 문제가 작용한다.

총 10매인 그림엽서의 시각적 이미지는 1장의 권두화와 5장의 삽화를 수록한『한역 불여귀』[102]와 부분적으로 유사함을 보인다.『한역 불여귀』의 시각적 이미지는 표현기법이나 화면의 구도 등에서 근세의 통속적인 이야기책의 삽화와는 확연히 구별되는데 가부라키 기요가타[鏑木淸方]에 의한 권두화[103]의 화풍의 기조를 유지하는『한역 불여귀』의 삽화[104]는 연극의 명장면으로 유형화된 상투적인 장면과는 다소 다르다.『불여귀』의 삽화와 동일한 장면의 경우(그림 19)에서 보는 바와 같이

그림 19 『불여귀』의 삽화

그림 20 역자 스기하라 이잔[杉原夷山]의
『한역 불여귀』의 삽화(千代田書房, 1911)

102　杉原夷山譯,『漢譯不如歸』, 千代田書房, 1911.

103　『漢譯不如歸』의 권두화를 그린 화가는 가부라키 기요가타[鏑木淸方]로 알려져 있다.(http:// kambun.jp / writers / sugihara-izan.htm) 그런데 권두화의 낙관과 본문의 삽화와는 낙관이 다르고『불여귀』삽화의 낙관과도 다르다.『漢譯不如歸』의 권두화와 삽화는 동일한 화가의 작품이 아닐 가능성도 있다. 鏑木淸方는 이 시대 잡지 출판의 유행을 낳는 풍속화가로서의 지위를 굳혔다는 점에서 삽화는 鏑木淸方의

『한역 불여귀』의 삽화(그림 20)를 각도를 달리하여 반전시킨 사진 제판의 인쇄와 같이 전체적인 화폭의 구도에서 세부 묘사에 이르기까지 복제하듯 모방했다. 정밀하게 대조해보면 미세한 차이가 있으므로 기술에 의한 복제가 아닌 원본을 충실히 모방한 것이다. 1911년에 간행된 『한역 불여귀』의 삽화가 한층 정교하고 원근법에 의한 입체감이 두드러진다면 『불여귀』의 삽화는 우키요에의 일본 화풍의 색채를 띰으로써 연극과 연루된 통속적 매체와의 연관을 가늠할 수 있다. 이러한 관계에서 특정한 그림엽서의 선택에는 『한역 불여귀』의 삽화를 모방한 시각적 이미지를 선택한 것으로 이해할 수 있겠다. 오락성의 측면에서 적극적으로 시각성의 요소를 도입하되 『불여귀』의 삽화 선택의 기준에 작동하는 준거에는 『한역 불여귀』에 대한 의식이 자리하는 것이다. 이것은 문자와 삽화의 관계를 단적으로 보여준다. 신파극과 연동하여 보다 폭넓게 대중 연예에 널리 유통되었던 시각적 이미지를 배제하고 『한역 불여귀』와 유사한 삽화를 선택했다는 점에서 삽화의 시각성이 문자 언어와의 관계 속에서 의식되었음을 드러내는 것이다. 이러한 맥락에서 『불여귀』의 삽화가 내포하는 문제는 삽화와 활자라는 시각성과 청각성의 구성 방식과 연관된다.

소설에서 발화 주체의 목소리 재현에 힘쓴 '아속절충체'의 구어는 신파극의 대사나 유행가로 기억하기 쉬운 단순화된 형태로 반복되어 유포되면서[105] 언어는 특정한 장면과 결부된 시각적인 이미지의 형태로 대중에게 각인되었다. 일본에서 오랜 시간에 걸친 수용을 통해 인쇄에서 전자적 커뮤니케이션으로 이행하는 소통 방식의 변화는 '호토토기스'의 수용에도 중첩되어 라디오나 텔레비전 등에 의한 '이차적인 구연

화풍을 모방한 무명화가의 작품일 가능성이 있다.
104　『漢譯不如歸』의 삽화의 장면 구성은 다음과 같다. ① 훼방꾼 치지와 ② 모자간의 언쟁 ③ 이별 ④ 소포를 받아보는 다케오 ⑤ 나미코의 임종.
105　小森陽一, 앞의 책, 198면.

의 문화'[106]도 혼용되었다. 그림엽서는 바로 이러한 영화나 음반 등의 대중적인 미디어에서 유통되는 '호토토기스'의 이미지를 바탕으로 명장면을 대사와 함께 제시하여 원작을 읽지 않은 대중에게도 시각적인 이미지의 배후에 각인된 목소리를 상기할 수 있는 것이다.

이러한 소설의 시각적 이미지와 관련한 일본 삽화의 맥락에 존재하는 『한역 불여귀』의 삽화와 이를 모방한 그림엽서의 시각적 이미지와 대사의 배치에는 그 구성 비율의 차이가 있다 하더라도 삽화와 활자의 역학이라는 흐름이 깔려 있다.

한편, 『불여귀』의 활자와의 관계 속에서 배치된 삽화는 시각적 이미지와 결부된 독자층의 문자의 기억, 무의식중에 삽화의 배후의 대사를 떠올리는 독자의 신체에 각인된 기억을 차단하며 일본과 다른 이미지를 불러일으킨다. 일본의 통속적인 장르의 독서를 바탕으로 명장면이 구어의 대사나 문어조의 낭독과 결부된 청각을 환기하는 시각 체험이라면 『불여귀』의 삽화는 한국의 삽화 전통과는 전혀 다른 표현기법과 이질적인 풍속의 이미지가 독자층의 신체에 각인된 관습적인 청각을 분리시키는 방향으로 작용한다.

예컨대 『불여귀』의 '두자'에서의 이별 장면은 본문의 문밖의 이별 풍경과 달리 연극에서 각색된 해안을 배경으로 하는 삽화가 배치되었다. 본문에는 '거문고'의 선율로 별리의 정감을 자아내는 본문 활자의 청각성과 기묘한 부조화를 이루는 일본의 삽화, 즉 기모노와 양복 차림의 일본 풍속의 세밀한 묘사와 '집신'이나 '비법밥' 등 원문에 부가된 '역술'의 서술에서 발생하는 언어와 삽화의 '불일치'나 '어긋남', 혹은 일본인이라면 누구나 아는 이야기를 시각적 이미지로 기억하는 일본의 독자층과 조선의 독자층은 동일한 대상의 지각 방식이 다르다. 한글의 문자

---

106 월터 옹, 임명진 역, 앞의 책 참조.

와 삽화와의 거리에서 시각과 청각이 충돌하며 감각의 분열로, 신체에 각인된 본문과 시각적 이미지가 상승적으로 작용하는 감흥과는 다른 방식으로 지각, 감각된다. 시각적 이미지를 지각하는 인식 주체의 정보의 분석에 관계하는 인지 능력에는 독자와 공유되는 기호의 습득이나 관습 등이 개입됨으로써 명장면으로 정착한 외부의 콘텍스트를 공유하는 조건의 삽화의 이미지, 그리고 외부의 콘텍스트를 공유하지 않는 독자의 정서적 반응이나 삽화의 의미 생성이 동일하지 않다는 것은 분명해 보인다. 기억 상기 장치로서 삽화의 시각적 이미지가 촉발하는 언어의 연쇄적인 기능이 작동하는 텍스트의 역학은 삽화의 시각적 이미지에 대한 기호의 해석 코드를 공유하지 않는 독자 공동체에 결부된 언어적 상상력이 빚는, 삽화의 시각성과 활자의 청각성의 역학과는 다른 방식으로 작동한다. 시각적 이미지의 지각에 문자 해독의 관습은 다양한 형태로 개입되는 것이다.[107]

월터 J. 옹에 따르면 초기의 쓰기 삽화에는 "이야기 속의 이야기(frame story)"[108]와 같은 허구를 마련함으로써 이야기 속에서 독자 자신의 가상적인 위치를 상상할 수 있도록 배려한다. 이러한 견해를 원용한다면 동일한 삽화를 공유하더라도 그것이 배치되는 문맥과 지각 주체의 기억에 따라 연극, 강담 등의 무대를 바라보는 청중의 위치에 독자 자신의 위치를 환기할 수도 있을 것이다. 이와 마찬가지로 『불여귀』의 원작에 없는 '초설'[109] '각설' 등의 서두에 나타난 서술자의 목소리와 호명되는 독자는 "상상 가능한 실제 생활환경 안에 놓여 있는 게 아니라" 『불여

---

107 마샬 맥루한, 임상원 역, 앞의 책, 79~80면.
108 월터 J. 옹, 이기우 · 임명진 역, 앞의 책, 159면.
109 비판소리계의 소설인 『홍길동전』과 『전우치전』에서 가장 많이 사용된 화제 전환의 장치는 '차설' '각설'이다. (김진수, 「한국 고대소설에 나타난 화제 전환 양상」, 『언어 연구』 16권2호, 현대언어학회, 2000, 43면) 이 점에서도 『불여귀』는 이해조를 중심으로 하는 판소리계소설의 영향이 미미하다고 생각된다.

귀』라는 "상상적인 장면 속에서만 놓여 있을 뿐"이다. '쓰기와 인쇄'에 의해 자신의 위치가 부재한 삽화의 형태로, 다시 말하면 본문의 활자와의 관계 속에 삽화를 지각하는 독자는 자신의 생활세계와 거리가 있는 서사의 장면 속에 자신의 위치를 상상하는 "독자가 허구화되는 방식"의 틀이 만들어지는 것이다. 독자의 "상상 가능한 실제 생활환경 안에 놓여 있는" 감각의 분리와 분열의 지점이 반드시 소설의 흥미와 진기함을 더하는 효과로 통합적으로 작용했다고 단정할 수 없다는 의미에서 일본 독자층과 동일한 감각으로 향유될 수 없다는 것이다.

통상적으로 '대중예술'[110]을 보다 일반적으로 다수의 대중이 향유하는 예술로 간주할 때 통속성의 미적개념의 핵심에는 체험의 문제가 관통한다.[111] 『불여귀』의 삽화가 한국의 대중성으로 파급되지 못했던 『장한몽』과 대조되는 변별점에는 미적 체험이라는 통속성의 구성 요건을 결여한 조건과 결부된 것이 결정적이라고 여겨진다. 미적 상황을 구체적 삶의 맥락에서 이해하려는 미학논자에 따른다면 『불여귀』의 삽화는 대중 예술이 '보편적으로 승인되'는 과정을 공유하지 못한 조건 아래 문자에 의존하는 문맥에서 감상될 것이다. 이에 반해서 동일한 삽화가 일본의 텍스트에 배치된다면 소설을 저본으로 한 문장의 서술과 연극의 명장면에 의존한 삽화가 세부적으로 차이가 있는 다소 느슨한 연계에서도 서사의 의미의 연결망에서 특정한 이미지로 안착한 독자 공동체 내의 기호[112]로서 삽화는 기능할 것이다. '호토토기스'의 서사를 공유하는 독자 공동체에서 부녀 상봉의 삽화는 나미코의 이혼을 상징하는 기호로서 자동하지만 "체험 주체와 체험 대상의 특정한 관계 양

---

110 박성봉, 『대중예술의 미학』, 동연, 1995, 176면; '보편적으로 승인되고 널리 사랑받는 (commonly approved and widely liked)' 문화산물 『대영백과사전』 '대중예술'의 항목.
111 박성봉, 앞의 책, 184~187면.
112 '독자에게 공유되어 있다는 것을 전제로 하는 기호로 존재할 뿐, 이야기에 대해서는 의미를 갖지 않는' 이효덕, 박성관 역, 앞의 책, 100면.

상"으로 발현되는 한국의 독자층에게 부녀 상봉의 삽화는 반드시 이혼과 연루된 애통함의 미적 체험으로 지각되는 것은 아니다.[113] 이러한 문맥에서『불여귀』의 부녀 상봉의 삽화의 하단에는 "방울소리, 달낭날낭" 하는 삽화와 무관한 장면의 활자가 배치될 수 있었다. 이와 동일한 선상에서 묘지 앞에서 남자들의 악수와 해군복 차림의 어린 소년이 구성하는 삽화는 청일전쟁 승리의 환호의 울림을 갖는 언어와 결합하여 대일본제국의 희망찬 미래를 꿈꾸게 했다. 한편, 결말의 이 삽화는『불여귀』에서는 "흔줄거리바람이머리위에지니며, 나무입시가홀々산소압혜써러지난지라" 하는 쓸쓸한 묘지의 정취를 풍기는 활자와의 관계 속에 황량하고 스산한 이미지를 주며 원작의 전쟁의 기억과 반드시 연계되는 것은 아니다. 동일한 삽화가 배치된 맥락에 따라 활자와의 관계 속에 전혀 다른 이미지를 생성한다. 장황한 서술을 특징으로 하는『불여귀』의 구술성은 "흔줄거리바람" 운운의 한글의 언어에 장착된 스산한 풍경의 시청각적 이미지와 삽화의 시각적 이미지를 충돌하게 하고 감각을 교차시켜 문자성에 입각한 공동체의 기억에 의존한 감각을 깨뜨리고 서사의 동일화를 차단하게 하는 낯선 체험을 제공한다. 구두점과 띄어쓰기, 이중방선, 괄호 등의 시각적 표지의 기능을 지닌 활자가 환기하는 청각성은 개인적 독서를 전제한 것으로 전대의 음독의 독서 방식에 의존한 청각과도 다르며 띄어쓰기나 구두점 없이 장황한 서술의 문체로 구연의 방식에 의존한 기억[114]을 바탕으로 한 시각의 결합을 분리시킨다.

---

113 『두견성』의 부녀 상봉의 모티프가 심청전의 애상함의 정조를 환기하는 방향으로 번안되는 것에는 공동체의 미적 체험과 연관되는 것이다. 이에 대해서는 제5장 3절 5항 참조.
114 구연성과 문자성은 서로 다른 사고와 표현의 특징을 갖는데 구술문화에 입각한 사고와 표현은 첨가적 · 집합적 · 다변적 · 보수적 · 전통적 · 참여적 · 상황의존적 등의 특징이 있다. 월터 J. 옹, 이기우 · 임명진 역, 앞의 책 참조.

『불여귀』의 문체적 특징과도 관련하는 청각성과 삽화의 시각성을 결합하여 기존의 서적과는 다른 감각의 연계 방식으로 언어에 따른 관습적 표상과 시각을 분리시키는 낯설게 하는 효과를 냄으로써 전대의 서적의 시각과 청각의 견고한 결합을 흐트러뜨리는 입체적인 공간을 생성하는 것이다. 한글의 언어, 활자에 부착된 시각적 이미지가 이와 결부된 청각성을 억압하고 삽화의 시각적 이미지와 충돌하게 하는 균열과 분열, 불일치의 지점이야말로 상투적인 사고와는 먼 독자 대중의 상상력과 새로운 감각의 전화를 잉태할 수 있는 가능성의 지점이기도 하다. 문화적 관습을 공유하는 집합적 기억에 의존한 공동체의 청각과 시각의 다른 분할 방식으로 개인의 독서로의 이행을 앞당긴 『불여귀』 삽화의 문화적 함의는 기존의 전통적인 삽화와는 다른 시각 체험을 제공한다는 점에 있다.

삽화를 매개로 그림엽서와 『한역 불여귀』가 맺는 관계는 『불여귀』의 삽화와 활자의 관계에도 영향을 미친다. 『한역 불여귀』에서 한문의 교양을 지닌 식자층을 대상으로 하는 대중성의 전략은 원작에는 없는 삽화를 추가하거나 한역의 본문과 평석의 지면 분할의 형태로 나타났다.

삽화가 본문의 스타일을 규정하며 언어의 구축에도 관여[115]한다는 활자와 삽화의 역학의 논의 안에서 『한역 불여귀』의 삽화는 지면의 이원적 분할을 보다 탄력적으로 앞당겼다. 한역의 아(雅)와 해설과 감상으로 대중 독자층을 이끄는 속(俗)에 의한 이중적인 구성은 강담이나 통속적인 읽을거리와 결합된 삽화의 이미지로 한층 밀접하고 유기적으로 수렴하는 효과를 발생시키는 것이다. 이러한 방향의 변형은 『불여귀』에서도 다른 형태로 구사되었다. 원작과는 다른 『불여귀』의 지면 구

---

115 紅野謙介, 앞의 책, 58면. 고노 겐스케는 양서 서적의 가독성과 기능성이 문자나 서적으로서의 물질성을 소거하고 언어의 지시 표시 기능을 두드러지게 함으로써 음독에서 묵독으로 이행하는 데 기여했다는 논의를 제기했다.

성과 배치, 편집 체계, 의장 등에 이르는 다양한 선택에서 『한역 불여귀』는 일정한 준거로서 의식된 것이다. 구성과 언어적 차원에서 별다른 접점을 갖지 못한 것처럼 보이는 『불여귀』와 『한역 불여귀』의 관계는 삽화를 매개로 가시화되는데 서적의 지면 구성과 원전과 감상이 녹아든 역술의 구성과 한자어의 어휘[116] 등 다양한 측면에서 선행하는 텍스트로서 의식되었다. 일본어의 원전과 '정격한문'의 세계로 표상되는 한역 텍스트와의 관계와는 다른 형태로 『불여귀』의 구성 방식에는 원작만이 아니라 한자·한문의 표상체계의 갈등과 긴장이 작용하는 것이다. 원문에는 없는 기묘한 조합의 한자어의 구사는 『한역 불여귀』의 한자어 어휘와의 일정한 관계를 드러낸다. 후술하는 『불여귀』의 한자 성어는 『한역 불여귀』의 그것과 동일하지 않지만 전혀 무관한 것은 아니다. 마치 『불여귀』의 삽화가 그러하듯 동일하지 않지만 준거로서 의식되는 관계의 또 다른 양상이라 하겠다.

메이지의 한학자 스기하라 이잔(杉原夷山)[117]이 한역을 하여 저명한 한학자 시노부 죠켄(信夫怒軒)[118]이 평석(評釋)[119]을 부가한 『한역 불여귀』는 1911(메이지 44)년 일본 국내에서 발행되었다. 당시 '역자의 평어가 덧붙여진'[120] 의역의 방식이 드물지 않았던 상황에서 본문과 평석을 확연히 구분하는 지면 분할은 하단의 한역에 대한 해설과 감상을 부연한 평석을 상단에 배치함으로써 강담사(講談師)와 같이 독자의 감상 방

116　『불여귀』의 언어적 특징에 대해서는 제6장 참조.
117　역자 스기하라 이잔(杉原夷山)(1877(메이지 10)~1944), 본명 고지로(幸次郎), 이잔(夷山)은 호. 한학자·미술감정가, 후쿠시마(福島)현 출신. 양명학과 수양서와 서화 관계의 사전 편찬 역임. 『한역 불여귀』는 근대소설의 유일한 한역서로서 축어적 한역이다.
118　본명 시노부아키라(信夫粲)(1835~1910), 호는 天倪·怒軒. 한학자, 돗토리(鳥取)현 출신, 東京大學講師 역임, 시집에 『怒軒文鈔』 등이 있다. 『漢文學者總覽』, 汲古書院, 1979 참조.
119　문장·시가를 비평·해석하는 일.
120　中村忠行, 「「不如歸」の中國に於ける評價」, 『明治大正文學研究』23号, 至文堂, 1957, 9면.

식을 유도하는 일종의 메타언어 장치이다.

　한자의 이탈과 일본어로의 전환의 과정이 오히려 '고전한문에 대한 회귀에의 욕망'[121]을 불러일으키며 한시를 요체로 하는 '한학의 부흥'을 초래했던 메이지 초기와는 달리 대중화의 과제가 급부상하는 메이지 말의 한학은 대중 연예와 결합되었다. 즉, 평석자 시노부 죠켄[信夫怒軒]이 라쿠고[落語]·강담(講談) 등 대중연예[122]에도 조예가 깊은 한학자였던 이력에서 표출되는 바와 같이 이 시기의 대중연예는 부녀자나 어린이 등의 대중만이 아니라 한문의 교양을 지닌 지식인층의 오락으로 폭넓게 향유되었다. 소설 『호토토기스』가 백판에 이르는 경이적인 베스트셀러의 명성과 함께 문단과도 멀어진 1910년 초 『한역 불여귀』의 독자층은 한자·한문을 익힌 식자층 가운데에서도 대중 연예의 서사를 오락으로 즐기는 독자층의 심성에 입각한 독서 방식에 호소하는 향수를 겨냥한 것으로 간주된다. 이미 국민소설로서 뿌리내린 서사를 한자·한문의 독특한 리듬과 문장의 감각으로 감상하고자 하는 제한된 독자층을 대상으로 하는 한역이 대중 연예 요소와 결합되었다는 문맥에서 전대와는 다른 한자·한문에 의한 문화의 재배치와 관련한 함의라 하겠다. 따라서 『한역 불여귀』는 시대의 흐름을 거스를 수 없는 한자·한문 식자층의 주도적 위치의 상실감과 균일적인 통속화에 착잡함의 그늘이 드리워진 존재 방식의 모색인 것이다. 이러한 맥락에서 『한역 불여귀』의 대중적인 수용 방식의 특징이 구성에서 서로 다른 공간으로 구획되는 공간 분할의 원리는 『한역 불여귀』와는 다른 양상으로 『불여귀』의 대중성의 구성 방식에도 작용한다.

121　村田雄二郎, 『漢字圏の近代―ことばと國家』, 2005, 東京大學出版會 참조.

122　信夫怒軒 述, 『赤穂義士談』, 1887(메이지 30), 談叢社. 東京市敎育會, 『信夫怒軒先生講演赤穂義士談』, 1904(메이지 37), 信夫怒軒의 저술에서 赤穂浪士(일명 47인의 사무라이)를 제재로 한 추신구라[忠臣藏]에 대한 관심을 살필 수 있다. 즉, 강담(講談)의 고전으로 널리 알려진 忠臣藏와 『漢譯不如歸』의 평석의 작업은 유사한 맥락에서 이해될 수 있다.

마샬 맥루한의 표현을 빌리자면 시각과 청각의 감각의 상호작용으로 새로운 감각을 생성하는 다차원적인 감각, 즉 하나의 균질적인 단위로 환원되지 않는 이질적인 것의 배열을 통해 표현되는 공간의 '모자이크식' 접근 방식은 이질적인 요소가 병존하는 동시적인 현상을 파악하는 데 용이하다. 대중신문이야말로 이러한 집단의식의 모습들을 '모자이크식' 방식으로 제공하는 장이다.[123] 이와 같은 대중신문의 특성은 이 글에서 논의한『불여귀』구성 방식 특질과도 연관된다.[124] 즉,『불여귀』의 이질성이 병존하는 동시적인 현상의 특징은 일종의 대중신문과 같은 불연속적인 단절과 다층적인 공간을 형성하는 '모자이크식' 접근 방식의 특징을 보인다는 점에서 대중성의 연속성의 맥락을 창출하는 것이다.[125]

일본 출판 인쇄의 기술에 힘입어 동시대 일본의 다양한 형태의『호토토기스』의 수용 방식과 분위기를 적극적으로 도입함으로써『불여귀』의 서적으로서의 특징은 일종의 '모자이크식' 공간으로 대중성의 결합 방식을 보여주는 것이다. 이러한 접근 방식을 통해『불여귀』는 비약적으로 근대적 출판을 앞당기는 것에 기여했다. 일본의 서적을 조선에서 판매 유통하는 수입 서적상에 의한 판로가 비교적 탄탄하게 구축되는 데 반해서[126] 일본에서 인쇄 출판의 제작을 거쳐 조선에서 판매 유통하는 출판 시스템은 비용 대비 효율성에서 견고하게 뿌리내리지 못한 것처럼 보인다.『불여귀』의 출판 방식은 전술한 바와 같이 저작권에 대

123 마샬 맥루한, 임상원 역,『구텐베르크 은하계-활자 인간의 형성』, 커뮤니케이션 북스, 2001 참조.
124 紅野謙介, 앞의 책, 58면.
125 이러한 관점에서 츠치야 레이코[土屋礼子]는 메이지기 소신문을 대중성의 원형을 잠재하는 대중지의 원류로 파악하는 논의를 제출했다. 土屋礼子, 권정희 역, 앞의 책 참조.
126 이 시기의 출판에서 서적상의 활약에 대해서는 이주영,『구활자본 고전소설연구』, 월인, 1998; 권순긍,『활자본 고소설의 편폭과 지향』, 보고사, 2000 참조.

한 의식과 출판 제도의 법제화 초기라는 조건에서 작동했다. 결과적으로 『불여귀』의 서적은 1910년대 한국 출판의 관행을 깨는 새로운 시스템의 진전과 기술의 진보를 보였음에도 대중성의 실효를 거두지 못함으로써 출판계의 판도를 바꾸지 못한 채 일회성에 그쳐 『불여귀』의 유례없는 특이성을 더욱 돋보이게 했다.

이 지점에서 다시 『불여귀』의 시각성과도 연루된 표지의 문제로 돌아가도록 한다. 왜 원작과도 '속서'와도 다른 표지의 의장으로 간행한 것인가. 이것은 『오노가츠미』를 『쌍옥루』로 번안한 조중환의 번안소설의 성립과도 결부되는 문제이다. 원작의 『오노가츠미』를 완역한 번안소설에서 원작과는 전혀 다른 제목으로 개제한 요인과도 일맥상통하는 바이다. 서사에서 펼쳐지는 기구한 여성의 운명을 혼전 임신을 숨기고 결혼한 여성 '자신의 죄'[127]로 표상하는 원작 『오노가츠미』와 달리 『쌍옥루』라는 제목은 두 개의 구슬을 표상하여 마치 한 남성을 둘러싼 처첩 간의 갈등의 서사라는 이미지를 부여하는 명명 방식인 것이다. 여성의 권리와 근대적 제도에 대한 법제 의식을 도덕에 호소하는 심리적 기제의 표상 방식으로 변모시켜 통속적인 전대의 서사의 기존 이미지를 환기하는 연속성의 효과를 산출했다. 이러한 편집 전략은 단행본 『오노가츠미』의 권두화의 이미지에 착안한 것인데, 『호토토기스』와 같은 해 출간된 단행본 『오노가츠미』의 권두화는 도상(그림 21)에서 보는 바와 같이 우산을 쓴 기모노 차림의 수심에 찬 여성을 전면에 부각시키면서 그녀를 바라보는 또 한 명의 여성을 화폭에 담아냄으로써 두 여성의 갈등

---

127 『오노가츠미[己が罪]』의 대중적 인기는 『己が罪の歌』『新己が罪』등의 『己が罪』를 모방한 일련의 '속서'를 낳았다. 이러한 변주된 속서군 가운데 柴禁女史, 『誰が罪』(1899(메이지 32))는 이해조의 번안 『누구의 죄』(보급서관, 1913)와의 관련성을 환기한다. 메이지 가정소설은 원작만이 아니라 '속서'와 관련되는 복합적인 수용 방식으로 기존의 원작과 번역의 일대일 관계의 수용과는 다른 층위의 관계를 형성했다는 점에서 주목된다.

그림 21 기쿠치 유호 작, 『오노가츠미』의 권두화(春陽堂, 1900(메이지 33).8)

을 암시하는 분위기를 연출했다. 이러한 권두화의 이미지는 『쌍옥루』의 제목과 호응하는 것이다. 전술한 바와 같이 전대의 게사쿠(戱作)나 당시의 신소설의 분위기를 탈피한 새로운 취향의 『호토토기스』의 권두화와 달리 『오노가츠미』의 그것은 유형화된 통속소설의 분위기를 물씬 풍기는데 『쌍옥루』의 비유의 상상력에서 순환되는 시각적 이미지인 것이다. 여기에서 『불여귀』에서 『쌍옥루』로 번역에서 번안으로 수용 방식의 변화를 당시의 서적 출판 현장 풍경 속에서 소묘할 수 있다.

단행본 서적 『오노가츠미』는 저자 기쿠치 유호(菊池幽芳)의 작품을 암시하는 국화꽃 한 송이를 표지화로 했는데 여기에서 원작 『호토토기스』와는 다른 『불여귀』의 표지가 『오노가츠미』의 표지와도 관련 있음을 짐작할 수 있다. 즉, 『불여귀』의 표지로 대표되는 의장은 저작권이나 식민지 조선에서 기대되는 서적의 독자층에 대한 복합적인 의식이 원작 『호토토기스』만이 아닌 『오노가츠미』와 연계되는 맥락을 산출한 것이다. 식민지 조선의 독자층과 서적의 관계에서 형성되는 소통회로에서 『불여귀』는 전대의 서사와 『쌍옥루』라는 번안소설과도 차이 있는 관계에서 원작과는 다른 기원을 갖게 되며 이것은 표지의 의장으로 구현되었다.

제3절 부부애 표상의 두 가지 방식

1) 『호토토기스』와 『두견성』 사이

번역소설 『불여귀』의 특징은 원작 『호토토기스』와 번안 『두견성』의 상호 텍스트의 관계에서 보다 분명해진다. 예술 작품의 수용 형태가 취향의 차별화 계기로 작동하는 문화적 실천임을 역설한 브르디외의 분석[128]을 원용한다면 '호토토기스' 수용의 두 가지 방식은 독자층과 취향의 계열화를 촉구하는 방향의 의미를 함축한다. 한국 근대의 매체의 표기 체계와 문체 변화의 맥락에 대해서는 제6장에서 후술하고 여기에서는 번역소설 『불여귀』의 서사를 번안 『두견성』과 비교하여 전반적인 특징을 규명할 것이다.

전술한 바와 같이 번역소설 『불여귀』는 원작 『호토토기스』를 충실하게 완역했다는 점에서 축약 형태로 이루어진 기존의 번안 역사에 한

---

[128] 삐에르 부르디외, 최종철 역, 『구별짓기 : 문화와 취향의 사회학』상, 새물결, 2005 참조.

획을 그었다. 원작『호토토기스』는 상편 19회, 중편 24회, 하편 29회, 총 72회의 전체 3편 구성인데 비해서 조중환의『불여귀』는 상편이 35회, 하편 37회, 총72회의 전체 2부 구성으로 선우일의『두견성』은 상편이 35회, 총 160면, 하편은 25회, 121면으로 총60회, 총281면으로 구성되었다. 원작이 전체 3부 구성인데 반해서『불여귀』와『두견성』은 모두 상·하 2부 구성이고 같은 대목에서 2부가 시작되었다. 장의 구성은 원작과 크게 다르지 않고 대폭적인 첨가와 삭제는 거의 이루어지지 않았다.『불여귀』와『두견성』에서 모두 2부 구성인 것은 원작 외에 동일한 저본을 공유했거나 2부 구성이 조선에서 각별한 의미를 띨 가능성이 있기 때문일 것이다.

　『불여귀』와『두견성』은 모두 원작『호토토기스』의 중편(7의 1)에 해당하는 장면에서 하편을 시작한다. 결핵으로 요양 중인 나미코와 다케오가 짧은 해후 끝에 이별하는 장면을 끝으로 하편은 조선의 동학농민운동의 봉기를 알리는 신문기사로 시작한다. 원작의 신문 전쟁 보도 장면은 "연애소설에서 전쟁소설의 변모"[129]가 이루어지는 대목인데 중심서사가 확연히 달라지는 장에서 2부를 시작하는 것은 서사의 구성에서도 적절하다. 이러한 원작에 대한 이해를 공유하는 번역과 번안은 단행본『호토토기스』외에 다른 동일한 이본을 참고로 했을 가능성도 배제할 수 없지만 애정 서사와 전쟁 서사라는 한국의 각기 다른 서사의 전통에서도 원작의 3부 구성보다 설득력 있는 재구성 방식이다.

　『불여귀』에서는 원작의 스토리를 바탕으로 직역이 아닌 의역의 형태로 번역했다. 번안의 재구성 방식과 유사한 형태로 원문의 뜻을 파악하여 한글의 문맥에서 알기 쉽게 풀어 설명하는 문체를 구사함으로써 문장의 층위에서는 원문을 대폭적으로 수정하는 과감한 변개가 이루어졌

129　藤井淑禎, 앞의 논문(1991), 62면.

다. 이 과정에서 『불여귀』에서는 선행하는 번안 『두견성』 상권(1912.2)이 참조되었을 가능성이 높다. 『불여귀』의 상편과 하편의 차이[130]는 원작으로만 회수되지 않는 『불여귀』의 상호텍스트성(intertextuality)의 맥락을 내포하는 것이다. 원작만이 아닌 다양한 '속서'와 선행하는 번안 『두견성』을 의식하는 중층적인 힘이 작용하는 번역의 과정이 번안과 모호하게 얽히는 독특한 번역의 방식을 창출한 것이다. 이러한 『불여귀』 번역의 성립은 원작 『호토토기스』와 『두견성』의 서두를 견주어 보면 한층 명료해진다.

上州伊香保의 3층 미닫이문이 열리고 저녁풍경을 바라보는 부인. 나이는 십팔구. 품위 있게 머리를 올리고, 풀빛의 띠를 멘 자잘한 무늬의 겉옷을 입었다. 하얀 피부의 갸름한, 눈썹 사이가 조금 좁고, 뺨의 살이 통통한 것이, 흠이라면 흠이지만, 부드럽고 날씬하고 정숙한 인품. (…중략…) 여름의 저녁어스름에 희미하게 향기나는 달맞이꽃의 품위를 드리우는 부인이러라.[131]

---

130 예컨대 『불여귀』는 상·하편이 동시에 간행되었으면서도 구두점의 사용이 고르지 않았던 것과 같이 번역의 태도에서도 다소 편차가 있다. 『불여귀』의 번역 방식은 일관된 원리로 작동하는 것이 아니라 끊임없이 동요한다. 상편보다 후편에서 '원작의 풍취'는 후퇴함으로써 『두견성』에 가까운 번안의 방식으로 경사한다. 구두점의 사용은 이러한 번역 태도의 변화와 관련한 것으로 생각된다. 한편, 『두견성』의 상·하권은 그다지 현저한 차이를 보이지 않고 일관된 원칙을 견지하려는 태도를 보이는데 한글로 재구성하는 번안의 문맥에서 유기적인 연관체계의 어휘 선택이라는 점에서 『불여귀』의 번역을 크게 의식했다고는 하기 어렵다. 그런데 『불여귀』에서는 점차 『두견성』에 근접하면서도 전혀 겹쳐지지 않는다는 점에서 『두견성』의 번안에 대한 의식의 흔적으로 간주된다. 동일한 원본에 기초한 언어가 비슷하되 겹쳐지지 않는 현상, 유사한 어휘들이 배치를 달리하여 일성한 기리를 유지하는 관계는 『불여귀』의 정보의 우위를 말하는 것이다. 『매일신보』의 기자라는 현실의 위계를 역전시키는 이러한 위치는 일본과의 관계에서 보다 정통할 수 있었던 역자 조중환의 개인사의 배경에서 연유할 것이다. 이러한 의미에서 번역과 번안에 개입되는 다양한 변수의 역동성이 고려되어야 하겠다.
131 원문은 다음과 같다. "上州伊香保千明の三階の障子開きて、夕景色を眺むる婦人。年は十八九。品好き丸髮に結いて、草色の紐つけし小紋縮緬の被布を着たり。(…중략…) 夏の夕闇にほのかににおふ月見草、と品定めしつ可き婦なり" 후

이층놉흔집에쥬렴을반쯤것고더동강건너편금슈봉허리로거진거진넘어
기는히를무심히바라보는부인은나이불과열팔구셰가량쯤되얏는더흑운갓
흔머리를셔양졔로틀어언고밉시잇는반양복치마를반쯤거더잡고한가히셧
는모양은아모다려보러도무슨싱각을간졀히ᄒ는것을짐쟉홀너라[132]

일본상쥬이향보라ᄒ는곳슨, 압흐로, 바다가, 흐르고, 뒤으로는, 쳥산이, 울
울ᄒ여, 경치그림갓흐며, 그외에, 져명훈, 온쳔이, 잇슴으로, 츈졀에이르면,
병ᄌ와, 유긱이, 낙역부졀ᄒ는, 명승지디라, 이곳쳔명이라, 일크르는여관숭
충우에,영창을열어젹기고, 져역경치를바라보는, 일위부인이, 잇스니, 모양
의단졍홈과,얼골의아름다움은, 진짓요죠슉녀요, 일더가인이라, (…중
략…) 옥안녹빈과,화용월티는,ᄉ람으로ᄒ야금, 졍신을, 황홀케할쑨아니라,
졍슉ᄒ고, 온화ᄒ긔운이, 외양에낫타나는부인이러라[133] (강조는 인용자)

원작의 서사에서는 여관의 창 너머로 저녁 어스름의 경치를 바라보는
부인의 외양을 주위의 풍경과 함께 제시하여 서사의 외부의 서술자 위
치를 드러낸다. 전지적 서술자의 시점과 대비되는 형태로 인물의 외양
에 한정하여 인물의 내면이나 구체적 정보를 갖지 못한 서술자의 제한
적 시점에서 "여름의 저녁어스름에 희미하게 향기 나는 달맞이꽃"[134] 등
의 비유를 구사하여 외모에서 연상되는 "병적이고 음울한 가냘픈 여성
의 이미지"를 연출했다.
이에 대해서 번안『두견성』에서는 대동강을 배경으로 이층 높은 집

리가나 생략.『小說 不如歸』, 1~2면.
132 『두견성』상, 경성보급서관, 1912, 1면.『두견성』의 본문 인용은 모두 이것에 의한
    다. 이하 서지 생략.
133 『불여귀』상, 경성사서점, 1912, 1면.『불여귀』의 본문 인용은 모두 이것에 의한다.
    이하 서지 생략.
134 佐藤勝, 앞의 책, 225면.

의 일본 가옥에 "셔양졔"의 머리모양과 "반양복치마를반쯤거더잡고한 가히셧는모양"의 자태는 원작의 일본의 "품위를 드리우는 부인"의 이미지와 다르고 조선의 전통적인 여성의 이미지와도 다른 개화한 여성이다. 조선에서는 낯선 풍경 속의 여성에 관한 서술자의 정보는 외부에 보이는 것으로 제한되어 속내를 알 수 없다는 듯 "무슨 생각을 간절히 하는 것을 짐작"한다는 추측을 덧붙인다. 또한 원문의 명사형 종결의 문장을 연결형어미로 이어 장문으로 변형시킨 점은 『두견성』과 『불여귀』에서도 마찬가지인데 명사형으로 끝나는 원문에 대응하는 표현의 어려움을 엿볼 수 있다.

한편, 『불여귀』에서는 원작에서 더해진 강조 부분과 같이 초월적인 위치의 서술자는 "일본상쥬이향보"의 배경을 "압흐로, 바다가, 흐르고," 등의 상투적인 고대소설 투로 장황하게 설명하면서 조선의 낯익은 풍경으로 대체한다.[135] 또한 "요죠슉녀요,일디가인이라" "옥안녹빈과, 화용월티" 등의 원문에 없는 한문투[136]의 관용어와 영탄과 과장적인 수사는 원작보다 한층 늘어났다. 일본 "상쥬이향보"라는 지명을 제외한다면 일본어를 원작으로 하는 번역의 이국적인 풍취는 감지되기 어려운 서두이다. 반면 번안 『두견성』에서는 곳곳에 일본식 가옥이 들어서고 서양과 일본 풍속이 뒤섞이는 개화기 시대 분위기를 물씬 풍기는 당대 조선의 현실을 시공간으로 설정하여 제한적인 서술자의 위치에서 인물을 관찰하는 서술 방식으로 고대소설을 탈피한 파격적인 도입을 보인다.

이와 같은 서두는 각각의 서사를 특징짓는 핵심적인 차이를 집약적으로 보여주는데 『불여귀』 전편의 일본 원음을 살린 인명·지명에 이중방선을 그어 번역의 이질성을 두드러지게 하는 표기 형식과는 대조적이

---

135 박종철, 「개화기 소설의 언어와 문체」, 이재선·김학동·박종철편, 『개화기 문학론』, 형설출판사, 1982, 261~262면.
136 한원영, 『한국 개화기 신문연재소설 연구』, 일지사, 1990, 266~267면.

다.『불여귀』의 지문에서 원문의 문어체의 번역 '~더라' '~이라' 등 서술자가 "모든 일을 알고 있는 상황"[137]을 뜻하는 어미와 '~ㄴ다'[138]와 같이 서술자가 서술 대상과 거리를 유지한 채 "현재적 상황을 뒤쫓는 관찰자 혹은 목격자의 시점"이 혼재되어 "서술주체가 통합성을 이루지 못한 채 분열"되었는데 이는 "서술자가 상황의 현재성에 종속된 결과이자 원인"이다.[139] 한편,『두견성』에서도 이러한 '~더라'와 '~ㄴ다' 어미는 혼재되었다. 이것은 서술대상의 상황의 재현에 육박하려는 서술주체의 욕망이 연극과의 관련 속에서 보다 조장되었을지라도 일본어 소설의 문체를 번역하는 과정에서 획득되었을 가능성을 유력하게 하는 것이다.

1910년대의 출판물과는 현저하게 다른 새로운 취향으로『두견성』과 차별화했던『불여귀』의 의장과 대조되는 고답적인 문체는 '원작의 풍취'를 의고적인 장치 속에 장착하는 역술의 방식이라 하겠다.

이 점 임서(林紓)에 의한 중국어 번안이 "구태의연한 고문으로 번역"되었던 사실을 상기시킨다. "원문에 충실하면서 그 분위기를 잘 옮겨 놓은 것과 같"[140]다는 평가를 받은 중국어『不如歸』[141]는 일본어 원작이 아닌 영역 *Namiko*[142]를 번역한 것이다. 1908년 발간 이후 수십 차례

137　권보드래,『한국 근대소설의 기원』, 소명출판, 2000, 235~239면.

138　조중환의 번안소설은 지문의 문장 처리 방식에 일정한 변화를 보인다.『쌍옥루』에서는 극히 일부의 '-ㄴ다'와 주로 '-(더)라'의 어미를『장한몽』에서는 '-ㄴ다'와 '-(더)라'가 거의 같은 비중으로,『단장록』에 이르면 주로 '-ㄴ다'를 사용하였다. 조중환의 일련의 번안소설 가운데에서 초기에 해당하는 번역『불여귀』와 거의 같은 시기『매일신보』에 연재된『쌍옥루』가 비슷하게 주로 '-(더)라' 극히 일부의 '-ㄴ다'를 사용했다는 것은 이러한 "번안 작업을 거듭하면서 '-(더)라'에서 '-ㄴ다'와 '-았(었)다'로 발전시켰다." 양승국,『한국 신연극 연구』, 연극과인간, 2001, 277~278면. '-ㄴ다'의 문체는『빈상설』(1908)에도 산견된다.

139　류준필,「근대계몽기 매체와 언어의 재현」, 한기형 외,『근대어·근대매체·근대문학 -근대매체와 근대 언어질서의 상관성』, 성균관대 대동문화연구원, 2006, 202~213면.

140　中村忠行,「『不如歸』の中國に於ける評價」,『明治大正文學研究』23号, 至文堂, 1957, 29면.

141　塩谷榮英·林紓·魏易共 同譯,『不如歸』, 商務印書館, 1908.

142　Tokutomi, Roka. *Nami-ko : A Realistic Novel*. Trans. Sakae Shioya. Tokyo Yurakusha,

---

재판을 찍어낼 만큼 대중적인 반향을 불러일으킨 중국어『不如歸』는 중국인 위이(魏易)가 영역을 구술하면 이를 임서(林紓)가 문장으로 기술하는 방식으로 번역되었다. 중국어『不如歸』는 원작과 달리 전27장으로 "章回体小說의 형식을 답습하고" "매회의 첫머리를 '話說' '却說'로 시작"하며 '哀情小說'이라는 부제를 달았는데[143]『두견성』에서도 '이원 쇼설'의 부제를 달았다는 점을 감안하면『두견성』과『불여귀』모두 중국어 번역의 영향을 받았을 가능성을 부정할 수 없다. 영향 관계의 구체적인 면면은 이 글에서 논증할 수 없지만『불여귀』의 의고적인 문체가 원작의 '아속절충체'의 문체에 대한 의식을 바탕으로 '원작의 풍취'라는 새로운 내용을 의고적인 장치와 결합하는 형식이 공통적으로 모색되었다는 것은 흥미롭다.

한편,『불여귀』의 표기상 특징으로서 구두점의 사용을 꼽을 수 있다.『두견성』에서는 띄어쓰기와 구두점을 사용하지 않았는데 이것은 청각에 바탕을 둔 구연성과 결부된 문제이다.『불여귀』에서는 구두점이나 이중 방선의 표시 등 묵독의 효과를 돕는 시각성에 바탕을 두지만,[144] 전체적으로 고르지 않은 구두점의 사용에서 청각[145]과도 관련한 것으로 여겨진다. 종지부(.)는 거의 쓰지 않고 상편에서 빈번히 사용되던 구두점(,)이 하편에 와서는 현저히 감소하는 등 구두점의 사용은 고르지 않다. 이것을 양계초가 로카의 작품을 번역하면서 "원문의 구절 단락 등에 주의하면서 애써 그 호흡을 살리려는 시도"[146]나 "원문의 호흡마

1905.

143　中村忠行,「德富蘆花と現代中國文學(1)」,『天理大學學報』1卷2・3号, 1950, 26면.

144　박진영, 앞의 논문(2007).

145　맥루한에 따르면 구두점이 완전하고 체계적으로 사용되는 경우는 "눈을 위한 것"인데 16~17세기까지도 그러한 구두점이 "귀를 위한 것이었"다고 지적한 바 있다. 마샬 맥루한, 임상원 역, 앞의 책, 170면; 당시 출간된 활자본 고소설은 호흡단위로 띄어쓰기가 되어 있었다고 한다. 권순긍, 앞의 책, 28면.

146　中村忠行, 앞의 논문, 11면.

저 옮기"려는 철저한 원문중심주의의 수미일관한 논리로 체계화하기란 어렵다. 역문 존중과 원문 존중의 태도가 번역자로서의 "자신의 역할 규정에 관련한 의식의 차"[147]와 연관된다면 『불여귀』의 역문중심과 원문존중의 태도의 공존을 독자층 중심으로 전환하는 자세 변화의 일환으로 이해할 수 있다.

2) 해변의 러브신 — 정사(情死)의 회피

원작을 '완역'한 『두견성』과 『불여귀』에서는 스토리를 변형하지 않으면서도 문장 단위의 첨삭을 더하여 원작의 부부애 표상을 변형시켰다. 『호토토기스』의 부부애 표상방식은 신파극의 명장면으로 널리 알려진 '러브신'의 대목에서 가장 명료하다. 제1장에서 기술한 바와 같이[148] 원작에서 전지 요양 중인 나미코와 다케오가 재회하는 사랑의 명장면이다. 원작의 '직분' 우위의 서사 구조가 가장 핵심적으로 표출되어 사랑과 가정, 국가의 가치 체계의 편제 방식을 압축적으로 보여주는데 『두견성』과 『불여귀』에서는 다음과 같은 '러브신'으로 재구성했다.

[혜] 늬가나아보릿가이몹슬병이(…중략…)

혜경은 남편의 억긔에가의지ᄒ면셔(…중략…)

[봉] (…중략…) 아무려도낫겟다ᄒᄂᆫ마음만잇스면긔어히낫지오낫지안ᄂᆫ다ᄂᆫ말은 혜경씨가 나를사랑ᄒ지안ᄂᆫ말이지나를사랑ᄒᆯ것갓ᄒ면긔어히터이야낫지안이ᄒ면이사ᄅᆷ은엇지ᄒ나

봉남은혜경의왼손을 잡아 ᄌ긔입살에다갓다더이더라

---

147 大澤吉博, 「言語の間の「夢十夜」 第七夜─日本語・英語・韓國語テクストを比較して─」, 『比較文學硏究』 68号, 東大比較文學會, 1996, 70면.
148 『小說 不如歸』의 원문과 번역은 66~67면 주64참조.

두사룸은한동안말이업더니월미도에서나오는돗단비흔척은바다우흐로
밋그러져서가는듯흔더혜경은눈물이핑그르르돈눈에웃는빗을씌오며

「낫지오덩령낫지오-아ㅅㅅ사람이웨죽노쳔년만년이라도살고십흔더
죽으랴거던둘이함쎄-예-둘이함쎄요-」

[봉]혜경씨가죽으면나혼ㅈ살슈가잇나

[혜]졍말아이고됴와둘이함쎄-그러히두어머님이게시고나라일을흐시는
더그런싱각이계신들엇더케임의로흐실슈가잇나쎄에는나혼ㅈ몬져가서
기더릴슈밧게업지-니가죽으면간혹싱각이나흐야주셔요예-예-여보[149]

「다시,나아,봇가요?」(…중략…)

「(…중략…) 이편, 마음으로라도,쏙,나으려니흐고,잇스면, ㅊㅊ나을것
슬,심녀을지어셔흐니깐,그럿치,병이낫지아니흐겟다흐눈거슨, 나미상이,
나을스랑흐지아니흐게,그러흐지,나을, 스랑홀것갓흐면, 쏙, 나을터이지,
아니,나으면, 엇지흐라고」

다쎄오는, 나미쏘에, 손을, 쓸어다가, ㅈ긔입에디이니,손에는,혼인신에,
다쎄오가보니인,보석,반지가찰난이,광치가눈다, 양구토록,서로묵묵히,안
졋는디,눈압흐로,흰돗단비한척이, 흐르눈듯시,지니여간다」

나미쏘는, 눈에, 눈물을먹음고,다시,우음을씌여,

「아마, 날터이지요, 안낫눈병이, 어디잇겟소, 아ㅅㅅ스람은, 웨, 죽기을,
마련힛스가요,쳔만연이라도살게흐지,아이고, 살고십어라, 죽거든우리둘
이흔가지로, 응, 둘이-」

나미상이,만일 불힝할 것 갓트흐면, 니역, 살아잇지아니홀테야.

아이, 죠와라, 졍말이요? 응, 영감-그럿치만, 어머님도,게시고, 쏘, 벼슬
이 잇눈데,마음더로, 하실슈가, 잇ㄴ요, 그러면,나혼ㅈ먼져가셔,기다릴슈박
게업지요. 응, 영감, 니가죽으면,갓금, 싱각이나흐실터이요? 영감,응,응?[150]

149 『두견셩』상, 107~109면.

즈시[逗子] 해안의 공간적 배경이 평양 대동강으로 변경된 『두견성』에서는 에노시마를 월미도로 바꾸어 해변의 '금슬 좋은 내외'의 단란한 풍경을 펼친다. 바위에 걸터앉아 나누는 부부의 대화는 원작의 '러브신'의 명대사를 크게 이탈하지 않는다. 병문안 온 남편이 회복의 기미 없는 아내를 위로하며 영원한 사랑을 약속하는 명장면은 비교적 원문을 충실하게 번역 / 번안했다.

키쓰와 포옹, 다이아몬드 반지 등 원작의 낭만적 사랑의 구성 기제를 『두견성』에서는 부부의 화목함과 애틋한 정감을 실감 있게 서술하는 차원에서 조선의 현실에 친숙한 질료로 교체하면서 낭만성은 약화된다. "목도리"로 "방셔삼아싈" 연약한 아내를 부축하고 감싸 안는 남편의 품안에서 "봉남의 손을 두손으로 밧삭글어쥐며몸을턱―의지"하는 병약한 아내를 보호하는 남편의 절제된 행동은 가부장제의 건장한 장부의 역할인 것이다. 원작에서 불안과 근심으로 조심스럽게 "나을까요?"라고 묻는 공손한 여성의 말투는 "니가나아보릿가이몹슬병이"라는 퉁명스럽고 원망어린 말투로 변형됨으로써 여성의 인물 조형 방식의 일관된 특징이 고스란히 드러난다. 칠거지악이라는 도덕의 강박에서 자유롭지 않은 역자의 냉소적인 시선은 『불여귀』에서도 "다시, 나아, 봇가요?"라는 과시적이고 도전적인 말투로 『두견성』과 동일한 변형 방식으로 이루어졌다. 질병을 "개개인의 도덕적 품성에 따라 주어지는 심판"[151]으로 인식하는 역자의 시선은 질병에 걸린 여성을 순종적이거나 온유하지 않은 방자한 심성에 의한 '인과응보'[152]라는 일종의 방

---

150 『불여귀』 상, 134~135면.
151 수잔 손택, 이재원 역, 『은유로서의 질병』, 도서출판 이후, 2002, 73면.
152 유행병은 '페스트pestilence'라는 단어에서 파생한 형용사 '폐해가 많은pestilent'의 뜻으로 "종교, 도덕, 또는 공공의 평화에 해로운"의 의미가 있으며 그 파생어 '폐해를 끼치는pestilentia'은 "도덕적으로 유해하거나 치명적인" 의미가 있다. 이러한 어원은 징벌로서의 질병의 의미의 연원을 보여준다. 위의 책, 89면.

어기제의 심리에서 원작과는 다른 여성의 이미지 변형이 이루어진다. "아마, 날터이지요, 안낫는병이, 어디잇겟소"라는 근거 없는 낙관으로 병약함을 감추는 여성의 말투는 폐결핵에 대한 두려움에 떨며 사랑의 힘으로 극복하려는 원작의 가녀린 여성의 이미지와는 사뭇 다르다.

질병에 대한 무지와 의학적인 지식의 결핍은 심신의 전통의학을 기반으로 질병을 "마음"으로 귀속시켜 한층 교만한 여성의 이미지를 조형했다. 1909(메이지 42)년의 시점에서 폐결핵으로 인한 사망자가 속출하여 폐결핵에 대한 공포가 최고조에 달한 일본과 달리 한국에서는 "1910년대 조선에서의 결핵이 만연되는 상황을 알 수 있는 자료나 기록이 없"[153]을 만큼 폐결핵에 대한 일본과 조선의 인식의 차이는 컸다. 1910년 조선의 전염병 환자 및 사망자수 통계에서 결핵은 순위 밖의 미미한 수치로 집계되었다.[154] 물론 조선에서도 폐결핵의 발병률은 무시할 수 없고 잠재적인 위험성은 분명하지만[155] 조선에서 「폐결핵 예방에 관한 건」의 법률이 공포되고 시행된 것은 1918년에 접어들어서였고[156] 1910년대 초반의 식민지 조선에서 폐결핵에 대한 사회적 인지도는 매우 낮은 편이었다.

이러한 조선 현실에서 폐결핵에 대한 의학적 지식과 신체 해부학적 지식의 결핍은 한층 소문에 의존한 정보를 유통시켜 "올흔편폐부가업서"[157]지는 증상 등의 과장적 진술이 증폭된다. '심(心) / 신(身)'[158]의 대립

153　대한결핵협회 편,『한국결핵사』, 대한결핵협회발행, 1998, 191면.

154　조선총독부, 「제333표 조선인 팔종 전염병 환자 및 사망자」,『명치 43년, 조선총독부통계연보』, 조선총독부, 1912.

155　대한결핵협회 편, 앞의 책, 193면; 白石保成,『朝鮮 衛生要義』, 1918.

156　「명치 43년 조선총독부통계연보」, 영인본『조선총독부관보』, 아세아문화사, 1984, 15면; 1918. 1. 15 조선총독부령 제4호, 「폐결핵 예방에 관한 건」 공포, 동년 3. 1 시행.

157　『脚本 不如歸』의 다케오의 대사와 동일하다.『두견성』의 번안 과정에서『脚本 不如歸』가 참조되었을 가능성이 크다고 하겠다. 현실의 불안과 불만의 우회적 표현으로 소문과 풍설이 난무한 1910년대 폐결핵에 관한 이러한 소문이 있었을 가능성도 배제할 수 없다. 권보드래,『1910년대, 풍문의 시대를 읽다』, 동국대 출판부, 2008.

체계에서 "심병(心病)"을 우위에 놓는 전통적인 한의학적 지식을 바탕으로 원작의 육체와 정신의 분할은 몸과 마음으로 전도하여 원작의 사랑과 정신과 질병의 관계를 변화시킨다.[159] 원작의 질병은 '정신'의 문제이지만 『두견성』과 『불여귀』에서는 '마음'으로 치환된다. '정신'이 '육체'와 대립적인 개념이라면 '마음'은 '몸'과 상대적인 말로서 원작에서 질병은 '정신'과 결부되었으나 『두견성』과 『불여귀』에서는 '마음'과 연루된다.

　『호토토기스』의 폐결핵의 질병을 앓는 주체의 고독과 내면을 상징하는 일종의 메타포로서의 결핵[160]의 언표적 기능은 식민지 조선의 『호토토기스』 수용의 맥락에서는 현저히 약화된다. 낭만적 이미지를 생성했던 폐결핵은 조선의 서사에서는 가부장제의 후손을 이을 건강한 육체를 훼손한 결핍된 부(負)의 이미지로 폐결핵의 질병과 낭만성이 결합될 틈은 매우 비좁았다. 폐결핵에 대한 공포와 이를 극복하려는 정신적 의지가 생성하는 원작의 낭만성은 인간의 육체와 정신에 대한 새로운 인식의 전환 속에 영원한 사랑을 갈망하는 '러브'의 변주로서 고조되었다. 이러한 낭만성의 약화는 『불여귀』와 『두견성』, 『류화우』와 같은 1910년대 신소설의 폐결핵 표상과 연루된 것으로 '육체와 정신의 분리, 육체의 '물질화'의 시각에서 육체가 새롭게 조명된[161] 1900년대 계몽담론의 병리학적 언표[162]의 맥락과 불연속적이면서도 비극성과 낭만성을 수반하는 은유로서의 폐결핵[163]의 병리학적인 장치가 작동하는 신경쇠약이나 결핵을 앓는 '문학 주체'가 등장하는 1920년대를 연계했다.

158　고미숙, 「『대한매일신보』와 '병리학'의 담론적 배치」, 이화여대 한국문화연구원 편, 『근대계몽기 지식의 굴절과 현실적 심화』, 소명출판, 2007 참조.
159　신동원, 『호열자, 조선을 습격하다』, 역사비평사, 2004, 241면.
160　柄谷行人, 『日本近代文學の起源』, 講談社, 1980, 134~137면.
161　이영아, 『육체의 탄생』, 민음사, 2008, 53면.
162　고미숙, 앞의 논문, 222면
163　이수영, 「한국 근대문학의 형성과 미적 감각의 병리성」, 『민족문학사연구』 26호, 민족문학사학회, 2004, 260면.

'러브'를 의식해 육체와 정신을 분할하여 사랑과 연계하는 원작과 같이 질병의 치유는 사랑에 의해서 보장되는 것이 아니라 "마음"에 달린 것이다. 원문의 "꼭 낫는다는 정신"은 사랑이 정신에 대한 관계를 명쾌하게 드러내는 대목인데 번안/번역에서는 "정신"이 아니라 "마음"을 선택했다. "심녀"의 대상은 사랑이 아니라 질병으로 영원한 정신적 사랑이 깃들여지는 허락되지 않는다. 이러한 변형 방식은『불여귀』에서도 동일하다. 육체의 질병은 "마음"의 문제인데『각본 호토토기스』에서도 "氣[마음, 기분]"으로 변모했다는 점에서 근대적 의학적 지식이 결핍된 시대에 공유되는 통속화 방식의 유형과 결부된 것이다. 원작에서 "꼭 낫는다는 정신"으로 낭만성의 기운을 불어넣는데『두견성』에서는 "낫지안이 ᄒ"더라도 사랑과 결부되지 않는 낭만성의 퇴조는 "이 사룸은 엇지ᄒ나"라는 낙담으로 이어졌다.

　일본의 메이지 30년대 민법의 공포와 함께 일부일처제에 대한 의식이 "죽어도 나는 당신의 아내예요"라는 영원한 아내를 희구하는 발화를 낳게 한『호토토기스』는 번안/번역에서는 영원한 사랑도 영원한 아내의 갈망도 약화된다. 육체에 대한 정신성의 우위를 바탕으로 하는 '러브'의 상상의 방식이 번안/번역에서는 심신(心身)의 대립체계에서 마음 즉, 심은 몸에 대한 압도적인 우위의 관계로 전이하며 영원한 사랑도 영원한 아내의 갈망도 흔들린다. 이점 사랑의 가치를 생과 사의 임계점을 가상하여 드러내는 대화에 명징하다. "죽으랴거던둘이함께 -예-둚이함께요-" 하고 병든 자신과 생사를 같이 하자는 아내의 요청에 "혜경씨가죽으면나혼ᄌ살슈가잇니"라는『두견성』의 봉남의 회답은 "나미상이 죽는다면 나도 살 수 없어!"라고 생에의 단념을 뚜렷하게 표명하는 원문과는 차이가 있다. 원문에서는 개체 단독자의 생과 사의 문제인데『두견성』에서는 "나혼ᄌ살슈" 없는 문제로 다시 말하면 생의 가능성이 재혼[164]의 조건에서 시사되는 방식으로, 죽음과 재혼이라는 생의 중의적인 의미를 띠는 방식으로 변형된다. 원작에서의 생사의 경계에 놓인 위태롭고 위협적인 사랑을 죽음과 분리하여 안전한 제도의 영역으로 구획하는 방식으로 사랑과 죽음이 관계 맺는 일정한 메커니즘이 작동한다.

이러한 작동 방식은 편차가 있지만 『불여귀』에서도 유사하다. 원작에서 아내의 죽음이라는 가정을 "나미상이, 만일 불힝할 것 갓트흐면"과 같이 추상적인 형태로 원문의 "죽음"을 "불힝"으로 대체한다. 생과 사라는 선택이 행과 "불힝"[165]의 관계로 바뀌어졌다. 사랑은 인간의 생사를 가늠할 수 없다는 사랑에 대한 가치 편제의 방식이 죽음의 자리에 "불힝"이라는 포괄적인 어휘를 교체하여 다양한 가능성을 열어두는 것이다. 이러한 차이와 유사한 형태를 보이는 『류화우』에서는 "이처(二妻)를 암시"[166]하는 결말로 종결하여 일부일처제에 입각한 부부애의 주제는 이혼, 재혼의 모티프를 확산시키는 역방향의 서사로 파급되었다. 『불여귀』의 "불힝"으로의 변형이 내포하는 재혼의 암시를 한층 극대화시킨 서사로 확산된 것이다. 이러한 표상 체계의 변형을 통해 사랑의 가치의 위계 구조는 전이되는데 정사(情死)는 "임의로 ㅎ 실슈가 잇나"라며 원작의 '자유'가 "임의로"라는 말로 대체된 것도 이러한 연유이다. 원작에서 동반 자살에 호응하는 남편의 대답에 기뻐하던 아내는 '어머니'와 '직분'

---

164 『두견성』의 재혼을 암시하는 방향의 변형은 원작에서 아들을 '이혼'시킨 자신의 죄의식을 상쇄하기 위하여 "후처를 맞이하려"는 시어머니의 의도를 보다 뚜렷이 하는 변형과도 연관되는 것이다.

165 원문 "아아 사랑받지못하는 것은 불행이고 사랑할 수 없는 것은 더욱 불행이래(ああ 愛されぬは不幸なり, 愛することの出來ぬは猶更に不幸なり)"(『호토토기스』상, 15면)를 『불여귀』에서는 "아, 슬푸다, 사랑을, 입지못흠도, 불효요, 사랑흠을엇지못함도, 더욱불효이라"(상, 13면)로 "불행"을 일본어 체계에서 동음이의어인 "불효"로 대체했다. 구술하는 형태의 번역 과정에서 언어 유희성과 함께 행복과 불행의 표상에 관계하는 조선 사회의 도덕적 기반이 작동한다.

166 권보드래, 「열정의 공공성과 개인성 — 신소설에 나타난 '일부일처'와 '이처'의 문제」, 『한국학보』 99집, 일지사, 2000, 125면.

에서 "자유롭"지 않은 현실을 깨닫고는 이내 단념하면서 "가끔 생각해" 주기를 호소한다. '어머니'와 '직분'이 표상하는 가정과 국가에 종속된 가치 체계에서 사랑이 갖는 하위의 위계의 현실을 전도하는 신쥬(心中)는 억압적 체계에서의 '자유'의 행위이지만 『두견성』에서는 "어머님"과 "나라일"로 표상되는 위계질서 속에 정사는 한낱 "임의"적인 것으로 인식된다. '직분'은 "나라일"로 '자유'는 "임의"로 표상의 변형이 이루어지는데 이러한 관계에서 가족과 국가와 사랑의 위계질서는 변화된다.

전술한 바와 같이 원작 『호토토기스』의 결혼은 여성을 '자유'롭게 한다는 서술에서 한자어 '자유(自由)'는 『두견성』과 『불여귀』에서 모두 "ᄌ유"로 번역했다. 가족 제도의 억압과 구속에서 해방되는 근대적 이념의 표상이라는 맥락과 아내의 뜻에 따라 남편도 함께 죽는 행위를 구별하려는 의식이 작동하는 것이다. 여기에는 1910년대 식민지 조선에서 남성의 존재 조건의 차이가 작용하는데 남녀의 신쥬(心中)의 기억을 공유하지 않는 조선 현실에서 '어머니'와 "나라일"의 막중한 책임을 방기하고 제멋대로 남녀가 정사한다는 부정적인 시각으로 인해 『두견성』에서는 '자유' 대신 "임의로"를 선택했다. 사랑의 가치에 대한 회의와 의구심이 깔려 있는 역자 주체의 의식에서 '직분'은 "나라일"로 바꾸어 한층 공(公)과 사(私)의 대비를 명확히 하는 관계에서 죽음을 지극히 사적인 사사로운 행위로 극명하게 부각시켜 사랑을 최상의 가치로 하는 신쥬(心中)의 의미작용을 변경했다.

이러한 변형의 방식을 보다 가속화한 『불여귀』에서는 '자유'의 한자어를 "마음디로"라는 표현으로 교체하고 '직분'을 "벼슬"로 번역했다. 사랑은 사(私)의 영역에서 국가의 관념이 희석된 "벼슬"의 공공성과 대비되는 형태로 바꾸었다. 남녀의 정사에 '자유'의 근대적 가치를 허락할 수 없다는 의식의 밑바탕에 사랑에 대한 근대적 인식 또한 척박하게 자리할 수밖에 없다.

또한 원작의 '직분'을 "나라일"과 "벼슬"로 번역하는 방식에서 '직분'이 국가 관념과 결부되는 일본 사회의 '직분'의 의미 작용은 변형되어 '직분'은 직무의 의미로 제한했다.[167] '직분御職分(おつとめ)'의 한자어를 쇼쿠분(しょくぶん)과 츠토메(つとめ)로 두 가지 방식의 음으로 읽어 문맥에 따라 선택했는데 여기에서는 한어 '職分'에 '츠토메'의 후리가나를 달았다. 통상적으로 '츠토메'는 근무(勤務)의 의미로서 쇼쿠분이 함축하는 당위 규범적 의미가 약화되는데 나미코의 발화에서 근무나 일(仕事) 등을 지칭하는 어휘가 아니라 '츠토메'에 한어 '職分'을 구사하여 서사의 '직분' 관념으로 연계하도록 유도했다. 주지하는 바와 같이 유교적 질서의 주자학적 가치 체계에서 의무 당위와 연관된 '직분'의 한자어는 널리 사용되었다. 원작의 '직분'의 한자어를 그대로 '직분'으로 읽지 않고 "나라일"과 "벼슬"로 대체함으로써 '직분'이 표상하는 국가의 관계를 약화시키고 사랑을 공적인 의미에서만 대립시켰다.

제1장에서 기술한 바와 같이 한자 · 한문의 소양을 바탕으로 '정'과 '공명의 지'의 대립 체계에서 '정'은 "나라일"과 "벼슬"이라는 '공명의 지'의 하위의 위계로 편제되는데 당위 규범과 연계된 '직분'의 명분보다 '나라일'과 '벼슬'의 공공적인 권위를 부여하는 편이 사사로운 정사의 행위를 평가 절하시키기에는 한층 효과적이다.

사랑을 이룰 수 없는 현실의 장애를 죽음으로 뛰어넘으려는 남녀의 정사에 대한 번역자의 부정적인 시선은 '공명의 지'의 하위의 '정'의 위

---

167 원작에서 '부모의 직분'은 『불여귀』와 『두견성』에서는 동일하게 '부모의 직책'으로, 국가와 관련한 '이 직분'은 『두견성』에서는 "이 직책으로" 『불여귀』에서는 "이 즉분으로" 번역했다. 『불여귀』 상편에서 '부모의 직책'으로 하편에서는 '이 즉분(직분의 오자)'으로 번역했다. 1890년대 지식인들의 계몽담론에서 "부모의 직책, 부모되는 직무, 남편의 직책"의 표현이 산견된다. 유교적 질서를 공유하는 한국에서 원작의 "부모의 직분(職分)"을 '직책'으로 번역한 것은 이러한 선상에서 이해된다. 일본 사회에서 산업사회로의 전환의 과정에서 직업과 관련하여 직분의 의식이 새롭게 재구성되는 맥락에서 갖는 직분의 함의는 번역 / 변안에서는 의식되지 않았다.

계를 위협하는 위험하고 불온한 타자로 조형하게 했다. 번역자의 냉소적인 태도는 원작의 여성의 죽음을 '불힝'의 어휘로 교체하여 '정'에서 '사(死)'를 분리하는 자기 방어의 심리 메커니즘을 작동시킴으로써 여성에 대한 동정을 차단하고 등장인물은 분열하지 않는다.

한편 이러한『불여귀』의 서술 기법의 특징은 해변의 '러브신'의 명장면의 구성에서 더욱 돋보인다. 서사의 줄거리와 관련 없는 주변 풍경 묘사에 원작에 없는 수사와 한자성어를 구사하여 생동감 있는 필치로 운치를 더하는데 "일망무제훈, 바닷물, 가는, 물쎨은비눌형샹갓치울넝거리는더로, 광치가난다" 등과 같이 장황하고 정감 있는 입담으로 분위기를 살려 변사와 같이 흥취를 돋우어 해변에서 펼쳐질 이후의 '러브신'을 한껏 기대에 부풀게 한다. 특히 햇살에 부서지는 바닷물결의 광채는 이후의 "보셕, 반지가찰난이, 광치가" 나는 아내의 손에 키스를 하는 해변의 남녀를 더욱 빛나게 하는 낭만적인 풍광을 연출한다. 줄거리 중심의 서사적 정보에 역점을 둔『두견성』에서 결혼반지는 별다른 의미를 지니지 못하여 삭제한 데 반해서『불여귀』에서는 해변의 '러브신'의 질료로서 적극적으로 도입한다. 다이아몬드 결혼반지를 낀 아내의 손에 입맞춤하는 세련된 신사의 포즈로 '로망'의 분위기를 연출하여 동시대 일본 여성의 동경과 선망을 자아냈다. 이러한 원작의 반향을 의식한『불여귀』의 보석 반지는 이듬해『장한몽』에서 이수일의 다이아몬드가 환기하는 이수일과 심순애의 해변의 이별 장면을 겹쳐지게 하는 대목이다.

이러한『두견성』과『불여귀』의 상이한 서술 방식은 수용 맥락의 차이를 여실히 드러낸다. 1898(메이지 31)년 1월『요미우리신문讀賣新聞』에 연재되기 시작한『곤지키야샤』의 다이아몬드 반지모티프는 일본 사회 일약 대유행을 이루며 소비문화 시대를 상징[168]함으로써 이후『호토토기

168　多田道太郎,「大衆文化の時代開幕」,『明治文學の世界』,『明治文學の世界－鏡像としての新世紀』(齋藤愼爾 編), 柏書房, 2001, 27면.

스』의 이별 장면은 독자 대중의 반지의 기억을 상기시켰다. 일본에서는
『곤지키야샤』에서 『호토토기스』의 순서로 수용되었지만 조선에서는
그와는 반대로 『호토토기스』의 번역 『불여귀』에서 『곤지키야샤』의 번
안 『장한몽』으로 수용되는 문맥에서 원작과도 다른 정보가 교착된다.
즉, 『불여귀』의 번역에 『곤지키야샤』가 개입하거나 『장한몽』의 번안에
『호토토기스』가 개입하는 중층적인 상호 교섭의 관계를 이루어 메이지
가정소설과는 다른 1910년대 식민지 조선의 맥락을 형성한 것이다.

3) 평양 대동강의 지정학적 상상력 ―육친애에서 부부로

『두견성』과 『불여귀』의 부부애 표상방식의 변형에는 공간에 따른
지정학적 상상력이 개입한다. 연애 없이 집안의 중매로 인연을 맺은
『호토토기스』의 신혼부부는 "부친을 닮은 남편과 여동생 같은 아내가
서로 흡족해하"[169]면서 부모가 정해준 결혼 상대자를 아끼며 다정히 여
긴다. 육친과 닮았다는 점이 이성에 대한 호감을 갖게 하는 원작에서는
부부 사이의 사적인 감정을 의사(擬似)적 가족관계의 친밀함을 포섭하
는 방식으로 형상화했다. 이러한 부부애관념은 번역 / 번안에서 확장
되었다. 육친애에 기초한 부부애표상방식은 원작에서 기틀이 마련되
었는데 『두견성』에서는 조선의 공간표상과 결합하여 한층 구체적인
심상의 형태로 깊이 뿌리내렸다.

원작의 시대 동경과 친정의 별장 즈시 해안은 『두견성』에서는 서울
과 인천, 강화도, 영종도의 별장으로 설정된다. 영종·용유·월미도 등
의 여러 섬으로 둘러싸인 인천은 한성(서울)과의 최단거리에 있는 제물
포를 1883년 개항했다. 조선 진출을 둘러싼 열강의 각축 속에서 기선을

169　佐藤勝, 佐藤善也 注釋, 앞의 책, 256면.

제압하려는 일본이 군함 운양호를 강화 앞바다에 파견하여 영종포대를 점령한 후 맺은 강화도조약(1876) 체결에 따라 개항한 이래 인천은 제물포 포구 일대를 일본의 전용거류지로서 일본지계로 책정하여 일본 최초의 개항지로서 외국인 전용거류지 요코하마(橫浜)와 흡사한 형태로 구획했다.[170] 또한 청일전쟁으로부터 10년 후인 1904년 일본은 인천 소월미도 앞바다에서 러시아군을 격침하는 것을 기화로 조선에서 러일전쟁이 발발, 서울·평양·압록강을 거쳐 만주로 여순, 봉천에서 일본이 승전하여 1905년 러시아는 후퇴했다.[171] 이와 같이 일본·청·러시아·영국 등 서양 각국이 드나든 인천의 지역적 특수성은 동경과 인접하면서도 바다 건너 세계를 향한 상상력을 불러일으킬 수 있는 즈시 해안과 유비적인 것으로 작용했을 것이다.

원작에서 청일전쟁의 격전지 황해바다는 즈시 해안의 투신이라는 개인의 사적 행위를 국가와 관련시키는 서사적 기제이다. 즉, 황해 바다로 흐르는 즈시 해안의 물길이 신주와 청일전쟁의 기억을 교직하는 일본 제국의 지정학적 상상력은 조선의 평양 대동강변으로 이동한 번안에서 어떻게 변용되는가. 제1장에서 전술한 바와 같이 즈시 해안은 나미코와 다케오가 영원한 사랑을 약속하던 추억의 장소로서 질병의 악화로 죽음을 목전에 둔 나미코가 죽음을 결의하는 곳이다. 질병의 회복의 기미 없이 죽음만을 기다리는 그녀에게 죽음의 결의는 서사적 공간의 의미와 관련된 선택인 것이다. 서사에서 즈시 해안의 바위는 병사(病死)와는 다른 사랑의 추억과 황해를 연계하는 공동체의 지정학적 상상력을 작동시키는 토포스(topos)[172]이다. 원작에서 나미코의 투신은

---

170 인천직할시편찬위원회, 『인천시사』하권, 인천직할시, 1993, 803~805면.
171 위의 책, 824면.
172 그리스어로 장소, 공통의 장의 뜻, 반복되는 시적 개념·텍스트에 빈출하는 명확한 모티프의 복합체. 川口喬一, 岡本靖正 編, 『最新文學批評用語辭典』, 硏究社出版, 1998, 194면.

이러한 지정학적 상상력 속에서 의미를 갖는다. 광활한 바다를 덮치는 파도의 격랑과 거센 바람, 천지를 뒤흔드는 "비장한 음"과 바다 건너 소나무 사이로 벚꽃 가득한 산이 어우러진 장엄한 풍경은 죽음을 결심하는 나미코의 내면과 조응한다. 벚꽃의 "비명"이나 바위에 부서지는 파도의 포말과 같이 스러지는 소멸의 이미지로 왜소하고 미력한 인간을 극명하게 대비시키는 "숭고한 자연" 풍경이다.

한편, 『두견성』의 러일전쟁의 격전지 려순 항구로 흐르는 인천바다는 "사시장춘 소나무" 빼곡한 산천 풍경으로 조선의 어느 곳이나 있을 법한 "익명(anonymous)의 풍경"[173]이다. 풍경이 주체의 의식의 산물이며 풍경 의식이 선행하는 '예술'에 의해 만들어진 "풍토에 의해 촉발된 심미적 인상"[174]이라는 풍경의 정의[175]에 따르자면 이러한 '강상풍경'은 스펙터클한 자연 풍광이 불러일으키는 황해 전투와 직결된 심상을 차단한다. 소나무 울창한 산이 병풍처럼 둘러쳐진 바닷가 "건넌산 솔나무는 리별가를 알외는듯 바위아리 깁흔물은 가련흔 인성을 기다리는듯" 구슬픈 이별가 가락 굽이치는 파도에 어우러진 한 폭의 풍경은 군함과 대포소리 진동하는 살풍경한 려순 항구와는 아득히 먼 이미지를 생성한다. '강상풍경'의 심상은 투신하는 여성을 동정하는 바다로 변형시켰다. 여기에는 조선의 공동체의 상상력이 작용한다. '귀촉도 불려귀라 제혈삼경 두견시'[176] 등 여러 종류의 심청을 동정하고 위로하듯[177]

173 이효덕 · 박성관 역, 앞의 책, 44면.
174 위의 책, 42면; 勝原文夫, 『日本風景論 序說』, 論倉社, 1979, 4~5면.
175 "풍경이란 조망되는 자연 측에 존재하는 것이 아닌 조망하는 인간 측에 존재하는 것으로 (…중략…) 선행하는 예술에 의해 만들어졌다." 위의 책, 42면; 池田弥三郎, 『たが身の風景』, 讀賣新聞社, 1976, 199~201면.
176 김영수, 『필사본 심청전 연구』, 민속원, 2001, 297면.
177 "유원한 두견조나 월흐의 피를 토힉 우름을 화답흐되 불여귀 심천이야 귀촉도 심낭즈야 저늬 정성 가련흐다. 너의 일이 왼 일인고 밍인부친 위로흐여 너의 신셰 영결흐니 임당슈 가난 질리 염나부 안니신다" 위의 책, 290~291면.

원작의 벚꽃의 '비명'을 두견의 '비명'으로 교체하여 두견·불여귀·귀촉도 등의 갖가지 새들과 같이 "바외아릭 깁흔물"은 혜경의 "가련ᄒᆞᆫ 인셩을" 동정한다. 사랑하는 부친과 남편을 향한 투신이 이루어지는 즈시 해안이 소나무 빽곡한 인천바다로 구성되면서 자연 풍경은 부부애에 대한 효의 이미지를 중첩시키는 심상 풍경인 것이다.

투신 직전 히로인이 남기는 마지막 독백 "인도ᄒᆞᆸ시샤 어머니여 용셔ᄒᆞᆸ시샤 아바지여 열아홉히 꿈을 인제야 ᄶᅵ는가—"라는 탄식을 부친을 향한 심청의 발원으로 읽기에 무리가 없다. 투신이라는 행위와 부모님께 이별을 고하는 발원의 우연한 일치는 부부애 서사를 부친을 위한 효의 서사의 이미지로 가파르게 변용시켰다. 별리의 고통을 벗어나 혼이나마 남편의 곁을 따르고자 하는 부부애를 갈망하는 히로인의 꿈은 부친의 꿈을 실현하려는 효녀심청의 꿈을 중첩시켜 부부애가 매개하는 국가를 위한 희생에서 부친을 위한 희생으로 변화한다.

심청전을 공유하는 공동체의 기억은 서사의 곳곳에서 부친에 대한 각별한 애정을 강조하는 방식으로 지속적으로 개입하여 부부애를 효의 도덕 체계에서 상상하도록 제약하는 형태로 작용했다. 심청을 환기시키는 서사적 맥락은 당대 심정순의 구술을 바탕으로 하는 판소리 창본 〈심청가〉를 다시 고쳐쓴 판소리 소설 「강상련」이 『매일신보』(1912.3.17~4.16)에 연재되어 폭발적인 인기를 모은 이래 이해조의 판소리 소설이 유행[178]했던 시대적 흐름 위에서 한층 촉발되었다. 『두견성』의 첫 페이지에 명기된 '열자이해조열'의 표기는 이해조가 주도하는 당대의 문화적 지형과 무관하지 않은 서사의 성립 과정을 드러낸다.

이러한 풍경의 변환은 독자 공동체의 소통 방식을 보여주는 것으로

---

178 김진영·김현주·김영수·김지영 편, 『심청전 전집』 2, 박이정, 1997, 1면; 김종철, 「「옥중화」 연구 (1)—이해조의 개작에 대한 재론」, 『관악어문연구』 20집, 서울대 국어국문학과, 1995.

히로인에 대한 동정과 연민의 시선이 폐결핵을 앓아 이혼 당한 며느리를 향한 것이 아니라는 점을 극명하게 드러내는 것으로 의미심장하다. 동정과 공명의 시선을 심청의 투신의 이미지로써 이끌어내는데 투신에 즈음하여 원작보다 한층 모친과 부친의 존재가 뚜렷해지거나 전편을 통해 부친과의 에피소드가 보다 강조되는 등의 변형은 이러한 연유인 것이다.[179] 원작과는 다른 애상의 감정 표현 방식이 "무정흔세상"을 한탄하는 '이원성'[180] 가락의 구슬픈 정조를 드리우게 하는 번안에서는 심청에 대한 동정과 공감의 심성을 환기시킨다. 이러한 맥락에서 『두견성』의 심청전의 심상을 불러일으키는 자연 풍경은 조선의 부부애를 바라보는 시선이 개입된 선택으로 히로인에 대한 동정과 연민을 이끌어내는 감정 생성 방식의 일단을 보여주는 것이다. 견고한 도덕을 넘어 폐결핵 걸린 여성에 대한 동정은 이러한 심청의 이미지를 바탕으로 하는 "상상에 의한 입장의 전환"[181]에 의해 고통스러운 여성의 심정을 헤

---

179 이혼 후 회복될 가망이 없는 딸 혜경과 함께 부친은 평양의 명승지를 유람하는데 원작과는 분위기가 사뭇 다르다. 부친의 인품이나 자애를 강조하는 원문에 비해 부녀의 관계를 친밀하게 부각하는 방식에는 심청전에 대한 의식이 뚜렷하다. 원작의 부부 별리의 애틋한 심정을 담은 노래를 "노쟈々々 젊어청춘에 임석겨노잔다 죽어 남산일분토되면 나못놀니라"라는 가사의 수심가로 교체한 것은 원문의 노래 가사의 의미를 이해할 수 없었던 이유일 수도 있지만 심청전을 환기하는 서사적 맥락에서 이해된다. 수심가의 가락을 배경으로 "셰월이라는것은 빠르기도ᄒ다 혜경이너는 싱각날는지 모로깃다만은 네가 어렷슬쎄애는 항상 너게 업히여서 발씰로 아비 빔를 탁탁 차더니(…후략…)" 하고 마치 심봉사가 어린 심청을 홀로 키우던 시절을 떠올리게 하는 대화가 이어지는 것에도 단적으로 표출된다. 원작에서는 노래에 의탁하여 한 농부 부부가 나란히 밭에서 일하는 모습을 먼발치에서 바라보는 나미코의 심정을 투영했다. 농부 부부의 단란한 풍경의 표현이 『두견성』에서는 "그 농부의 남녀가 서로 회회락락히 리약이 ᄒ던 형용"으로 대체되었는데 심청전의 "심봉사 이 말 듣고 희희낙락ᄒ여"라는 서술과 비견된다. "이 세상에 아모 희망도 아모 쾌락도 업시 죽는것만 기다라는" 혜경을 위로하는 부친의 사랑이 원문의 부부애를 대체함으로써 부친의 자식에 대한 사랑이 교차되는 방식으로 전개되는 것이다.

180 심청이 애통해하는 이별 대목에서 "붕징로 이원성은 거 렁처의 셜움이요"(김영수, 앞의 책, 269면)라는 '이원성'은 『두견성』의 '이원소설'이라는 부제가 중국어 번역 『不如歸』의 부제 '哀情小說'만이 아니라 심청전이나 민요 '애원성' 등이 의식되었을 가능성을 제기한다.

아려보는 새로운 심성의 틈입의 공간이 마련된다.

　이와 같이 『두견성』의 투신 장면이 심청의 원형적 상징과 결부되는 구성 방식에는 사랑과 효의 도덕이 착종하는 형태로 편제되는 맥락이 작동한다. 사랑이 국가에 대한 자각과 병행하는 원작과는 달리 『두견성』에서는 자연을 조망하는 주체의 의식과 관련한 풍경의 변환은 국가 관념보다 효의 도덕관념이 최상의 가치를 지니는 위계로 재배치시켰다. 전술한 바와 같이 원작의 투신 모티프는 산화하는 벚꽃의 이미지를 결합하여 사랑을 위한 신주를 국가와 연계된 가치로 구성하여 전대의 신주와는 다른 이미지를 나타낸다. 즉, 즈시 해안의 사랑을 위한 투신을 황해와 결부시킴으로써 전사(戰死)와도 같은 숭고함의 정서로 국가와 사랑을 일체화하는 퍼포먼스가 이루어지는데 이는 서사의 사랑과 직분의 이중적인 규범에 구속된 직분 우위의 구조에서 배태되는 사랑의 구성 방식이다.

　이에 비해서 『두견성』의 투신 모티프는 사랑이 효의 가치와의 작용에서 구성되는, 사회의 가치 편제의 차이가 이미지의 차이로 심청전의 심상에 기댄 상상력 속에 동정과 공감의 심성을 불러일으키는 것이다. 여기에는 부부의 결합을 꿈꾸는 사랑의 정념과 죽음을 분리시키려는 무의식적인 조작이 이루어지는데 『두견성』의 서사에서 사랑을 죽음과 맞바꾸지 않는 어휘의 선택에 명료하다. 투신을 눈앞에 둔 순간에도 "죽음이 자유롭게" 하는 유일한 구원의 길로서 제시되는 것이 아니라 "죽난 것을 혹은 임의로 홀 슈도" 있는 선택지로 변모시켜 사랑의 가치를 절내화하지 않는 방시으로 변형시키는 것이다. 사랑은 목숨을 건 죽음과 등가물일 수 없는 사랑의 가치 편제의 방식은 원문의 죽음을 '자

181　아담 스미스, 박세일 · 민경국 역, 『도덕 감정론』, 비봉출판사, 1996, 566면; 김용환, 「공감과 연민의 감정의 도덕적 함의」, 『철학』 76집, 한국철학회, 2003; 민은경, 「타인의 고통과 공감의 원리」, 『철학사상』 27, 서울대 철학사상연구소, 2008.

유'와 결합하는 조합 방식을 "임의로 할 수도 있는" 조건부 선택으로 변경시켰다. 전술한 바와 같이 결혼은 '자유'와 쾌락을 주었다는 구절을 상기하더라도 '자유'의 개념은 유입되었다. 사랑을 위한 죽음과 '자유'를 결합하는 사고에 대한 부정적 인식이 "임의로"의 어휘를 채택하게 했다. 어머니를 위시한 가족과 국가 구성원으로서의 책임 결여라는 의식에 자리한 개인에 대한 부정적 시선, 이른 바 개인의 발견 이전의 공동체와 분리되지 않은 개인에 대한 시선은 사랑의 죽음을 공동체의 가치를 방임한 "임의"에 불과하다는 의미를 함축하는 것이다. "문학이 국가와 개인을 공존적으로 파악하는 시각에서 점차 둘을 분리해서 바라보는 방향으로 변화하는 문맥에 위치"[182]하는 『호토토기스』의 개인·가정·국가의 역학은 식민지 조선에서 한층 미분화된 개인과 공동체의 관계에서 효의 공동체의 가치로 급전환했다.

　심청의 심상은 부녀의 여행지 교토를 『두견성』의 평양 대동강변으로 바꾼 공간에도 작용하는데 역자의 부부애 표상의 특징은 공간성의 지정학적 표상과 연루된 형태로 구현되었다. 혜경의 병이 깊어지자 부친은 딸을 데리고 마지막 여행길에 나서 평양 대동강변을 유람한다. 평양정거장에서 남행열차를 탄 부녀는 신막 정거장에서 이별한 남편과 조우한다. 『장한몽』에서 남녀 이별의 명장면 진원지 대동강변은 『무정』으로 이어져 대동강을 이별의 낭만적 이미지로 고착화시켰다. 대동강의 이별은 투신 모티프를 공유한다는 점에서도 『두견성』과의 연관성을 엿볼 수 있다. 「서경별곡」이나 「가시리」 등 고려 이후에 역사적으로 형성된 이별의 이미지[183]가 『장한몽』과 『무정』으로 이어지는 흐름

182　佐藤勝, 앞의 책, 508면.
183　『장한몽』의 대동강 공간 설정은 "한갓 일본소설이 별안간 대동강화한 것이 아니"라고 한다. 장구한 역사 속에 구축된 이별의 이미지에 대해서는 김윤식, 「김동인 문학의 세 가지 형식-대동강의 사상과 감각을 중심으로」, 『한국학보』 11-2, 일지사, 1985. 고려 이후의 별곡이나 속요 등의 전통과 1913년 『장한몽』의 공간표상의 사이

에는『두견성』이 자리한다.『두견성』의 평양 대동강은 부녀의 여행지이자 남편과 재회하는 공간으로 부모 자식의 사랑과 부부애의 연관적인 상징에 연원을 둔 것이라 하겠다. 부모와 자녀 사이의 친밀한 애정의 관념을 토대로 부부애를 상상하는 방식은 '애(愛)'를 '효(孝)'와의 관계 속에서 추구하는 한자·한문 교양 체계의 '사랑'[184]에 대한 인식에 뿌리를 두었다. 사랑을 효의 관념을 토대로 확장하는 사유 방식을 공간으로 비유한다면, 평양 대동강변은 부친에 대한 '사랑'에서 부부애로 연계하는 통로의 의미를 내포한다. 육친에 대한 '애(愛)'를 바탕으로 확장하는『두견성』의 부부애 표상 방식은 부친에서 남편으로 사랑과 효의 경계를 넘나들며 이행하는 평양 대동강변의 공간성의 상징과 조응한다. 이듬해 간행된『장한몽』의 대동강변의 남녀 이별 풍경은『두견성』의 평양대동강변의 공간성을 잇는 것으로 선행하는 텍스트『두견성』은『불여귀』와 함께『장한몽』에도 영향을 미치는 상호 교섭의 맥락을 드러낸다고 하겠다. 이와 같이 한자·한문의 교양을 바탕으로 서양의 '러브'의 번역어 '사랑'을 상상한 일본을 매개로 조선의『두견성』의 '부부애'의 표상 방식은『호토토기스』의 투신 모티프라는 우연성에서 보다 첨예하게 특징 지워졌다.

4) 모자의 대결 장면의 변주─고부간 갈등의 서사

전쟁 서사와 애정 서사의 두 축이 팽팽하게 대립하는 원작과 달리 1910년대의 조선에서는 전쟁 서사는 약화되고 애정 서사가 확장되는 가정소설로 유형화되었다. 폐결핵의 발병에서 죽음에 이르는 애정의

에『두견성』을 위치지우는 것으로 기존의 논고를 수정하고자 한다.

184 이석호 역저, 「若夫人子之不孝也는 不愛基親이요」, 『童蒙先習(외)』, 을유문화사, 1971, 40면.

서사와 청일전쟁의 시간 축에 따른 전쟁의 서사가 교차되는 원작의 구성이 『두견성』에서는 러일전쟁의 배경으로 교체되면서 장의 구성은 달라진다. 원작의 서사의 기본 골격을 유지하는 『불여귀』에서도 전투 장면은 축소된다. 이혼과 사별의 아픔을 딛고 전투를 통해 조선인 일본 군인으로서의 정체성을 형성하는 원작의 전쟁 서사는 번역／번안에서 대폭적으로 삭제되고 곁가지의 삽화들이 축소됨으로써 전쟁 체험이 드리운 복잡한 심성의 내성적 측면은 평면적으로 변개되어 여성과 가정의 주제를 보다 두드러지게 했다. 이러한 재구성 방식은 조선에서의 『호토토기스』의 수용이 당초부터 가정소설에 초점을 둔 전략에서 수행되었음을 웅변하는 것이다. 이러한 기조에서 『두견성』에서는 '이원 쇼셜'의 부제를 달거나 비애의 결말로 애정서사 우위의 구조로 재편되었으며 『불여귀』에서는 문장 단위의 첨삭을 통해 고부간의 관계를 부각하거나 인물 조형의 변화를 도모했다. 이러한 변화는 『호토토기스』에서 모친의 집안을 위한다는 명분과 아들의 "인정의리"상의 주장이 맞서는 장면에서 첨예하게 나타난다. "이에(집)와 개인의 충돌"로서 읽혀진 모자간의 대립 모티프는 서사의 위기로서 긴장을 조성하는데 1910년 초 식민지 조선의 번역／번안의 역자는 모친과 아들의 격돌을 한층 약화시킨다.

　1900년대를 전후해 조혼이나 당사자의 의견을 무시한 부모혼인결정권에 대한 폐해를 주장하거나 축첩의 비판, 여성에 대한 개가를 주장하는 담론이 속출했다.[185] '자유결혼'의 말이 통용되기 시작한 1919년 3·1운동 이후의 일로서 결혼 당사자 자신에 의한 결정권의 문제가 핵심적인 사안이었다.[186] 이러한 맥락에서 결혼을 둘러싼 청년의 의지와

---

185 이정덕·박혀식, 『한국의 근대 가족윤리』, 신정, 2002, 110면. 1890년대의 개화지식인의 가족 윤리 담론이 공론화되어진다 해도 이것이 곧바로 전통적 가족 윤리가 변한 것은 아니며 보다 많은 '시간'을 필요로 했다. 부모－자녀간 수직적 가족 윤리의 핵심인 효는 당위의 문제로서 간주되어 공론의 표층에 등장하지 않는 면이 있다고 한다.

완고한 부모 사이의 갈등을 주제로 하는 1910년대 일련의 신소설[187]이 등장하는데 『불여귀』와 『두견성』에서 모자간의 이혼을 둘러싼 갈등의 중심에 질병이라는 기제가 놓여있다는 점이 특이하다. 폐결핵의 질병이 근대적 가치의 선택을 주저하게 하는 복잡한 상황을 전개하는데 전술한 바와 같이 "가와시마 이에[家]가 단절"하지 않도록 이혼하는 것이 세간의 관습이나 도덕인 "세켄법[世間法]"으로도 정당하다는 모친의 주장을 『불여귀』에서는 "세켄법"에 상응하는 것으로 "칠거지악"으로 번역하고 『두견성』에서는 "세상의법례"로 번역했다. 한편, 원작에서 "칠거지악"의 도덕을 언표화하지 않은 『두견성』에서도 "유전"을 "문질(門疾)"[188]로 번역했다. 가문의 존폐가 걸린 질병의 심각함을 일깨우는 "문질"의 어휘는 근대 과학이 탄생시킨 '유전'의 번역어로서 당시의 도덕체계를 바탕으로 하는 선택인 것이다. 이혼이 불가피하다는 모친의 입장을 보다 설득력 있게 하는 이러한 질병의 표상 체계에서 아들의 주장이 타당성을 갖기 위해서는 이혼이 정당하다는 "칠거지악"의 도덕을 무력화시킬 수 있는 도덕적 우위를 확보해야 한다. 원작에서조차 아내를 변호하는 아들의 "정리(情理)"에 호소하는 심정적인 대항논리는 궁색했다. 질병의 치유와 불안함을 불식시킬 만한 근본적인 해결책은 제시되지 않은 "인정의리"의 논리에 "문질"이 표상하는 가문 우위의 도덕을 타파할 근거란 미력하다. 이런 지점에서 질병이 목가적 사랑을 드라마로 전환시키는 극적인 서사의 반전으로 작용하는 통속소설의 서사적 메커니즘[189]의 체계는 원작과 동일하게 작동하지 않는다.

　식민지 조선에서 일본은 조선사회의 전통적 관습과 일본의 근대적 법제도를 절충하면서 이혼에 대한 식민지제도를 확립해나갔는데 전통

186　김경일, 『여성의 근대, 근대의 여성 : 20세기 전반기 신여성과 근대성』, 푸른역사, 2004.
187　전미경, 『근대 계몽기 가족론과 국민 생산 프로젝트』, 소명출판, 2002, 345면.
188　문질(門疾)은 집안 대대로 전하여 내려오는 병을 뜻함.
189　움베르트 에코, 김운찬 역, 『대중의 슈퍼맨』, 열린 책들, 1994.

적인 관습에 따른 협의 이혼의 관습이 부정된 것은 1922년 조선민사령이 개정된 이후이다. 1915년 조선총독부 통첩(24호)에 의해 첩의 호적입적이 금지, 축첩제도의 공인이 부정되어 법률적으로는 일부일처제가 확립되었다. 남녀 차별적인 민법 규정으로 내용상으로는 일부다처제적 현실은 온존되었다.[190]

관습이 불식되지 않은 가운데 근대적인 법제가 이루어지는 1910년대 초 이혼은 점차 증가 추세를 보여 1911년의 이혼 수는 5천 6백여 건으로 이듬 해 1912년에 9천 건으로 급격히 증가하여 1913년에는 거의 1만 건에 육박하는 높은 수치를 보였다. 당시의 이혼 사유가 신구의 갈등, 즉 "남자는 학문이 많고 여자는 학문이 적은 데서" 비롯한 전통에서 근대적 사회로의 이행의 문제는 1910년대부터 일상에서 결혼 이혼으로 나타났다.[191]

1912년의 『두견성』과 『불여귀』의 이혼의 모티프에서도 신구의 갈등 양상이 전개되는데 당시 이러한 충돌 장면에 대한 조선의 독자 공동체의 반응이 반드시 근대적 이행과 합치되는 것이라고 단정할 수 없다. 설전이 절정에 달한 후반부 모친이 아들에게 고함치는 장면을 들어 당시 해석을 가늠해보고자 한다.

> 아직도 의리 인정을 말하느냐. 너는 부모보다 처가 소중하냐. 바보야.
> 뭐라고 하면, 처, 처, 처만 말하고, 부모는 어떻게 할거냐. 무엇을 해도 나미만 말하는, 불효자식이. **의절할테다**[192](강조 인용자)

---

190 김경일, 「일제하 여성의 결혼과 가족생활」, 신용하 외, 『식민지 근대화론에 대한 비판적 성찰』, 나남, 2009, 526~527면.
191 위의 책, 524면.
192 원문은 다음과 같다. "まだ義理人情を云ふツか。卿は親よか妻が大事なツか。たわけ奴が。何云ふと、妻、妻、妻ばかい云ふ、親は如何すツか。何をしても浪ばツかい云ふ、不幸者奴が。勘當すツぞ"『小說 不如歸』 중, 191~192면.

[로] 이써도의리인졍을말ᄒᆞ는냐너는부모보다쳐ᄌᆞ가소즁ᄒᆞ냐병신의 놈
이무슨말을ᄒᆞ던지,쳐,쳐,쳐ᄌᆞ만말ᄒᆞ지부모는엇더케ᄒᆞ려느냐무엇이던지
혜경이말만ᄒᆞ지불효의놈갓흐니[193]

(강조 인용자)

「그리두, ᄯᅩ, 의리니, 인졍이니,그리니,너는, 부모보담, 기집이, 더, 즁ᄒᆞ
니싼, 다시말ᄒᆞᆯ것도업다, 이, 쳔하의무도ᄒᆞᆫ놈아,응,너는, 밤낫, 기집기집 ᄒᆞ
니 어미, 아비는, 엇지ᄒᆞᆯ터이냐, ᄒᆞᆫ낫나문, 어미ᄂᆞᆫ다가, 바리기나, ᄒᆞ여라,
걸핏ᄒᆞ면, <u>나미ᄶᅩ</u>만 말ᄒᆞ니, 불효의 ᄌᆞ식갓튼니ㅡ」[194] (강조 인용자)

병든 아내와의 이혼을 "인졍"에 위배되는 것으로 보는 아들과 집안
을 잇는 존속의 사명을 다하는 것이 "인졍"에 합당한 처사라는 어머니
의 대립이 일촉즉발의 위기감을 고조시킨다. "부모"와 "처"사이에서 선
택의 기로에 처한 아들의 갈등을 비쳐주는 원작에 비해 번안 / 번역에
서 아들의 심리는 간결하다. 원작에서는 긴박감 넘치는 팽팽한 가치의
대결 국면을 이루는데『두견성』과『불여귀』에서는 어머니의 분노에
더욱 힘을 실어 한결 격앙된 언사로 변형되었다.『두견성』에서는 원작
의 "처(妻), 처(妻), 처만 말하지[妻ばかい云ふ]"를 "쳐, 쳐,쳐자만 말하지"
와 같이 원문의 한 자 한 자를 대응시키듯 옮겨 놓으면서도 "무엇이던
지 혜경이 말만 하지" 하는 모친의 불만을 더했다. 개화기 우리말의 '아
내'를 나타내는 어휘들 가운데『두견성』은 원문의 "처(妻)"를 '아내'로
『불여귀』에서는 "기집"[195]을 채택했다. 어머니의 분노에 경사하는 역

---

193 『두견성』상, 125면.
194 『불여귀』상, 155면.
195 '기집'은 '계집'의 비속어인데 '계집'은 조선 시대 초기에 여성에 대한 평칭(平稱)이
     었으나 조선시대 말로 오면서 비칭(卑稱)이 되었다. 오새내,「한국어 여성비속어의
     분류와 특성」,『한국어 의미학』11호, 한국어 의미학회, 2002, 144면; 유창돈,「여성

자의 시선은 『불여귀』에서 더욱 두드러진다.

한편, 원문의 "의절[勳齒]"이라는 표현이 번안 / 번역에서 삭제되었는데 가족의 근간을 위협하는 터부와 금기로서 "의절"을 인식하는 역자의 방어기제가 작동한 것이다. 아내와의 "절연"보다 부모와의 "의절"을 더욱 큰 위협으로 간주하는 당대의 위계질서를 방증한다. 이러한 서사적 질서에서 아들은 "계집"을 위해 조상도 부모도 뒷전인 사리판단의 분별력이 없는 '불효자'의 이미지로 전이된다. 모자의 설전에서 효에 관한 언급이 부쩍 더해지고 서사 곳곳의 "불효"의 어휘를 덧붙이는 등 변형의 방식은 이와 같은 맥락에서 설명된다. 또한 동일한 맥락에서 원작보다 한층 '정'의 어휘가 부가되는 변형의 방식은 "처냐 부모냐"라는 갈등이 첨예하게 맞닥뜨려지지 못하게 하는 가운데 도덕의 강박이 "불효"와 '정'을 한층 강화시키는 방향으로 작동하는 메커니즘이라 하겠다.

원작에서 아들의 주장은 아내의 병세가 회복 단계에 있으므로 폐결핵이 완치될 수 있다는 질병에 대한 근대적 의학 지식을 바탕으로 폐결핵을 앓는 아내와의 이혼이 "집의 명예도 아니요 영광도" 아니라는 논리를 편다. 한편, 『두견성』에서는 결핵균에서 발병한 폐결핵이라는 질병의 병리학적 지식은 아들 이붕남의 신념과 행동양식에 크게 영향을 미치지 않는다. 이혼 불가론의 주장에 폐결핵이라는 특정한 질병에 대한 지식을 주장의 논거로 삼지 않는다. 폐결핵이 대를 끊을 수 있는 "문질"로서 언표 되는 조선의 문맥에서 불안을 불식시킬 만한 쾌유의 전망으로 반박하지 못하는 아들의 "집의 명예를 위해 이혼할 수 없다는 주장"은 "집안을 위해 이혼해야 한다는 모친의 주장"과 집안에 우선을 두는 가치에서 동일하다. 다시 말하면 조선의 칠거지악의 도덕을 뛰어넘을 질병에 대한 완쾌의 소신이나 신념 없이 가문의 명예를 위해 이혼하

어의 역사적 고찰」, 『아시아 여성연구』 5권, 숙명여대 아세아여성문제연구소, 1966.

지 않는다는 논리는 모순되는 순환론에 빠지게 되는 것이다. 이러한 원작에서 부가된 '칠거지악'의 표상 체계는 역으로 서사를 규제하여 아들의 '인정의리'의 주장에 심정적으로 동일화할 수 없는 도덕 감정을 환기하는 방향으로 작동한다. 이혼이 증가했지만 1910년대 후반 남편이 부모의 동의하에 협의 이혼을 할 수 있었던 관습이 뿌리 깊었던 조선에서 "부측(夫側)의 일방적인 기처제도(棄妻制度)"[196]의 의미가 컸다. 아들의 부재중에 "삼더가멸망한다"는 "몹쓸병"에 걸린 며느리를 일방적으로 이혼시키려는 모친을 향한 아들의 변론이 '칠거지악'과 연동되는 대가족의 가부장제에 뿌리내려져 관습에 구속된 의식을 보이는데 1910년대 신소설의 결혼과 이혼의 주제가 근대성의 가치로의 이행과는 역방향의 퇴행적인 방식이 산견되는 것은 이러한 힘의 작용을 보여주는 것이다.

효를 결심하여 이혼하는『안의 성』과 모친의 다그침에 "누가 계집이 더하다 하였습니까?" 하고 모친에 순응하면서도 아내와 부부의 정리를 이어나가는『류화우』, 재혼에 이르는『금강문』과『홍도화』등 1910년대 신소설의 고부간의 갈등에는 효를 위해 이혼하는 '근대성과는 다른 방식으로' 구현되었다. 이혼을 둘러싼 모티프에서 반복되는 "처냐 부모냐"라는 선택지와 부모에 따른 이혼이라는 공통분모는『두견성』과『불여귀』의 모친과의 언쟁의 모티프에서 촉발된 변주된 형태라는 것을 웅변한다. 신소설에서는 효를 원리로 하는 행동 방식이 이혼을 맞이하게 되는 아이러니가 발생하는데 '칠거지악'의 도덕과 부부애라는 근대적 가치의 접합에 의한 서사의 변형이다. 이는 개인의 자아 정체성을 실현하는 방식으로서 자유의지에 의한 결혼과 이혼이 발생하는 이후 사회의 이혼 증가 추세와는 맥락이 다르다.

『불여귀』와『두견성』이 개인의 정체성을 추구하는 방향의 이혼의

---

196 이화여대 한국여성사 편찬위원회,『한국 여성사』2, 이화여대 출판부, 1972, 143면.

서사로 파급되기보다 부모를 위한 이혼이라는 모순된 아이러니의 서사로 확장된 것은 일본의 『호토토기스』가 '번역'과 '속서'를 다량으로 산출했던 수용 양상과 궤를 같이 한다. 원작에 내재하는 전통과 근대의 절충적인 접합의 방식이 대중 독자층에게 친연적인 서사적 관습과 작용하면서 보다 확장하는 형태로 변형되었다. 결혼한 병든 여성이 쫓겨나는 것은 "제가, 병들기가, 잘못"인 "불운한 운명"[197]의 탓으로 "일기혜경의 이정"을 위해 부모를 버릴 수 없다는 "칠거지악"에 기반한 "인정의리"에 뿌리내렸다. 신소설의 이혼 모티프는 이런 맥락에서 해명된다. 이혼이라는 근대성의 지표를 부모의 의지라는 전근대적인 관습과 양립시키는 절충적 사고의 확장인 것이다. 원작의 고부간의 갈등 모티프에서 "저고리 섶은 그렇게 다는 게 아니야"라고 일상에서 시어머니의 잔소리를 더하여 실감을 주는 변형으로 고대소설과 같은 서술 기법을 더하거나 모친이 이혼의 처사에 대하여 일말의 죄의식을 느끼는 심정의 서술을 삭제했다. 이로써 당대의 도덕 감정에 배치되지 않는 관계로 전이시키면서 원작의 구성에서 부차적이던 '고부간의 갈등'[198]이 부각되는 이미지를 생성했다. 서사의 곳곳에 어머니를 옹호하는 방향의 변형이나 두 여성을 원작에 없는 '고부간'의 어휘로 지칭하는 역자의 서술 방식에는 모친을 사랑과 대립시키는 구조를 내면의 갈등 없이 사랑에 무게를 싣게 되도록 유도하는 방향의 변형이다. 원작의 서양과 일본, 신과 구의 절충의 방식이 『두견성』과 『불여귀』에서 일본과 조선,

---

197 "운명의 항"의 원문의 서술을 "운슈행인간공도"(『두견성』), "운명의, 함경"(『불여귀』)으로 교체하거나 원문에 없는 "팔자소관"의 탓으로 돌리는 등 원작에 비해 과도하게 운수와 운명적 세계관이 강조된다.

198 '모친이 자식을 사랑하는 그 마음은 매우 존경하지만, 시어머니가 며느리에 대한 그 심리만은 어서 고쳐야 한다'는 경성보육학교학생의 독서 감상은 한국에서의 수용 방식을 단적으로 제시한다. 「독서특집」, 『신가정』, 동아일보사, 1934; 김옥란, 「근대여성주체로서의 여학생과 독서 체험」, 민족문학사연구소 기초학문단 편, 『한국 근대문학의 형성과 문학장의 재발견』, 소명출판, 2004, 385면.

신과 구로 교체되면서 '고풍'을 긍정적인 가치로 하는 원작의 대립을 조선의 개화 대 '고풍'의 구도에서 '개화'와 '완고'의 대립으로 변모시킴으로써 철저하게 '고풍'이 부정되는 방향의 종속적인 구조로 변모했다.

서사의 '서구와 일본의 관계'와 그 심리에는 일본고유의 정신으로 서양의 지식을 배우는 메이지 '화혼양재(和魂洋才)'[199]의 융합의 사유를 바탕으로 화적 세계에 정신적 가치를 두고 일본의 정체성을 추구하는데, 『두견성』에서는 서양, 일본, 개화 세력이 일체화된 평면적인 구조에서 긍정되는 정신적 가치에 상응하는 것으로 효나 가부장제의 도덕 윤리 등이 강화되는 변모가 이루어졌다고 할 수 있다.

원작의 서양과 일본의 대립을 번안하면서 발생하는 균열의 지점을 메우는 것은 서양풍과 동양풍습의 '절충적인 가정'이다. '고풍스런 취미'를 지닌 원작의 나미코는 『두견성』의 식민지 조선의 현실 축에서 부정되어야 할 "고풍"을 "서양풍습과 동양풍습을 절충"한 "가정을 신발명"한 "신"의 영역으로 변모시킨다. 원작의 일본적 요소를 "동양"으로 교체한 『두견성』의 "서양풍습과 동양풍습의 절충"은 동시대 일본의 대중 미디어에 유통되는 서양과 일본의 절충과 유사한 것이다.[200] 이와 같은 재구성 방식에서 애정의 서사는 '고부간'의 갈등의 이미지로 '칠거지악'의 도덕과 양립시키는 변형이 발생했다. 이러한 독자층의 '기대'와 예측을 준비하게 되는 『두견성』에서 전보로 표상되는 국가의 초월적인 지위로 복속시키는 모자간의 언쟁 모티프는 "경악과 즉각적인 평온화의 장치"[201]로서 위안의 기능의 효과를 내지 못했던 것이다. 별리

---

199 平川祐弘, 『和魂洋才の系譜』, 河出書房新社, 1987.

200 1909(메이지 42)년 여성잡지 『신가정(新家庭)』의 「일본풍과 서양풍의 우열」, 「부모와의 별거는 유태의 낡은 풍속」, 「부모의 별거는 왜 나쁜가」 등 동서양의 절충과 조화를 모색하는 기사는 이루 헤아릴 수 없이 많다. 원작의 '부모각거론'의 주장이나 여성권리의 자각 등 메이지 30년대 새로운 이념과 풍속을 도입하는 진취성이 퇴색한 메이지 40년대 통속적인 여성잡지는 일본의 옛풍속을 옹호하는 절충적 방식의 대중인 취향으로 『호토토기스』의 아속절충의 형식과 맞아떨어졌다.

의 플롯은 비극의 충격을 주는 서사적 장치의 효과를 발생시킨다고만은 할 수 없는 것이다.

5) '일장춘몽'의 상상력 – 죽음을 향한 신체 구성의 변용

모자간의 격론은 아들에게 "불효자"라는 호통과 함께 조상의 위패로 윽박지르며 선택을 종용하는 순간, 해군 복귀를 명령하는 '전보'라는 국가의 호출로 종결된다. 전술한 바와 같이 어머니와 아내, 두 여성 사이에서의 선택은 가족과 국가의 대립을 은폐시키는 기제로서 작동했다. 군대에 복귀한 아들 다케오는 "함께 살고 함께 죽"자던 아내와의 약속을 지키지 못한 자신을 자책하며 아내에 대한 심리적 부채감을 갖는다.

어머니는 자신의 과오를 사과하는데 아들의 마음에는 원망의 앙금이 남는다. 어머니와의 언쟁을 회상하며 죄스러움과 후회, 아내에 대한 그리움과 비애, 자책감이나 자괴감 등의 착잡한 심정이 '한 덩어리의 한'으로 응어리진다. 그러나 마음 한켠의 '한'은 현실에 대한 냉소를 유발하는 것이 아니라 적극적으로 전투 의욕을 고취시키는 방향으로 작용한다는 점에서 서사의 각별한 의미를 지닌다. 원작 곳곳의 '원한' '통한' '원망' 등의 '한'이 누구를 향한 것인지 분명하지는 않다. 아내를 지키지 못했던 자신에 대한 무력감이나 느닷없는 병마가 덮친 불운, 병든 아내를 쫓아낸 어머니에게 분노를 터뜨렸던 불효에 대한 후회나 세상의 무정함 등의 모순된 복잡한 감정이 얽혀 있다.

청일전쟁 체험의 기억을 공유하는 시대적 분위기 속에서 개인의 상실감이나 울분의 심정을 중첩시켰던 원작의 문맥은 번안에서는 러일전쟁의 배경 속에 개인적 감정의 가닥들이 혼미하게 얽힌 채 유기적 관

---

201   움베르토 에코, 김운찬 역, 앞의 책, 94면. 독자층의 기대를 만족시키는 정서적 감응이야말로 통속소설의 서사적 메커니즘이라 한다.

런을 맺지 못한 파편처럼 고리 없이 흩어져 있다. 전쟁터에서 자신의 지난 삶을 회고하는 장면에서 이혼에 얽힌 복잡다단한 심정을 『두견성』에서는 다음과 같이 번안했다.

> 붕남이도 늙은어머님이 오죽 젹々 하시랴 싱각을 ᄒ고는 그 씨에 과도히 말슴ᄒ것을 샤과ᄒ고 아모됴록 안녕히 계십시샤고 회답을 ᄒ얏스나 그러나 풀어 업시 ᄒ고져 ᄒ야도 풀기어려온 한덩어리 원한은 종시 가슴속에 밋쳐 잇서 로국함ᄃᆡ가 멸망ᄒᄂᆫ동시에 니몸도 이셰상의 몸이 안되려니 싱각 홀ᄊᆡ에ᄂᆫ 흰담요를 두르고 문밧끼지 나와서 「아무쏘록 쌜니 도라오시오」 ᄒ던 그 병인의 형용이 눈에 암々 ᄒ도다[202]

러일전쟁이라는 '동질적이고 공허한 시간'의 축에서 동시대를 공유하는 조선과 제국일본은 전쟁이라는 시간의 '동시성'을 체험한다. 조선인 일본군은 "로국함ᄃᆡ가 멸망ᄒᄂᆫ 동시에 니몸도 이셰상의 몸이 안되려니" 하고 어쩔 수 없는 체념으로 전쟁에서 죽음을 각오한다. 원작을 관통하는 죽음을 향한 욕동, 즉 사랑·가정·국가의 대상을 향한 정념은 죽음을 향한 충동으로 기꺼이 죽음을 각오하게 되는 모티프가 반복되었다. 이러한 원작의 번안에서 대상을 향한 정념은 죽음의 충동을 약화시키는 방향으로 변개되었다.

원작에서 국가를 위한 직분 의식이 조장하는 숭고한 애국의 열정의 심리 변화의 계기들은 단절과 불연속성을 내포하여 러일전쟁의 운명의 도가니에 휩쓸리지만 전쟁터로 달려가게 하는 것은 숭고함이나 자기희생적인 각오가 아니다. 이별이라는 사랑의 좌절감이 삶의 덧없음과 체념, 무상감의 심정을 낳게 하지만 국가의 대의 속에 개인의 존재 의미는

---

[202] 『두견성』하, 36면.

발견되지 않는다. 무상함은 국가를 위한 '꿈' 속에서 자신의 가치를 발견하게 하는 용맹의 원동력으로 작용하지 않는다. 전쟁도 아내와의 별리도 행위 주체의 책임으로 의식하지 않는다. '한덩어리원한'은 사내대장부의 기개와 '직책'에 대한 야망으로 모친에 대한 '불효'와 분리하여 질병을 앓는 아내에 대한 연민이나 그리움은 있어도 아내와의 이혼을 개인의 죄의식으로 결부하지 않는 것이다. "풀기어려온 한덩어리 원한은 종시 가슴속에 밋쳐 잇서 로국함터가 멸망ㅎ는동시에 니몸도 이세상의 몸이 안되려니" 하고 조선인 일본군의 전장을 향하는 심정을 헤아려보는 서술에는 "한덩어리 원한이 밋쳐 잇서"전장을 향한다는 인과 관계를 부여하지만 기실 모친을 향한 "한"은 그리 골이 깊지 않으며 뇌리에 스치는 아내의 모습은 "쌜니 도라오시오" 하며 자신을 배웅하던 모습이다. 장문에 걸친 원작의 전투지에서의 심리의 서술을 압축적으로 요약한 번안의 논리는 원작에 근거한 것이지만 정체불명의 "한"과 죽음의 각오 사이의 거리는 멀다. 생사를 같이 하자던 영원한 사랑의 약속은 번안에서는 그다지 회고되지 않는데 별리에 대한 행위 주체의 자책감의 표현과 결부된 것이다. 별리에 관한 기억은 자책감을 지우고 자신을 애타게 기다리는 병약한 아내에 대한 그리움의 표현만이 반복된다. 모친에 대한 가족애도 부부애도 국가에 대한 열정으로 전이되지 않는다. '한덩어리 원한'의 회한이 사무쳐 "원한이죠슈갓치,가슴에창일ㅎ야,쟝부의가슴을어이는" 것으로 장부의 기개에 호소하여 전장에의 투지를 이끌어내는데 원작의 죽음을 향하는 심리적 계기는 포착되지 않은 채 서사의 인과 관계는 달라진다. 직분 우위 구조의 서사적 필연성에서 구축되는 사랑과 가족, 국가의 대상을 향한 정념은 원작과 달리 죽음을 향한 충동으로 구현되지 않는다.

　"모든 세상은 한바탕의 꿈에 지나지 않는구나すべて世は一場の夢と過ぎなむ"라는 무상감은 원작에서는 벚꽃의 표상 체계에서 국가의 대의

에 헌신하는 자기 소멸의 희생의 이미지로 작동했다. 반면, 번안에서는 '일장춘몽(一場春夢)'의 한자성어가 환기하는 부귀영화와 세상의 공명의 덧없음을 강조하거나[203] 유한한 인생의 유희나 흥취[204]를 돋우며 "아모 쾌락도업는"(『두견성』) 신세를 한탄하는 정조로서 국가의 심급에 작용하지 않는다. 쾌락을 지속할 수 없는 생의 유한함을 절망하는 무상함으로 변모하는 것이다. 원문의 "자포자기의 몸捨て鉢の身"이 외부의 초월적 객관적 세계에 자신을 내던져 개체의 유한함을 승화하는 충일감을 향하는 것과는 달리 쾌락과 연계되거나 "쓸데없는 이 몸뚱아리"(『불여귀』)로 신체에 각인된 기억으로 귀착되는 것은 이러한 '일장춘몽(一場春夢)'의 상상력 안에서 빚는 무상감과 쾌락이 연계되는 사고의 표현인 것이다. 이혼이 주체의 책임 의식에서 연유한 자기 환멸과 자책감을 불러일으키는 무상함이 마침내 "스스로를 꾸짖으며 그 아픔에 휩싸여 이 직분의 길에 따라 절망의 용기를 떨치고 정전(征戰)의 사업에 따르리라"고 결의를 다지는 '직분' 의식으로 귀결하는 심리적 변모는 번안에서 원문의 "스스로를 꾸짖으며 그 아픔"의 표현을 삭제함으로써 자책감을 배제하고 '직분'이 표상하는 신성한 국가는 소거되면서 "직분의 길"은 "다만 나홀직칙만 딕희"는 식민지 관료의 협소한 직업 관념으로 제한된다. 벌리의 아픔을 인생의 덧없는 무상함과 '쾌락'과 연루하여 한때의 영화로 인식하는 심상의 연관적인 구조에서 국가 의식과 분리된 개인의 몸의 기억으로 원작과 같이 기꺼이 '직분'의 길에 따라 죽음을 향하는 신체가 아니라 "직칙"을 위한 생의 욕동으로 변모한다. 사

---

203 인생의 허무함의 비유. 인간의 부귀영화는 봄의 꿈과 같이 극히 덧없음을 뜻함. 중국 송나라의 초레이시[趙令畤]의 「후청록(候鯖綠)」 출전.

204 조선 후기의 가사인 「老人歌」는 백발을 한탄하면서 인생은 일장춘몽이니 살았을 때 호탕하게 놀아보자는 내용으로 『교주가곡집』에 실림. 단가인 「探景歌」는 세상 공명 하직해도 부귀영화도 일장춘몽에 지나지 않으니 경치나 찾아다니며 흥취를 돋우자는 내용이다.

랑의 좌절을 국가에 대한 헌신의 열정으로 이끌었던 심리적 기제는 번안의 한자·한문의 언어의 상상과 신체에 각인된 기억의 이미지를 구성하면서 전장을 향한 대중 동원의 심리로 연결되지 않는다.

아내와 모친이라는 개인의 삶에서는 연유를 찾을 수 없는 불가항력의 어쩔 수 없는 힘에 굴복한 일본군 조선인은 대국 러시아와 싸우는 전쟁터에 내몰린다. "대원슈폐하"가 진두지휘하는 청일전쟁이라는 시간에서 원작과 같은 숭고함의 정서와 승리의 환호와 같은 대중 독자의 감상과 결부되지 않는다.

천황이 이끄는 군대의 이동과 조응하는 서사의 특정한 함의를 갖는 시공간의 기표는 번역에서는 '천은(天恩)'으로 천황이라는 구체적인 지표나 정체(政體) 개념과 결부되지 않는 일반적인 '천'으로 변모했다. 대한 제국에서 일본대제국으로 확고부동한 좌표축을 잃은 식민지 조선의 동요하는 국체의 자리에서 원작의 국가에 대한 직분의식은 '직책' 의식으로 축소되며 그 위력을 상실한다.

가족을 공적 영역인 국가와 대립시켜 '사사로운' 사적인 영역으로, 국가 구성의 하부 단위로서의 가족의 개념이 도출되는 근대 계몽기의 국가주의[205]의 대항적인 함의가 상실된 1910년대 식민지 조선의 서사에서 가족과 국가의 연관 체계는 뚜렷한 실체로서 윤곽을 드러내지 않는 변형을 주조한다. 개인·가정·국가의 위계의 재구성 방식은 사랑에의 투신을 국가의 투신으로 전화시키는 다음의 장면에서 보다 명료하다.

6) 구원 모티프의 재구성 – '충'과 '효'의 재배치

오가와 기요코(小川淸子)에 의한 구원 모티프는 메이지 유신의 분열

---

205 전미경, 앞의 책, 46면.

과 상처를 치유하는 국민통합을 위한 종교적인 초월적인 신성성의 연속성을 제공하는데 반해 『두견성』에서는 종교적 구원을 일본을 구원자로 하는 '예속'의 관계를 부여하는 것으로 변형했다. 말하자면 '예속' 대상을 달리함으로써 원작의 종교적 신성성의 구원을 『두견성』에서는 일본제국과 조선의 '예속'이라는 현실 차원의 구원으로 변모시켰다. 결과적으로 『두견성』의 투신 모티프가 원작의 국가에 대한 의식을 약화시키는 방향이었다면 이후에 배치되는 구원의 모티프는 일본을 구세주로 하는 '충'의 관념을 강화하는 상호 보완적 관계이다.

메이지 정부와의 전투 끝에 투옥된 사츠마(薩摩) 출신의 오가와 기요코의 남편의 과거를 번안 『두견성』에서는 1894년 동학농민운동을 전후로 한 시기의 갈등으로 교체했다. 원작의 메이지 유신과 관련한 정세를 번안에서는 1910년대 신소설의 도식 개화와 수구의 대립으로 재구성하여 "남편되난 사람은 일본공사가 잘 보호해서 일본으로 드려보내고 서울은 다 무사하게 되얏다"라는 식의 개인의 구원을 일본 공사의 보호 하에 둠으로써 "시련으로서의 구원자이면서 동시에 문명개화로의 안내자"로서의 일본 공사의 역할을 강조하는 "조선보호론이라는 식민주의 담론의 서사적 구현"[206]의 방향을 부가했다. 원작의 기독교와 천황제를 결합하는 신성성의 연속적인 토대의 의미를 갖는 종교적 구원을 번안에서는 일본공사라는 제국 일본과 조선 개개인을 '은(恩)'의 윤리로 연계하여 조선과 일본을 구원받는 자와 구원자의 관계로 주조했다. 일본공사의 구원을 받는 '은(恩)'의 관념을 매개로 '효'에 대한 '충'의 우위로 관계를 전도하는 것이다. 일본 공사에 의한 구원으로의 변모는 조선 총독부의 '충'의 대상을 새기는 황국신민의 이념을 주입하는 이 시대의 서사에 공유되는 구조이다.

---

206 권영민, 『서사양식과 담론의 근대성』, 서울대 출판부, 1999, 154면.

일본의 근대화와 내셔널리즘의 성장과 함께 국가체제가 확립되는 메이지 20년대에서 30년대 교육칙어나 민법의 공포, 의무교육제도 등의 시스템에 기초하여 '이에[家]' 제도가 천황제 절대주의 하에 구축됨으로써 가족의 우위에 국가를 위치지우는 관계가 성립했다. 이념적으로는 가족국가관으로 불리는 이러한 근대 일본의 가족과 국가의 관계의 변화는 근대의 가정 이데올로기에 의해 사람들의 심성을 지극히 사적인 영역에서 국민으로 사회에 편입해가는 역할을 수행했다.[207]

이러한 일본의 가족국가관은 식민지 조선에서 제국의 문화통합 이념으로 "순량한 신민의 양성"[208]이라는 황국신민화의 근간을 이루었다. 이전의 조선 사회에서는 "'효'의 원리에서 출발하여 '충'으로 확장되는 국가윤리"[209]의 교육이 이루어졌는데 조선총독부는 '효'가 국가에 대한 '충'보다 앞서는 조선의 "혈연적 가족주의"[210]를 비판하고 황국신민으로서의 '충'을 우선하기 위하여 '군부의 은'[211]의 훈육에 주력했다. 식민지 이전의 '효'를 최상위로 '충'을 하위에 두는 조선의 위계는 "가족의 이익과 전체 단위로서의 국가의 이익이 상충·배치될 경우 이를 조화시킬 수 있는 또 다른 기준"[212]으로서 '군부의 은'을 매개로 천황을 정점으로 하는 수직적 위계질서 속에서 충군애국 사상의 고취에 역점을 두어 유교 질서를 재편하게 되었다고 하겠다. 『두견성』과 『불여귀』의

---

207 牟田和惠, 앞의 책 참조.
208 駒込武,『植民地帝國日本の文化統合』, 岩波書店, 1996 참조.
209 홍일표, 「주체형성의 장의 변화－가족에서 학교로」, 김진균·정근식 편,『근대주체와 식민지 규율권력』, 문화과학사, 1997, 288면.
210 조혜정, 「한국의 가부장제에 대한 해석적 분석」,『한국의 여성과 남성』, 문학과지성사, 1988, 69면.
211 "교육상의 교수지침 충효관념의 양성에 특히 치중하여 각 권에 이에 관한 교재(자료)를 포함케 하고 권1 제10과 〈천황 폐하〉 제11과 〈親의 恩〉을 더하여 가급적 빨리 군부의 恩을 알게 함" 정혜정, 「일제 강점기 보통학교 교육정책 연구」, 수요역사연구회 편,『일제의 식민지 지배정책과 〈매일신보〉－1910년대』, 두리출판사, 1971, 147면.
212 김석봉,『신소설의 대중성 연구』, 역락, 2005, 167면.

구원 모티프는 이러한 당대 식민지 조선에 요청되는 '충량한 국민'[213]을 만드는 새로운 '충'의 관념을 유포하는 서사의 맥락이 부가된 것이다.

메이지 20년대에서 30년대 미디어의 가정 담론이 유통되면서 요청되는 청정하고 무구한 가정으로의 이미지 변모와 도덕의 수호자로서의 기대에 응답하여 등장한 메이지의 가정소설[214]은 1910년대 『매일신보』의 번안소설을 통해 식민담론에 부합하는 황국신민화의 이념을 유포시키는 역할을 수행했다.[215]

이러한 조선의 가정소설의 포문을 연 『두견성』에서는 원작의 화족을 중심으로 하는 상류계층의 인물 구성을 '새로운 양반'이나 '반족(班族)' 등의 호칭으로 번안하여 대일본제국의 식민 시스템 하에 조선 지배 계층이 재편되었던 현실을 반영했다. 즉 일본 국내의 화족에 준한 작위 수여 등으로 조선귀족을 일본 귀족의 반열로 천황을 정점으로 하는 지배층으로 재편[216]하고 "재지몰락양반과 재경유력양반으로 양반층의 이극분화"[217]라는 신분제의 변동이 '새로운 양반과 '반족'의 설정으로 나타나 식민지의 '충'의 대상을 뚜렷이 했다. '효'와 '애'를 바탕으로 하는 가족애가 일본 대제국의 신민으로서 제국에 대한 '충'으로 결부되는 구조가 형성된 것이다. 사랑의 "상실, 죽음, 예속이라는 인간 존재의 일상적 숙명"을 일본과의 관계 속에서 '예속'된 조선의 숙명적 관계를 부여[218]함으로써 식민 조선의 개인의 삶이 종주국 일본과의 관계에서 재규정되는 구조가 형성된다. 이러한 의미에서 주인공이 위기에 처할 때마다 일본

---

213 당시의 『매일신보』의 논조나 조선총독부의 '효'와 '충'을 강조하는 정책과도 일치한다. 정혜정, 앞의 논문, 133면.
214 牟田和惠, 앞의 책, 160~1168면.
215 이희정, 「1910년대 「매일신보」 소재 소설 연구」, 경북대 박사학위논문, 2006, 188면.
216 木村幹, 「臣民からネーションへ-韓國におけるネーション意識形成への一考察」, 『愛媛法學會雜誌』23卷2號, 愛媛大學法學會, 1996, 127면.
217 위의 논문, 112면.
218 베네딕트 앤더슨, 윤형숙 역, 앞의 책, 62면.

인이 구원하는 모티프가 1910년대 신소설에 공통적으로 반복되었던 것은[219] 이 시대 '은(恩)'의 윤리를 매개로 '효'를 '충'에 종속시키는 위계의 전환을 위한 서사의 구축인 것이다.

한편, 『두견성』의 서사에서 원작의 사랑·가정·국가의 구성 방식의 변모는 두견성의 표상과 연관되는데 울음소리와 돌아올 수 없는 이별의 상징이라는 맥락에서 심청전과도 불가분의 관계를 이룬다. 심청의 이별가에서도 친근한 두견 표상은 심청전의 혼령 대목의 고인과의 만남장면에서 중국의 아비와 굴원 등을 등장시켜 위로와 미래에 대한 암시를 받았던 해원의 과정과 같이 '효'와 '충'은 상충되지 않고 '효'와 동일 선상에서 열과 '충'이라는 유교적 덕목이 강조된 바[220]와 중첩된다. '효' 와 '충'의 관계의 비유적 의미는 한시에 입각한 '충'의 관념과 결속되었던 두견성 표상을 '효'와 결부하는 방향으로 작용했을 개연성이 크다. 말하자면, 일본과의 관계에서 재구성된 구원모티프는 심청이 환기하는 투신의 '효'의 이미지를 한시 두견성의 '충'의 관념으로의 결속을 제어하는 방향으로 작동했다는 것이다. 한시의 '충'의 관념과 심청가와 같은 대중적인 문화에 뿌리 깊은 '효'의 여러 갈래가 융합된 두견성의 표상 체계는 투신 모티프가 환기하는 심청과 그녀를 위로하는 두견새의 연관적인 의미망에서 '충'보다 '효'와 관련한 서사적 기제의 장치로 작동했다고 할 수 있다. 육친애를 확장하는 형태의 부부애 상상의 방식 등의 기조에서 사랑의 상실감은 '애'와 '효'와의 인접 거리에서 '일장춘몽'의 무

---

219 최원식, 「『혈의 루』 소고」, 『한국학보』 36집, 일지사, 1984, 132면.
220 "심청이 망극중 ᄒᆞ는 말이 슬퍼 우는 져 두견식야 월공산 어디두고 네 아모리 불여 귀라 울건마는 갑슬 밧고 팔닌 몸이 도라오기 어렵도다"〈서울대 낙질 30장본〉 "져 두견은 불여귀라 울건만난 가난 춘풍 도라셜가 만화방창 무훈 경이 ᄉ량컨만 심청 의 난 슈심일셰"〈사재동 50장본 1〉 김영수, 앞의 책, 269면. 그런데 심청을 위로하는 새 두견과 불여귀는 심청전의 모든 판본에 등장하는 것은 아니다. 판소리와의 교섭에서 생성되었다는 필사본 가운데 이러한 이본은 판소리 〈강상련〉 이후, 즉 '호토토기스' 수용 이후의 판본의 특정 계열과 관련한 것인지 여부는 알 수 없다.

상감은 죽음의 충동에 사로잡힌 국가 관념을 제어하는 방향으로 작용했다. 일본 국민이 일본 제국에 '순애(殉愛)'한다는 충군애국의 고취[221]는 지고지순한 '순애(殉愛)'의 정념을 '순국(殉國)'으로 승화시키는 일련의 문화 체계에서 구원의 메시아적인 초월적인 심급을 획득했다. 번역 / 번안에서는 특히 이러한 국가 관념과 결부한 '번역 불가능성'이 공통적이다. 언어를 매개로 비로소 국가 공동체의 상상이 가능해진다는 앤더슨에 따르면 속어혁명과 소설이야말로 내셔널리즘 구축의 근원적인 역할을 수행한다. 이러한 언어와 국가의 관련 방식의 차이가 결말의 돌연한 비애감을 증폭시켰을 개연성이 있다. 이에 대해서는 제6장에서 후술할 터이지만 원작에서의 결말이 번역 주체를 통과하면서 차이를 발생시키는 번역 / 번안의 시공간의 문제만을 언급할 것이다.

원작에서 다케오가 아내의 묘지를 찾는 날 신상제(新嘗祭)와 아오야마[青山] 묘지라는 시공간의 설정에서 사랑과 전쟁이라는 서사의 중심축의 근저에 작동하는 '국민적 상상력'이 발휘된다. 아내의 죽음을 애도하는 서사의 천황이 주관하는 제의와 무명용사가 묻힌 아오야마 묘지의 결말은 개인의 상실과 죽음, 치유라는 개인의 숙명과 존재 의미를 국가적 의례라는 내셔널리즘의 표상[222]의 장치와 결합함으로써 개인을 시대의 상처와 분열을 아우르기 위한 '국민통합'의 결말로 이끄는 서사적 기제가 작동하는 것이다. 이에 반해서 『두견성』의 결말은 러일전쟁의 시간 안에서도 "가을볕"이 좋은 어느 날일 뿐 시공간의 물리성이 소거된 추상적인 시간이다. 아내의 묘지를 참배하기 좋은 "가을볕"의 어느 날 홍제동 공동묘지의 시공간일 뿐 제국의 기념일[223]로 의식되지 않는다. 묘지를 향하는 걸음에 쓸쓸함과 허망함이 묻어나도록 내면을

---

221 정혜정, 앞의 논문, 128면.
222 베네딕트 앤더슨, 윤형숙 역, 앞의 책, 24면.
223 "대일본제국의 국민된 자는 제국의 축제일을 준수하여 국민된 성의를 표함을 당연한 의(義)"로서 규범화했다. 정혜정, 앞의 논문, 143면.

상징하는 자연 풍경을 연출함으로써 천황을 정점으로 하는 대일본제국의 '국민통합'의 상징적 의미는 탈각한다. 벚꽃의 잎이 떨어지고 작은 새소리가 "인생의 애가"를 연주하는 원문의 만추의 묘지 풍경을 단풍잎 수북이 떨어진 황량한 가을바람 부는 "슯은 노리"의 서정적인 분위기를 살려 번안했다. "어서 돌아와줘" "왜 죽어버렸어" 하고 묘지 앞에서 흐느끼는 원문의 남성의 비애의 표현이 "웨 죽엇노 나를 바리고 웨 죽엇노"로 망자를 향한 버려진 자의 애통함의 심정으로 표현되는 차이는 공동체의 애상의 감정 동원 방식의 차이를 보여준다. 근대 일본의 상처 입은 남성을 위무하기 위한 "타이완 이야기"라는 '국민통합'을 상징하는 귀결과는 달리『두견성』의 위안의 노래는 조선의 전통에 뿌리를 둔 공동체의 심상과 결합되었다. 결말의 애상의 정조는 '망국의 한'[224]과 같은 국가 관념과 결부된 것이 아니라 사랑하는 이를 떠나보낸, 공동체에서 공유되는 이별이라는 상황의 보편적 정서를 바탕으로 하는 감정 생성의 방식의 일단을 보여주는 것이다.

비교적 원작의 플롯을 충실하게 번안하던『두견성』에서 원작과 달리 아내를 잃은 개인의 심정에 주안점을 둔 결말의 방식에서 국가나 가족의 관념도 뚜렷하지 않다. 악수도 대화도 사라진 침묵이 흐르는 적막한 공간에 아내를 그리워하는 남성의 '갓던길을 도로밟'는 쓸쓸한 풍경에 애상의 감정이 오롯이 남겨질 뿐이다. 지금까지 분석한 바와 같이 다양한 문화체계의 기제로 구성된 원작을 변형한『두견성』에서 천황제를 구심으로 하는 대일본제국의 국민 통합의 결말이 재현되지 않는 것은 당연한 서사적 필연이다. 개인의 사적인 정서를 국가로 연계하는 가족과 국가의 접합으로부터 천황·국가에 대한 충성을 동원하는 가족국가관의 이념의 기반이 된 가족의 논리[225]는『두견성』에서 국가와

---

224 이성권, 앞의 책, 56면.
225 牟田和惠, 앞의 책, 81면.

결부되는 논리로 견고하게 재구성되지 못했다. 이는 가족애, 부부애의 친밀한 감정을 '천황의 은(恩)'으로 복속시키는 황국신민의 서사에 포괄되면서도 조선의 실재에 대한 의식이 일상의 가정, 생활 감정을 구성하게 함으로써 원작과의 차이를 생성했다.

제4절 번역의 증절―『불여귀』에서 『장한몽』으로

1) 원작의 재배치―중역의 회로

제5장 제2절에서 기술한 바와 같이 저작권자의 권리에 대한 자각이 번역 / 번안을 구획하며 문학과 예술을 변화시켰다. 저작권법에서 번역은 원저자의 허락이 요청되면서 창작과 뚜렷하게 변별되는 번역자의 위치로 자리매김 되는데 반해 번안은 원작을 바탕으로 새로운 저작물로 간행되면서 창작과의 모호한 경계에서 저작자의 위치로 변환하는 특성을 갖게 되었다. 말하자면, 『불여귀』의 번역은 번역자로서의 정체성을 갖게 하는데 반해서 『두견성』의 번안자는 저작자로서 명기하여 번안이 창작물의 저작자로서 변용하는 경향을 갖게 된 물적 토대를 확인했다. 지적 재산의 소유에 대한 인식이 조중환의 '전문번안작가'의 길을 개척하는데 박차를 가하게 한 셈인데 이러한 번역 / 번안의 위치는 저작권법의 법제가 개인과 집단의 소유를 둘러싼 정체성과 예술과 전통의 관계[226]에도 개입되었을 가능성을 환기한다.

226　テッサ・モーリス─鈴木, 「僞りのアイデンティティへの權利─あるポストコロニアルの物語」, 栗原彬・小森陽一・佐藤學・吉見俊哉, 『知の植民地』, 東京大學出

이렇게 저작권법제는 번역 / 번안의 규범적 틀을 규정함으로써 독창
성을 예술의 근간으로 하는 가치 위에서 창작이 자각되는 여건이 마련
되었다. 조중환의 『불여귀』에서 『장한몽』으로의 변모를 저작권법에
서 부여하는 번역과 번안의 위치와 관련짓는다면 번역자에서 저작자
라는 창작자로서의 전환인 셈이다. 이러한 저작권법제의 규정 하에
『불여귀』에서는 원작의 '동일성'이 유지되는 번역의 방식이 요청되었
다면, 저자와 단절한 번안 『두견성』에서는 신저작물로서의 성질을 갖
추기 위한 제호와 내용과 형식의 의장의 변경이 요청되었다.

　　원작 『곤지키야샤』의 유일한 번안으로서 『장한몽』은 원작의 '동일
성'을 탈피한 이탈과 변형을 감행했다. 『불여귀』와 『장한몽』이 저작권
법과 결부된 번역에서 번안으로의 전환이라면 동일한 번안으로서 신
저작물인 『두견성』과 『장한몽』의 원작과의 관계의 차이를 규정하는
것은 무엇인가.

　　『불여귀』와 『두견성』은 원작 『호토토기스』를 저본으로 하는 일차적
관계에서 원작에 충실한 완역의 번안이라면 『장한몽』은 오자키 고요[尾
崎紅葉]의 『곤지키야샤』와 오구리 후요[小栗風葉]의 『종편 곤지키야샤[終
篇金色夜叉]』라는 복수의 원본을 저본으로 했다고 한다.[227] 『종편 곤지키
야샤』는 『곤지키야샤』의 미완의 결말을 그의 제자 오구리 후요가 완결
한 것이다. 원저작권에서 자유로운 번안의 틀에서 단일한 원본을 저본
으로 하는 『두견성』이 원작의 '동일성'을 의식하는 방식이라면 복수의
원본을 저본으로 하는 『장한몽』에서는 원작의 '동일성'의 해체에 주안

　　版會, 2001, 204면.

227　한광수, 「尾崎紅葉의 『金色夜叉』, 그리고 小栗風葉의 『金色夜叉終篇』과 조중환의
　　『長恨夢』―원작에서 이탈한 문학적 상상력」, 『일어일문학연구』 42집, 2002.8; 나카
　　가와 아가오, 「『長恨夢』의 번안 형태에 대한 재검토」, 『비교문학』 30집, 한국비교문
　　학회, 2003.12; 정종현, 「사랑의 삼각형과 계몽 서사의 결합―『金色夜叉』와 식민지
　　조선의 근대소설의 관련 양상연구」, 『한국문학연구』 26집, 동국대 한국문학연구소,
　　2003.12.

점을 두는 대조적인 방식이 이루어졌다.

조선에서 이루어진『호토토기스』의 번역 과정에서 개척한 원작과 '속서'의 중층적인 수용[収容]방식은『곤지키야샤』에서 보다 본격적으로 추구되었다. 원작의 '동일성'을 해체한 '속서'와 관계의 동일성이 복제되는 형태로 원작을 일탈하는 번안의 방식이 보다 탄력적으로 구사되었다. 번안의 방식 또한 저작권법제에서 허용된 신저작물로서의 구성요건을 극대화하는 방식으로 원작과 단절한 새로운 복수의 원본과의 관계에서 번안의 형질이 규정된 것이라 하겠다. 이러한 원본과 복제의 관계가 의식되는 조건에서 원작의 '동일성'을 보전하는 번역의 방식을 급속도로 이탈했다. "콤마나 구두점 하나하나" 원작과 같이 "문사"를 재현하려는 모리다 시켄[森田思軒]의 이른 바 '주밀번역(周密飜譯)'의 번역의식[228]이나 문체나 리듬까지 원문을 충실하게 전하는 번역 방식을 모색했던 후다바 데시메[二葉亭四迷][229]와 같은 원문 중심주의의 번역 방식은 정착하지 못하고 원작의 플롯을 대폭 수정한 역문 중심의 번역 / 번안이 자리잡게 되었다.

이와 같이 번안이라는 범주에서도 다양한 조건 속에서 다른 양상을 보이는데『두견성』은 원작의 '동일성'을 의식하면서 조선의 표상 체계에 기반을 둔 언표로 시간의 연속성이 강한 종적 이동의 방향으로 전통과 관계함으로써 1910년대 번안소설에서도 이채로운 특징을 보인다. 반면,『장한몽』의 번안의 방식은 원작의 스토리와 구성을 달리한 변형의 방식을 특징으로 한다는 점에서『두견성』과도 1910년대 번안소설과도 구별된다.

주지하는 바와 같이 한국에서 갖는 번안의 특이성은 서양의 원작을

---

228 森田思軒,「번역의 이해[翻譯の心得]」, 加藤周一・丸山眞男,『翻譯の思想』, 岩波書店, 1991.
229 二葉亭四迷,「나의 번역의 기준[余が翻譯の基準]」,『二葉亭四迷全集』5卷, 岩波書店, 1938.

일본어로 번안한 텍스트를 다시 번안한 이른바 중역이라는 점이다. 1910년대『매일신보』연재 번안소설은 주로 프랑스의 원작을 영어로부터 중역한 구로이와 루이코(黑岩淚香)의 번안소설을 "완역"과 "직역"의 방식으로 재번안했다.[230] 정치소설의 계절 메이지 10년대 쥘 베른의 번역 붐을 일으킨 구로이와 루이코는 메이지 20년대 계몽적 색채가 퇴색하는 시기 원작의 스토리를 환골탈태하여 자유분방하게 "초역(抄譯)"의 방식으로 번안한 대중소설작가이다.[231] 이러한 번안 전략은 원저작자의 허가 없이 신저작물로 성립시키는 메이지의 저작권법제에서 가능했다. 이러한 일본의 대중에게 열렬히 환호 받았던 "초역"의 번안과는 대조적으로 1910년대『매일신보』의 번안소설에서는 "완역"이자 "직역"에 가까운 번안의 방식이 이루어진 것이다. 당시 저작권법에 근거한다면 중역은 서양 원작과의 관계를 생략한 채 일본인 저작물로서 동일한 저작권의 관계를 성립시킬 수 있었다. 실제로 저작권의 권리 행사의 여부에 대해서는 별도의 조사가 필요하지만 번안 의식과 관련한 논지에 한정한다면 루이코를 저작자로 하는 번안소설을 조선에서 번안하는 관계가 성립함으로써 메이지의 가정소설과 서양의 번안소설은 모두 일본의 저작물로서 취급된다는 점이 중요하다. "완역"과 "직역"은 원작과 "동일한 형체"를 보유하는 형식을 견지하여 '동일성'을 유지하는 전략이라는 점에서도 "완역"과 "직역"의 중역의 방식을 짚어볼 필요가 있겠다.

"초역"과 "의역"으로 원작의 '동일성'을 변형하는 일본어 번안을 원본으로 하는 중역에서는 "완역"이자 "직역"에 가까운 방법으로 일본어 번안의 표현과 내용상의 형태가 유지되는 형식이 고안되었다. 서양 원작의 '동일성'을 탈피한 "오리지널리티 있는 번안"을 추구한 일본어 번안의 '동일성'이 보전되는 형식의 번안이 이루어진 것이다. 여기에 작동

230 박진영, 「1910년대 번안소설과 정탐소설의 매혹-하몽 이상협의『정부원』」,『대동문화연구』52집, 성균관대 대동문화연구원, 2005, 288~299면.
231 北上次郎, 「黑岩淚香の翻案小說」,『冒險小說』, 早川書房, 1993, 325면.

하는 원본을 다시 쓰는 글쓰기의 메커니즘은 서양소설의 원작에서 이탈한 자유로운 번안을 이차적인 번안에서는 "직역"으로 다시 받아쓰면서 서양소설을 일본의 대중소설로 번안하는 방식의 학습 과정을 보여준다. 이러한 과정에서 원본에 대한 '충실성'은 서양 소설과의 관계를 내포하는 일본어 번안을 향해 작용한다. 일본 제국의 서양을 바라보는 시선이 참조되는 식민지적 모방의 작동방식과 연관되었다. 이러한 번안 과정을 '동일성'에 대한 의식이 무엇에 대하여 어떻게 작동하는가하는 문제로 단순화했을 때 극단적으로는 중역의 '오리지널리티'는 보유될 수 없는 형식인 것이다. 이러한 중역의 방식을 저작권의 법제에서 설명한다면 "원저작물과는 다른 국어의 언어로 표현하는"[232] "국어의 번역권"[233]이 적용된 일본어 번안의 저작물의 '동일성'을 유지하는 저작물로서 "원저작물"과 단절되지 않는 관계라는 의미이다. 서양의 원작과 일본어 번안 사이에 이루어진 "초역"과 "의역"의 방식이 "타국어" 간의 관계에서 조정된다면 일본어 번안과 한글 번안 사이의 "완역"과 "직역"의 방식은 "원저작물과는 다른 국어의 언어로 표현하는" "국어의 번역권"이 적용될 수 없는 것으로, "타국어"간의 법적 관계를 사상함으로써 일본어 번안의 '동일성'을 보유하는 관계가 성립한다. 이러한 형식논리에 입각한 번역의 기제로서 중역의 방식이 고안된 것은 아니지만 중역의 방식이 '언어간번역'의 교역 불가능한 차이를 단일한 언어 내의 관계로 회수하는 압력이 작동하는 효과를 발생시킨다는 것이다. 종주국 일본에서 번역 / 번안은 국어(일본어)의 문제와 관계되지만 식민지 조선의 대다수 번안은, 일본어 번안의 '동일성'을 복제하는 관계에서 일본 제국 안의 식민화된 신민으로서 종속시키는 식민지 주체 형성의 기제로서 번역의 원본의 문제를 재인식하게 한다.

---

232 水野錬太郎, 『著作權』, 東京法政大學, 1903(메이지 36), 97면.
233 內務省, 『著作權に關する法規條約』, 1904(메이지 37), 1면.

'국어상용자' / '국어비상용자'[234]로 구성하는 일본제국의 경계는 국민국가를 경계로 하는 '번역권'에 안착할 수 없는 착종된 불확정적인 요소를 내재하는데 중역의 방식은 일본어 번안과 한글 번안 사이의 타국어 간의 장벽을 단일한 언어 내의 기호의 차이로, 제국과 식민지의 경계 안에서 교환하는 소통 방식에서 고안된 기제이다. 저작권법이 특히 국제간의 관계에서 요청되었다는 사실을 상기할 때 일본과 동일한 법률이 적용된 식민지 조선과 식민모국의 출판물의 교섭을 '국어상용자'와 '국어비상용자'를 포괄하는 국어의 틀에서 재조정하는 방식이 중역의 형태인 셈이다. 즉, 서양 원작과 일본어 번안 사이에 작용하는 국제간의 법적 관계와 동일한 관계가 2차 번역에서 이루어지지 않는 제국안의 경계에서 저작권법의 "번역권"은 소실되는 방식이다.

이러한 중역으로 특징 지워지는 1910년대 번안소설에서 일본의 가정소설을 원작으로 하는 조중환의 『쌍옥루』에서도 "완역"이자 "직역"에 가까운 형식으로 원작과 밀착된 번안의 방식이 이루어졌다는 점에서 "완역"이자 "직역"은 1910년대 중역 특유의 것은 아니다. "축약"과 "의역"으로 이루어진 루이코의 번안소설은 "완역"이자 "직역"의 방식이 중역의 합목적성을 갖는 선택이 아님을 방증하는데 원작의 '동일성'을 보전하는 방식의 효율에서 채택되었음을 의미할 것이다. 즉, 루이코의 번안소설을 원작으로 하는 '동일성'의 강박의 산물인 것이다.

이러한 1910년대 번안소설을 특징짓는 중역의 기제에서 조중환의 가정소설 번안과 이상협의 서구의 통속적인 대중소설 번안과 민태원의 세계문학 걸작의 번안[235]은 각기 다른 소재와 장르의 차이에도 불구

---

234 조선교육령에서 내지인은 "국어를 상용하는 자"조선인은 "국어를 상용하지 않는 자"로 규정했다. 이연숙, 고영진·임경화 역, 『국어라는 사상―근대 일본의 언어 인식』, 소명출판, 2006, 296면; 渡辺學·阿部洋 編, 「日本植民地敎育政策史料集成(朝鮮編)」第16卷, 龍溪書舍, 1987.
235 박진영, 「소설 번안의 다중성과 역사성―『레미제라블』을 위한 다섯 개의 열쇠」, 『민

하고 『매일신보』의 1면이나 4면에 분할[236]되어 게재되었다. 이것은 조선후기의 '소설' 개념과 단절한 『한성신보』의 '소설'란에 '속담(俗談)'으로 명명한 흥미 있는 이야기라면 무엇이나 게재했던 지면 분할[237]과 일맥상통한 것으로 번안소설에 대한 의식을 명백하게 보여주는 것이다. 즉, "재미있는 읽을거리"[238]라는 맥락에서 메이지 가정소설의 번안소설이나 서양을 원작으로 하는 '세계명작'이나 '소설' '흥미 있는 이야기'는 모두 동일한 범주를 구성할 수 있었는데 '속담'[239]이 함축하는 서민 생활의 속(俗)의 가치[240]와 연계되는 맥락인 것이다. 더욱이 메이지의 가정소설을 원작으로 하는 조중환의 번안소설이 지면을 달리하여 배치되었다는 사실에서 보다 세밀한 서사의 분류 기준이 의식되었을지라도 '흥미 있는 이야기'라는 공통의 지반에서 연관을 맺는다. 1910년대 『매일신보』의 번안소설이 서양의 진기한 이야기로 서사의 소재의 폭을 넓혀 이야깃거리의 흥미를 추구하는 전대의 독자층과의 연속선상에서 '대중성'의 흐름을 잇는 것이다. 이러한 토대 위에서 사실과 허구, 이지와 인정, 도덕적 가치와 미적 가치 등이 구성하는 근대소설의 형성은 원작을 바탕으로 "순조선냄새" 물씬한 『장한몽』의 현실에 육박하는 실감을 주는 번안의 방식으로 분출되었다.

　　　족문학사연구』 33호, 민족문학사학회, 2007, 235면.

236　김재영, 「1910년대 '소설' 개념의 추이와 매체의 상관성」, 연세대 근대한국학연구소 기초학문연구단, 『한국 근대서사양식의 발생 및 전개와 매체의 역할』, 소명출판, 2005, 242면.

237　위의 논문, 53~53면.

238　권용선, 「번안과 번역 사이 혹은 이야기에서 소설로 가는 길 — 이상협의 『정부원』을 중심으로」, 『한국근대문학연구』 9호, 한국근대문학회, 2004, 151면.

239　여기서의 '속담(俗談)'은 격언을 뜻하는 것이 아니라 일본 소신문의 일상 이야기의 함의를 갖는 '평화속담(平話俗談)'에서 연유한 것으로 사료된다. '평화속담(平話俗談)'에 관해서는 土屋礼子, 권정희 역, 앞의 책, 제3장 참조.

240　'속담(俗談)'의 용어를 도입했지만 당대 조선의 서민 생활의 '俗'과는 무관하다는 면에서 일본 소신문의 '평화속담(平話俗談)'의 함의의 배경에 대하여 알 수 없었던 오해이거나 '俗'의 의미 변화를 위한 의도적인 전략의 가능성이 있다고 생각된다.

전술한 메이지 가정소설이 내장하는 가족국가관의 이념적 장치라는 조선의 식민담론에 부합되는 전략의 기조 위에서 미디어의 대중 독자층 대상의 대중성은 일본어 원작을 원문으로 읽을 가능성이 높은 나츠메 소세키[夏目漱石]의 작품이나 자연주의 계열의 당대의 신문연재소설을 배제했을 개연성이 있다. 한글과 일본어의 리터러시의 편차가 의식된 독자층에 따라 1910년대 번안소설의 대중 독자층의 외연이 그려지고 원작의 교양과 서사적 지향 등의 구체적 내실의 향방이 견인된 것이다. 일본의 가정소설과 서양의 소설을 원작으로 하는 일본의 '대중문학' 취향이 매개된 1910년대 번안소설의 '문예주의'의 특성은 조선의 현실과 점화하면서 지식인 독자층을 포괄하는 폭넓은 확장이 가능해졌다.

그러므로 번역과 번안이라는 수용 방식과 미디어와 언어는 상호 긴밀하게 결부된 체계에서 1910년대『매일신보』의 번안소설을 규정하여 언어의 위계와 식자 능력의 편차라는 조건에서『매일신보』의 대중화 전략은 일본문학 수용의 방향을 결정지었을 것이라는 가설이 제기된다. 즉, 미디어와 순 한글의 언어라는 물리적 조건은 식자의 계층차가 의식되는 선택, 한자 · 한문 교양과 한글, 일본어라는 다중의 리터러시 능력의 편차는 식자 계층을 한자와 한글, 혹은 한글과 일본어 등의 이중 언어 능력자, 한글의 단일 언어 능력 등으로 분할하고 이들에 친숙한 서사적 지향과 결부된 일본문학의 수용 방식이라는 제반의 조건들이 맞물려 '대중문학'의 번안이 채택되었다. 언어의 계층차라는 시각에서 한글의 독자층은 균일하지 않은 분할의 가능성을 내포하여 구소설과 신소설 개화기 다양한 서사의 변형에 관여함으로써 근대 서사의 변화와 맺는 독자층의 문제를 재조명할 수 있겠다.

2) '조선것'으로의 전유

번역과 번안에 개입된 제반의 조건을 모색하는 가운데 『불여귀』에서 『장한몽』으로 급격한 방향 전환의 실마리를 추적할 수 있다. 1935년 『장한몽』 연재 당시의 '번안'에 임하는 태도를 술회한 다음의 기사는 『불여귀』의 '역술'과는 다른 번안의 방식이 역설된다.

> 생각하면 벌써 옛날 일이다. 내가 명치 문호 미사홍엽의 「금색야차」를 「장한몽」이란 이름으로 번안하여 낸 것이 그것이 기미 전이었으니, 벌써 20여 년의 세월이 그 사이를 흘렀다. (…중략…) 그 뒤에 나는 생각하였다. 조선청년남녀의 정신적 식량을 주기 위하야 이 소설을 '조선것'으로 옮겨 놓아야 할 날이 오리라고, 그래서 끗끗내 내 손으로 이것을 성취하여 노흔 터이다. (…중략…) 「장한몽」을 번안함에 잇서 가장 중요한 내 의견은
>   1. 사건에 나오는 배경 등을 순조선냄새가 나게 할 것
>   2. 인물의 일흠도 조선 사람일홈으로 개작할 것
>   3. 플롯을 과히 상하지 않을 정도로 문체와 회화를 자유롭게 할 것 이 세 가지 엇다[241]

『쌍옥루』와 『장한몽』의 번안 당시를 회고한 이 글에는 조중환의 번안에 임하는 기본 정신과 태도가 드러나 있다. 여기에서 표명된 번안의 방식은 불과 1년 전 『불여귀』를 "역술"하던 태도를 스스로 뒤집는 것이다. "순조선"과 "원작의 풍취"[242]로 구별되는 『두견성』과 『불여귀』의 대립 구도는 『장한몽』 이후 폐기되고 "순조선"의 풍취를 지향하는 방향으로 선회했다. 오자키 고요의 『곤지키야샤』는 번안 『장한몽』으로

---

241 조중환, 「번안 회고 장한몽과 쌍옥루」, 『삼천리』, 한빛, 1935.9, 234~236면.
242 『매일신보』, 1912.10.2.

"조선의 것"으로 전유되었다. 원작의 구속력에서 자유로운 번안의 방식으로 변모하게 된 것은 무엇인가.

이러한 변화를 『매일신보』의 편집방침으로 설명한다면 대중성을 추구하는 편집 방침이 번역이 아닌 번안의 방식을 요청하게 되는 연유를 되물어야 할 것이다. 즉, 『불여귀』에서 『장한몽』으로 번역에서 번안으로의 변화가 갖는 의미는 적지 않은데 이를 미디어의 편집 방침으로 환원하는 것은 물리적 조건과 주체의 내적인 변화 등 문학의 변화를 간과하게 될 우려가 있다.

제5장에서 전술한 연극계의 "죠선풍속"을 내걸었던 혁신단의 압도적인 성공이나 "내지의 풍속"에 주력한 번역 방식이 상업성과 직결되지 않았던 역술의 과정이 번역 방식을 제고하게 하는 데 영향을 끼쳤음은 물론이다. 이는 "원작의 풍취"에서 '이 세상의 인심세태'의 가치의 발견으로 요약된다. 원작의 풍취를 '지금, 여기'의 인심세태와 결합하여 '조선것'으로 전유하는 번안으로의 변모에는 저작권자라는 지적재산의 소유에 대한 의식과 단행본에서 신문연재소설로의 변화라는 매체의 두 가지 조건이 작용했다.

저작권법에서 규정되는 번안의 개념에 근거하여 원작의 동일성을 해체하는 새로운 저작물로 간행함으로써 원작의 구속에서 벗어나 독창성에 대한 전향적인 자세를 취할 수 있었다. 원작을 원천으로 변형하는 번안자에게 부여된 저작권자의 권리는 지적 창작물로서의 소유 주체로서의 인식을 싹트게 하여 원작의 제목과 내용과 형식을 변경한 『장한몽』은 번안자 조중환을 저작권자로 하는 "조선의 것"인 것이다. 이러한 점에서 "조선의 것"으로의 전유 방식은 원작의 '동일성'을 둘러싼 사고의 탐색에서 발견된 것으로 소유권에 대한 인식에 뿌리를 두었다. 서적으로서의 『장한몽』은 원본에서 복제의 부가 가치에서 성립했다는 발상에서 자신의 독창성에 대한 자부심을 가질 수 있었으며 이는 텍스트에 대한 '정신적인' 권리와 결부된 의식의 진전을 보여줌으로써 근대적 작가의 탄생을 예비하는 토양이 마련되었다. 이러한 저작권법의 토대에서 조중환은 번안소설의 길을 개척할 수 있었다.

그런데 동일한 저작권법의 토대에서 번안 『두견성』과 『장한몽』의 상이한 방식은 "조선것"으로의 전유 방식을 저작권의 관계로만 해명할 수 없게 한다. 후술하는 개인의 취향의 차이 외에 조중환의 번안의 방식을 규정하는 요건에는 단행본과 신문연재소설이라는 매체의 문제와 관련한다. 『불여귀』에서 『장한몽』으로의 변화는 번역에서 번안이면서 동시에 단행본에서 신문연재소설로의 매체의 변화이다.

신문과 소설이라는 상상의 공동체를 '재현'하는 기술적 수단을 제공하는 두 가지의 매체를 결합한 신문연재소설에서 "시계와 달력에 의해 측정되는" 물리적인 시간과 균질적인 공간에 대한 제국의 공동체의 상상은 보다 증폭될 것이다. 날마다 발행하는 신문의 등질적인 지면에 분할된 사건의 동시다발적인 배치는 소설이 전달되는 방식에서 단행본과 구별되게 한다. 러일전쟁의 시간 축에서 일본과 조선이 동시적으로 연결된 제국의 공동체의 등질적인 시공간의 소설이 배치됨으로써 "소설안의 세계와 소설 밖의 세계의 융합에 작동하는 민족적 상상력"[243]에 보다 의존한다. 이는 신문 매체의 시사성이 내포하는 '시공간적 당대성'을 환기하는 것으로 이러한 조건에서 신문연재번안소설 『장한몽』은 『곤지키야샤』의 "소설안의 세계와" 조선의 일상을 결합하는 새로운 서사의 시간과 공간을 발견했다. "세계를 시공간적으로 전유"한다는 의미에서 "리얼리티"[244]의 개념과도 결부된 '지금 여기'의 '이 세상의 인심세태'의 가치는 조선의 신문연재소설에서 "소설의 '내부적' 시간으로부

---

243 베네딕트 앤더슨, 윤형숙 역, 앞의 책, 55면.
244 한기형, 「매체의 언어 분할과 근대문학」, 임형택 · 한기형 · 류준필 · 이혜령, 『흔들리는 언어들-언어의 근대와 국민국가』, 성균관대 출판부, 2008, 245면.

터" 조선 독자들의 "일상생활이라는 '외부적' 시간으로"[245] "조선것"으로 전유하게 했다. 저작권법에 근거한 원작의 '동일성'을 해체하는 독창성 있는 번안의 사고가 이러한 매체를 기반으로 보다 자유롭게 외부를 향하여 열려졌다. 단행본의 취향과 선호에 따른 단일한 독자층을 넘어 이야깃거리의 흥미를 좇는 대중 독자층에서 지식과 정보를 갈망하는 지식인 독자층을 포획하는 광범위한 독자층으로 신문의 독자 공동체를 향한 큰 폭의 울림을 기대할 수 있게 된 것이다. "원작의 풍취"는 "죠선풍쇽"과 결합하는 융합의 방식으로 '이 세상의 인심세태'에 촉각을 기울인 대중성의 전략이 제출되고 독자층의 욕망을 환기하는 대중 지향성은 증폭되었다. 이와 같이 신문연재소설이라는 매체와 저작권법에서 규정하는 번안의 조건에서 『장한몽』의 번안이 특징 지워졌다.

당대의 교양과 인심 세속적인 일상에 경사하는 방향의 변개가 이루어지며 춘향가 등의 노래나 속담, 전통적인 놀이나 문화 등이 속속 도입되었다. 이 새로운 질서 속에 전통과 모던의 이질적인 가치들이 양립하며 '조선풍의 번안'이라는 독특한 세계에서 "조선청년남녀의 정신적 식량"으로 소비되는 "조선의 것"으로 전화했다. 이러한 번안의 방식은 역으로 『불여귀』의 "역술"의 방식에 작용하는 의식을 엿보게 한다.

내지의 고명한 작품의 번역의 의의는 "원작의 풍취"를 굴절 없이 전달하는 데 있는데 이는 원작의 동일성을 보유하는 번역의 형식에서 담보되었다. 사건과 인물도 "원작의 풍취"를 살려 세계를 알고자 하는 지적인 욕구에 응답하는 "내지 풍속"의 "교재"로서 가정 사회를 개량하기 위한 "토론"의 지침으로 독자층을 계몽하는 역할에 "역술"의 위치가 부여되었다. 연극의 참뜻을 이해하지 못하는 관객을 위해 극의 중간에 설명하는 역할을 요청했던 바와 같이 "역술"의 위치는 원작에서 생산되

---

245 베네딕트 앤더슨, 윤형숙 역, 앞의 책, 52면.

는 가치를 훼손하지 않고 전달한다는 원작에 부수적인 역할로 자기 규정하게 했다. 이러한 저작권법에서 규정하는 번역자의 위치는 일본의 출판의 논리가 관철되는 일본의 출판사에서 인쇄 발행되었다는 접촉 지점에서 더욱 원작의 권위 아래 놓이게 되었다.『호토토기스』가 세계 각국어로 번역되면서 일본문학이 세계로 진출하는 국민문학의 논리와도 맞물려 원작에 대한 번역의 관계를 분명히 하는 특징을 보였다.『불여귀』번역의 선명한 기치는 일본을 경유한 인쇄 출판을 통해 일본의 미디어 복합의 수용 방식을 원작에 충실한 번역에서 동시적으로 편제하는 이례적인 양상으로 발현되었다. 선행하는 번안『두견성』과 원작과 그림엽서, 연극 등 다양한 미디어 복합의 이질적인 층위를 의식하는 지점에서 조중환의 독특한 '역술'의 태도가 규정된 것이다. 독자의 이해를 돕기 위한 설명과 논평이 부가됨으로써 "원작의 풍취"와 조선의 풍속이 병치되는 방식으로 "역술"이 구성되었다. 원작과 선행하는 번안『두견성』의 양자를 모두 의식하는 지점에서 발생한 "역술"의 태도는 "원작의 풍취"와 "이 세상의 인심세태"의 불일치에서 발생하는 차이를 인식하는 과정 속에서 획득한 '필법(筆法)'이다. 이러한 원작과 '번안'의 사이에서 흔들리는 번역 주체의 번역과 '번안'이 섞이고 분절되는 지점에서 조중환의『불여귀』의 특이성과 의의가 발견된다. 조선의 현실 맥락에서 원작에 없는 "칠거지악"의 어휘를 덧붙이거나 원작의 속담이나 민요를 당대의 조선의 풍속으로 슬쩍 개변함으로써 '원작의 풍취'에 "순조선냄새"를 가미하는『불여귀』의 '역술'의 방식,『두견성』의 당대의 대중 독자를 포획하는 "조선풍"의 번안의 방식은『장한몽』에서 보다 전면적으로 확장된 형태로 발현된 것이다.

김영민에 따르면『매일신보』의 입장에서 볼 때 조중환의 성공은 첫째, 그들이 목표로 했던 소설의 대중적 인기 확보에 성공했다는 점, 그 대중적 성공이 일본의 작품들을 번안해 들어오면서 이루어졌다는 점에서 의미 있는 사건이었다.[246] 즉, 조중환의 성공이 메이지 '가정소설'을 시발로 하는 일본 경유의 대중문학의 물꼬를 틈으로써 하나의 수맥으로 이어지는 계기가 되었다.

3) 서사의 편폭의 확장 — 메이지 '가정소설'과 서사의 변용

1912년 '호토토기스' 수용의 궤적은 '완역'과 '축약'의 두 가지 방식의 갈래로 동시 다발적으로 유입되었다. 즉, 원전 중시의 태도는 단행본 『호토토기스』의 충실한 '완역'의 번역 『불여귀』와 『두견성』으로 독자적인 수용의 계보를 형성했다면 원작이 굴절되는 '축약'의 방식은 『류화우(榴花雨)』 등 다량의 신소설이 생성되는 기반으로 작용했다. 『류화우』는 원작 『호토토기스』에서 파생한 '속서'와 '번역서'의 모티프를 공유하거나 변형하는 방식의 접점을 갖는다는 점에서 일본의 '호토토기스'가 미친 파급력 안에서 『불여귀』와 다른 흐름을 형성했다고 하겠다. 1910년대 신소설과 번안소설의 서사에 폐결핵·이혼·고부간의 갈등 등 전대의 서사와는 다른 모티프가 집중적으로 출현하여 서사의 편폭을 확장했다. 『호토토기스』의 '속서'와 '번역서'라는 원작의 통속화 과정에서 생성된 원본과 복사의 관계가 식민지 조선에서도 미세한 차이를 띠는 형태로 복제되면서 산출되는 맥락은 원본에 회수되지 않는 복잡한 중층적인 특징으로 발현되었다. 일본에서는 원본의 권위를 갖지 못한 『호토토기스』의 '속서'가 식민지 조선에서는 은폐된 원천의 관계를 맺으며 통속의 방향과 질을 가늠하는 방향으로 작용했다. 식민지 조선의 다수 대중이 향유하는 속(俗)의 문학과 무연의 지점에서 구성된 통속성은 정전 위주의 문학사 서술에서는 가시화되지 않는다. 일본의

---

246 김영민, 앞의 책, 161면.

정전보다 위서와 유사한 '속서'가 식민지 조선의 서사에 미친 영향이 한층 컸던 파행적인 관계 방식은 제국의 식민지 조선에서의 권력 작동 방식과도 연관된 것이다. 식민지적 지식 속에 피식민지인의 지식을 병합시키는 '의고적인 잔존성의 전략'[247]과 유사한 것으로 모방과 동일시의 구조화된 강박에서 생산되는 이 시대의 특징적인 문화 산출 맥락의 논리가 작동한다. 이러한 공통적인 기제에서 '복합적 수용 방식'[248]에서 생산되는 메이지 가정소설은 보다 중층적인 혼성의 방식이 발휘되는 효과를 냈다. 순문학과 통속문학으로 분화되는 경계의 『호토토기스』는 식민지 조선에서 그것의 '속서'와 동시다발적으로 작용하면서 번역과 번안, 각종 혼성적인 통속문학과 연극으로 파급 확산된 것이다. 일본제국의 국가적 정체성을 각인하는 국민문학 『호토토기스』와 이것의 인기에 편승한 '속서'의 서사가 식민지 조선의 의고적인 지식과의 교접 즉, '의고적인 잔존성의 전략'으로 새로운 문화적 정체성을 갖는 서사로 전환한 것이다. 이와 유사한 방식으로 『오노가츠미』와 여기에서 파급된 '속서'를 원천으로 하는 텍스트를 산출했다. 이러한 점에서 『호토토기스』의 수용은 이후의 『오노가츠미』와 『곤지키야샤』와 같은 일련의 가정소설의 수용 방식을 결정지었다. 원작의 아류인 '속서'가 접합의 시공간에서 식민지 조선의 신소설의 계기로 전환되는 변형 방식의 일정한 메커니즘에는 '속서'라는 원천의 분류 체계와 관련한 개별 텍스트의 관계망이 작용할 것이다. 전술한 바와 같은 『호토토기스』의 '속서'의 세 가지 갈래, 즉 애정, 전쟁, 고부간의 갈등의 서사라는 세 통으로 확산된 수용의 궤적은 1910년대 신소설이나 번안소설을 분류하고 체계화하는 데 유효한 준거로 작용할 수 있다. 영국과 러시아로 서사의

---

247 호미바바, 나병철 역, 『문화의 위치-탈식민주의 문화이론』, 소명출판, 2002, 274면.
248 가네코 아키외[金子明雄], 권정희 역, 「'가정소설'을 둘러싼 미디어 복합 : 1900년대를 중심으로」, 『대동문화연구』 65집, 성균관대 대동문화연구원, 2009.

공간적 배경이 급격히 확장[249]되거나 애정과 효의 조화라는 고부간의 갈등 등 전대의 영웅서사나 가문소설, 애정의 서사와는 차이가 있는 1910년대의 신소설은 『호토토기스』의 '속서'의 변형 방식과 유사하다.

애정의 서사와 전쟁의 서사, 고부간의 갈등의 서사로 세 유형으로 분류되는 『호토토기스』의 '속서'와 번역서는 1910년대의 신소설의 특징과 유사한 일면을 지닌다. 1910년대 서사에 집중적으로 등장하는 이혼·폐결핵·고부간의 갈등 등의 모티프는 예컨대 남녀의 결연과 이별 재회, 혼인 장애 서사나 여인 수난의 서사 등의 전대의 서사와 동일한 것으로 파악될 수 없는 이질적인 내용이 결합되어 전대의 서사와는 다른 돌출적인 모티프가 출현했다. 『호토토기스』의 수용이 독자의 전대 서사의 기억을 환기하는 방향으로 서사의 형식을 차용하여[250] 당대의 도덕과 질서의 제약을 넘는 상상력을 추동하는 전대와는 다른 계기들이 작용한다.

예컨대 『류화우』의 서사에서 질병을 대하는 태도는 반드시 전대의 서사와 동일한 것은 아니다. 전대의 권선징악의 서사적 기제인 "유행병"의 질병을 신체를 통제하는 근대적 규율 공간으로서의 감옥[251]이라는 사법 제도와 연계하여 '법의 지배'와 '인과응보'의 '절충적'인 방식으로 전대의 질병에 대한 시선과도 구별되었다.[252] 신구의 가치 체계가

---

249 『호토토기스』의 '속서' 가운데 영국과 러시아를 무대로 활약하는 전쟁소설의 유형을 주목할 필요가 있다. 大塚幸世, 앞의 논문 참조.
250 임화의 지적과 같이 신소설 시대의 독자의 흥미는 구소설시대의 독자의 흥미와 동일하지 않음에도 전대의 가정소설 계모형 구소설의 형식이 차용되어 구소설시대의 독자의 흥미와 동일한 것으로 간주되는 기존의 이해 방식은 '구소설시대의 독자의 흥미'와 구별되는 '신소설시대의 독자의 흥미'를 해명하지 못한 것으로 생각된다. 임화, 임규찬·한진일 편, 앞의 책, 299면.
251 미셸 푸코, 『감시와 처벌―감옥의 역사』, 나남출판, 1994.
252 1895년 청일전쟁 중 만주로부터 일본과 한국에 유입, 전쟁 피해자보다도 콜레라의 피해가 커 전국적으로 약 30만명의 피해자가 발생했다. 신동원, 「조선말의 콜레라 유행, 1821~1910」, 한국과학사학회 편, 『한국과학사학회지』 11권1호, 1989, 66면.

공존하는 복합적인 구성 방식은 음모·축출·격리·회복 등 전통적인 여성수난서사의 형식에 새로운 모티프를 결합하여 전대의 서사의 편폭을 넓혔다.

전술한 바와 같은 모자간 언쟁 장면의 며느리를 옹호하는 아들의 항변은 견고한 가부장제의 '규각'을 조명하는 것이다. 나아가서 어머니와 아내 사이에서 갈등하는 남성을 '인정 의리'의 틀에서 제시하는 이해 방식은 전대의 서사와는 다른 인식을 싹트게 하는 변화의 단초를 마련했다는 점에서 『호토토기스』의 수용에서 산출된 서사의 의의는 다양한 방식으로 확인된다.

아내의 죽음으로 종결하는 원작 이후의 상상이 이혼과 재혼, 결혼 이전의 연애의 서사를 파생시키고 '이처(二妻)'나 '통혼' '폐혼' 등 법적 지표를 구성하지 못하는 이혼을 뜻하는 한자어 표기가 혼재하는 일련의 1910년대 신소설은 근대 가족 제도의 법제화가 야기한 방어기제의 작동방식을 보여주는 것이다. 계몽주의적 열정이 사라진 개인의 사적 욕망이 전통적인 효와 열의 관념에 의해 정당성을 획득하며[253] 이질적인 서사의 유입을 전대의 서사와의 습합으로 과거에 없는 돌출적인 모티프를 산출했다고 하겠다. 1910년대 신소설에 공유되는 투신과 구원의 모티프는 『호토토기스』를 비롯하여 『곤지키야샤』 『오노가츠미』 등 메이지 '가정소설'에 종종 등장하는 투신과 구원의 모티프에 발원한 것으로 전대의 서사와의 상호 작용 속에서 시대의 구원이라는 당대의 메타적인 서사의 구조가 주조되었다.

이 시기 일련의 서사를 향유하는 독자 공동체의 정체성이 반드시 전대의 한자·한문 교양의 기반에 국한된 것은 아니다. 『두견성』에서 『불여귀』, 또한 『류화우』를 비롯한 1910년대의 신소설에 이르기까지 폭넓은

---

253 권영민·김종욱·배경열 편, 「작품해설 『안의 성』」, 『한국신소설전집』 7, 서울대학교출판부, 2003, 359면.

스펙트럼으로 고소설의 대중 독자에서 새로운 언어 감각의 독자층에 이르기까지 다양한 독자층을 아울러 언어를 매개로 독자층의 분할과 새로운 독자층으로의 확장을 도모할 수 있는 발판이 마련되었다.

4) '새로운 감정'으로 – 『불여귀』에서 『무정』으로

『불여귀』 수용의 의의는 감정, 감각의 변용의 궤적을 여실히 보여주고 있다는 점이다. 감정은 "사회구조, 문화에 의해 결정될 뿐만 아니라 사회 전체를 재생산하고 혹은 변화시킬 수 있는 주요 기제"[254]로서 제국일본의 모방과 동일시를 강제하는 식민지 조선에서 감정, 감수성의 변화는 더욱 두드러졌다.

근대 국민국가의 형성에서 요청되는 국민의 연대감과 감정의 생성에 기여한 일본의 국민문학 『호토토기스』의 눈물과 동정은 『불여귀』에서도 번역되는데 눈물의 언표가 반드시 독자층의 눈물과 동정으로 직결된다고 할 수 없다. 수용 주체의 '감정'의 문제와 체험과 관련한 미적 인식 등의 차이를 전제로 『불여귀』는 주체의 감정과 사회에 작동하는 도덕 감정의 문제를 첨예하게 드러냈다. 감정이 사회의 도덕 감정에 구속되는 양상은 공감의 감정, 심성과도 관계하는데 1910년대 후반부터 1930년대 초반 동정의 감수성이 한국사회와 문화에 결정적 역할을 했으며 이 시기 집중적으로 등장한 동정의 서사는 근대사회가 요청하는 동정을 문학에 굴절시켰다.[255] 공동체의 사회 통합의 기제로서 타인에 대한 동정은 근대 사회로의 이행의 시기 집중적으로 그 중요성이 부각되었다. 1910년대 후반부터라는 기점에는 1917년의 『무정』을 지표로 하는데 김동인이 『무정』의 의의를 "새로운 감정이 포함된 소설이

---

254 김현주, 앞의 논문, 283면; 이성식 · 전신현 편, 『감정사회학』, 한울, 1995, 11~27면.
255 손유경, 『한국 근대소설과 감정의 발견 – 고통과 동정』, 역사비평사, 2008, 37면.

조선에 나타난 효시"[256]라는 지적에서도 선명하다. "재래의 감정"을 담은 이인직의 소설이 대중의 환영을 받지 못한 것과 달리 『무정』은 "새로운 감정"의 차원에서 신기원을 열었다는 찬사를 보냈다. 근대소설의 가치 기준을 정립하는 문단의 평에 "새로운 감정"을 구성 요소로 추가하는 김동인의 평은 이성보다 하위의 것으로 대중과 결부하는 부정적인 평가의 근거로 작용하는 '감정'이 근대소설로의 전변에 중요한 구성 요소임을 피력하는 것으로 『호토토기스』의 수용에서 드러난 '감정'과 관련한 맥락을 연속적인 체계에서 파악하는 시각을 제공한다. 말하자면 『호토토기스』의 수용을 『무정』과 견주어 사고하는 맥락은 개인과 공동체에 대한 상상의 핵심적인 기제로서 '감정'의 문제가 근대소설 형성과 맺는 연관을 드러내는 것이다. 1910년 초의 『불여귀』와 『무정』 사이의 심연에 존재하는 문학에 대한 근본적인 차이와도 관련된다.

예컨대 "새로운 감정"과 서사를 관련짓는 특징은 개인과 민족의 공동체 형성의 중요한 '감정'의 구성[257]이 '정(情)'과 결별하는 것을 주제화하는 방식으로 구현되는 점에 응축된다고 하겠다. 즉, '정'과 구별되는 것에 역점을 둔 구성 방식에 작동하는 '감정'은 『무정』의 제목으로 표출되었다. 『무정』에서 주인공 형식은 "'정'의 움직임을 경험하지만 그 경험의 시간 내내 그는 '생각'을 하는 존재"[258]로서 '정'을 '생각'과는 다른 차원에서 '정'을 상대화하는 이성적 사유로써 '정'에 의해 추동되는 "재래의 감정"과 구별되는 형식의 "새로운 감정"을 여실히 드러냈다. "재

256 김영민, 앞의 책, 166면; 김동인, 「춘원연구」, 『삼천리』, 1935. 2, 214~215면.
257 김현주, 「1910년대 '개인', '민족'의 구성과 감정의 정치학—이광수의〈무정〉을 중심으로」, 『현대문학의 연구』 22집, 한국문학연구학회, 2004, 262면.
258 소영현, 『문학 청년의 탄생—문학 청년의 탄생』, 푸른역사, 2008, 299면. 『무정』은 감정을 이성의 통제 하에 새로운 감정으로 배치하는 맥락에서 '정'의 긍정이 아닌 '정'의 부정을 통한 변증법적 통일에 의해 '생각'하는 존재로서의 근대적 인간의 자각, 인간에 대한 이성적 사유를 보여주는 것으로 생각된다. 이러한 면에서 이광수의 근대적 인간의 창출의 형상화 방식에서 '정'의 담론은 『무정』과 『유정』이라는 일련의 '정'의 연속적인 맥락을 산출하는 것으로 이해된다.

래의 감정"과 "새로운 감정"으로 변별하는 것은 '정'에 대한 태도이다. '정'과 '생각'의 상호 작용에 의한 서사적 구성은 결과적으로 선행 연구에서 지적된 바와 같이 '내면의 발견'에 이르게 하는 자각적인 서사적 기법인 셈이다. '감정'을 중심으로 하는 이원적인 구성의 분석은 내용과 형식, '감정'과 맺는 소설 형식의 차원으로 새로운 심급을 부여하는 것이다. 즉, 『무정』에서 '정'의 대립 개념으로 '생각'을 인식의 위계로 배치하는 형식을 통해 감각적 지각에서 이성적 사유에 이르는 진폭으로 대중과 지식인 모두를 포괄하는 '독자 계층의 통합'[259]이 실현되는 하나의 조건을 갖추게 되었다.

이광수가 강조한 '정'의 가치는 개성을 자각한 근대적 개인이 추구한 개인의 욕망 충족과 관련한 '정'의 가치[260]라는 점에서 '연애의 정'과 '공명의 지'를 대립시키는 원작에 지반을 둔 좁은 의미의 '정'을 바탕으로 하는 『불여귀』에서는 "재래의 감정"을 탈각하지 못했다. 동정의 생성은 도덕 감정과 결부되는데 서사에 내재하는 동정의 구성은 전통윤리와 상충되어 당대의 도덕 감정을 노출시켰다.[261] 도덕적 가치나 도구로서의 문학이 아닌 그 자체로서 목적을 갖는 문예의 가치는 미적가치가 도덕가치보다 우위에 서면서 발견되어지는데 과학, 객관적 외부 세계의 진을 추구하는 주관적 정서적 현상의 미로서의 자연주의의 가치의 발견이다.[262] 도덕의 가치와 미적가치가 각축하던 시대 주로 '건전한 도덕'을 내재하는 것으로 환영받았던 『호토토기스』의 번역 『불여귀』의 감정의 미적 요소는 공동체의 윤리나 도덕 감정과 연루하여 미학―감수성―미의 추구 계열과는 다른 윤리―도덕―선의 계열[263]에 연계된다고 하겠다.

---

259 김영민, 앞의 책, 168면.
260 손유경, 앞의 책, 48면.
261 도덕 감정은 쾌감과 불쾌감으로 파악된다. 아담스미스, 박세일 · 민병국 역, 앞의 책 참조.
262 島村抱月, 「自然主義の価値」, 『近代文芸之研究』, 早稻田大學出版部, 1910, 91면.

『불여귀』의 수용 담론에서 과거의 한자·한문의 교양과는 다른 새로운 그룹을 '새로운 취미의 담지자'[264]의 형태로 제시했다. 중국 중심의 질서에서 일본 제국의 질서로 한자·한문 교양에 입각한 문화의 지형을 바꾸는 이행기의 미디어의 번안소설 시대를 여는 『불여귀』에서 한자·한문 교양의 지식인 독자층에서 한글 교양의 새로운 언어 감각의 주체의 설정이 모호했던 시기 번역·통역 등의 매개의 역할이 주도하는 중간층의 존재를 부상시켰다. 바로 이러한 과정에서 『불여귀』는 급속도로 전대의 문화의 견고한 경계를 교란하며 대중문화 전환의 일정한 역할을 담당했다. 한자·한문 교양에 억압된 전통적인 하위 범주의 대중문화가 부상된 것이 아니라 과거 지식인층과 구별되는 중간층의 새로운 취향 형태로 전대와도 다른 이질적인 혼종의 문화로 융합되었다. 즉, 한글의 언어감각의 새로운 취향이 식민지 시스템의 존재 조건에서 연유하는 태생적인 혼종성은 전대의 대중문화와 친연적인 관련을 맺으면서 한자·한문 교양의 지식인층을 단절시켰다. 『불여귀』에서는 "아이참불상히, 어려셔, 붓터"와 같이 원작에 없는 서술을 부가하여 독자의 동정을 유발하는 '이야기'의 힘에 의존하는 방식으로 "구독자층의 독서습관의 연장"[265]에서 구성하여 "재래의 감정"을 폐기하지 못했다. 이러한 『불여귀』의 눈물과 동정의 '감정'이 '정'을 바탕으로 욕구와 충동의 감각에 의존한다면 『무정』은 '감정'과 이성의 대립을 소설의 미적 형식으로 통합하는 새로운 차원을 열었다.

또한 『불여귀』에서 표방하는 새로운 "취미"는 "소설가를 시낭"하는 "문학취미"를 집결시키는데 공헌했지만 곧 당대의 대중의 취미로서 향유된 것은 아니다. '식민지 사회의 독특한 문어 관습과 문자 해독의 문

---

263   손유경, 앞의 책, 33면.
264   새로운 취미의 방향이 새로운 취미의 담지자, 새로운 사회적 그룹을 향한다는 하우저의 개념. 볼프하르트 헹크만, 콘라드 로터, 김진수 역, 338면.
265   임화, 임규찬·한진일 편, 299면.

제로 인해 인쇄 미디어의 문화주체로서의 대중을 창출하는 한계'[266]가 있었던 1910년대 초『불여귀』의 취향이 대중의 취미로 향유되기에는 아직 이른 시기였다는 점도 '독자계층의 통합'을 이루지 못한 요인이라 하겠다. 전파 미디어가 보급되는 1926년을 전후로 한 시기[267]에 이르러 비로소 현실의 대중의 취향으로 전유되는 근거들이 마련되었다. 이러한 흐름에서 『불여귀』의 취향을 강조하는 담론[268]이 그대로 당대의 현실로서 간주되는 것은 오히려 당대 『불여귀』의 독특한 위치를 간과하는 오류를 범하는 것으로 여겨진다. 대중과의 간극을 드러내는 이러한 위치에서 대중의 주체 설정이 모호했던 이 시기의 '불특정 전체로서의 평균적 집단' 대중의 구체적 상상과 취향의 방식을 제공했다는 의의를 발견하게 된다. 이와 같이 당대의 지배적인 '감정구조'[269]의 맥락을 살피는 것에 유효한 『불여귀』의 새로운 취향의 전략은 절충적 방식의 태생적 한계로 "새로운 감정"을 담아내지 못했다. 이는 전술한 바와 같이 '정'을 바탕으로 하는 부부애의 구성 방식에서도 명료하다.

그러나 현실에서는 새로운 풍속, 부부 사이의 내밀한 감정과 육체적 표현, 신혼여행과 해변의 러브신 등으로 호기심과 동경을 자아내며 견고한 도덕의 강박과 윤리를 벗어난 모순된 감정에 직면하게 했다. 『불여귀』의 이질적인 삽화가 불러일으키는 상상력이 현실에서는 억압된 여성의 탄식에 동정과 비난이 교차하는 독자의 감상도 분출되기 시작했다. 현실에서는 침묵이 강요되는 병든 여성의 독백과 편지라는 장치로 구성되는 주체의 내밀한 심정, 절망 끝에 바다에 투신하려는 병든 아내

---

266 이경돈, 「취미라는 사적 취향과 문화 주체 대중」, 『대동문화연구』 57집, 성균관대 대동문화연구원, 2007, 236면.
267 이경돈, 『별곤건』과 근대 취미독물」, 『대동문화연구』 46집, 성균관대 대동문화연구원, 2004 참조.
268 삐에르 브루디 외, 최종철 역, 앞의 책 참조.
269 레이몬드 윌리엄스의 개념. 로베트 망두르의 한 시대, 혹은 특정 세대를 특징짓는 지배적 심성 '망텔리테'의 개념이 참조될 수 있다. 손유경, 앞의 책, 24~34면.

를 심청의 투신 이미지를 겹치게 하는 조형 방식으로 여성의 심정에 공감하는 심성이 싹트면서 도덕 감정을 비껴난 공감과 동정의 과거와는 다른 시선이 투사되었을 가능성을 배제할 수 없다. 당대 조선의 현실과 당위의 긴장을 흥미와 호기심의 시선으로 견인하여 기존 관습의 동질성의 세계를 넘어 다른 새로운 가치와 심성이 싹틀 수 있는 틈입의 공간을 마련한 것이다. 이러한 의미에서 고독한 개인에 공감하고 동정하는 독자의 심성(mentality)은 1910년대 단편소설만이 아니라 기구한 운명의 여성을 동정하는 통속적인 번역 / 번안소설의 독서에서도 그 단초는 형성될 수 있었다. 전대의 교양에 배제되었던 '저급한' 대중문화의 육체·감각·욕망을 긍정적인 가치로 끌어올리며 전환을 가속화함으로써 메이지의 속(俗)의 문화는 전대의 속의 문화를 다시 새롭게 발견하게 하는 것에 기여했다. 인간의 쾌락을 긍정적인 가치로 전도하며 고급과 저급의 위계로 감각을 규율하고 이와 연관된 형태에서 대중문화와 지식인층 문화의 재편은 1910년대 사회 전반에 급격히 '쾌락' 담론[270]을 부상시켰다.

이러한 측면에서 식민지 조선의 『호토토기스』 수용은 인간의 욕망이라는 감각적 쾌락에서 『무정』의 감각적 심미적 쾌락의 긍정[271]이라는 공통 감각을 내포하며 '새로운 감정 규범'과 연관된 맥락에서 의의를 제공한다. 『불여귀』의 육체·쾌락·감각을 바탕으로 하는 하위의 대중문화의 구성 방식의 형태를 제공하며 다기한 방면에 걸쳐 서로 다른 양태로 광범위하게 감정, 감성의 변화를 야기한 것이다. 이러한 지각 변동 속에서 『무정』은 개체와 공동체의 정체성 형성의 감정의 역할을 의식적으로 제기함으로써[272] 『불여귀』는 "재래의 감정"에서 "새로운 감정"의 출현을 앞당겼다.

---

270 권보드래, 앞의 논문 참조.
271 김현주, 앞의 논문, 270면.
272 김현주, 앞의 논문 참조.

제
6
장

근대 서사의 분기

『두견성』과 『불여귀』

제1절 언어의 전환과 서사의 분기

　제6장에서는 『두견성』과 『불여귀』의 서사가 한국문학사에서 어떠한 의의를 갖는가를 규명하는 것을 목적으로 한다. 원작과의 관계에서 번역／번안의 재구성 방식을 중심으로 한 지금까지의 논의를 바탕으로 이 장에서는 두 가지 방식의 분할이 갖는 의미에 대한 해명을 목표로 한다. 두 가지 서사의 재구성 방식, 독자층의 향유 방식 등의 변별이 원작과의 관계만으로는 해명될 수 없다. 『불여귀』와 『두견성』이라는 번역／번안 텍스트의 저변에 한자・한문의 이탈과 한글로의 언어 전환의 맥락에서 서사가 재편되는 상호 긴밀한 연관성이 존재한다. 한자・한

문과 한글·일본어라는 다중적인 언어 상황이 독자층을 분할하며 서사의 분기와 생성을 촉구하는 과정이 두 가지의 수용 방식에서 명확하게 드러나는 것이다. 두 가지 방식의 텍스트에 밀착한 내재적인 분석을 발판으로 텍스트가 놓인 위치를 포착할 때 비로소 두 가지 방식의 분할의 의미가 뚜렷해질 것이다.

두 서사는 1910년대 한문 교양의 전통적인 지식인과는 다른 교양과 언어를 습득한 새로운 유형의 지식인의 등장으로 독자층의 폭이 다양화해진 동시대의 요구에 대응하는 의미를 갖는다. 두 텍스트는 각각 한자 병기의 한글과 순 한글의 표기체계에 입각하여 독자층을 달리했다. 『두견성』에서는 전통적인 지식인 독자와 대중 독자를 대상으로 하는 친연적인 서사를 구축했다. 다른 한편 『불여귀』에서는 새로운 시야의 교양을 추구하는 한글 독자의 독자층으로 확산하기 위한 출판물을 지향했다. 이러한 독자층의 차이는 상이한 서사적 지향으로 나타나 제목, 결말의 함의를 형성했다. 그 결과 『불여귀』와 『두견성』은 근대소설의 여러 가지 가능성을 내포하여 근대소설의 두 가지 방향성을 내재하는 의의를 갖는다.

1911(메이지 44)년 8월의 조선교육령의 발포에 따라 일본어를 '국어'로 한글은 조선어의 지위를 갖는 위계가 구축되면서 보통학교에서는 조선어 과목을 제외하고 일본어로 이루어졌으며 관공서와 법률문서 등 공공의 영역에서는 일본어, 생활의 영역에서는 한글이 사용되는 이중적인 언어 상황에 놓였다[1]. 또한 서당이나 사립각종학교 등의 민간 교육을 중심으로 한자·한문의 기초적인 교양 학습 또한 여전히 주종을 이루면서 식민지 조선의 언어 상황은 복잡다단한 형세를 보였다. 1911년의 통계에 따르면 보통학교 학생은 3만 2천여 명, 서당은 14만 천여 명, 사립

---

1   이연숙, 고영진·임경화 역, 앞의 책 참조.

각종학교는 5만 7천여 명으로 보통학교는 민간 사학에 비해 열세였다. 1910년대 서당의 학생 수는 급격히 증가하여 1911년도에 14만 여명으로 보통학교학생수가 서당의 학생 수를 앞서게 된 것은 1923년의 일이다.[2] 즉, 1912년도 현실에서 한자·한문의 식자층의 기반은 견고했다.

1912년의 『불여귀』와 『두견성』은 이러한 언어의 전환을 배경으로 한자·한문의 소양에서 일본어와 한글 교육에 이르기까지 중층적인 언어를 포괄하는 새로운 교양과 취향을 부상시키는 지점에서 출현한다. 과거의 한학을 배경으로 하는 단일한 지식인층에서 일본어 학습을 경유한 한글의 언어 능력과 교양을 지닌 중간층의 부상 등 급속도로 지식인 사회는 재편성되었다. 일본어 습득이 근대적인 직종으로의 취업의 요건이 되는 식민의 현실을 배경으로 일본어 학습은 대중의 근대화에의 열망과 상승에의 욕망을 부추기며 새로운 취향의 독자층을 부상시켰다. 1900년을 전후로 경성학당을 비롯하여 15개교의 일본어 학교가 설립되어[3] 일본어 교육을 받은 새로운 취향의 독자층이 부상했다. 한학과는 다른 교양과 실용 교육을 받은 독자층의 확장에 따라 이들의 취향과 요구를 반영하는 서적 출판의 상업적인 전략이 제출되기 시작했다. '국어'와 한글, 한자·한문이 공존하는 중층적인 토대에서 제국의 식민지 조선의 공동체의 상상에 기여하는 출판자본주의[4]는 독자층을 언어와 교양에 따라 분할하며 1910년대의 출판 지형을 재편했다. 새로운 독자층의 취향을 이끌어내는 서적 출판의 돌파구로써 1910년대 유일한 한글신문 『매일신보』의 기자인 선우일과 조중환은 내지의 베

---

2 표3, 초등학교 종류별 학교수 및 학생수; 1911~1913 『통계연보』, 조선총독부, 오성철, 「1910년대 일제의 식민지 교육정책과 한국인의 대응」, 『한국 근대사회와 문화 2 −1910년대 식민통치정책과 한국사회의 변화』 26, 서울대 출판부, 2005, 230~231면.
3 한용진, 「개화기 일본 민간단체 설립 학교 고찰−경성학당을 중심으로」, 『동양학』 38집, 단국대 동양학연구소, 2005, 194면.
4 베네딕트 앤더슨, 윤형숙 역, 앞의 책 참조.

스트셀러『호토토기스』를 원작으로 나란히『두견성』과『불여귀』두 가지 방식의 서사를 간행했다. 이후『매일신보』의 연재소설은 메이지 가정소설의 번역소설이 주류를 이루었다. 이러한 맥락에서 번안소설의 '1910년대적인'[5] 특징은『호토토기스』에서 발원된 서사에서 힘입은 바 크며 당대의 서사적 관습을 변형하는 단초를 제공했다. 따라서 이 글에서는『호토토기스』를 모태로 상이한 두 가지의 서사가 산출되는 맥락을 조명함으로써『두견성』과『불여귀』의 서사의 특징과 그것이 근대 서사에서 갖는 의미를 규명하고자 한다.

제2절 문체 · 표기 · 독자층

1) 언어의 편차와 구연성과 문자성의 역학

『두견성』은 국문의 통사 구조를 기본으로 극히 일부의 한자를 괄호 안에 병기한 제한된 형태의 한자병기의 표기 체계에 입각했다.『두견성』의 한글 표기 체계는 당대의 조선에는 실재하지 않는 새로운 문물과 관련한 신조어나 개념어, 고유명사, 수사적 언어의 경우이다. 드물지만 숫자의 경우 한자를 노출하기도 했고, 한시의 구가 괄호 안에 병기되는 등 독자의 이해를 돕기 위해 부분적으로 한자를 병기하는 방식을 채택했다. 한국에는 낯선 문물과 개념어를 전달하는 방식에서『두견성』은 괄호 안에 한자를 병기하고 원문의 수사적 표현을 한자 · 한문의 교양에

---

5   권보드래, 「죄, 눈물, 회개－1910년대 번안소설의 감성구조와 서사형식」,『한국 근대문학연구』 16호, 한국근대문학회, 2007.

친숙한 비유나 고사성어를 구사하고 괄호 안에 한자를 병기하는 방식으로 독자의 이해를 돕고자 하는 방편에서만 한자를 병기했다.

반면, 『불여귀』는 한자를 배제하고 철저하게 '순 한글의 한국어 문장'을 채택했다. 원작의 개념어나 신문물 관련의 어휘를 한자를 병기하지 않은 순 한글로 표기했다. 예를 들면 『두견성』에서는 "체온기(體溫器)" "계엄령(戒嚴令)" 등과 같이 당대의 조선에는 실재하지 않는 신문물이나 근대적인 제도와 관련된 어휘, 일본 고유의 역사나 풍토와 관련한 어휘, 비유 등의 표현에서 한자를 병기했으며 『불여귀』에서는 "체온기" "슴국시절" 등 원문의 한자를 음독하여 순 한글로 표기하거나 원문과는 다른 어휘로 교체함으로써 한자를 배제하는 표기로 일관했다. 당대 서양의 신문물을 일본이나 중국을 거쳐 수용하면서 번역어로서 만들어진 한자어를 『불여귀』에서는 한자를 배제하고 한글로 표기하거나 유사어로 대체한 것이다. 예를 들면 원작의 "毛布" "靴"에는 각각 "けつと" "くつ"의 후리가나가 달려 있고 이를 『불여귀』에서는 "모포" "화"와 같이 한자어의 음독이 아니라 "겟토" "겟도우" "굿스" 등 후리가나의 일본어를 한글로 표기하여 『두견성』의 "담요" "양혜"로 표기하는 방식과 대조적이다. 이러한 방식은 부분적으로 적용된 것이지만 일본의 풍속과 관련한 한자어의 루비의 음을 한글로 표기하여 외래어의 이질성을 선명히 드러내는 방식을 취했다.

동일한 원작을 두 가지 방식으로 문체와 표기 체계를 달리하여 간행한 것에는 근대 이후의 매체의 표기체계와 문체의 변화라는 맥락이 존재한다. 1900년대 후반에서 1910년대 초 한자에서 한글로 언어의 전환[6]은 한문 교양의 지식인 문화에서 한글의 대중 교양 문화로 새로운 문화 시스템을 편제했다.

---

6   이혜령, 「한글운동과 근대어 이데올로기」, 『역사비평』 70호, 역사비평사, 2005.

근대 초기 매체의 언어의 각축은 국한문체와 국문체의 대결로 압축되어[7] 국한문체를 채택한 신문들도 소설은 대개 순 국문으로 표기하여 매체 내부의 문체 분할을 명확히 했다.[8] 이것은 서사적 언어에 대한 자각이 "매체의 언어 분할"[9]에 개입된 결과로서 '소설'의 개념과 범주의 불확정성과 중첩되었다.

1900년대 메이지의 정치소설의 번안이 순 한글 표기의 한국어 문장으로 번안되고 1910년대에 이르러서는 '소설'은 순 한글 표기의 전통이 확립되었다.[10] 그러므로 1912년 『두견성』과 『불여귀』는 한글 표기 체계를 공통으로 하면서 부분적인 한자 병기의 한글 표기와 한자를 배제한 한글 표기의 차이를 보였다. 미디어의 문체 선택이 곧 독자 계층에 대한 선택[11]이라면 『두견성』과 『불여귀』의 표기 체계는 독자층의 명쾌한 분할을 허락하지 않는다. 언어 전환기의 지식인층과 대중 독자의 분할에는 한자 이탈의 정도가 관건으로 작용한다. 따라서 한자 병기의 『두견성』과 한자를 배제한 『불여귀』를 지식인층과 대중 독자로 분할한다면 전술한 바와 같이 『불여귀』의 원문의 한자어를 번역하는 방식에서 발생하는 의미상의 혼란을 당대의 대중 독자를 대상으로 하는 표기로 간주하는 것에 무리가 따른다. 여성을 포함한 대중은 한글의 비중이 높고 지식인층은 한자의 비중이 높은 국한문체와 국문체의 대결 양상은 『두견성』과 『불여귀』의 분기에는 유효하지 않다.

1910년대 신문 독자는 주로 전래의 양반과 개화 지식인 및 부유층 부

---

7   임형택, 「소설에서 근대어문의 실현 경로-동아시아 보편문어에서 민족어문으로
     이행하기까지」, 임형택·한기형·류준필·이혜령, 앞의 책, 230면.
8   한기형, 「근대어의 형성과 매체의 언어전략-언어, 매체, 식민체제, 근대문학의 상
     관성」, 『역사비평』 71호, 역사비평사, 2005, 363면.
9   한기형, 「매체의 언어분할과 근대문학」, 『대동문화연구』 59집, 성균관대 대동문화
     연구원, 2007, 17면.
10   박진영, 앞의 논문, 40~44면.
11   김영민, 『한국 근대소설의 형성과정』, 소명출판, 2005, 168면.

녀자들[12]이라 할 때 한자를 완전히 배제하지 않은 『두견성』과 순 한글의 『불여귀』는 지식인층과 부녀자를 포함한 대중 독자라는 고정적인 틀로 도식화할 수 없는 새로운 분할이 구획된 것이다. 한글 표기라는 공통적인 지반에서 한자 병기와 순 한글 표기라는 한자의 유무는 한자·한문에 친숙한 독자층과 한자·한문의 교양과 단절된 독자층이라는 분할이 반드시 지식인층과 대중 독자라는 구도로 수렴되지는 않는다는 점에서 특이성을 내재했다. 교육 체계를 바탕으로 개인의 식자 능력이 뒷받침됨으로써 비로소 한글 표기의 전환이 이루어진다 할 때 1910년대 교육의 현실은 순 한글 문체의 기조 위에 식자의 편차에 따라 독자층이 분할되는 양상을 보여주는 것이다.

이런 맥락에서 복잡한 언어 상황에 따라 독자층은 분할되며 언어와 표기를 달리하는 두 가지 방식의 서사적 지향으로 표출되었다. 번역자의 원작에 대한 이해와 개인적인 취향과 세계관이 어우러진 서사적 지향은 언어에 의해 제약된 선택지에서 구성되었다.

한자를 완전히 배제하지 않은 『두견성』은 전래의 양반과 개화 지식인을 포함한 광범위한 대중 독자를 대상으로 한자·한문에 친숙한 독자층의 공동체적인 감수성과 독서 체험을 바탕으로 하는 서사를 구성했다. 한자·한문의 교양이라는 설정이 한시나 한문 서적을 낭독하는 지식인층의 독서 형태와 한문 소설을 강담사가 다수의 청중에게 들려주는 청자로서의 대중 독자라는 독서 형태를 전제하여 이러한 이중의 음독의 독서 형태가 각각의 독자층이 향유하는 공동체석인 문화와 이들의 신체에 각인된 리듬과 감수성을 기반으로 하는 서사를 지향하는 방식으로 텍스트를 구성하게 하는 것이다.

18,19세기 소설을 청중에게 낭송하는 것을 직업으로 하던 강담사에

---

12 천정환, 앞의 책, 66면.

의한 구연[13]의 방식은 조선조 후기 한문서사의 방식을 원용하여 근대 계몽기 신문의 야담, 전(傳), 인물기사로 재배치하는 서사화의 방식[14]이나 국문소설에도 영향을 미쳤으며 『두견성』의 문체는 이러한 구연의 방식과 연관되어 일련의 신문 연재소설의 표기 체계 맥락에서 채택되었을 가능성이 크다. 『두견성』은 구두점과 띄어쓰기를 하지 않는 방식으로 '~더니' '~고' 등의 병렬식 어미로 이어나가는 비분절적인 문체의 장문은, 일정한 리듬을 내재하여 개화기 신문의 서사에서 익히 재현되는 방식의 연장선상에서 구연의 방식과 연관될 가능성이 있다. 직접적인 장면 제시보다는 화자에 의한 요약·설명 등이 많으며 긴 스토리 시간을 압축 전달하는 설명 기법에서 문장의 장문화의 서술 방식을 특징[15]으로 하는 구연 방식은, 『두견성』의 플롯과 밀접한 관련이 없는 에피소드를 생략하거나 장면 제시 형태의 원문을 요약하는 방식으로 변형한 것과 연관된다.

　이와는 달리 『불여귀』의 빈번한 구두점 사용과 띄어쓰기, 한문 투의 지문과 문어체 어미, 비속어를 구사하는 대화 등 양자의 구연성은 다른 방식으로 구성되었다. 통상적으로 신소설의 특징으로 꼽히는 구연에서 문자로의 이행이 일본어에서 한글로의 언어 간 번역 과정에서 일본어의 구연성과 문자성과 한글 체계에서의 그것과 중첩되어 『두견성』과는 다른 층위를 드러낸다는 맥락에서 『불여귀』는 매우 각별하다. 즉, 단일한 언어 체계에서의 '언어내 번역(intralingual translation)'과 다른 언어 체계와의 '언어간 번역(interlingual translation)'[16]이 중첩되어 일본어

13　임형택, 「18·9세기의 '이야기꾼'과 소설의 발달」, 『한국학논집』 2집, 계명대 한국학 연구소, 1975, 286면.
14　계몽기 신문의 구체적인 사례는 『두견성』의 문체가 한문서사의 번역의 문체와 연관되어있음을 시사한다. 진재교, 「한문 서사양식의 근대적 모색―한문의 서사 전통과 근대 계몽기 신문의 서사」, 진재교·한기형 외, 『문예공론장의 형성과 동아시아』, 성균관대 출판부, 2008, 34~45면.
15　구수경, 『한국소설과 시점』, 아세아문화사, 1996, 45면.

의 『가정신시 호토토기스의 노래[家政新詩 不如歸之歌]』[17]나 유행가 〈호토토기스〉와 같이 문자에서 구연으로 이행하여 근대적인 독서 방식과 역행하는 형태와 교섭되는 복잡다단한 과정이 개입되면서 단일한 언어 체계의 구연에서 문자로의 이행과는 다른 경로로 번역의 다양한 층위를 드러낸다.

각각의 작중 인물의 이미지를 바탕으로 한 생동감 있는 대화가 인물 개인의 어조를 드러내며 인물에 입체감을 부여하여 이질적인 삽화가 펼치는 이야기의 상상력과 어우러져 대화를 장면으로 보여주는 것과 같은 시각적인 효과를 발휘하는 구성과 문어체 어미와 "차설"의 서두에서 호명되는 독자와의 소통의 방식은 『두견성』과 같은 서술자에 의해 균일하게 장악된 구연의 방식과는 다르다. 개화기 소설에서 낭독상의 리듬과 관계되는 것으로 추정되는 구두점[18]과는 다른 『불여귀』의 빈번한 구두점이 어절을 단위로 하는 띄어쓰기나 조선어 문법 체계를 바탕으로 하는 호흡과는 달라 조선어 문법에 틈입되는 일본어 체계와 연관되는 이질적인 리듬의 호흡 가능성을 추정할 수 있을 것이다. 빈번한 구두법의 형태로 시각화되는 표기 체계는 한문의 素讀의 관습이나 신문 서사의 구연과도 다른 새로운 호흡의 구연의 방식이라는 맥락에서 『불여귀』의 표기 체계는 신체에 각인된 음악성 · 감각 · 심성(mentality)과도 연계된 문제로서 파악될 수 있을 것이다.

원작 『호토토기스』의 "한문맥의 탁월한 관용어법과 적당하게 신선한 관찰과 적당하게 버터 냄새나는 비유, 우의"[19]의 문제를 『두견성』과 『불여귀』는 한글을 공통으로 하면서도 상이한 방식으로 옮겼다. 원작

---

16 ローマン・ヤーコブソン, 「翻譯の言語學的側面について」, 川本茂雄 譯, 『一般言語學』, みすず書房, 1973, 57면.

17 溝口白洋, 『家庭新詩 不如歸の歌』, 福岡新三, 岡村壓兵衛, 1905.

18 한원영, 앞의 책, 340면.

19 瀧藤滿義, 「不如歸[德富蘆花]」, 『日本の近代小說』1, 東京大學出版會, 1986, 96면.

의 와카[和歌]의 한 소절을 『두견성』에서는 한학의 교양을 바탕으로 한 수사로 대체하여 "미의식의 충돌은 사라져 버리고 다만 옛글을 외우는 문장"[20]으로 재구성했다. 반면, 『불여귀』에서는 원문의 수사를 한글의 문맥에서 원문을 재현하거나 원작에 없는 새로운 결합 방식의 조어로 『두견성』과도 다른 층위의 통사법으로 원작과는 다른 문맥을 발생시켰다. 한자를 배제하는 한글 문맥의 편제에서 언어의 역학이 작동하는 조어 방식이 한자어를 새로운 의미망으로 결합하는 배치로 한자 · 한문 교양의 독자층에 친숙한 사유 방식과 수사와도 다른 특이성을 표출했다. 한문맥이 문체와 어조의 문제만이 아니라 사유 방식, 감각[21]과도 연관된 문제임을 『두견성』과 『불여귀』는 명료하게 드러내고 있는 것이다. 원문의 수사가 배제되고 한글 문맥에서의 수사와 비유를 구축하는 『불여귀』에서는 문맥에 따라 소통되지 않은 일탈을 초래하기도 했다. 한글 문맥의 고유한 비유와 수사의 표현이 『불여귀』의 발화에서 비교적 생생하게 구사되는 데 비해서 지문에서는 비유로서 재현되지 못하는 것은 표현의 문제가 개인의 문장 감각만이 아니라 현실과 언어에 대한 당대의 인식의 문제임을 여실히 드러낸다. 말하자면, 원작의 자연 묘사에 대한 양자의 차이와도 관련되는 이러한 번역의 방식은 현실 묘사를 가능하게 하는 제반의 조건이 갖추어지지 못한 시대적 제약과 연관된 것이다. 풍경을 발견하는 시선의 발생이 표현 · 표상의 시스템에 관한 인식론적 배치의 변화에 의한 것이며 이것은 원근법이나 언문일치체라는 표현의 코드화라는 조건에 의해 표현 대상을 균질적인 것으로 현출시키는 것을 전제로 근대 미디어의 출현에 의해 가능했던 바와 같다.[22]

1880년대 후반에서 『호토토기스』가 발표된 1900년 초반의 시기 "미

---

20 권보드래, 앞의 논문(2003), 399면.
21 齋藤希史, 앞의 책 참조.
22 이효덕, 박성관 역, 앞의 책, 67~108면.

디어의 출현·성립에 의하여 생성되는 전시대의 표상시스템의 失效와 새로운 표상 시스템의 형성"[23]이 발생했던 일본의 근대 미디어 편제와 유사한 방식으로 1910년 초 새로운 표상 시스템을 획득해 나가는 근대 미디어의 역동적인 역사성을 확인할 수 있다. 이러한 현실적 조건을 토대로 개인의 언어 감각이 결부되어 『두견성』과 『불여귀』의 고유한 표현 세계는 구축되었다. 원작 『호토토기스』의 한문조의 美文에 의한 자연 묘사는 "메이지 30년대의 독자에 일반적으로 공유하는 표상을 환기하는 방식"으로 "江戶小說的, 戱作調의 유형적인 묘사" "필연적으로 유형적인 묘사로 연계"되는 문체[24]와 사실적인 묘사 등이 혼재된 양상으로 자연주의 문학이 발흥하는 분기점에 위치했다. 시대와 계층, 성별 등 다양한 차이가 일본어 체계 안에서 대립[25]하는 원문의 문체는 유형적인 묘사와 개성적인 사실 표현이 혼재되어 두 작품에서 상이한 방식으로 번역되었다. 『불여귀』에서는 전자에 중점을 두어 원작의 동시대의 일반 독자에게 호소력을 갖는 유형적인 묘사를 고대소설의 상투적인 비유와 수사로 추상적인 서술 방식으로 대체했다.

한편, 번안 『두견성』에서는 원작의 배경은 조선으로 바꾸어 자연이나 인물 묘사의 방식은 원작의 방식을 견지하여 서술 주체와 서술 대상을 분리하여 객관적인 보고의 서술 형식을 취했다. 원작의 서두에서 외부에 위치한 서술자의 시점에서 풍경과 인물 묘사는 외양 묘사로 제한하여 『두견성』에서는 원작의 표현 방식, 서술의 기법을 의식하여 번안함으로써 전지적 시점에서 탈피하여 서술자의 시점을 제한하는 것이 가능하게 된 것이다. 『두견성』의 곳곳에서 전지적 시점과 3인칭 제한적 시점, 1인칭 시점의 사이를 동요하는 불안정한 시점으로 부분적으

---

23 위의 책, 13면.
24 佐藤勝, 「德富蘆花」, 『國文學』 14-2, 至文堂, 1988, 94면.
25 小森陽一, 앞의 책, 194~210면.

로 한국의 현실과 인물의 내면을 객관적으로 사실적인 묘사의 서술 방식을 드러내기도 했다. 근대 서사 문학의 특징적인 양식인 1인칭 시점의 서술 형식은 이미 1907년의 근대단편소설에서 부분적으로 사용된 바 있으며[26] 『두견성』에서 처음으로 근대소설의 기법이 창출된 것은 아니다. 그러나 원작의 서술 형식을 의식하여 배경과 인물, 심리 등의 묘사가 도입됨으로써 부분적으로 "신소설의 묘사의 의의"[27]와 연동하며 '리얼리즘'으로 이어지는 토대를 구성했다는 점에서 근대소설의 형성에 공헌했다. 『불여귀』와 구별되는 『두견성』의 자연 묘사는 당대의 현실을 그린다는 실재에 대한 의식과 연관된 번안의 방식이 보다 사실성에의 접근을 가능하게 한 조건으로 작용했을 가능성이 있다. "사회가 내포하는 표상 시스템마다 커뮤니케이션의 형태를 구성하는 미디어에 규정되는 시스템"[28]의 작동은 1910년 초 번역의 방식이 도리어 원문의 사실성을 담지하지 못하고 허구성을 내재하는 역설적인 현상을 발생하게 했다. 당대의 현실로 대체하는 『두견성』의 번안의 방식에서 현실에 대한 묘사로 리얼리즘과 연계된다는 점에서 "당대의 일상 현실을 제재로 삼"는 한문단편 소설의 강담(講談)[29]이라는 문맥과 상통하는 일면을 지닌다. 이것은 『두견성』이 제한적이나마 당대의 현실을 그려내는 표현 기법 등이 학습되어진 것을 의미한다는 맥락에서 『두견성』의 가치를 새롭게 부각시킨다.

한편, 『두견성』과 구별되는 『불여귀』의 특징은 원문에 대한 접근 방식의 차이와 관련한 것이다. 전술한 바와 같은 한자어 읽는 방식의 차이는 원문의 "불행(不幸)"을 일본어의 동음이의어인 "불효(不孝)"로 옮기는

---

26 주종연, 『한국소설의 형성』, 집문당, 1987, 168면; 박헌호, 「한국 근대소설과 내면의 서사」, 『식민지 근대성과 소설의 양식』, 소명출판, 2004, 30면.
27 임화, 임규찬 · 한진일 편, 앞의 책, 162면.
28 이효덕, 박성관 역, 앞의 책, 12면.
29 임형택, 「한문단편형성과정에서의 講談師」, 『창작과비평』 49호, 창비, 1978, 106면.

등 동음에 착안하여 원문의 의미를 변환시키는 예는 산견된다. 이러한 언어적 유희성은 한자를 서기언어가 아닌 음성 언어로서 인식하는 것으로 획득되는 동일성의 층위에서 발생한 것이며 서기언어로서의 『두견성』의 한자 읽기와는 다른 방식의 원문에 대한 이해가 번역의 표기로 가시화하는 것이다. 즉, 『두견성』에서 원문에 대한 접근 방식은 의미의 층위에서의 시각적인 접근 방식이라면 『불여귀』에서는 번역에 구술 행위를 경유하는 청각적 요소의 접근 방식으로 대별할 수 있다. 예를 들면 『두견성』에서는 원문의 한자어의 음성 언어적 측면은 의식되지 않은 채, 서기언어로서의 한자를 동일성의 지반으로 하여 한글의 문맥으로 전환한다. 원문의 한자어는 의미의 표식일 뿐 한자어를 읽는 방식을 제공하는 루비는 의식되지 않는 번안의 방식이 이를 뒷받침한다. 원문을 소리 내어 읽는 구술을 전제로 한 읽기가 다시 쓰기의 과정에 개입되어 표기와 문체의 차원에서 『두견성』과는 다른 지평을 열었다. 다시 쓰기의 과정에서 발화의 구어를 발견하는 것을 용이하게 한 음성 언어에 대한 의식은 『소년』에서 서술자의 언어로는 국한문 혼용체, 대화문에서는 국문체로 문체상에서 분리한 국한문 혼용체와 같이 대사와 서술을 문체의 층위에서 구별하고자 하는 인식[30]을 공유하면서도 번역의 행위에서 발생하는 『불여귀』의 각별한 지점을 드러낸다. 순 한글 표기 체계에서 지문과 대화의 위계화에 작용하는 아(雅)와 속(俗)에 대한 인식은 원작을 구술하는 과정을 경유하는 이중적인 층위의 번역의 경로에서 보다 힘을 얻었다. 이것이 역자의 자각적인 인식은 아니라 할시라도 일본어의 음성을 경유한 원작에 대한 접근이 지문에서는 역사적 환경이 소거된 자립적인 번역 텍스트로 고정화하고 회화는 발화 행위의 장면에 의존하는[31] 지문과 대화의 대립을 전면화하여 "장면에 의존한"

---

30 권보드래, 『한국 근대소설의 기원』, 소명출판, 1999, 173~177면; 신지연, 「『소년』의 문체 연구」, 『민족문화연구』 42호, 고려대 민족문화연구소, 2005, 189면.

생동감 있는 대화를 구성했다. 이러한 차원에서 "소설의 대화 부분을 연극의 대사로 활용"[32]한다는 의식이나 다양한 방식의 "가정소설의 미디어 복합"[33]에 의한 수용에 노출된 언어 환경이 대화에서는 비속어의 사용[34]이나 일상의 언어를 발화의 형태로 재현하고 지문에서는 '정격한문'과도 다른, 대중 독자층이 향유하는 고대소설의 한문 투의 어조를 구사하는 것으로 나타나는 복합적인 과정을 상상할 수 있을 것이다.

　문어와 구어에 대한 규범이 명확히 체계화되지 않은 상태에서 『불여귀』의 지문과 대화의 문어와 구어의 사용에 어떠한 요소들이 개입되었을 것인가의 문제는 그리 간단하지는 않다. 원문의 '아속절충체'의 문체를 번역한 일례를 통해서 1910년대 번역의 언어의 문제를 서사 언어구축의 층위에서 논할 것이다.

2) '아속절충체'의 번역 ─ 아속의 재배치

　전술한 바와 같이 『호토토기스』는 "지문에 문어체, 회화에 구어체"를 사용하는 '아속절충체'[35]의 문체이다. [36] 조중환이 원작의 '아속절충

31　酒井直樹, 「翻譯の問題」, 『批評空間』, 新曜社, 1993.11, 42면. 荻生徂徠の한문고전의 독해법을 해명하는 논의에서 대화의 심급이 출현하게 되는 18세기 언설편제의 분석을 참조했다.

32　윤민주, 앞의 논문, 42면.

33　金子明雄, 권정희 역, 앞의 논문 참조.

34　예컨대 원작의 비속어를 『불여귀』에서는 나미코를 축으로 인물을 이분화하여 "나미코에게 긍정적인 인물들의 언어 사용에는 비속어를 첨가시키고 긍정적인 인물들에게는 비속어를 제거시키는"방식의 대립 구도를 형성했다는 견해(윤민주, 앞의 논문, 45면)에 대해서는 의견을 달리한다. 원작보다 부가된 비속어 사용은 나미코의 발화나 나미코에게 호의적인 치즈코의 발화에서도 볼 수 있으며 나미코를 지칭하는 어휘에서도 산견된다. 이것은 비속어의 사용이 의미의 층위에서가 아닌 별도의 심급에서 논의할 필요성을 제기한다.

35　'아속절충체'란 츠보우치 쇼요坪內逍遙가 『소설신수(小說神髓)』에서 일본의 소설 문체를 '雅', '俗', '雅俗折衷'의 셋으로 분류한 것에서 비롯하였다. 坪內逍遙, 『소설신수(小說神髓)』, 『坪內逍遙集』(明治文學全集 第16卷), 築摩書房, 1969, 30~43면. 일

체'를 어떻게 의식하고 있는가를 살펴보기 위하여 구체적으로 고모리 요이치도 제시한 바 있는 『불여귀』의 문체의 특징을 어떻게 번역했는지 검토해 보도록 하자.

원작에서 주요한 등장인물의 대부분이 사츠마(薩摩) 출신인데, 주인공인 나미코와 다케오는 표준어를, 다케오의 어머니와 나미코의 아버지는 사투리를 쓴다. 지문과 대화는 구별되어 있으며, 원작의 지문은 문어체로 통일되어 있고, 대사는 극히 생동적인 구어체가 구사되고, 사츠마변 등의 사투리나 여학생의 말, 마님(오쿠사마)의 말 등이 지역과 계층에 의한 구별이 행해져 실감 있는 회화가 되었다.[37]

『두견성』에서는 대화 부분과 내용이 바뀔 때 행갈이를 하고 있으며 당시의 신소설에서 보는 바와 같이 대화의 윗부분의 괄호 속에 화자의 이름을 넣는 화자표시 방식을 취하기도 하였고, 번역 『불여귀』에서는 화자를 표시하지 않았으나 원작과 같이 대화의 등장인물마다 발화를 괄호(「 」의 사용)에 묶어서 대사와 지문은 엄격히 분리되었다.[38]

번역 『불여귀』의 대화에서는 원작의 사투리는 살려지지 않았다. 등장인물의 사투리는 배제되었으나[39] 계층·신분·성별 등의 차이는 살려져 마님과 유모의 대화나 모자간의 대화는 구분이 되었다고 할 수 있다. 표준어 혹은 공통적인 언어 규범이 미약한 상태에서 아(雅)와 속

본의 언문일치와 "아속절충"의 문체에 대해서는 山本正秀, 『言文一致の歷史論考』, 櫻楓社, 1971.

36 柔原武夫, 앞의 논문, 81면.

37 小森陽一, 앞의 책(2000), 194~210면.

38 권보드래에 의하면 직접 인용 부호의 장치가 안착된 것은 『매일신보』에서 1913년 「장한몽」 이후 직접인용부호를 일반화하면서부터라고 한다.(앞의 책, 170면) 이러한 대화 표기 방법은 양승국에 따르면 조중환의 첫번째 연재작인 「쌍옥루」, 『매일신보』 (1912.7.17~1913.2)에서부터 나타난다고 한다.(양승국, 앞의 논문, 276~277면) 조중환의 소설 전반에 나타나는 이 "원작의 표기 방법을 충실히 따른" 대화 표기 방법은 『불여귀』에서도 볼 수 있다.

39 번역 『불여귀』에서 방언이 배제되었다는 것은, 예를 들면 원작의 사츠마변이 특정 지역의 방언으로 번역되지 않았다는 것을 말하고자 한다.

(俗), 지역과 계급이 얽히는 대화의 현장을 옮겨야 했던 어려움을 보여
주는 대목이라 할 것이다. 그러나 원작에서는 상류계층의 부인의 "여
성적인" 나미코의 말투가 번역『불여귀』에서는 살려지지 않았다. 예를
들면 유모와 나미코가 나누는 대화의 한 대목이다.

「정말 추운걸요. 동경과는 전혀 다르지요」
「오월에 벚꽃이 피었을 정도이니까. 어멈, 좀더 이쪽으로 와요」[40]

[로파] 민우춥니다서울과는판히다른걸이오
[부인] 그러키에지금이슘월이십일쎄인딕살구꽃이겨오피지안나할멈이
리로갓가히안쎄[41]

「정말춥습니다, 동경보다는, 아쥬, 짠판이올시다」
「오월에, 잉화가, 피는더, 더말홀것잇소, 동경보덤, 더츄은것슨, 알쬬이지,
그럿치안소, 어멈, 츄운더, 화로짜로, 더밧삭드러안쑤료」[42]

원작의 대화에서 유모는 아랫사람이 윗사람에게 대하는 정중한 말투
를, 나미코는 표준어에 "ねえ"와 같이 "여성성이 나타나는"[43] 친근한 말
투로, 서로의 신분에 어울리는 어미로 처리되었다. 『두견성』은 이러한
원문의 말투를 살려서 연장자이지만 하녀인 노파는 아랫사람이 윗사람
에게 하는 '하오체'를, 부인은 '하게체'를 구사했다. 그런데『불여귀』에

---

40 원문은 다음과 같다. "本當に 冷えます こと! 東京とは 餘違ひますで いますねえ",
   "五月に櫻がさいて居る 位だからねえ。 ばあや, もつと此方へお寄りな"『小説 不
   如歸』상, 4~5면.
41 『두견성』상, 3면.
42 『불여귀』상, 4면.
43 小森陽一, 앞의 책(2000), 198면.

서는 "동경보덤, 더츄은것슨, 알쬬이지, 그럿치안소" 하며 원문에 없는 표현을 일부러 덧붙였다. 당시의 언어규범에 따라 판단할 만한 충분한 근거를 갖지 못한 상태에서 "알쬬이지, 그럿치안소"의 말투에 대해 선불리 단정을 내릴 수는 없다. 단지 여기에서는 이것을 단서로 생각해 볼 수 있는 가능성을 지적하고자 한다. 그 하나는 원문에서 보이는 상류계층의 품위를 지닌 표준어의 나미코의 말투를 『불여귀』에서는 그대로 충실히 재현하지 못했다는 점이다. 다시 말하면, 원작에서는 "지역과 계층에 의한 구별", "남성어", "여성어"의 성차가 『불여귀』에서는 무시되고 균일하게 번역되었을 가능성이다. 여기에는 역자가 원작의 "여성성"의 말투를 의식하지 못했을 가능성도 있지만, 또한 의식하였다 하더라도 그것을 구별해서 쓸 만한 성차에 의한 언어가 당시의 언어 규범 속에서 극히 미약했기 때문에 충실히 재현할 수 없었을 가능성도 있다. 그러나 『불여귀』와 『두견성』이 같은 해 간행된 것을 고려한다면 양자의 문체 차이를 당시의 언어규범의 문제로만 환원할 수는 없다. 역자의 여성관이나 소설 문체에 대한 인식 등에 따른 선택일 가능성도 무시할 수 없다. 『불여귀』의 전편을 통해서 여성의 발화를 중심으로 지문과 대화의 차이 등을 상세히 살펴보는 것에 의해서 판단되어져야 할 것이다.

또한, 조중환의 『불여귀』에서는 나미코의 발화 이외에도 비속어, 욕설 등의 표현이 적지 않은 점은 『두견성』과도 다르다.[44] 이것은 원작의 대회의 '속문'에 대한 조중환의 의식을 보여준다. 말하자면 원문의 '아속절충체'에 대한 의식이 조중환의 번역에서 과도하게 속어를 구사하게하는 방향으로 작용했을 가능성이 있다. 조중환이 원작의 '아속절충

---

44 예를 들면, 다케오를 짝사랑하는 오도요가 하인에게 하는 말 "싫다, 빈말 따위 하는 게[いやだよ、おせじなんぞ云つてき]"(중, 326면)를 『두견성』에서는 "에그 이 망홀 것아 듣기실타"(하권, 4면)로, 『불여귀』에서는 "비러먹을년, 숭보누라고, 그리지"(하권, 4면)라고 번역하였다. 오도요라는 인물을 희화화하는 것과 관련한 문제이기도 하지만, 적어도 원작에 비해 과도하게 속된 표현이라고 볼 수 있을 것이다.

체'를 어떻게 의식하고 그것이 번역 문체에 어떻게 작용했는지에 보다 면밀한 고찰이 필요하지만 부족한대로『불여귀』의 대화가 매우 생동감 있고 실감 있는 표현으로 번역된 경위에는 속어에 대한 의식이 작용했을 가능성은 지적할 수 있다.

원작『호토토기스』는 '지문은 문어체, 회화는 구어체'의 이른바 '아속절충체(雅俗折衷体)'를 구사했다. 전술한 의고적인 문투와 원작의 풍취를 살린 이질적인 층위가 공존할 수 있었던『불여귀』의 독특한 문체의 특징은 원작의 '아속절충체'에 대한 인식과도 관련된다.

원작에서 주요 등장인물은 사츠마(薩摩) 출신이다. 그러나 나미코와 다케오는 '교육 있는 동경인의 입말'[45]의 표준어를, 다케오의 모친과 나미코의 부친은 사츠마 방언으로 대화를 나눈다. 표준어와 방언이 대립하는 언어적 체계에서 지문은 문어체로, 대사는 구어체로 나누어 사츠마 방언과 초슈(長州) 방언, 여학생과 귀부인 등 출신 지역과 성별, 계층에 따른 목소리의 특질을 세부에 각인하여 다양한 차이를 지닌 생동감 있는 회화로 이루어졌다. 이렇게 성차를 구별할 수 있는 회화로 구성된『호토토기스』를 비롯하여『곤지키야사』와 같은 신문연재소설이 대중미디어를 통해서 광범위하게 유포되면서 언어 젠더화의 규범화가 이루어지는 가운데 인공적으로 만들어진 표준어는 뿌리를 내렸다.[46] 한편, 이러한 원작의 언어적 특징은『두견성』과『불여귀』에서는 미묘하게 다르게 번역되었다.『두견성』에서는 대화와 장면의 전환에 따라 행을 나누어 괄호 안에 화자를 명기하는 등 당대 신소설의 통상적인 형식을 취했다. 한편,『불여귀』에서는 화자를 명시하지는 않았지만 원작의 표기 방법에 따라 발화를 직접인용부호의 괄호 안에 제시하여 지문과 대화

---

45 1895(메이지 28)년 上田万年에 의해 최초로 제출된 표준어의 개념은 1904(메이지 37)년『尋常小學讀本編纂趣意書』에 표명된 '동경 중류사회의 언어'라는 표준어 규정의 맹아를 이루었다. 이연숙, 고영진·임경화 역, 앞의 책 참조.
46 小森陽一, 앞의 책, 198~204면.

를 엄격히 분리했다. 번역에서 원작의 등장인물의 방언은 살려지지 않았다. 원작의 사츠마 방언이 특정한 지역 방언으로 번역되지 않았다는 의미에서 방언은 배제되었다. 그런데 계층과 성별 등의 차이는 원작과는 다른 형태로 미묘한 변화를 보인다. 원작에서 상류계층의 귀부인다운 품위 있는 "여성스러운" 어미는 번역에서는 재현되지 않았다. 『두견성』에서는 원문의 여성적인 목소리는 하오체, 하게체 등의 신분 격차를 나타내는 어미로 구현됨으로써 성차보다 계층의 차이가 보다 의식되었다고 한다면, 『불여귀』에서는 원작에 없는 비속어나 실감을 주는 대화를 첨가함으로써 인물의 성격이 변형되었다. 원작의 남성어와 여성어의 성차에 의해 구별되는 언어가 번역에서는 식별되지 않는 균일한 일본어로 이해되었거나 혹은 원문의 차이를 의식했다하더라도 순 한글의 언어 체계에서 성차의 언어적 규범이 확고하지 못했을 가능성이 있다. 원작 『호토토기스』가 발간되는 메이지 30년대는 표준어 개념이 등장하는 시기로 표준어에 대한 명확한 인식을 갖지 못했다. 메이지 40년에야 비로소 표준어(공통어)가 형성, 확산되면서 메이지기 공적인 표준어는 문어, 구어는 속어로 분리되었다.[47]

시대와 언어적 제약에서 기인한 두 가지 가능성은 『불여귀』와 『두견성』 양자에 적용되는 조건이다. 원작보다 비속어의 사용이 더해지는 것은 『두견성』과 구별되는 『불여귀』의 두드러진 특징이다. 소설의 대화 부분을 연극의 대사로 활용할 것을 의식[48]한 『불여귀』의 성립 과정은 『두견성』과 구별되는 문체의 특징을 결정지었다. 일상에서 쓰이는 비속어, 과도한 과장적인 언어가 연극과의 관련에서 이해된다면, 지문

---

47 표준어에 함축된 통제의 의미를 제거하여 공통어로 치환, 1904(메이지 37)년 문부성 『심상 소학 독본 편찬 취의서』의 표준어 규정에 따르면 문장은 구어를 주로 하고 용어는 주로 동경의 중류사회에서 사용되는 것이다. 이연숙, 고영진·임경화 역, 앞의 논문, 263면.
48 윤민주, 앞의 논문, 42면.

의 '정격한문'과는 다른 한자성어나 과도하게 고대 소설과 같은 서술자의 목소리를 내게 하는 것은 원작의 지문의 '아(雅)'에 대한 의식으로 상정할 수 있다. 원작의 한자·한문의 교양을 바탕으로 하는 지문의 '아(雅)'의 특성에 상응하는 것으로 고전소설과 같은 문투의 어미나 한자·한문 소양의 품격에 구애받지 않는 변형된 조합의 한자어가 구사되었다는 점에서 추정할 수 있다. 기실 양자는 현저한 차이가 있지만 번역 주체에 의해 원문에 상응하는 것으로 발견된다는 점이 중요하다. 발화 주체에 따라 각기 다양한 목소리로 현실의 발화를 모방 재현하려는 대화와 고전문법을 바탕으로 하는 어미로 종결하는 지문이 대조를 이루는 원작의 문체는 『두견성』에서는 개별적인 발화자의 목소리의 특질이 약화된 채 중립적인 서술자의 목소리로 제어되는 방향으로 『불여귀』에서는 일상어, 비속어와 욕설 등의 '속(俗)'의 경향을 띠는 대화와 고전소설에 규범을 둔 '아(雅)'적인 요소를 확장하는 지문으로 아속의 대비를 한층 부각했다. 이러한 맥락에서 원작의 '아속절충체'는 『두견성』에서 의식되지 않았으며 『불여귀』에서는 지문과 대화에 차이를 두어 원작의 문체를 재현하려 했다. 『호토토기스』의 원천을 소설과 연극 등으로 "복제·번역·흥행" 등의 연쇄적이고 동시 다발적인 폭넓은 파급 효과를 겨냥하려는 의욕이 지문과 대화의 분리를 한층 탄력적으로 구사하게 했다. 이러한 구상은 통속성의 목적의식적인 지향을 뚜렷하게 한다. 대화에서의 일상의 구어나 속어 사용 등의 형태로 제한되어 지문에서 속문체의 서술 문체를 구성하지 못하는 방식으로 통속의 질과 수준이 가늠되었다. 이것을 역자의 한계로서 비판하기보다 번역의 지문과 대화를 포괄하는 서술 주체의 통합적인 언어 구성 원리의 토대가 되는 보다 근본적인 인식을 질문해야 한다. 표준어 혹은 '국어'의 관념이 명확하지 않았던 1910년 초 원작의 문체적 특징을 살리려는 번역은 일상의 언어를 서사의 대화문에서 아의 규범을 비일상적인 고대소설의 의고적인 문투로 재현했다. 대화와 지문의 구별에 개입된 아속의 인식에 근거한 서사 언어의 차이가 속화 지향의 목적의식성을 명료하게 자각하지 못했다할지라도 식민지 조선의 다층적인 언어적 상황을 아와 속의 관계에서 번역의 과제로서 모색했다는 것은 한 걸음 진전이라고 하겠다.

일본에서는 지문에서 문어 사용이 소설에서만 아니라 강담(講談) 과 같은 음성 미디어에서도 연출[49]되었다는 사실은 다양한 가능성을 환기한다. 대중 예능으로 변주된『호토토기스』의 복합적인 수용 방식이『불여귀』의 서사 언어에 미친 영향은 문어와 구어의 대립이 두드러진 독특한 언어체계와 연관된다. 시차를 두고 단계적으로 수용되었던 연극, 시나 노래 등 "가정소설의 미디어 복합"방식이 소설의 번역의 단계에서 의식되면서『불여귀』에서도 다양한 층위로 편제된 것이다. 신문 연재소설에서 단행본으로의 매체 전환의 과정에서 삭제된 삽화는 일본의 게사쿠(戱作) 등 전대의 통속적 출판물의 기억을 단절하고 '본다'는 묵독의 감각의 전환을 추동했다. 이에 대해서 단행본 원작의 한글 번역에서 부가된 삽화나 전대의 의고적인 장치의 기제는 원작의 묵독의 기제에 포괄되지 않는 불균질성을 내포하는데 이러한 균열이 전대의 독자층과 소통하면서 새로운 독자층을 창출하는 통섭의 지점인 것이다.

낭독에서 묵독으로 근대의 독서 방식은 일직선적인 전환이 아니라 묵독과 낭독의 차이를 묵독 장치의 낭독으로의 전유라는 역방향으로 간극을 메우는 감가이 통합적인 구성의 디딤돌로 매개된 것이라 하겠다. 이러한 독서 방식의 전환을 의식한 방법론의 선택이 아닐시라도 디양한 미디어를 경유하는 혼종성이 뜻하지 않게 묵독의 장치를 '읊는다'는 감각으로 시각과 청각이 충돌하는 층위를 내재하게 했다는 점에서 의의가 있다고 하겠다. 텍스트의 낭독과 묵독이 혼재되는 불균질성, 낭

---

49   小森陽一 編,『近代文學の成立―思想と文体の模索』, 有精堂, 1986, 251면.

독과 묵독의 차이가 발생시키는 입체적인 낯선 체험은 '읊는다'는 감각의 불연속적인 임계점을 내포하는 것으로 낭독과 묵독의 이질적인 층위를 넘나드는데 『불여귀』와 『두견성』의 수용방식의 차이가 묵독과 낭독의 차이로 등치되지 않는 것과 마찬가지다. 이질성을 극대화하는 효과는 『두견성』의 '읊는다'는 감각에 지배되는 단일한 효과를 내는 독서 방식과도 다르고 동시에 '본다'는 묵독의 감각에만 의존한 것과도 다르다. 이러한 점에서 "묵독의 독서 방식의 전환을 견인하며 '읊는다'는 감각이 아니라 시각적인 독서 즉 '본다'는 묵독의 감각과 이를 뒷받침하는 '상상력'을 전제로 소설이 수용되는 혁명적인 전환"[50]과는 다른 측면에서 『불여귀』의 의의를 발견하고자 한다. 즉, 기존의 '읊는다'는 감각과 단절하고 '본다'는 묵독을 견인한 것이 아니라 '읊는다'는 감각을 바탕으로 '본다'는 묵독의 감각으로 상호 순환의 소통 방식으로 낭독에서 묵독으로 전환하는 이행의 특징을 고스란히 보여주는 의의라는 것이다. 이질성의 상승작용이 발생하는 '읊는다'는 감각의 불연속성과 '본다'는 묵독의 감각의 '읊는다'는 감각으로의 전화는 문장 부호, 기호의 표기체계가 감정이 이입되는 '읊는다'는 낭독의 감각을 상승시키는 효과를 내는 관계에서도 여실히 드러난다. 소설만이 아니라 연극 · 영화 · 음반 · 그림엽서 등의 다양한 매체의 '모자이크 방식'이 이러한 효과를 증폭시키며 시각 우위의 텍스트가 묵독의 독서 방식으로 일관되게 지속되지 못하는 불일치를 생성하는 복잡한 층위를 드러냈다.

당대의 신소설을 탈피한 새로운 물질적 형태의 출판물로 원작을 완역한 '순문학'의 번역이 일본어에서 한글로 옮겨지는 과정에서 증폭된 구술적인 공동성의 향유 방식으로 전환된 이행의 기능은 지식인 독자의 묵독의 독서 방식의 걸림돌로서 "근대소설 계층의 통합이라는 역사

---

50   박진영, 앞의 논문, 54면.

적 과제"[51]는 1910년대『매일신보』의 "여성 독자와 남성 독자를 포괄하는"[52] 번안소설을 거쳐『무정』에서 비로소 실현될 수 있었다.

이러한 역사적 전환의 기능은 조중환의 경성학당을 거쳐 도일한 수학 경력[53]에서 한자·한문에 조예가 깊지 않은 개인의 언어 감각[54]과 문화와 상응하는 것으로『불여귀』의 문어를 한학에 정통한 문장이 아닌 고대 소설의 문어투를 구사하는 것으로 제약하게 함으로써 전대의 대중 독자를 잇는 연속적인 발판이 마련되었다.

같은 경성학당 출신의 최남선이 유년 시절부터 익힌 한학을 바탕으로 유길준이 시도한 한국어 통사구조에 입각한 국한문체[55]의 선택 이래 신지식을 수입하기 위해서 한국어 통사구조를 따른 국한문체를 선택했던[56] 것과는 달리 조중환은 일본어와의 혼종적인 언어 감각에 의거한 순 한글의 문체를 구사했다. 한문맥(漢文脈)의 지문을『두견성』에서 선우일[57]은 자신의 일상의 언어인 한자를 의식한 한글의 표기로『불

---

51 김영민, 앞의 책, 167~172면.
52 전은경, 앞의 논문, 172면.
53 조중환(1884~1947). 1902년 경성학당 중학부 졸업 후 도일, 1903년경 日本大學의 정경과 혹은 고등사범과에 입학하여 1906년 졸업했을 것이라는 추측이 유력하다. 1905년 7월 일본인 고문 보좌관의 통역으로 도일. 1907년부터 1918년까지『대한매일신보』를 거쳐『매일신보』의 기자로 근무하면서 1912년 무렵부터 신극 운동 참가. 박진영, 앞의 논문(2004), 208면.
54 경성학당 입학 전의 조중환의 유년에 대해서는 그다지 알려져 있지 않아 한학의 교육 정도를 가늠할 수 없지만 경성학당에서의 한문 과목의 수학이나『불여귀』의 번역의 특징 등으로 보아 한학에 정통했다고 보기 어려울 것이다.
55 황호덕,「한국 근대형성기의 문장 배치와 국문 담론 : 타사 교통 번여 에크리뒤르, 근대 네이션과 그 표상들」, 성균관대 박사학위논문, 2002, 190~221면.
56 정선태,「번역과 근대소설문체-잡지『소년』을 중심으로」,『근대어·근대매체·근대문학-근대매체와 근대 언어질서의 상관성』, 성균관대 출판부, 2006, 227면.
57 선우일(생년월일불명) 본명은 선우선. 1906년 1월에『국민신보』의 기자로서 입사한 뒤『제국신문』의 간부를 거쳐 1909년『대한매일신보』로 옮겼다. 한일합방 이후『매일신보』로 제호 변경, 1915년 1월 30일부터 발행인 겸 편집인으로 활동. 1918년 9월 중순 사직. 1917년 7월, 만주 봉천에서『만주일보』창간. 1921년『조선일보』편집국장 역임 후 다시 시 중국 용정에서『간도일보』발행. 저서로서는『韓日英新會話』(발행처 미상, 1909),『精選八代家』(보급서관, 1912),『日鮮大簡牘』(보급서관, 1912),『仰

여귀』에서는 조중환 자신의 언어 감각으로 문어의 규범을 "학문 이외의 비속한 목적에만 사용되었던" 한글의 고대소설과 유사한 형태로 한자·한문의 교양에 익숙한 독자층의 공감을 차단하게 했다. 여기에는 당대 조선어 표기 체계의 규범을 확립하는 맥락에서 조중환 개인의 언어 감각이 발현되는 형태가 주목된다. 이러한『불여귀』의 언어 감각은 자신의 일상의 감정을 한자·한문으로 표현할 수밖에 없는 지식인의 사유 방식과 언어 감각과의 거리를 좁힐 수 없었으며 이 점이 이후의 근대소설 형성에서『불여귀』가 배제되었던 결정적인 이유일 것이다. 이 글에서는『불여귀』의 독특한 언어 감각을 조중환 개인의 결함으로 한계 짓는 것이 아니라 한자·한문에서 한글로의 언어의 전환의 역사적 산물로서 간주하여 어떠한 토대에서 어떠한 언어적 감각을 자양분으로 한글의 소설 언어를 구축하게 되었는가를 탐사하는 계기로서의 의의를 규명하려고 한 것이다.

동일한 원작에서 상이한 서사의 언어로 분기되는 방식이야말로 한글의 표기 체계와 서사 언어의 관계성이 그려내는 외연이며 한자와 한글의 역학이 일본어의 개입으로 더욱 복잡한 형질을 내포하게 되는 의의를 함축한다. 한자·한문의 교양이나 서사적 관습을 이탈한다는 면에서 전대의 신체의 관습과 심성과는 다른 방식으로 조직화하는 과정이며, 일본어를 한글로 번역하는 언어 코드의 전환에 개입되는 한자·한문 소양의 언어 감각이 서사가 분기되는 물질적 근거로 작용하는 과정을 명징하게 볼 수 있다.

"구소설 시대의 독자"와 "새로운 시대의 독자"로 구별되는 독자층의 분화[58]는 아직 요원한 1910년대 초,『두견성』과『불여귀』의 출판은 이

天大笑』(문명사, 1913),『金太子傳』(유일서관, 1915),『共進會實錄』(박문사, 1916), 그 밖에『孝經』주석서 등 저작 다수. 傳과 錄의 역사서, 실용 서적 등의 다양한 저술 활동에 종사. (장석홍, 앞의 논문, 425면; 정진석, 앞의 책, 90~93면)

58 임화, 임규찬·한진일 편, 앞의 책, 299면.

러한 이질적인 출판에 의해 '근대 독자의 성립'을 준비하는 역할을 하게
된 것이다.

이러한 맥락에서 당대의 대중성의 서사적 지향은 이외로 『두견성』에
서 견인되며, 『불여귀』는 번역이 "공리성에 흥미와 유락(愉樂)을 더"하
는 "순문학 지향"[59]의 취향을 유도하는 취지가 두드러진다. 따라서 대중
성의 전략이 『매일신보』의 번안의 방식으로 수렴된 것은 대중성의 방
식을 둘러싼 경합에서 『두견성』의 방식이 채택되며 지면에서 번역의
방식의 폐기, 혹은 '지양되었음을 의미하는 것일 듯하다. 그러나 역설
적으로 『불여귀』의 번역의 방식은 『매일신보』의 번안의 방식을 여는
계기가 되어 1910년대 번안소설의 트렌드를 창출하였으며 『장한몽』은
바로 이러한 새로운 취향의 정점이었다.

선우일과 조중환은 『대한매일신보』를 거쳐 『매일신보』의 신문기자
출신[60]이라는 점과 일본어를 수학했다는 점에서 한학을 익힌 1900년대
의 지식인층과 구별된다. 선우일이 한문의 교양과 국내에서 일본어를
학습하고 중국을 무대로 활동했다는 점에서 보다 전통적 지식인에 가깝
다고 한다면 조중환은 경성학당과 일본 유학을 거친 생애와 문학적 교
양을 토대로 일본을 경유한 지식인층으로 구별되었다. 『두견성』과 『불
여귀』라는 두 가지 방식의 수용에는 한국의 매체와 문체의 분할이라는
시대적 소명과 번역자 개인의 삶이 조우하여 각각의 독자적인 서사를
구축했으며 이것은 근대 서사의 두 가지 방향과 중첩되었다.

---

59 임화, 앞의 책, 149면.
60 1915년부터 1918년까지 선우일은 『매일신보』 발행인 겸 편집인을 역임, 조중환은
    1907년부터 1918년까지 기자로 일했는데 이 무렵의 편집진용은 선우일, 경파주임
    조중환, 연파주임 이상협이었다. 정진석, 앞의 책, 93면.

제3절 애정의 서사, 전쟁의 서사 — 哀歌의 표상과 전유

『두견성』과『불여귀』의 결말은 원작이 각각 어떠한 서사로 변형되는가, 단절과 연속의 접속의 행방을 서사의 지향점으로 명료하게 제시했다.

갑자기 다케오의 맨손과 내손이 잡혀져, 돌아보니 눈물이 글썽한 가타오카 중장의 두 눈과 마주쳤다.

「다케오 군, 나도 괴로웠다!」

서로 손을 잡고, 두 사람의 눈물이 뚝뚝 묘표 아래 떨어졌다.

잠시 후 중장은 눈물을 떨어뜨렸다. 다케오의 어깨를 두드리며 「다케오 군, 나미코는 죽어도 나는 역시 네 아버지야. 확실히 부탁하네.…… 전도요 양이지. 어떻게든 남아의 마음을 단련해야지. …… 아, 오랜만일세 다케오, 함께 가서 천천히 타이완의 얘기라도 들려주게!」[61]

붕남은 깜짝놀니여 혜경의유셔를 가진치로 눈물을 흘니며 도라보다가 그뒤에 와셧는 왕부쟝과 얼골이 마조 씌엿더라

붕남이도울고 왕부쟝도우니 두사롬의 눈물은 다 묘푀아리 쩌러지는지라 한동안잇다가 눈물을 씻츠면셔 갓던길을 도로밟으니 젹막공산에 피를 우는두견의 소리쑨[62]

---

61   원문은 다음과 같다. "忽ち武男は無手と吾手を握られ、ふり仰げば、涙を浮かべ
      し片岡中將の双眼と相對いぬ。「武男さん、わたしも辛かった!」互に手を握り
      つゝ、二人が涙は滴々として墓標の下に落ちたり. 漸ありて中將は涙を拂ひつ.
      武男が肩を敲きて「武男さん、浪は死んでも、わたしは矢張卿の爺ぢや。確かい
      賴んますぞ. …… 前途遼遠しぢや. 何も男兒の心胆を練るのぢや. ……あゝ、
      久しり、武男さん、一處に行つて、寛ゝ台湾の話でも聞かふ!」『小說不如歸』하,
      383~384면.

다께오는놀닉며<u>나미꼬</u>의유셔를손의, 든쳐로, 눈물을쑤리고도라다보니,
가다오시중쟝이, 어린아히를다리고와셧는지라, 옹셔두스람은셔로손을잡
고, 한참동안, 네쥴눈물이, <u>나미꼬</u>의무덤압혜, 잔되를적시인다
　<u>가다오시</u>중쟝은고기를드러, <u>다께오</u>등을어로만지며
　「<u>다께오</u>상자네는<u>나미꼬</u>가쥭엇드라도, 닉의, 셔랑으로알고, 나는, 밋닉,
자—오날우연이녀긔셔만낫스니, 집으로가셔, 딕만이야기나들녀쥬게」⁶³

　원작의 결말은 나미코의 묘지를 참배하는 다케오와 장인인 가타오
카 중장이 재회하는 장면이다. "전도요양" "대만 이야기"로 표상되는
삼국간섭 이후의 일본의 승리감과 울분이라는 시대적인 정서를 환기
하며 개인의 상실감을 제국의 국민 통합의 비전으로 승화하는 결말을
제시한다. 이러한 결말에 앞서 나미코의 유서를 묘지 앞에서 읽는 다케
오의 애도의 장면이 배치되었다.
　한편, 『두견성』과 『불여귀』에서 유서와 관련한 서사의 애도 장면은
압축적으로 서술됨으로써 두 남성의 재회의 장면으로 서둘러 전환한
다는 점에서 공통적이다. 장문의 형태로 애도와 재회는 급박하게 전개
되는데 『두견성』에서는 "두견의 소리"만이 울리는 묘지 앞에서 아무런
말을 나누지 못한 채 눈물 속에 차마 발걸음이 떨어지지 않아 "가던 길
을 도로 밟"아 적막한 묘지로 향하는 정경을 통해 간접적으로 애도의
결말을 제시했다. 미련과 애절한 심정을 부각하는 감정이 절제된 행동
묘사와 두견의 은유를 구사하여 시적인 정취로 종결했다. 원작을 완역
의 방식으로 번안했던 『두견성』이 결말에서는 원작을 대폭 변형하여
상실감을 "전도요양"의 비전으로 견인하던 대화를 배제하고 정경의 묘
사를 통해 개인의 심정을 부각했다. 이는 비단 "천황 국가 전쟁 등을 '자

62　『두견성』 하, 127~128면.
63　『불여귀』 하, 120~121면.

기'문제로서 다룰 수 없었던 상황"[64]만이 아니라 서사적 관습의 구속력과 표상 체계를 바탕으로 하는 서사적 필연성의 결과라고 할 수 있다. 원작에 없는 한시를 바탕으로 하는 결말의 방식은 절제된 묘사와 은유의 수사가 리듬감 있는 시적 형식으로 완결되어 애절한 심정의 여운을 남기는 효과를 발생시킨다. 개성적인 시 언어가 아닌 민요의 한 소절과 같이 오랜 세월 읊어져 왔던 공동성을 기반으로 하는 리듬감 있는 언어는 육체를 관통하는 감각이며 일상을 표현하는 도구로서의 구속력을 내재하여 비련에 초점을 맞춘 서사로 통합하게 하는 복합적인 힘의 하나로 작용했다. 대중성의 가치를 추구하는 서사적 지향이 한자 · 한문의 교양을 바탕으로 하는 상상력과 수사의 언어 감각, 미적 지향으로 향후 시적 전통과 연계되는 맥락을 형성하여 원작과도 『불여귀』와도 다른 독자적인 세계를 구현했다.

이에 대해 『불여귀』에서 어린아이와 함께 한 "옹셔"로 바라보는 역자의 시선에는 두 남성이 군인으로서의 연대의식보다 장인과 사위 간 친족 관계의 유대가 부각되어 "대만이야기나 들려"달라는 가타오카 중장의 새로운 출발을 뜻하는 원작의 대화는 일견 전쟁의 무용담이라도 들려달라는 장인의 따스한 덕담처럼 읽혀진다. 해군복을 입은 어린아이가 등장하는 묘지 풍경의 결말은 제1부 제3장에서 기술한 바와 같이 러일전쟁 직후 미망인이 급증하는 전쟁 체험을 환기하는 일련의 연극 무대와 관련한 삽화에 조응하려는 변경이다. 이러한 번역을 통해 일본 제국의 비전을 공유하는 것으로 상실감을 극복하려는 원작의 결말을 가족 관계의 유대감으로 전유하여 원작의 정경이나 심리 묘사보다 인물의 행동을 중심으로 전개하는 구성으로 비애의 정서를 약화시킴으로써 권선징악의 해피엔딩의 결말을 연상하게 한다. 아내와 딸의 죽음

---

64   권보드래, 앞의 논문(2003), 399면.

이라는 슬픔을 가족 공동체의 남성의 연대로 극복하는 것을 부각한다
는 점에서 원작과도 『두견성』과도 다르다. 이러한 결말에 앞서 원작에
따라 전쟁에서 승리한 다케오의 승진과 축하의 모티프가 배치되었는
데 이는 전대의 영웅소설의 '보상'의 효과를 내 한층 영웅서사의 낙관적
인 결말을 유도한다.

　이러한 대조적인 결말의 방식은 상이한 제목의 함의와 호응하여 수
미일관하게 서사를 규율했다. 말하자면 『두견성』의 비극성과 『불여
귀』의 낙관적 결말은 언어의 틀 '안에서 선택된 서사적 지향과 연관된
것으로 제목과 수사의 표현 등의 제반의 서사적 장치의 상호 작용 속에
서 견인된 미의식에 다름 아니다.

　『두견성』의 서사를 관통하는 이러한 미의식은 『불여귀』와는 다른
방식으로 비애감을 창출하는 것과도 연계된다. 원작에서 결말의 장면
은 "들국화에 둘러싸인 묘지에서 청년의 혼을 정화"하는 역할을 수행
하여 "젊은 혼의 전율과 그것을 감싸 안는 구제하는 '자연'이라는 구
조"[65]의 맥락을 제공했다. 묘지의 적막한 주변이 홀로 남은 자의 "인생
의 哀歌"의 울림으로 공명하는 자연 묘사는 『두견성』에서는 묘지에 떨
어진 낙엽을 "다정ᄒ고 그리던사롬"이 "가을닙을 비러" "복망고혼"에
의한 "슯흔 노리"의 "화답"으로, 『불여귀』에서는 주변 풍경은 삭제되고
주인공의 행동을 서술자가 '이야기'하는 서술 방식을 취했다. 이러한
차이는 서사의 동정을 유도하는 구성 방식과도 연관되는 특징이다.
『두견성』에서는 원작의 동정과 눈물을 생성하는 감정 창출의 서사적
기제를 현실의 필터를 통과하여 원작의 핵심을 "哀歌"로 간파하여 조
선의 "슯흔 노리"로 표현하려는 번안 방식은 한시의 "두견의 소리"를 바
탕으로 하는 상상력의 서사적 지향으로 당대의 현실감 있는 수사 체계

65　藤井淑禎, 앞의 책, 204~205면.

에 입각하여 비애감을 창출하는 종결방식을 구성했다. '러브'의 개념의 내실이 원작과는 다른 "복망고혼"의 유교적 가치의 정념이라 하더라도 원작에 접근하려는 표현에 주목한다는 면에서 '육체성'을 획득한 언어 표현의 맥락을 형성한다. 이러한 제반의 서사적 장치를 통해 환기되는 비애감의 창출 방식은 원작과 당대의 현실과의 간극에서 고투한 역자의 대응방식이 표출되는 지점이다.

이와는 달리 『불여귀』에서는 원작에 없는 "네줄 눈물"의 표현에서 함축하는 『쌍옥루』의 서사와의 연속적인 맥락은 '눈물없이 읽을 수 없는 이야기'의 상상을 공유하는 것으로 텍스트의 내포 독자와의 소통 방식과 연관되는 문제이기도 하다. 장면 전환의 "차설"이 호명하는 독자와의 소통 방식이 묘사의 독창적인 표현을 억압하는 기제로서 청각성과 연계되고 장면에 의존하는 대화에서 역자의 개성적 표현이 두드러진 서술 방식은 근대적 표기 체계가 환기하는 시각적인 효과를 내재하는 서사로 통합한다는 맥락에서 기존과는 다른 서사의 내포 독자와의 소통 방식을 드러내는 것이다. 『두견성』과는 다른 『불여귀』의 낙관적인 결말은 이러한 소통 방식의 회로에서 상승 작용을 하며 제목과도 호응한다. 원작에서는 '不如歸'의 제명에 '호토토기스'로 읽도록 음을 달았으며 전편을 통해 한어 '두견'이 전혀 사용되지 않았던 바와 같이 '두견'의 이미지와 단절했는데 『두견성』에서는 한자어 '杜鵑聲'에 한글 '두견성'의 음을 달아 표제로 함으로써 '두견' 표상을 바탕으로 서사가 전개된다.

전술한 바와 같이 중국 고대 문헌 속의 두견은 "망향의 염원"[66]의 의미와 '啼血의 이미지'를 형성했다. 그러나 일본에서는 '戀心을 불러일으키는 새'의 이미지를 바탕으로 '戀'의 시가의 맥락에서 수용되었다.[67]

---

66 植木久行, 앞의 책, 70~71면.
67 工藤重矩, 「古今集148の解釋・補考ー啼いて血を吐く杜鵑のこと」, 『言文研究』 61 號, 九州大學國語國文學會, 1986, 3면.

한편, 한국에서 두견의 의미는 촉나라 망제의 전설과 결부되어 「정과
정곡」에서 처음 나타난 이래 금언체 한시에서 돌아가고 싶지만 돌아가
지 못하는 나그네의 심정을 노래하여 한시나 시조의 경우 충·나그
네·송별의 주제 등이 가미되었다. 국문 시가의 경우는 보다 다양한 주
제적 요소가 파생되어 남녀의 이별, 相思의 정을, 민요에서도 이별, 相
思의 주제가 두드러지는 방식으로 다양한 의미를 내포했다. 이것은 주
로 두견의 구슬픈 울음소리의 생태적 특질과 관련한 것으로 부부간·
연인간의 이별·상사의 이미지를 갖게 된 것이다.[68] 이렇게 한시 이후
오랜 세월 다양한 두견 표상을 문화적 전통 속에 녹여낸 맥락에서『두
견성』이라는 제목은 당대의 현실 맥락에서 대중성을 강조하는 수용 방
식의 산물이다. 두견 표상이 환기하는 한시의 이미지를 경유하는 방식
은 일본에서 발간된『家庭新詩 不如歸の歌』와 비견되어『家庭新詩 不
如歸の歌』와『두견성』은 한시의 상상력의 자장이라는 맥락을 공유하
며 전유하는 방식에는 젠더가 개입되는 문화적 차이와 서사의 긴장이
각인되어 있다.

　『두견성』의 두견 표상을 공유하는 독자층을 향한 서사는 두견의 울
음소리를 "갓던길을 도로밟으니"라는 묘사와 결부하는 배치를 통해 두
견이 표상하는 '한과 비애'의 관념을 충의 서사와도 여성 수난의 서사[69]
와도 차단하면서도 "슯흔 노리"로 통합하는 방식으로 재구성했다. 원
삭에서 시시를 추동하는 애정 서사와 전쟁 서사의 두 축이 "연애소설이
전쟁소설에 종속되는 형태"[70]로 전쟁 서사의 우위로 종결되는 것의 혼
란, 즉 전쟁 영웅의 승리에 초점을 둔 결말이나 애정 서사의 권선징악
적인 결말을 동요시키는 서사적 관습의 불일치의 지점은 애정의 서사

68 　신은경, 「'두견'의 시적 내포─비교시학적 관점에서」,『한국시가연구』6집, 2000; 정
　　　민, 「한시 속의 두견이와 소쩍새」,『한국한시연구』9집, 2001, 62면.
69 　이승희, 앞의 논문 참조.
70 　藤井淑禎, 앞의 책, 193면.

를 전유하여 한시의 두견성이 환기하는 비극적 상상력과 결합하는 방식으로 애정 서사와 전쟁 서사가 상호 침투하는 '이원쇼셜'이라는 새로운 서사 틀이 모색되었다고 할 수 있을 것이다. 한국의 소설 전통에서는 매우 이질적[71]인 비극적인 결말의 방식은 고소설의 권선징악의 결말과도 거리가 있으며 "군인의 영웅성의 탈각"[72]이라는 영웅 서사의 관습에서도 낯선 것으로 이질성에 직면한 역자의 대응 방식이 서사적 지향으로 귀결되는 지점을 명확히 드러낸다. 이러한 맥락에서 한자 표기의 제목이 한문에 친숙한 남성 지식인을 독자층으로 한시를 바탕으로 하는 상상력을 환기한다면, '이원쇼셜'의 부제는 부부의 애정을 중심 서사로 하여 국문소설의 여성 독자를 포괄하는 이중적인 장치이다. 시가나 민요에 친숙한 은유의 표현 '哀怨'은 애절한 염원의 비유로서 '怨'이 실현 가능성이 자각되면서 그것이 실현될 수 없는 것에 기초한 불만·울분의 정념이라는 점에서 '恨'과 대립적인 의미를 내포하여 閨怨詩, 閨怨小說과 같이 '怨'에는 여성의 입장에서 그 심정을 서술[73]한다는 의미를 함축한다.

한국에서의 '불여귀'는 돌아가고 싶지만 돌아가지 못하는 나그네의 심정을 강조하는 문맥에서 두견의 울음소리 '불여귀'를 주목하거나 민요 '不如歸 不如歸하는 情'이나 국문시가와 같이 남녀의 戀의 정서를 환기하는 맥락에서는 두견이 아닌 '불여귀'가 선택되었다. 또는 한시의 의미를 전유하여 1910년 『대한매일신보』에 실린 「불여귀」와 같이 한시의 의미와는 반대 방향으로 두견의 울음소리를 일본을 향해 조선을 떠나라는 충고의 의미로 읽었[74]던 예와 같이 다양한 의미를 표상했다. 이와

---

71 김경애, 앞의 논문, 295면.
72 이영아, 「신소설에 나타난 '군인'의 형상화 고찰」, 『민족문학사연구』 32호, 민족문학사학회, 2006, 59면.
73 松浦友久, 『詩語の諸相―唐詩ノート』, 研文出版, 1981, 113면.
74 "불여귀 불여귀 하니 너는 알고 울건마는 어이없는 망량들은 도라갈 줄 웨 모르노

같이 두견과 불여귀가 서로 엄밀히 다른 표상으로 분리되기보다는 신재효의 「방아타령」,[75]과 같이 통속적인 민요에서는 혼용의 형태로 유사한 표상으로 간주되면서 문맥에 따라 선택되었다. 이러한 전유된 '불여귀' 표상이 작동하는 『불여귀』는 원작의 '불여귀'의 비극적인 이미지와는 달리 '戀'의 표상의 문맥을 약화시켰다. 애정의 상실에 좌절하지 않는 영웅서사의 기억을 환기하며 제목과 표현의 상호 연계된 서사의 구성 체계에서 원작의 "哀歌"의 요소는 약화된 낙관적인 결말이 도출되었다.

예를 들면 번안 『두견성』의 한어 두견성의 두 갈래의 표상 체계에 기반한 상상은 원작과는 다른 서사적 기제와 질료를 구성하게 하는데 서사의 구연성과도 관계한다. 『두견성』의 결말의 시적인 언어 구사가 소설과 달리 운율을 추구하려는 목적의식적인 장르에 대한 인식에 연유하기보다 두견 표상과 연계된 언어의 선택일 가능성이 크다. 『불여귀』의 시각성에 입각한 묵독의 독서 방식과는 다른 분기의 지점, 『두견성』의 소리 내어 읽거나 들려주는 구연의 독서 방식과도 관계한다. 즉, 결말의 시적 언어의 특성은 묵독이 아닌 음독의 수용 방식에서 획득되는 청각성에 기초한 것이다. 한자 병기라는 표기 방식에서 상정되는 독자층, 즉 한시나 한문소설 등을 향유하는 지식인층과는 식자의 격차가 있는 대중 독자층의 향유 방식이 음성에 바탕을 둔 공동 심상에 입각한 언어를 선택하게 하는 방식으로 개입하는 것이다. 이러한 점은 『두견성』이 『한역 불여귀』보다 『가정신시 호토토기스의 노래』와 상동적인 구조를 내재하는 의미를 되짚어보게 한다.[76] 이른 바 정격 한문의 『한역 불여귀』보다 한어 두견에

　　만일에 벽력화 번뜻하면 후회막급" 정민, 앞의 논문, 85면.
75　"노자 좋다 / 삼일동풍(三日東風) 저 두견(杜鵑) 촉(蜀)나라 아니 가고 / 적막공산(寂寞空山) 달 밝은데 불여귀(不如歸) 슬피 울어 / 독수공방(獨守空房) 하는 사람 얼마 아니 남은 간장(肝腸) / 마디마디 스스로 슬쩍 녹이느냐. / 어락어락 어화 우여로 방화로구나. / 임 이별코 슬픈 사람 두견(杜鵑) 조차 우는구나." 임형택, 『옛 노래, 옛 사람들의 내면풍경』, 소명출판, 2005, 124면.
76　『한역 불여귀』의 결말에 두견은 등장하지 않는다. 비교적 원작에 충실한 종결 방식

바탕을 둔 피울음의 심상을 공유하면서 각각의 대중 독자층과 결부한 속 (俗)의 표상과 연계한다는 면에서『가정신시 호토토기스의 노래』는『두견성』과 유사한 일면을 지닌다. 이러한 관계를『가정신시 호토토기스의 노래』를 모방한『두견성』이라는 영향 관계로 단선적으로 파악하는 것은 양자의 공통적인 토대를 간과하는 것이다. "피를 토하는 상념의 두견(호토토기스)"의 정조가 주조를 이루는 한어 두견의 표상이 아의 규범에 제약된 상상의 방식에서 국가와 지역, 계층에 따라 다른 서사적 관습과 연루되는 맥락에서 속의 공통성으로 간주된다.『호토토기스』수용을 둘러싼 언어의 문제는 한자 · 한문의 이탈과 한글과 일본어의 언어 내셔널리즘에 입각한 자국 문화의 구축이라는 근대의 공통 과제가 구체적으로 한문에 입각한 표상 체계를 어떻게 뒤흔들며 각각의 토양에 밀착한 표상 체계와 결부된 다양한 텍스트를 생성하여 속의 문화로서 시민권을 얻어가는 문제와 결부된 것이다. 이념에 구속되면서도『불여귀』와는 다른 서사 언어의 채택, 공동체의 기억과 무관한 것은 아니지만 양자의 차이는 이것만으로 갈무리되지 않는다. 이념적 지향을 공유하면서도『두견성』이 공동체의 심상에 입각한 시적 언어와 무관하지 않은 형태로 인간의 육체를 관통하는 감각, 경험에 의존한 서사의 '육화된 언어'[77]의 이질적인 심층의 편린을 노출시켰다. 이와는 달리『불여귀』에서 조선의 속담으로 교체하더라도『두견성』과 같은 공동체의 심상 체계에 뿌리를 둔 언어와 상상력과는 다르다. 번역 주체에 따라 다른 선택에 개입되는 제반의 요소의 관건은 언어이다.

을 취했다. 이에 대해서『家庭新詩 不如歸の歌』의 결말 방식은『두견성』과 비견된다. 이에 대해서는 제1장 제2장 참조.

77 칸트는 미적 판단을 이성의 관할에 두는 것이 아니라 인간의 경험에 입각한 것으로 전제하여 미의 가치를 독립시키는 근거를 마련했다. 임마누엘 칸트, 백종현 역, 앞의 책 참조.

제4절 근대 서사의 향방 — 리얼리즘의 서사와 번안소설

이상으로『호토토기스』라는 동일한 원작이『두견성』과『불여귀』의 서사로 분기된 것에 개입된 요소를 기술했다. 19세기 말에서 20세기 초에 걸쳐 수행된 한자·한문에서 한글로의 언어의 전환은 새로운 교양과 언어 능력에 따른 새로운 독자층을 부상시켰으며 이러한 독자층을 존립 근거로 서사의 근대적 전환이 이루어졌다. 이러한 맥락에서 1912년의『두견성』과『불여귀』는 한자·한문에서 한글로 언어의 전환과 서사의 구축이 어떠한 관련을 맺으며 독자층의 분할과 연관되는가의 문제를 세밀하게 드러내는 의미를 내포한다. 순 한글의 소설 언어 구축의 과정이 한자·한문의 표기와 한글과 일본어의 상이한 언어 체계의 역학 관계 속에서 서사의 구성 방식과 긴밀하게 연관되는 양상의 두 가지 방식을 보여주는 것이다. 다시 말하면『두견성』과『불여귀』의 독자층의 분할이 한글 표기체계의 편차와 연관되어 두 가지 서사를 구축하게 되는 양상을 분석했다.

『두견성』은 한자·한문의 교양과 친숙한 독자를 대상으로 한자·한문의 교양이나 서사적 관습에 침윤된 감각과 사유를 바탕으로 번안되었다. 또한『불여귀』는 한문·한자의 소양과는 다른 새로운 교양의 지식인과 대중 독자를 대상으로 했다는 가설을 제기했다. 이러한 독자층의 상정은 문체와 표기 체계, 서술 형식 등을 결성했고 서술 방식의 차이를 낳았다.『불여귀』의 의의는 리터러시의 변화와 근대소설 형성의 과제들이 맞물린 시기의 한문·한자에 친숙하지 않은 새로운 리터러시의 독자층이 향유하는 서사의 방향을 가늠하며 순 한글의 언어 감각은 구체적으로 어떠한 형태로 표출되는가의 일단을 제시하는 것에 있다. 순 한글의 언어 감각은 한문에 친숙한 언어 감각과 어떻게 접목되고 분기된 것인가. 한문 소양의 언어감각에서는 배태될 수 없는 다른 지점들은 무엇인가 하는 질문을 제기하는 텍스트로서『불여귀』는 매우 유효하다.『불여귀』의 언어적 성취와 소설의 의미는 한문에 친숙한 독자층의 심성과는 다른 교양과 감각의 문화를 기반으로 한시의 리듬이나 구연의 수용 방식에 입각한 운율의 형식의 해체에 미미하게나마 기여했다는 점에 있다 하겠다. 한자의 배제라는 언어 선택은 한문에 억압된 언어, 구어적 세계를 발견하게 하고 대중 독자의 국문 소설과의 접점을 생성했으며 한문 교양을 바탕으로 하는 독자 공동체의 상상력과 언어 감각을 이국적인 취향과 결합한 대중 독자의 취향으로 대체하여 문학의 통속화 즉, '문학의 속화'를 가속화했다.

　이러한 두 가지 방식의 차이는 서사의 구연성과 문자성에 대한 이해를 보다 깊게 하여 근대소설의 형성과 수용 방식을 관통하는 핵심적인 문제에 맞닥뜨리게 한다. 통상적으로 구연에서 문자로의 이행이 신소설의 의의로서 논의되었던 기존 연구에 대해서『두견성』과『불여귀』는 구연에서 문자로의 획일적인 이행이 아니라 구연과 문자성의 상호 작용의 복잡한 층위를 드러냄으로써 서사의 구축에 긴밀히 연관된 의미를 보여주었다. 순 한글 표기의『불여귀』의 묵독의 독서 방식에는 이질적인 삽화와 구두점, 지문과 대화의 분리 등 다양한 시각적인 체험에서『두견성』과는 다른 이질적인 구연성이 개입되며 상이한 문자성의 길항이 전통적 독자층의 분열과 새로운 취향의 독서를 유도했다.

　또한 일본어 문학의 원천과 번역과 번안의 범주에서『불여귀』와『두견성』은 상호의 방법론이 소통되면서 향후 번역과 번안이 정립되는 재조정의 계기로 작용한다. 외부의 이질적인 서사를 내부의 서사로 재구성하는 두 가지 방식은 현실감을 더하는 리얼리즘의 형식과 이야기의 제재를 확장하며 서사 양식의 변화를 추동했다. 원작의 풍취를 조선의 것으로 옮긴다는『두견성』의 번안의 방식은 '여기 이곳'의 조선의 현실을 있는 그대로 표현하려는 서사의 현실 모사의 방식을 추구하는 맥락과 연계되고 '이야기'의 재미를 추구하는 『불여귀』의 번역의 방식은 '이야기'의 흥미를 좇아 소재의 폭을 넓힌 1910년대 번안소설로 이어진 역설을 낳았다. 결말에서 명료하게 표출된 바와 같이 『두견성』의 번안이 시간의 연속성을 형성하는 종적 이동의 방향으로 전통의 변용을 추구했다면 『불여귀』의 번역은 원작과 속서와 번역서라는 일본어 텍스트의 중층적인 수용을 한글 텍스트로 전환하는 횡적 이동방향으로 일본과 조선을 횡단하는 공간적 연속성을 텍스트의 다층적인 구조로 이질성을 등질적으로 내부화하는 방식을 추구했다. 이러한 두 가지 방향의 탐색은 번역 번안이 명료하게 정립되지 않는 이 시기에 다각적으로 한국의 근대 서사에 관계하면서 번역 / 번안의 범주를 구축하게 되는 과정의 운동 방식을 시간과 공간을 축으로 서사의 변형의 방향을 가늠하면서 동시에 번역 / 번안의 개념을 재인식하게 되는 계기를 제공한다. 이러한 메커니즘 속에서 『두견성』이 대중 지향적 성격을 내재하여 『불여귀』의 번역이 지양되고 『두견성』의 번안의 방식으로 1910년대의 번안소설이 확산되었다고 하겠다. 『장한몽』의 광범위한 베스트셀러는 『불여귀』의 번역의 방식이 폐기된 지점에서 『두견성』의 대중성의 번안의 방식을 전유하는 것으로 가능했다.

한편, 이러한 번역 / 번안을 서사와 언어의 맥락에서 근대 이전의 한문 서사 양식과의 관련성 속에서 근대 이전의 한문체, 국문체의 서사의 전통이 근대 이후의 국한문체, 국문체로 이행하는 '소실에서 근대 어문의 실현 경로'의 관점에서 『두견성』과 『불여귀』의 방향은 이전의 전통적인 서사와 문체와의 연계 지점과 근대소설로의 변모의 구체적 계기들을 명징하게 살피는 단초를 제공한다. 『두견성』과 『불여귀』라는 다른 서사적 지향이 『호토토기스』라는 동일한 원작을 바탕으로 배태되었다는 것은 신소설과 번안소설, 혹은 고유성과 이질성의 상반된 가치와 경향이 한 몸의 태생임을 극명하게 상징하는 것이다. 한 몸에서 배태된 두 가지 상이한 서사는 언어를 토대로 독자층과 목적, 의도라는 주체의 선택에 따라 다양하게 결합했다. 1910년대에 발단한 쌍방향의 서사의 맥락이 발원되는 시원으로서 『호토토기스』, 쌍생아 『두견성』과 『불여귀』는 근대소설 형성의 여러 가지 가능성을 내포하며 근대소설의 두 가지 방향성을 잠재했다. 『두견성』은 원작을 조선의 서사로 시공간의 변환의 과정에서 '리얼리티'의 문맥과 연계되며 『불여귀』는 흥미본위의 오락 중심의 서사적 지향이라는 점에서 1910년대 번안소설이라는 대중소설의 계보의 맥락을 형성했다고 하겠다.

『호토토기스』 수용의 과정에서 파생된 소설사적인 과제는 각 개별 학문 분과의 성과를 기반으로 '이원소설'과 같은 당대의 소설의 범주를 둘러싼 동아시아의 지평에서의 한·중·일의 비교 연구,[78] 매체의 언어와 미디어 복합 등의 다양한 연구로 확산의 가능성을 내포하며 이것은 한국문학사에서 갖는 『호토토기스』의 자장을 조명해내는 작업이 될 것이다.

---

78 "중국문예에 미친 『호토토기스』의 영향은 소설에서 두드러졌는데 '언정소설' '애정소설' '가정소설' '사회소설' 등의 명칭으로 발표된 대중소설과 밀접한 관계가 있을 뿐만 아니라 몇 편인가의 싹을 틔우기조차 한 것이다" 中村忠行, 「德富蘆花と現代中國文學(2)」, 『天理大學學報』, 1-2·3号, 1950, 69면.

결
론

'호토토기스'란 무엇인가

일본의 도쿠토미 로카의 소설 '호토토기스'는 "부부애와 가족주의의 대립" 등으로 대표되는 부부애 찬미의 서사로서 수용되어 오랫동안 개인의 사랑과 가족주의의 충돌에 의하여 좌절된 부부애라는 고정된 틀 안에서 해석되었다. 서사의 내셔널리즘이나 국민문학의 성격을 강조하더라도 "부부애와 가족주의의 대립"을 서사의 기본 구조로 하는 전제에서 당대의 국가주의의 이념을 비판하는 논의에 집중되었다. 그러나 신문연재소설 『호토토기스』의 발표 당대의 문맥으로 거슬러 올라가면 기존의 '호토토기스'의 이미지와는 현저한 차이가 있다. 오늘날까지 정형화된 여성을 위한 서사가 아니라 남성의 주체성을 묻는 남성의 서사라는 전도된 '호토토기스'의 이미지가 떠오르게 된다. 이 글에서는 이러한 차이를 발생시킨 '호토토기스'를 둘러싼 담론 변화를 추적하여 어떻게 '부부애' 표상이 구축되고 메이지 가정소설의 범주에서 수용되었는가를 분석했다. 그 결과 이러한 이미지는 발표 이후 반세기에 걸쳐 원작만이 아니라 '속서'와 '번역서'가 산출되는 상호 보완적인 수용의 과정에서 구축된 것임을 가시화했다. 시대와 역사의 변화에 따라 '호토토기스'는 발표 당대의 남성 독자를 위주로 하는 국가주의의 이념의 성격을 상실하고, 원작의 서사에 억압되었던 여성의 목소리에 서사의 초점이 이동하여 읽혀진 것이다.

이러한 맥락에서 '호토토기스'의 수용은 독자층과 매체의 변화와 궤를 같이 하여 역동적으로 변화해왔다는 점에서 독자론의 관점은 매우 유효한 시각을 제공한다. 마에다 아이[前田愛]의 "독자층의 실태를 세 가지의 위상―작자의 대(對) 독자 의식, 출판 기구의 구조, 독자의 향수층―에서 입체적으로 부상하게 하는 전략"은 작품과 비평, 출판사와 독자라는 송신자와 수신자의 상호작용에 의해 사회적으로 구축된 산물이라는 관점에서 '호토토기스'의 수용을 분석했다.

먼저 서론에서는 『호토토기스』가 어떻게 읽혀져 왔는가. 담론의 변화를 추적하여 시대에 따라서 비평 방식, 독자층과 독서 방식의 변화 양상을 추적하였다. 이를 통해 '호토토기스'를 둘러싼 담론이 '도덕'과 '예술'을 둘러싼 가치평가의 변천과 동일한 맥락을 형성하는 면모가 드러났다. 자연주의의 부상으로 순문학과 통속문학의 분할을 추동하며 '예술'이 '도덕'과 분리되고 과거에 가치를 결정하던 '도덕'의 잣대는 문학에서 배제되면서 가정소설은 '통속문학'의 중심으로 문단의 구축(驅逐)과 대중 독자의 확산이 동시적으로 진행되었다. 미학적 가치를 도덕적 가치보다 우위를 두는 '순문학'을 주축으로 하는 문단의 형성과 함께 가정소설의 선두적인 위치의 『호토토기스』는 많은 '번역'과 '속서'를 산출하며 순문학과는 다른 '통속문학'의 수용 경로로 다양한 대중문화로 확산된다. 이러한 맥락에서 '호토토기스'의 담론 편제는 문학을 예술로서 자립시키는 미의식의 정립과 규범의 변용의 과정이며 '도덕'과 '예술'을 둘러싼 경합의 추이와도 궤를 같이 한다.

이러한 '호토토기스'를 둘러싼 담론의 배경을 확인하면서 제1부에서는 일본의 변용을 제2부에서는 한국에서의 변용을 다루었다.

제1장에서는 신문연재소설『호토토기스』의 당대의 수용 맥락을 분석하여 부부애 표상이 '직분' 우위의 구조에서 성립되었다는 역설을 부각했다. 청일전쟁 전후를 배경으로『호토토기스』는 도쿠토미 소호의「비연애」의 논리를 공유하면서 '직분'과 사랑이 대립되는 역학 관계 속에 '직분' 우위로 귀속하는 남성의 정체성 형성을 위한 서사로서 작동했다. 따라서 발표 당대의『호토토기스』는 종래의 여성이나 부부애를 표방하는 서사와는 역설적으로 부부애를 억압하고 '직분'의 길에 귀결하는 남성의 주체성 형성의 서사로서 읽혀져야 할 것을 제기했다. 이러한 '직분'에 초점을 두는 텍스트 분석은 일본 근대에 작동하는 '직분'의 이념의 함의를 사뮤엘 스마일즈의 *Duty*와 그 번역『직분론(職分論)』과의 관계에서 조명하여 『소설 호토토기스』의 구성과 관련시킨 새로운 지평에서 획득되었다.

제2장에서는『호토토기스』의 수용을 분절하여 가정과 여성의 수식이 안착된 '협의의 호토토기스 시대'의 초기 간행된 미조구치 하쿠요[溝口白羊]의『가정신시 호토토기스의 노래[家庭新詩 不如歸の歌]』를 분석했다. 이러한 매체에 변주된 '호토토기스'의 이미지는 신문 연재소설에서 단행본으로 매체 변화의 이미지 변용을 보다 확장하는 방향에서 구축되었다. 신문연재소설에서 단행본으로 매체의 전환은 남성성을 중심 원리로 하는 전쟁의 서사에서 억압된 사랑의 서사를 부각하여 남성의 '직분'에서 동정의 표상으로 이미지의 전환을 가능하게 하였다. 구로다 세이키[黑田淸輝]에 의한 권두화와 세련된 장정과 편집 등의 서적으로서의 체재는 여성의 서사로서 전유되는 조건으로 대중 독자층으로의 도약을 현실화했다.

같은 시기 발간된 로카의 수필집『자연과 인생[自然と人生]』의 "자연에의 회귀"나 "자연 전원의 찬미"라는 문단의 호의적인 반응은 단행본 『호토토기스』의 청일전쟁의 토포스로서의 황해해전의 상징적 의미를

탈각한 자연 찬미의 문맥에서 해변의 낭만성의 상상력과 결부되어 '국가주의 이념의 질서 하에 편제되던 텍스트를 점차 탈이념화의 사회'에서 읽혀지는 문맥을 확장했다.

단행본에 의해 획득된 이미지의 변화를 토대로 1905(메이지 38)년『가정신시 호토토기스의 노래』에서는 '가정신시'라는 형식으로 여성 독자 중심의 대중 독자로 폭넓게 향유되면서 원작의 여성, 부부애의 이미지를 보다 강화하는 방향으로 수용되었다. "가정 안에서 음송해야 할 통속의 시"를 표방하는 '가정신시'는 소설의 시로 장르 변환의 문제가 논의된다. 장르의 '번역'의 핵심에는 문자에서 소리로 독자의 향유 방식의 전환이 주요한 논제인데 '음송'과 '낭송'의 독서 형태와 결부된 7 · 5조의 형식이 향후 나니와부시[浪花節]나 엔카[演歌] 〈不如歸の歌〉 등 다양한 구연문학으로 확산되는 가능성을 열었다는 것이다. 근대 독자의 성립을 가능하게 했던 음독에서 묵독으로의 수용 방식의 이행과는 역방향으로, 단행본의 묵독에서 '음송'과 '낭송'의 음독의 형식으로의 전환은 대중성 구성 방식의 중핵을 이루는 것으로 대중성의 문제가 독자층의 향유 방식과 밀접하게 연관되는 의미가 제시되었다는 맥락에서『가정신시 호토토기스의 노래』는 '호토토기스'의 수용을 새로운 단계로 진입하게 하는 계기를 마련했다. 대중 연예로의 변주는 이러한 '음송'과 '낭송'의 구연성을 매개로 하는 경로에서 확산되는데 군인 가족과 전투, 이별 등의 서사적 질료는 러일전쟁 시대를 관통하면서 대중의 생생한 실감을 증폭시킴으로써 "국민의 소리"로 집단성 공동성을 강화하는 방식으로 뿌리내렸다. 특히 남자 주인공 가와시마 다케오는 러일전쟁의 영웅인 군신 히로세 다케오의 이미지를 중첩시키는 변형을 통해 인정과 의리의 인물로 변용되며『가정신시 호토토기스의 노래』는 여성 독자층만이 아니라 군신 히로세 다케오에 열광하던 대중 독자로 확산되었다.

제3장에서는 1909(메이지 42)년에 간행된 야나가와 슌요[柳川春葉]의

『각본 호토토기스脚本 不如歸』를 분석했다. 단행본『소설 호토토기스』가 '제백판'을 기록한 기념비적인 해로서 연극화된 〈호토토기스〉의 대성공으로 '호토토기스' 붐이 절정에 달한 시기이다. 소설을 각본화하는 장르의 '번역' 문제는 남녀의 사랑을 근간으로 단순하게 축소되고 원작의 지문은 각본의 지문과 대사로 전환하는 형식의 변화에 주안점을 두었다. 특히 각본에서는 연극의 상연을 고려하는 가운데 소설의 시각적・청각적 요소를 강화하는 방향으로 변형되었다. 러일전쟁이라는 전후의 시대와 관련하여 원작보다 강조된 '눈물'의 의미에 착목해서 '눈물'의 증폭이 관객과의 일체화를 조장하고 다케오에 대한 동정을 환기하는 신파 특유의 구조를 분석했다. 개인의 '눈물'이 어떻게 유대감과 일체감을 형성하는 공동체의 '눈물'로 전화하는가를 분석함으로써 개인의 정서와 국가주의적 자각이 교차하는 지점을 가시화한 것이다. 동시에 연극의 신파적이미지는 영화 음반 등 다양한 미디어로 복제 변형되면서 대중적인 '호토토기스'의 이미지 형성에 커다란 영향을 미쳤다. 이 시기 이른바 '새로운 여성'의 등장은 신여성 / 구여성의 대립 구도를 출현시키는 가운데 '호토토기스'는 발간 초기의 '새로운' '서양적'인 동경을 자아내는 이미지를 탈각하여 급격히 '구여성'의 이미지로 유통되었다.

이처럼 '호토토기스'는 시대와 함께 다양한 매체로 변주되면서 '번역'과 '속서'를 다량 산출했다. 원작의 '아속절충체'의 분절적인 유연한 구조와 가정・사랑・국가를 구성 요소로 하는 주제가 다양한 양태로 파급되면서 원작을 상호 보완하는 서사를 산출했다. 서석과 독서의 형태에 따르는 향유 방식과 독자층의 변화는 '호토토기스'의 변용을 관통하는 요소로서 작동했다. 남성 독자층에서 여성 독자층으로의 전환은 '직분'의 가치에서 사랑의 가치로 서사의 초점을 이동하여 사랑의 비극이라는 정형화된 이미지를 군힘으로써 '호토토기스'는 독자 공동체의 의식에 따라 가변적으로 변용을 거듭해 왔음을 웅변한다.

제2부에서는 한국에서의 '호토토기스' 수용 양상을 연극과 소설 텍스트를 중심으로 분석했다. 1910년 이전 조선 거주 일본인을 위한 일본인의 연극 〈호토토기스〉의 상연으로 출발하여 한일합방 이후 식민지의 지배 체제와 미디어 재편의 기민한 대응 전략의 일환으로 1912년 연극 〈불여귀〉와 번안 『두견성』 번역 『불여귀』 등 연극과 문학의 다방면으로 동시다발적으로 파급되었다.

　　제4장에서는 연극 〈불여귀〉의 수용을 『매일신보』의 기사와 광고를 단서로 분석했다. 내지를 모방하는 가치를 공유하는 식민지 조선에서 1912년 극단 문수성과 혁신단에 의한 복수의 〈불여귀〉가 상연되면서 내지의 권위를 둘러싸고 제국의 정통성을 이은 '정극'과 '원조'를 표방하는 치열한 경합이 이루어졌다. 연극 문수성의 신파극 〈불여귀〉는 전통 연회에 익숙한 관객에게 눈물이 아니라 웃음의 냉소적인 반응을 보이는 낯선 관극 체험으로 일본의 관객과 기자 및 연극을 주도하는 지식인층과의 간극을 표출했다. 한편, 토착적인 변형을 표방하는 혁신단의 〈불여귀〉는 관객 동원에 어느 정도 성공했는데 결혼 당사자를 주인공으로 하는 원작과 달리 딸의 혼사를 둘러싼 부친의 욕망이 얽히는 조선의 가부장제의 현실이 반영된 변형이 이루어졌다. 이러한 경쟁의 역학적 양태는 〈불여귀〉의 다양한 변형을 추동했으며 『매일신보』의 연극 관련 기사나 광고 문안을 시시각각 변형시켜 시세의 변화에 기민하게 대응했는데 이러한 변화 속에서 한국에서 '불여귀' 수용의 전모가 드러난다. "내지의 풍속"에 대한 "교재"에서 "가정비극"과 "신성연애"로 "천연묘사"의 "필법"에 이르기까지 '불여귀' 광고 담론의 변화를 통해 번안소설 『쌍옥루』와 함께 '연애' 담론으로 유통되는 메이지 가정소설의 수용 맥락을 분석했다. 웃음에서 눈물로 점차 〈불여귀〉가 신파극의 레퍼토리로서 인기를 모으기까지 이러한 공감하는 심성으로의 이행, 감정, 감수성의 변화는 어떻게 이루어졌는가, 『호토토기스』의 수용은 이러

한 이행을 여실히 드러내는 것으로 의미 깊다.

제5장에서는 조중환의 '역술'『불여귀』를 원작『호토토기스』와 번안 『두견성』과 비교하여 번역의 특질을 분석했다. 1910년대 유례없는 번역의 특이성에 주목하여 번역의 제도적 물질적 측면과 구체적 텍스트의 표상체계 양면에서 번역의 방식이 요청되는 필연성을 규명했다. 1910년대의 저작권법제에서 번안과 번역이 저작권 소유 관계에서 분절되는 지점에 착목하여 저작권에 대한 의식이 번역의 선택에 작용함을 논증했다. 또한 서적으로서의『불여귀』의 물질적 측면은 새로운 독자층을 창출하려는 근대적 출판의 도약을 위한 시도로서 텍스트의 순한글 표기·구두법·문장부호 등의 근대적 표기체계와 호응하여 텍스트의 독서 방식의 변화를 도모했다. 원작의 '아속절충체'에 바탕을 둔 지문과 대화의 차이 있는 언어의 구성, 시각성과 문자성의 역학이 독서 방식과 관계하면서 낭독과 묵독이 넘나드는 이행의 특징을 보였다.

또한『불여귀』와『두견성』은 부부애 표상 방식에서 구별되었다. 육친애를 바탕으로 상하관계의 애정을 확장하는『두견성』과 남녀관계의 정념을 확장하는『불여귀』의 부부애 표상방식은 사뭇 다르다. 이러한 차이는 번역과 번안의 수용방식이나 언어·교양·개성 등 다양한 요소가 복합적으로 작용하지만 일본의 번역어 '연애(戀愛)' 개념에 대한 의식에서 연유하는 바 크다.

원작과 식민지 조선의 도덕적 심리적 문화체계를 공유하면서도 남녀의 육체적 결합을 부부애의 근간으로 포섭하는가에 따라 두 가지 표상방식으로 나뉘어졌다. 한자·한문의 교양체계에 입각한 '정(情)'이나 '애(愛)'라는 한자어에 기반한 '애정(愛情)'의 개념을 벗어나 부부애를 남녀 관계라는 좌표에서 상상하는데 러브의 번역어 '연애(戀愛)'의 '연(戀)'의 개념이 부부애를 기존의 사적인 영역에서 공적인 영역으로 끌어올리는 도약을 가능하게 했다는 것이다. 통속의 전유물이었던 '연'을 이상적인 부부애 표상에 동원하는 재배치의 방식은 "교칠갓튼 금실" "교밀갓튼 금실"에 단적으로 표출되는 부부애와 육체성, '연'을 관련짓는 표현방식에 특징 지워진다. 한자어 '애(愛)'의 개념에서 정초되는 금실이 상징하는 부부애를 '연'과 결합함으로써 전대의 '연'과는 다른 남녀 관계로서의 부부애라는 질적인 전환을 야기했다. 이러한 『불여귀』의 부부애 표상방식은 러브의 번역어 '연애'의 자장 안에서 형성되었다. 같은 시기 원작의 '연애'를 편애'로 번역한 『쌍옥루』를 관통하는 번역 주체의 인식에는 '연'을 금기시할 만큼 의식되었다. 이러한 두 가지의 부부애 표상은 가정과 국가의 표상 방식에도 관여함으로써 원작과는 전혀 다른 면모를 보이는데 번역과 번안의 두 가지 방식은 『쌍옥루』 『장한몽』 등 1910년대 번안시대를 거쳐 『무정』에 이르는 근대소설 형성의 여정을 세밀하게 그려나가는 밑그림이 되었다. 전대의 서사와는 다른 이혼·질병·고부간의 갈등 등의 모티프의 출현 등 1910년대 서사의 특징은 『호토토기스』의 '속서'나 '번역서'와 접점을 이루는데 이 시대 다양한 방식의 상호 교섭이 서사의 소재와 주제의 비약적인 확장의 계기를 마련한 의의를 갖는다.

제6장에서는 번안 『두견성』과 번역 『불여귀』의 두 가지 방식이 갖는 한국문학 내적인 의미를 분석했다. 제5장에서 기술한 수용 방식의 특징에 근거하여 논의를 근대 서사의 형성에서 갖는 내적 필연성과 향후 다양한 소설로 분기되는 지점을 규명하고자 했다. 한자·한문에서 한글로 언어의 전환의 맥락과 근대 서사와의 관계에서 분할된 독자층에 따라 표기와 문체·표현 형식·미의식 등에 따라 차이가 있는 두 가지 서사로 구성했다. 『불여귀』와 『두견성』의 각각 다른 표기와 문체는 독자층의 미세한 변화의 결을 반영한 선택이며 한문 교양의 전통적인 지식인과는 다른 새로운 교양을 추구하는 한글 독자층의 부상을 의미했다. 그러므로 두 가지 분할은 이념이나 사상의 차이가 아닌 언어의 편

차를 지반으로 독자층에 따라 서사의 수사와 표기·표현 체계·서사의 형식과 언어적 상상력과 서사적 지향, 미의식의 층위에 이르기까지 개인의 문화 자본 형성과 연관된 선택에 따른 유기적 구성임을 논증했다. 이러한 제반의 차이의 근저에는 구연성과 문자성의 문제가 자리하는데 개별 텍스트를 넘어 음독에서 묵독으로의 근대적 독서 방식의 출현을 보다 풍부하게 복잡한 역학적 양태의 내실을 조명했다. 이러한 측면에서 동일한 원작을 모태로 주체의 선택에 따라 상이한 맥락이 형성되면서 『불여귀』와 『두견성』은 향후 리얼리즘의 서사와 번안소설이라는 다른 경향으로 계열화되는 단초를 내장하는 의미를 밝혔다. 따라서 근대소설의 여러 가지 가능성을 내포하여 전통적 지식 체계의 변용과 재배치, 지식인 독자층과 대중 독자층의 분할, 근대소설 미학적 기준의 정립, 장르 형성 등 근대소설 형성의 제반의 문제들을 재검토할 수 있는 가능성을 내장하는 의의를 갖는다.

이 글에서 번역과 번안이라는 수용 방식의 선택에는 한자 한문의 이탈과 자국문학의 구축을 공통의 과제로 하는 일본과 한국의 언어 편제와 서사의 긴밀한 연관적인 작동 방식, 한자·한문과 일본어 한글이라는 다중적인 언어 상황이 독자층을 분할하며 서사의 분기를 촉구하는 조건으로 작용하는 과정을 두 가지 방식의 수용에서 명확하게 드러냈다. 언어와 서사의 관련은 문자성과 구연성의 문제로 구현되는데 이러한 측면에서 『두견성』의 가치를 새롭게 부각했으며 『불여귀』의 번역에서는 음성을 통한 원작에의 접근이 두드러진다는 점에서 번역의 논의를 보다 심도 깊은 차원에서 분석할 필요성을 제기했다. 1910년대 저급한 통속소설이라는 부정적인 평가로 고착화되었던 신소설을 언어와 독자층의 향유 방식과 결부하여 한문단편 소설의 강담과 연계되는 리얼리즘의 흐름을 잇는 측면을 조명함으로써 문예사조 위주의 문학사 서술에서는 포섭되지 않는 미세한 지류, 1910년대 『매일신보』의 번안소설과는 다른 계보를 맥락화할 수 가능성을 제기했다. 이와는 다른 방향의 시원을 이루는『불여귀』에서『장한몽』으로 이어지는 1910년대의 번안소설이라는 쌍방향의 동태적인 구조를 파악함으로써 1910년대의 서사를 가능성을 잠재한 시기로 재조명할 수 있는 연구를 기대할 수 있게 되었다.

메이지 30년대 탄생한『소설 호토토기스』는 문단의 문학청년에서 대중 독자로 모방과 아류작을 산출하는 대중문화로 저변을 확장하여 반세기에 걸친 변용을 거듭했다. 시공간의 변화에 상응하는 형태로 장르와 매체를 달리하며 새로운『호토토기스』로 변주되면서 러브를 욕망하는 일본 근대 사회의 부부애 표상으로 뿌리내렸다. 이러한 수용의 한가운데를 관통하는 것은 근대의 러브, 사랑으로 결속된 부부애를 갈망하는 단란한 부부중심의 근대 가족제도의 이념이 빚는 욕망이다. 제국과 식민지의 경계를 넘어 1910년대 조선의 시공간에서도 번역 주체와 독자층의 상호 관계에서『두견성』과『불여귀』로 독특한 빛깔로 결을 달리하는 부부애 표상방식을 열었다.

|부록 1 - 참고문헌|

1. 일차 자료

德富蘆花, 『小說不如歸』, 民友社, 1900.

『國民新聞』, 1898(明治 31).11.6~20.

溝口白洋, 『家庭新詩 不如歸の歌』, 福岡新三・岡村壓兵衛, 1905(明治 38).

柳川春葉, 『脚本 不如歸』, 今古堂書店, 1909(明治 42).

선우일, 『杜鵑聲』 상, 보급서원, 1912.2.

                 하, 보급서원, 1912.9.

조중환, 『불여귀』, 경성사서점, 1912.8.

김우진, 『류화우』, 동양서원, 1912.9.

『매일신보』, 1911.4~1914.11.

조선총독부, 「제333표 조선인 팔종 전염병 환자 및 사망자」, 『명치 43년 조선총독부통
            계연보』, 조선총독부, 1912.

이광수, 「혼인에 대한 관견」, 『學之光』 12호, 학지광발행소, 1917.4.

김동인, 「춘원연구」, 『삼천리』, 1935.2.

조중환, 「번안 회고 장한몽과 쌍옥루」, 『삼천리』, 한빛, 1935.9.

김동인, 「조선의 소위 판권문제」, 『신천지』 22호, 1948.1.

이광수, 「문헌, 일기, 보유(문예일반)」, 『이광수전집』 19, 삼중당, 1971.

J. C. ヘボン, 『和英語林集成』, 1886(明治 19), (영인본)講談社, 1980.

氣取牛之丞, 「舞姬」, 『國民之友』 72, 1890(明治 23).1.

嚴本善治, 『女學雜誌』, 1890(明治 23).8.

德富蘇峰, 「非戀愛」, 『國民之友』 125, 1891(明治 24).7.

嚴本善治, 「非戀愛を非とす」, 『女學雜誌』 276, 1891(明治 24).8.

北村透谷,「厭世詩歌と女性」,『女學雜誌』303・305, 1892(明治 25).2・6.

無署名,「御用商人の末路」,『國民之友』171, 1892(明治 25).11.

_____,「華族制度」,『國民之友』265, 1895(明治 28).

_____,「○家庭小說」,『帝國文學』7卷1号, 1897(明治 30).

_____,「御用商人の運命」,『國民之友』67, 1898(明治 31).

_____,「時文所館」,『國民之友』367, 1898(明治 31).3.

_____,「純文學を外國に紹介すべし」,『國民之友』368, 1898(明治 31).4.

內務省警保局,『著作權保護二關スル國際同盟條約・國際同盟條約追加規定・ベルヌ條約追
　　　　加規定二關スル解釋的宣言書』, 1898(明治 31).

菊地幽芳,『己が罪』前編, 春陽堂, 1900(明治 33).

あましく 編,『家庭の栞』第1編, 駸々堂, 1900(明治 33).

堺枯川,「『不如歸』を讀む」,『万朝報』, 1900(明治 33).2.6.

崑崙山,「甘言苦言」,『新聲』3卷3號, 新聲社, 1900(明治 33).3.

無署名,「有望の二文士」,『新聲』第3編第4号, 新聲社, 1900(明治 33).4.

森鷗外,「心頭語」,『二六新報』, 1900(明治 33).6.23.

德富蘆花,「零落」,『新聲』4-4, 臨時增刊「秋風琴」, 新聲社, 1900(明治 33).9.

宮澤すみれ,「不如歸を讀みて」(1901),『國民新聞』, 1901(明治 34).2.17.

德富蘆花,「何故に余は小說を書くや」,『國民新聞』, 1902(明治 35).9.2.

水野鍊太郎,『著作權』, 東京法政大學, 1903(明治 36).

小鳥烏水,「紀行文に就いて」,『文庫』, 少年園, 1903(明治 36).

內務省,『著作權に關する法規條約』, 1904(明治 37).

『明星』, 新詩社, 1904(明治 37).9.

サミュエル・スマイルズ, 若月保治・栗原元吉 譯,『職分論』, 內外出版協會, 1904(明治 37).

無署名,「作家と作品」,『新潮』第3編第3号, 1905(明治 38).

登張作風,「家庭物とは何ぞや」,『讀賣新聞』, 讀賣新聞社, 1905(明治 38).10.29.

無署名,「『不如歸』劇について」,『歌舞伎』, 1905(明治 38).12.

_____,「『不如歸』物語」,『文章世界』1卷3號, 博文館, 1909(明治 39).5.

_____,「小說界『不如歸』『己か罪』『不如歸』『無花果』」,『早稻田文學』, 早稻田文學社, 1906
　　　　(明治 39).

_____,「小說界●所胃家政小說●家庭小說の功過」,『早稻田文學』, 早稻田文學社, 1906
　　　　(明治 39).

_____,「『不如歸』物語」,『文章世界』1卷3號, 博文館, 1906(明治 39).5.

河井醉茗, 「詩を味ふ力」, 『女子文壇』 3巻2號, 女子文壇社, 1910(明治 40).2.

島村抱月, 「自然主義の価値」, 『近代文芸之研究』, 早稲田大學出版部, 1910(明治 40).

淸覃, 「伊井の川島武男」, 『演藝畫報』 2巻5號, 演藝畫報社, 1908(明治 41).5.

塩谷榮英・林紓・魏易共同 譯, 『不如歸』, 商務印書館, 1908(明治 41).

福永文之介, 『懷古 二十年』, 警醒社書店, 1909(明治 41).

柳川春葉, 『脚本 不如歸』, 今古堂書店, 1909(明治 42).

『新家庭』, 玄文社, 1909(明治 42).

統監府 特許局, 『統監府特許局法規類集』, 1909(明治 42).

『韓國實業要報』 第2編, 山口縣內務部, 1910(明治 43).

金子筑水, 「新しい兩性」, 『太陽』, 博文館, 1910(明治 43).

統監府 特許局, 『統監府特許局法規類集』, 1909(明治 42).

河井醉茗, 『新體詩作法』(通俗作文全書), 博文館, 1909(明治 42).

統監府農商工部, 『韓國通覽』, 農商工部, 1910(明治 43).

島村抱月, 『近代文芸之研究』, 早稲田大學出版部, 1910(明治 43).

統監府, 『第二次韓國施政年報明治41年』, 1910(明治 43).

中澤弘光 畵, 『不如歸畫譜』, 左久良書房, 1911(明治 44).

杉原夷山 譯, 『漢譯不如歸』, 千代田書房, 1911(明治 44).

朝鮮總督府, 『韓國施政年報明治42年』, 朝鮮總督府印刷局, 1911(明治 44).

虎外子, 「『不如歸』興行年表」, 『歌舞伎』 129, 1911(明治 44).3.

榎本松之助 編, 『新派浪花節』, 榎本書店, 1912(明治 45).

「故海軍中佐廣瀨武夫外慰靈祭祭文」, 『海軍公用文例集』, 海軍經理學校, 1914.

無署名, 「號外」, 『中央公論』 29巻11號, 中央公論社, 1914.

不如歸, 「實話鬼のお嫁」, 『女學世界』, 博文館, 1916.10.

　　　　「事實小說 虐待される女」, 『女學世界』, 1917.1.

白石保成, 『朝鮮 衛生要義』, 1918.

朝鮮總督府 編, 『朝鮮語辭典』, 1920.

岩城準太郎, 「新体詩界」, 『明治大正の國文學』, 成象堂, 1921.

菅谷要, 「明治大正子歳の文壇と劇団」, 『演劇 新潮』, 新潮社, 1924.4.

德富蘆花, 「第百版不如歸の卷首に」, 『富士』 第1巻(『蘆花全集』 第5巻), 新潮社, 1926.

若杉鳥子・山田邦子・吉屋信子・金子しげり・山川菊榮・岡本かの子・鳥中雄作・大塚
　　　　矮文子・佐藤澄子・三宅ひさ子, 「不如歸座談會」, 『婦人公論』 12巻11号, 中
　　　　央公論社, 1926.11.

野崎左文,「草双紙と明治初期の新聞小説」,『早稻田文學』, 1927.10.

『大久保利通日記二』(日本史籍協會叢書 27), 東京大學出版會, 1927.

德富健次郎,『富士』2(蘆花全集 16卷), 新潮社, 1929.

德富健次郎,『偶惑偶想』, (蘆花全集 19卷), 新潮社, 1929.

小山內薰,「劇評及新刊批評」,『小山內薰全集』8, 春陽堂, 1932.

無署名,「姉『不如歸』の浪子を語る」,『婦人公論』19, 中央公論社, 1934.3.

德富愛子,「第百版不如歸の卷首に」,『不如歸』, 岩波文庫, 1936.

『黑田淸輝日記』2, 中央公論美術出版, 1967.

佐藤勝,『北村透谷・德富蘆花集』, 日本近代文學大系第9卷, 角川書店, 1972.

沖野岩三郎,「解題(5)」,『蘆花全集』第5卷, 筑摩書房, 1972.

「波亂万丈! 明治・大正の家庭小説展～尾崎紅葉門下の四天王・柳川春葉を中心に～」, 弥
　　　生美術館, 2005.4.

2. 국내 논저

고미숙,「『대한매일신보』와 '병리학'의 담론적 배치」, 이화여대 한국문화연구원 편,『근
　　　대계몽기 지식의 굴절과 현실적 심화』, 소명출판, 2007.

구수경,『한국 소설과 시점』, 아세아문화사, 1996.

구인모,「『무정』과 우생학적 연애론－한국의 근대문학과 연애론」,『비교문학』28집, 한
　　　국비교문학회, 2002.

권두연,「『장한몽』연구」, 연세대학교석사논문, 2003.

권보드래,『근대소설의 기원』, 소명출판, 1999.

_____,「열정의 공공성과 개인성－신소설에 나타난 '일부일처'와'이처'의 문제」,『한국
　　　학보』99집, 일지사, 2000.

_____,「한국・중국・일본의 근대적 문학개념 및 문학어 형성(1)－소설『不如歸』의
　　　창작 및 번역・번안 양상을 중심으로」,『대동문화연구』42집, 성균관대 대동
　　　문화연구원, 2003.

_____,『연애의 시대－1920년대 초반의 문화와 유행』, 현실문화연구, 2003.

_____,「죄, 눈물, 회개－1910년대 번안소설의 감성구조와 서사형식」,『한국근대문
　　　학연구』16, 한국근대문학회, 2007.

_____,「1910년대의 새로운 주체와 문화－『매일신보』가 만든『매일신보』에 나타난

　　　　대중」, 『민족문학사연구』 36호, 민족문학사학회, 2008.

_____, 『1910년대, 풍문의 시대를 읽다』, 동국대학교출판부, 2008.

권순긍, 『활자본 고소설의 편폭과 지향』, 보고사, 2000.

_____ 외, 「근대의 충격과 고소설의 대응―개・신작 고소설에 투영된 '남녀관계'의 소설
　　　　사적 고찰」, 『한국문학과 사회상』, 소명출판, 2009.

권영민, 「나까니시 이노스께(中西伊之助)와 1920년대의 한국 계급문단―카프 창립 준
　　　　비모임 사진을 공개하며」, 『외국문학』 29호, 열음사, 1991.

_____, 『서사양식과 담론의 근대성』, 서울대학교 출판부, 1999.

권영민・김종욱・배경열 편, 「작품해설『안의 성』」, 『한국신소설전집』 7, 서울대학교출
　　　　판부, 2003.

권용선, 「번안과 번역 사이 혹은 이야기에서 소설로 가는 길―이상협의 『정부원』을 중심
　　　　으로」, 『한국근대문학연구』 9호, 한국근대문학회, 2004.

권정희, 「도쿠토미 로카『호토토기스(不如歸)』의 번역과 번안―조중환의 『불여귀』」, 『민
　　　　족문학사연구』 22호, 민족문학사학회, 2003.

_____, 「〈不如歸〉の變容―日本と韓國におけるテクストの〈翻譯〉」, 동경대박사학위논문,
　　　　2006.

_____, 「일본문학의 번안―메이지 '가정소설'은 왜 번역이 아니라 번안으로 수용되었는
　　　　가」, 『아시아문화연구』 12집, 경원대 아시아문화연구소, 2007.

_____, 「모자의 대결 장면으로 읽는 가족표상―『호토토기스(불여귀)』의 '이에(家)'」,
　　　　『일본연구』 25집, 중앙대 일본연구소, 2008.

_____, 「언어의 전환과 서사의 분기―『두견성』과 『불여귀』」 『대동문화연구』 64집, 성
　　　　균관대 대동문화연구원, 2008.

_____, 「식민지 조선의 번역/번안의 위치」, 『반교어문연구』 28집, 반교어문학회, 2010.

김경애, 「신소설『두견성』연구」, 『시학과 언어학』 3호, 시학과언어학회, 2002.

김경일, 『여성의 근대, 근대의 여성:20세기 전반기 신여성과 근대성』, 푸른역사, 2004.

김경일, 「일제하 여성의 결혼과 가족생활」, 신용하 외, 『식민지 근대화론에 대한 비판적
　　　　성찰』, 나남, 2009.

김근수, 「무단정치시대의 잡지개관」, 『한국잡지개관 및 호별목차집』, 한국학연구소, 1988.

김병철, 『한국근대번역문학사연구』, 을유문화사, 1975.

김석봉, 『신소설의 대중성 연구』, 도서출판 역락, 2005.

김순전, 「한일 근대소설의 비교문학적 연구」, 한림대학교 박사학위논문, 1997.

김영민, 『한국근대소설의 형성과정』, 소명출판, 2005.

김영수, 『필사본 심청전 연구』, 민속원, 2001.

김영찬, 「1930년대 후반 통속소설 연구-『찔레꽃』과 『순애보』를 중심으로」, 성균관대학교 석사논문, 1994.

김옥란, 「근대여성주체로서의 여학생과 독서 체험」, 민족문학사연구소 기초학문단 편, 『한국근대문학의 형성과 문학장의 재발견』, 소명출판, 2004.

김용환, 「공감과 연민의 감정의 도덕적 함의」, 『철학』 76, 한국철학회, 2003.

김윤식 · 정호웅, 『한국소설사』, 예하출판사, 1993.

김종철, 「『옥중화』 연구 (1) - 이해조의 개작에 대한 재론」, 『관악어문연구』 20집, 서울대 국어국문학과, 1995.

김진균 · 정근식 편, 『근대주체와 식민지 규율권력』, 문화과학사, 1997.

김진수, 「한국 고대소설에 나타난 화제 전환 양상」, 『언어연구』 16권2호, 현대언어학회, 2000.

김진영 · 김현주 · 김영수 · 김지영 편, 『심청전 전집』 2, 도서출판 박이정, 1997.

김재석, 「근대극 전환기 한일 신파극의 근대성에 대한 비교연극학적 연구」, 『한국극예술연구』 17집, 한국극예술학회, 2003.

김창록, 「일제 강점기 언론 · 출판법제」, 『한국문학연구』 30집, 동국대학교 한국문학연구소, 2006.

김창현, 「서사 · 극의 장르적 성격과 결합양상의 연구」, 성균관대 박사학위논문, 1998.

김현주, 「1910년대 "개인", "민족"의 구성과 감정의 정치학-이광수의 〈무정〉을 중심으로」, 『현대문학의 연구』 22집, 한국문학연구학회, 2004.

나카가와 아가오, 「『長恨夢』의 번안 형태에 대한 일고찰」, 『비교문학』 30집, 한국비교문학회, 2003.

남석순, 「1910년대 신소설의 저작권 연구-저작권의 혼란과 매매 관행의 원인을 중심으로」, 『동양학』 43집, 단국대학교 동양학연구소, 2008.

노연숙, 「일본 정치소설의 수용과 한국 신소설의 다층화-구연학의 『설중매』와 스에히로 뎃초의 『雪中梅』를 중심으로」, 『인문논총』 59호, 서울대학교, 2008.

대한결핵협회 편, 『한국결핵사』, 대한결핵협회발행, 1998.

류준필, 「근대계몽기 매체와 언어의 재현」, 한기형 외, 『근대어 · 근대매체 · 근대문학-근대 매체와 근대 언어질서의 상관성』, 성균관대학교 대동문화연구원, 2006.

민은경, 「타인의 고통과 공감의 원리」, 『철학사상』 27, 서울대학교 철학사상연구소, 2008.

박성봉, 『대중예술의 미학』, 동연, 1995.

박성호, 「현행 저작권법의 해석상 판권의 개념」, 『변호사』 22호, 서울지방변호사회, 1992.

박종철, 「개화기 소설의 언어와 문체」, 이재선·김학동·박종철 편, 『개화기 문학론』, 형설출판사, 1982.

박진영, 「일재 조중환과 번안소설의 시대」, 『민족문학사연구』 26호, 민족문학사학회, 2004.

_____, 「1910년대 번안소설과 정탐소설의 매혹-하몽 이상협의 『정부원』」, 『대동문화연구』 52집, 성균관대학교 대동문화연구원, 2005.

_____, 「소설 번안의 다중성과 역사성-『레미제라블』을 위한 다섯 개의 열쇠」, 『민족문학사연구』 33호, 민족문학사학회, 2007.

박헌호, 「한국 근대소설과 내면의 서사」, 『식민지 근대성과 소설의 양식』, 소명출판, 2004.

박헌호 외 편, 『작가의 탄생과 근대문학의 재생산 구조』, 소명출판사, 2008.

박찬승, 『한국 근대정치사상사 연구』, 역사비평사, 1992.

방효순, 「일제시대 저작권 제도의 정착과정에 관한 연구」, 『서지학연구』 21집, 서지학회, 2001.

사에구사 도시카츠[三枝壽勝] 외 편, 『한국근대문학과 일본』, 소명출판, 2003.

서연호, 『한국연극전사』, 연극과 인간, 2006.

서영채, 「1930년대 통속소설의 존재 방식과 그 의미-길말봉의 『찔레꽃』을 중심으로」, 『민족문학사연구』 4호, 민족문학사학회, 1993.

소영현, 『문학 청년의 탄생-문학 청년의 탄생』, 푸른 역사, 2008.

소재영·민병삼·김호근 역, 『한국의 딱지본』, 범우사, 1996.

손병규, 「民籍法의 '戶'규정과 변화」, 『대동문화연구』 57집, 성균관대 대동문화연구원, 2007.

손유경, 『한국근대소설과 감정의 발견-고통과 동정』, 역사비평사, 2008.

수잔 손택, 이재원 역, 『은유로서의 질병』, 도서출판 이후, 2002.

신근재, 『한일근대문학의 비교연구』, 일조각, 1995.

신동원, 「조선말의 콜레라 유행, 1821~1910」, 한국과학사학회 편, 『한국과학사학회지』 11-1, 1989.

신은경, 「'두견'의 시적 내포-비교시학적 관점에서」, 『한국시가연구』 6집, 2000.

신지연, 「『소년』의 문체 연구」, 『민족문화연구』 42호, 고려대 민족문화연구소, 2005.

양승국, 「1910년대 한국신파극의 레퍼토리 연구」, 『한국극예술연구』 8집, 한국극예술학회, 1998.

_____, 『한국신연극연구』, 연극과 인간사, 2001.

연세대 근대한국학연구소 기초학문연구단, 『한국근대서사양식의 발생 및 전개와 매체의 역할』, 소명출판, 2005.

오성철, 「1910년대 일제의 식민지 교육정책과 한국인의 대응」, 『한국근대사회와 문화 2-

1910년대 식민통치정책과 한국사회의 변화』 26, 서울대학교출판부, 2005.

오새내, 「한국어 여성비속어의 분류와 특성」, 『한국어 의미학』 11호, 한국어의미학회, 2002.11.

유창돈, 「여성어의 역사적 고찰」, 『아시아여성 연구』 5권, 숙명여대 아세아여성문제 연구소, 1966.

윤가현, 「성(性)과 성의식의 변화」, 『전통과 서구의 충돌-'한국적 근대성'은 어떻게 형성되었는가』, 역사문제연구소, 2001.

윤민주, 「'불여귀'에 대한 비교문학적 연구」, 경북대학교 석사논문, 2007.

윤해동·천정환·허수·황병주·이용기·윤대석 편, 『근대를 다시 읽는다』 1·2, 역사비평사, 2006.

이경돈, 「『별곤건』과 근대 취미독물」, 『대동문화연구』 46집, 성균관대 대동문화연구원, 2004.

_____, 「취미라는 사적 취향과 문화 주체 대중」, 『대동문화연구』 57집, 성균관대 대동문화연구원, 2007.

이덕기, 「1910년대 신파극에 대한 탈식민주의적 고찰」, 김경미 외, 『1910년대 문학과 근대』, 월인, 2005.

이두현, 「신파극의 시대」, 『사상계』, 1965.3.

이보경, 『문(文)과 노벨의 결혼-근대 중국의 소설 이론 재편』, 문학과 지성사, 2002.

이석호 역저, 『童蒙先習(외)』, 을유문화사, 1971.

이성권, 『한국가정소설사연구』, 국학자료원, 1988.

이성식·전신현 편, 『감정사회학』, 한울, 1995.

이수영, 「한국 근대문학의 형성과 미적 감각의 병리성」, 『민족문학사연구』 26호, 민족문학사학회, 2004.

이승희, 「여성수난 서사와 가부장제 이데올로기-1910년대 멜로드라마를 중심으로-」, 『한국근대문학 양식의 형성과 전개』, 상허학회, 2003.

이연숙, 고영진·임경화 역, 『국어라는 사상-근대 일본의 언어 인식』, 소명출판, 2006.

이영아, 「신소설에 나타난 '군인'의 형상화 고찰」, 『민족문학사연구』 32호, 민족문학사학회, 2006.

_____, 『육체의 탄생』, 민음사, 2008.

이윤석·정명기 편, 『구활자본 야담의 변이양상』, 보고사, 2001.

이정덕·박허식, 『한국의 근대 가족윤리』, 신정, 2002.

이재선, 『한국 개화기소설 연구』, 일조각, 1982.

이화여대 한국여성사 편찬위원회, 『한국 여성사』 2, 이화여대 출판부, 1972.

이혜령, 「한글운동과 근대어 이데올로기」, 『역사비평』 70호, 역사비평사, 2005.

이희정, 「1910년대 「매일신보」 소재 소설 연구」, 경북대학교 박사 학위논문, 2006.

임규찬·한진일 편, 『임화 신문학사』, 한길사, 1993.

임형택, 「18·9세기의 '이야기꾼'과 소설의 발달」, 『한국학논집』 2집, 계명대학 한국학
　　　　연구소, 1975.

＿＿＿, 「한문단편형성과정에서의 講談師」, 『창작과 비평』 49호, 창비, 1978.

＿＿＿, 『옛 노래, 옛 사람들의 내면풍경』, 소명출판, 2005.

임형택·한기형·류준필·이혜령, 『흔들리는 언어들―언어의 근대와 국민국가』, 성균관
　　　　대학교 출판부, 2008.

장석흥, 「일제의 식민지 언론정책과 총독부 기관지 『매일신보』의 성격」, 『한국독립운동
　　　　사연구』 6집, 독립기념관 한국독립운동사연구소, 1992.

전광용, 『신소설연구』, 새문사, 1986.

전미경, 『근대계몽기 가족론과 국민생산프로젝트』, 소명출판, 2005.

전은경, 「1910년대 번안소설 연구―독자와의 상호소통성을 중심으로」, 경북대 박사학
　　　　위논문, 2006.

정근식, 「식민지적 검열의 역사적 기원」, 『사회와 역사』 64집, 한국사회학회, 2003.

정광현, 『한국가족법연구』, 서울대출판부, 1967.

정　민, 「한시 속의 두견이와 소쩍새」, 『한국한시연구』 9권, 2001.

정선태, 「번역과 근대소설문체―잡지 『소년』을 중심으로」, 『근대어·근대매체·근대문
　　　　학―근대매체와 근대 언어질서의 상관성』, 성균관대학교출판부, 2006.

정종현, 「사랑의 삼각형과 계몽 서사의 결합―『金色夜叉』와 식민지 조선의 근대 소설의 관련
　　　　양상연구」, 『한국문학연구』 26집, 동국대학교 한국문학연구소, 2003.12.

정진석, 『언론조선총독부』, 커뮤니케이션북스, 2005.

조동일, 『카타르시스, 라사, 신명풀이』, 지식산업사, 1997.

정혜정, 「일제 강점기 보통학교 교육정책 연구」, 수요역사연구회 편, 『일제의 식민지 지
　　　　배정책과 〈매일신보〉―1910년대』, 두리출판사, 1971.

조혜정, 「한국의 가부장제에 대한 해석적 분석」, 『한국의 여성과 남성』, 문학과 지성사,
　　　　1988.

주종연, 『한국소설의 형성』, 집문당, 1987.

진재교, 「한문 서사양식의 근대적 모색―한문의 서사 전통과 근대 계몽기 신문의 서사」,
　　　　진재교·한기형 외, 『문예공론장의 형성과 동아시아』, 성균관대학교 출판부,

2008.

천정환, 『근대의 책읽기-독자의 탄생과 한국 근대문학』, 푸른 역사, 2003.

최경옥, 『한국개화기 근대 외래한자어의 수용연구』, 제이앤씨, 2003.

최숙인, 「한국 개화기의 번안소설 연구」, 이화여대 석사논문, 1977.

최원식, 「장안몽과 위안으로서의 문학」, 『민족문학의 논리』, 창작과비평사, 1982.

_____, 「「혈의 루」소고」, 『한국학보』 36집, 일지사, 1984.

_____, 『한국계몽주의문학사론』, 소명출판, 2002.

최   준, 「한국의 출판 연구 : 1910~1923년까지」, 『한국연구소학보』, 서울대신문연구소, 1964.

표세만, 「『셋츄바이』와 『설중매』의 계몽주의-남여 인물조형을 중심으로-」, 『일본학보』 61-2집, 한국일본학보, 2004.

하동호, 「개화기소설의 발행소·인쇄소·인쇄고」, 『출판학』 12집, 한국출판학회편, 현암사, 1972.

한광수, 「尾崎紅葉의 『金色夜叉』, 그리고 小栗風葉의 『金色夜叉終篇』과 조중환의 『長恨夢』-원작에서 이탈한 문학적 상상력」, 『일어일문학연구』 42집, 한국일어일문학회, 2002.

한기형, 『한국 근대소설의 시각』, 소명출판, 1999.

_____, 「근대어의 형성과 매체의 언어전략-언어, 매체, 식민체제, 근대문학의 상관성」, 『역사비평』 71호, 역사비평사, 2005.

_____, 「문화정치기 검열체제와 식민지 미디어」, 『대동문화연구』 51집, 성균관대 대동문화연구원, 2005.

_____, 「매체의 언어분할과 근대문학」, 『대동문화연구』 59집, 성균관대 대동문화연구원, 2007.

한용진, 「개화기 일본 민간단체 설립 학교 고찰-경성학당을 중심으로」, 『동양학』 38집, 단국대 동양학연구소, 2005.

한원영, 『한국개화기신문연재소설연구』, 일지사, 1990.

한태석, 「신소설의 판권」, 『출판학 연구』, 한국출판학회, 1981.

홍선영, 「德富盧花 『不如歸』と韓國の翻案小說と比較考察-「新しさ」, 「感傷性」, 「家」の問題を中心にして」, 『일어일문학연구』 43집, 한국일어일문학회, 2002.

황호덕, 「한국근대 형성기의 문장 배치와 국문 담론:타자·교통·번역·에크리튀르, 근대 네이션과 그 표상들」, 성균관대 박사학위논문, 2002.

3. 국외 논저

가네코 아키오[金子明雄], 권정희 역, 「'가정소설'을 둘러싼 미디어 복합 : 1900년대를
　　　　중심으로」, 『대동문화연구』 65집, 성균관대 대동문화연구원, 2009.

가메이 히데오[龜井秀雄], 신인섭 역, 『「소설」론-『소설신수』와 근대』, 건국대학교 출판부,
　　　　2006.

마샬 맥루한, 임상원 역, 『구텐베르크 은하계-활자 인간의 형성』, 커뮤니케이션 북스,
　　　　2001.

막스 쉘러, 이을상 역, 『동정의 본질과 형식』, UUP, 2002.

미셀 푸코, 『감시와 처벌-감옥의 역사』, 나남출판, 1994.

베네딕트 앤더슨, 윤형숙 역, 『상상의 공동체』, 나남출판, 2002.

볼프하르트 헹크만·콘라드 로터, 김진수 역, 『미학사전』, 예경출판사, 1998.

삐에르 부르디외, 최종철 역, 『구별짓기:문화와 취향의 사회학』상, 새물결, 2005.

수잔 손택, 이재원 역, 『은유로서의 질병』, 도서출판 이후, 2002.

아담 스미스, 박세일·민경국 역, 『도덕 감정론』, 비봉출판사, 1996.

아르놀트 하우저, 백낙청 역, 『문학과 예술의 사회사』, 창작과비평사, 1999.

움베르트 에코, 김운찬 역, 『대중의 슈퍼맨』, 열린 책들, 1994.

이사야 벌린, 강유원·나현영 역, 『낭만주의의 뿌리-서구 세계를 바꾼 사상 혁명』, 이
　　　　제이북스, 2001.

임마누엘 칸트, 이재준 역, 『아름다움과 숭고함의 감정에 관한 고찰』, 책세상, 2005.

임마누엘 칸트, 백종현 역, 『판단력 비판』, 아카넷, 2009.

월터 J.옹, 이기우·임명진 역, 『구술문화와 문자문화』, 문예출판, 1995.

장 뤽 낭시 외, 김예령 역, 『숭고에 대하여-경계의 미학, 미학의 경계』, 문학과 지성사,
　　　　1988.

조너선 컬러, 이은경·임옥희 역, 『문학이론』, 동문선, 2000.

坪內逍遙, 정병호 역, 『소설신수(小說神髓)』, 고려대학 출판부, 2007.

土屋礼子, 권정희 역, 『대중지의 원류-메이지기 소신문 연구』, 소명출판, 2011.

T·토도로프, 신동욱 역, 『산문의 시학』, 문예출판사, 1992.

호미 바바, 나병철 역, 『문화의 위치』, 소명출판, 2002.

앤소니 기드슨, 황정미·배은경 역, 『현대사회의 성·사랑·에로티시즘』, 새물결, 1996.

青木保·川本三郎·筒井清編, 『愛と苦難―近代日本文化論11』, 岩波書店, 1999.

青木次彦, 「『不如歸』の翻譯本と關連書誌」, 『文化學年報』 21號, 同志社大學文化學會, 1971.

青木正和, 『結核の歴史』, 講談社, 2003.

秋庭太郎, 「ほととぎす[不如歸]」, 『演劇百科大事典』 5卷, 平凡社, 1961.

淺井淸, 「ジャーナリズム發展の意味―三十年代前半における新聞と小說」, 『文學』 54號, 岩波書店, 1986.

朝日新聞社 編, 『朝日新聞100年の記事にみる1 戀愛と結婚』, 朝日新聞社, 1979.

荒正人, 「德富蘆花『自然と人生』」, 『自然と人生』, 岩波文庫.

＿＿＿, 『負け犬』, 眞善美社, 1947.

＿＿＿, 「『金色夜叉』と『不如歸』」, 『日本近代文學』 24集, 日本近代文學會, 1955.

アラン・ブィアラ, 塩川徹也 外 譯, 『作家の誕生』, 藤原書店, 2005.

有地亨, 『近代日本の家族觀―明治編』, 弘文堂, 1967.

有山輝雄, 『德富蘇峰と國民新聞』, 吉川弘文館, 1992.

アルレット・ファルジュ, 持田明子 譯, 『涙の歴史』, 藤原書店, 1994.

飛鳥井雅道, 「社會小說の發展―明治30年代社會小說(2)」, 『文學』 27號, 岩波書店, 1959.

阿部謹也, 『學問と「世間」』, 岩波新書, 2001.

飯田裕子, 『彼らの物語―日本近代文學とジェンダー』, 名古屋大學出版會, 1998.

飯田祐子, 「婆の力―奥村五百子と愛國婦人會」, 小森陽一・成田龍一 編, 『日露戰爭スタディズ―』, 紀伊國屋書店, 2004.

E・H・キンモンス, 廣田照幸 外 譯, 『立身出世の社會史』, 玉川大學出版局, 1995.

石原千秋・木股知史・小森陽一・高橋修・島村世織, 『讀むための理論―文學・思想・批評』, 世織書房, 1991.

伊藤整, 「近代日本における愛の虛位」, 『近代日本人の發想の諸形式他四篇』, 岩波書店, 1981.

猪野謙二, 「蘆花の『自然と人生』を論ず」, 『現代作家作品論』, 河出書房, 1974.

井伏鱒二, 「不如歸と民衆」, 齋藤愼爾 編, 『明治文學の世界―鏡像としての新世紀』, 柏書房, 2001.

生方敏郎, 『明治大正見聞史』, 春秋社, 1926.

植木久行, 「ほととぎすのうた杜鵑と郭公をめぐって」, 『比較文學年誌』 15號, 早稻田大學, 1979.

植木久行, 『唐詩歳時記』, 講談社, 1995.

上野千鶴子, 『近代家族の成立と終焉』, 岩波書店, 1994.

江種滿子, 『20世紀のベストセラーを讀み解く』, 學芸書林, 2001.

円地文子, 「「不如歸」の主題」, 『文學』24號, 岩波書店, 1956.8.

大笹吉雄, 『日本現代演劇史』(明治大正 篇), 白水社, 1990.

大澤吉博, 「言語の間の「夢十夜」第七夜－日本語·英語·韓國語テクストを比較して－」, 『比
　　　較文學研究』68号, 東大比較文學會, 1996.

大貫惠美子, 『ねじ曲げられた櫻』, 岩波書店, 2003.

大原慧, 『幸德秋水の思想と大逆事件』, 青木書店, 1997.

岡滿男, 『婦人雜誌ジャーナリズム』, 現代ジャーナリズム出版部, 1981.

桶畑雪胡, 『日本繪葉書史潮』, 日本郵便倶樂部, 1936.

小山内薫, 『文芸新語辭典』, 春陽堂, 1918.

小澤昭一, 『ドキュメント日本の放浪芸』複製CD版, ビクターエンタテイメント 株式會社,
　　　1999.

越智治雄, 「「不如歸」劇の成立」, 『鏡花と戯曲』, 砂子屋書房, 1987.

小野容照, 「福音印刷合資會社と在日朝鮮人留學生の出版社」, 『青丘文庫月報』 236号,
　　　2009.10.

伊藤幹治, 『家族國家觀の人類學』, ミネルヴァ書房, 1982.

井上輝子, 『女性學とその周辺』, 勁草書房, 1980.

猪野謙二, 『明治文學史』 下, 講談社, 1985.

瓜生忠夫, 『映畫のみかた』, 岩波新書, 1951.

大原健士郎, 『心中考－愛と死の病理』, 太陽出版, 1973.

大屋幸世, 「『不如歸』余波」, 『國文鶴見』19號, 鶴見大學日本文學會, 1984.

_____, 「『書物周遊(1)」, 『國文鶴見』20號, 鶴見大學日本文學會, 1985.

學制百年史編輯委員會 編, 『學制百年史－記述編, 資料編共』, 文部省, 1973.

勝本清一郎, 「蘆花と志士的倫理」, 『明治大正文學研究』23號, 東京堂, 1957.

加藤武雄, 『明治大正文學の輪郭』, 新潮社, 1921.

加藤武雄, 『明治文學の輪郭』, 新潮社, 1921.

加藤秀一, 『〈戀愛結婚は何をもたらしたのか－性道德と優生思想の百年間〉』, ちくま書房,
　　　2004.

柄谷行人, 『日本近代文學の起原』, 講談社, 1980.

龜井俊介, 「『西國立志編』の世界」, 三好幸雄・竹盛天雄 編, 『近代文學1－黎明期の近代文
　　　學』, 有斐閣, 1978.

金子明雄, 「明治30年代の讀者と小說 「社會小說」 論爭とその後」, 『東京大學新聞研究所

紀要』41號, 東京大學新聞研究所, 1990.

金子明雄, 「ホームドラマの遙かなる故郷ー「家庭小説」という事件」, 金子景子 외 編, 『文學が
　　　　もっと面白くなるー近代日本文學を讀み解く33の扉』, ダイヤモンド社, 1998.

金子明雄, 「小説に似る小説: 『虞美人草』」, 『漱石研究』16호, 翰林書房, 2003.

川口浩, 「江戸期の職分論と維新期の職分論ーその思想構造と機能」, 中京大學経濟學部 編,
　　　　『中京大學経濟學學論叢』2号, 1989.12.

河竹繁俊, 『日本戲曲史』(ジャンル別日本文學史2), 南雲堂櫻楓社, 1964.

川村邦光, 『オトメの祈りー近代女性イメージの誕生』, 紀伊國屋書店, 1993.

菅聰子, 『メディアの時代ー明治文學をめぐる狀況』, 双文社出版, 2001.

姜尚中, 『ナショナリズム』, 岩波書店, 2001.

神田重幸, 「『不如歸』ー夫婦愛、その理想と悲劇」, 『國文學ー解釋と鑑賞』38卷3號, 至文
　　　　堂, 1987.

紅野敏朗, 「『不如歸』周辺」, 『日本文學』11号, 日本文學協會, 1957.

北上次郎, 「黒岩涙香の翻案小説」, 『冒険小説』, 早川書房, 1993.

木戸雄一, 「〈國民〉という讀者と〈小説改革〉ー高山樗牛の「國民文學論」をめぐって」, 『日
　　　　本近代文學』56集, 日本近代文學會, 1997.5.

木村幹, 「臣民からネーションへー韓國におけるネーション意識形成への一考察」, 『愛媛
　　　　法學會雑誌』23卷2號, 愛媛大學法學會, 1996.

近世文芸研究叢書刊行會, 『名優 当り芸 芝居の型 勸進帳考 助六縁江戸櫻の型』, クレス
　　　　出版, 1997.

權丁熙, 「〈不如歸〉の変容ー日本と韓國におけるテクストの〈翻譯〉」, 東京大博士學位論文,
　　　　2006.

工藤重矩, 「古今集ー四八の解釋・補考ー啼いて血を吐く杜鵑のことー」, 『言文研究』61號,
　　　　九州大學國語國文學會, 1986.

草間幸子, 「『不如歸』と新小説『杜鵑聲』との比較考察ー「新しさ」「感傷性」「家」の問題を中
　　　　心にしてー」, 『禅明女子大學論文集』14集, 禅明女子大學, 1984.

隈元謙次郎, 「黒田清輝の中期の業績と作品に就いて中」, 『美術研究』115號, 東京國立文
　　　　化財研究所, 1941.7.

桑原武夫, 「不如歸」, 桑原武夫 編, 『國民の文學ー近代篇』, お茶の水書房, 1955.

紅野謙介, 『書物の近代ーメディアの文學史』, 筑摩書房, 1992.

兒島襄, 『大山巌』, 文芸文庫, 1985.

小島德彌, 『明治大正新文學史觀』, 教文社, 1921.

小關三平, 「明治の生意氣娘」たち(中)―「女學生」と小説」, 『女性學評論』10號, 神戶女學院大學, 1996.

駒込武, 『植民地帝國日本の文化統合』, 岩波書店, 1996.

小南一郎, 『西王母と七夕伝承』, 平凡社, 1991.

小森陽一 編, 『近代文學の成立―思想と文体の模索』, 有精堂, 1986.

_____, 「隱蔽された〈死〉―テクストとしての廣瀬武夫教材」, 『成城文藝』126号, 成城大學, 1989.

_____・紅野謙介・高橋修 編, 『メディア・表象・イデオロギー―明治三十年代の文化研究』, 小澤書店, 1997.

_____, 『日本語の近代』, 岩波書店, 2000.

齋藤希史, 『漢文脈の近代』, 名古屋大學出版會, 2005.

_____, 『漢文脈と近代日本―もう一つのことばの世界』, 日本放送出版協會, 2007.

佐伯順子, 『「色」と「愛」の比較文化史』, 岩波書店, 1988.

_____, 『戀愛の起源』, 日本経濟新聞社, 2000.

酒井直樹, 「翻譯の問題」, 『批評空間』, 新曜社, 1993.11.

坂本ひろ子, 「戀愛神聖と優生思想」, 『中國民族主義の神話―人種・身体・ジェンダー』, 岩波新書, 2004.

佐藤忠男, 『ホームドラマ論―家庭の甦りのために』, 1978.

佐藤勝, 「蘆花と社會主義」, 『日本文學』11號, 日本文學協會, 1957

_____, 「德富蘆花著作目錄」, 『明治大正文學研究』第23號, 東京堂, 1957.

_____, 「『不如歸』の位置―明治三十年代の文學・その二」, 『東京女子大學創立50周年記念論文集・日本文學篇』, 東京女子大學學會, 1968.

_____, 佐藤善也 注釋, 『北村透谷・德富蘆花集』, 角川書店, 1972.

_____, 「近代文學研究の方法的反省―『不如歸』を一例として」, 『日語日文學研究』13호, 韓國日語日文學會, 1988.

_____, 「德富蘆花」, 『國文學』14卷2號, 至文堂, 1988.

_____, 「『不如歸』改稿考」, 『帝京大學文學部紀要』21號, 帝京大學國語國文學會, 1989.

佐藤直樹, 『「世間」の現象學』, 靑弓社, 2001.

サミュエル・スマイルズ, 中村正直 譯, 『西國立志編』講談社學術文庫, 1981.

鹿野政直, 『戰前・「家」の思想』, 創文社, 1983.

柴崎力榮, 「德富蘇峰と京城日報」, 『日本歷史』425호, 日本歷史學會, 1983.

島田謹二, 『ロシアにおける廣瀬武夫』, 朝日出版社, 1976.

_____, 「廣瀨武夫一人と作品」, 『廣瀨武夫全集』下, 講談社, 1983.

白倉一由, 「『心中宵康申』の主題」, 『山梨英和短期大學紀要』28號, 山梨英和短期大學, 1994.

白田秀彰, 「コピーライトの史的展開－17世紀イギリスにおける檢閱制度とコピーライトー」, 『一橋硏究』20－3, 一橋硏究編集會, 1995.

_____, 「コピーライトの史的展開(4)一檢閱制度からのコピーライトの分離」, 『一橋硏究』20－4, 一橋硏究編集會, 1996.

昭和女子大學近代文學硏究室 編, 『柳川春葉』(近代文學硏究叢書18), 昭和女子大學光葉會, 1962.

菅原克也, 「新詩の模索－『新詩模索』の周辺」, 『東京工業大学人文論叢』19号, 東京工業大学, 1994.

杉山平助, 『文藝五十年史』, 鱒書房, 1948.

鈴木幹, 「德富蘆花と黒田清輝一小說『不如歸』口繪「浪子」の依賴をめぐってー」, 『「湘南の文學と美術」』, 平塚美術館, 1993.9.

關肇, 『新聞小說の時代一メディア・讀者・メロドラマ』, 新曜社, 2007.

瀨沼茂樹, 「德富蘆花『不如歸』」, 『本の百年史一ベスト・セラーの今昔』, 出版ニュース社, 1965.

_____, 「家庭小說の展開」, 『明治家庭小說集』41卷, 筑摩書房, 1969.

添田知道, 『流行歌・明治大正史』, 刀水書房, 1983.

薛盛璟・大谷森繁 監修, 西岡堅治 譯, 『春香傳の世界一その通時的硏究』(韓國の學術と文化13), 法政大學出版局, 2002.

高倉テル, 「日本國民文學の確立一讀者層編制替えの上に現れた明治文學發展の経路と文學大衆化のキソとして國語・國字の問題」(上), 『思想』第171号, 岩波書店, 1936.

高田知波, 「戰前文學としての戰後文學一德富蘆花『不如歸』への視点ー」, 『社會文學』9号, 社會文學會, 1995.

高杉梅溪, 「德富蘆花」, 『新聲』6編2号, 新聲社, 1901.8.

高杉芳次郎, 『日本名作鑑賞一明治前期』, 厚生閣, 1936.

高野靜子, 「蘆花と蘇峰一蘇峰と蘆花の間」, 『國語と國文學』722号, 東京大學國語國文學會, 1984.3.

タキエ・スギヤマ・リブラ, 竹內洋・海部優子・井上義和 譯, 『近代日本の上流階級一華族のエスノグラフィー』, 世界思想社, 2004.

竹中繁治郎, 『結核病と社會問題』, 東京堂, 1909(明治 41).

田所周, 「明治30年代の新聞=家庭小說」, 『東洋研究』 第23号, 大東文化大學東洋研究所, 1970.

田中彰, 『開國と倒幕』, 集英社, 1992.

ツベタナ・クリステワ, 『涙の詩學』, 名古屋大學出版會, 2001.

テッサ・モーリスー 鈴木, 「僞りのアイデンティティへの權利—あるポストコロニアルの 物語」, 栗原彬・小森陽一・佐藤學・吉見俊哉, 『知の植民地』, 東京大學出版 會, 2001.

T・トドロフ, 菅野昭正・保刈瑞穂 譯, 『小說の記号學』, 大修館書店, 1974.

遠田英弘, 外編, 『士族の歴史社會學的研究』, 名古屋大學出版會, 1995.

富山一郎, 『戰場の記憶』, 日本経済評論社, 1995.

中島國彦, 「自然の再發見」, 『変革期の文學』 3(岩波講座日本文學史11), 岩波書店, 1996.

中島哲也, 「Self-HelpにおけるDutyと『西國立志編』における職分—文化接觸の一局面」, 法政大學國際日本學研究所 編, 『國際日本學』 5巻87號, 法政大學國際日本學 研究センター, 2007.5.

中野好夫, 『蘆花徳富健次郎』, 筑摩書房, 1974.

中村哲, 『明治維新』(日本の歴史16), 集英社, 1992.

中村忠行, 「徳富蘆花と現代中國文學(1)」, 『天理大學學報』 1巻2·3号, 1950.

_____, 「「不如歸」の中國に於ける評価」, 『明治大正文學研究』 23号, 至文堂, 1957.

西澤爽, 『日本近代歌謠史』 下, 櫻楓社, 1990.

日本近代文學館 編, 『日本近代文學大辭典』 3巻, 講談社, 1975.

野田宇太郎, 「晶子における戰爭と死—二つの詩について」, 『定本与謝野晶子全集』, 第一 巻月報5, 講談社, 1980.

野村行一郎, 「ナショナリズムの文學—徳富蘆花『不如歸』の物語の構造—」, 『解釋』 第39 巻第3號, 解釋學會, 1993.

野山嘉正, 「歴史叙述と小說—蘇峰と蘆花の間」, 『日本近代文學』 44集, 日本近代文學會, 1987.

_____, 「蘇峰と蘆花の間」, 『國文學』 34巻4号, 3月臨時増刊号, 學燈社, 1989.

畑實, 「明治三十年代の政治小說—政治と家庭の間」, 『帝京大學文學部紀要國語國文學』 15号, 帝京大學文學部國文學科, 1983.

濱名篤, 「明治初期階層構造の研究—「士族」の場合」, 筒井清忠 編, 『近代日本の歴史社會 學—心情と構造』, 木鐸社, 1990.

韓光朱, 「日本近代小說の韓國における翻案に關する研究一『己が罪』『金色夜叉』『捨小舟』」, 專修大學博士論文, 1994.

日夏耿之介, 「文學の変遷及価値一文學扇情文芸概論の結語」, 『日夏耿之介全集』4卷, 河出書房新社, 1976.

平石直昭, 「近世日本の〈職業〉觀」, 東京大學社會科學研究所 編, 『現代日本社會』第4卷, 東京大學出版會, 1991.

平川祐弘, 『和魂洋才の系譜』, 河出書房新社, 1987.

_____, 「天ハ自ラ助クルモノヲ助ク(39)一中村正直と『西國立志編』」, 『學燈』 第102卷第2号, 丸善, 2005.

ピーター・ブルックス, 四方田犬彦 外 譯, 『メロドラマ的想像力』, 産業図書株式會社, 2002.

兵藤裕己, 『〈聲〉の國民國家・日本』, 日本放送出版協會, 2000.

_____, 「明治のパフォーマンス」, 『近代日本の文化史』, 岩波書店, 2002.

布川純子, 「德富蘆花, 『不如歸』」, 『成蹊人文研究』8號, 成蹊大學大學院文學研究科, 2000.

福田清人, 「明治の文學一小說30年代」, 久松潛一・吉田精一 編, 『日本近代史 近代 1』至文堂, 1981.

_____, 『結核の文化史一近代日本における病のイメージ』, 名古屋大學出版會, 1995.

_____, 『結核の文化一病の比較文化史』, 中公新書, 2001.

二葉亭四迷, 「余が翻譯の基準」, 『二葉亭四迷全集』5卷, 岩波書店, 1938.

藤井淑禎, 「海邊にての物語一『不如歸』の系譜一」, 『文學』 54號, 岩波書店, 1986.8.

_____, 『『不如歸』の時代』, 名古屋大學出版部, 1990.

_____, 「德富蘆花『不如歸』」, 『國文學一解釋と鑑賞』 第57卷第4号, 至文堂, 1992.

_____, 「愛の表現における同時代的課題一自然主義前後」, 『日本近代文學』 53號, 日本近代文學會, 1995.10.

藤森清, 「崇高の10年一蘆花・家庭小說・自然主義」, 『つくられた自然』(岩波講座文學7), 岩波書店, 2003.

古林龜次郎 編, 『現代人名辭典』, 中央通信社, 1912(明治 45).

洪善英, 「1910年前後のソウルにおける日本人街の演劇活動一日本語新聞『京城新報』の演芸欄を中心に」, 『明治期雜誌メディアにみる〈文學〉』 18號, 筑波大學近代文學研究會, 2000.

本田和子, 『女學生の系譜』, 清土社, 1990.

前田愛, 「もう一つの『小說神髓』」, 『日本近代文學』 25集, 日本近代文學會, 1978.10.

_____, 『近代讀者の成立』, 岩波現代文庫, 2001.

前田河廣一郎, 『蘆花伝』, 興風館, 1947.

松浦友久, 『詩語の諸相―唐詩ノート』, 研文出版, 1981.

マックス・ベーバー, 大塚久雄 譯, 『プロテスタンティズムの倫理と資本主義の精神』, 岩波文庫, 1989.

水谷健, 「近代日本における上流階級イメージの変容」, 『思想』812號, 岩波書店, 1992.

見田宗介, 『近代日本の心情の歴史』, 講談社, 1967.

永峰重敏, 『雜誌と讀者の近代』, 日本エディタースタイル出版部, 1997.

宗像和重, 『投書家時代の森鷗外』, 法政大學出版局, 1981.

村田雄二郎, 『漢字圏の近代―ことばと國家』, 東京大學出版會, 2005.

牟田和惠, 『戰略としての家族―近代日本の國民國家現象と女性』, 新曜社, 1996.

_____, 「「良妻賢母」思想の表裏―近代日本の家庭文化とフェミニズム」, 『女の文化』, 岩波書店, 2000.

室鳩巢, 『六論衍義大意』, 中村行彦 校注, 『近世町人思想』, 岩波書店, 1975.

森榮一, 『明治三十年代文學の硏究』, 櫻楓社, 1988.

モーリス・パンゲ, 竹內信夫 譯, 『自死の日本史』, 筑摩書房, 1986.

森岡健二, 『改訂 近代語の成立―語彙編―』, 明治書院, 1991.

森田思軒, 「翻譯の心得」, 加藤周一・丸山眞男, 『翻譯の思想』, 岩波書店, 1991.

安西彰, 「解説」, 『菊池幽芳全集』15卷, 日本図書センター, 1997.

柳永二郎, 『繪番附き・新派劇談』, 靑蛙房, 1966.

柳父章, 『翻譯語成立事情』, 岩波新書, 1982.

_____, 『愛』, 三省堂, 2001.

山下えつこ, 『マザコン文學論―呪縛としての〈母〉』, 新曜社, 1991.

山田有策 編, 『明治の古典―不如歸』, 學研, 1994.

山田晃, 「蘆花と自然」, 三好行雄・竹盛天雄 編, 『近代文學2―明治文學の展開』, 有斐閣, 1977.

山路健, 『明治・大正・昭和の世相史』上, 明治書院, 2001.

山本武利, 『近代日本の新聞讀者層』, 法政大學出版局, 1981.

山本芳明, 「近代文學と挿繪―逍遙を中心に」, 小森陽一 編, 『近代文學の成立―思想と文体の模索』, 有精堂, 1986.

_____, 「〈父〉の肖像―德富蘆花『不如歸』」, 『國文學』第40卷第11號, 學澄堂, 1995.9.

由井正臣・藤原彰・吉田裕 校注, 『軍隊 兵士』(日本近代思想大系4), 岩波書店, 1989.

吉田精一, 『自然主義の硏究』上卷, 東京堂, 1950.

吉田正信, 「『德富蘆花集』解題」, 吉田正信 編, 『德富蘆花集』別卷, 日本圖書センター, 1999.

吉見俊哉, 『「聲」の資本主義』, 講談社, 1995.

米原謙, 『近代日本のアイデンティティーと政治』, ミネルブァ書房, 2002.

リース・モートン, 「〈共同研究報告〉綜合雜誌, 『太陽』と『女學雜誌』に見られる戀愛觀－1885～1905年」, 『日本研究』第19集, 國際日本文化研究センター, 1999.

瀧藤滿義, 「不如歸[德富蘆花]」, 『日本の近代小說』1, 東京大學出版會, 1986.

_____, 「社會小說」, 三好行雄 編, 『別冊 國文學 近代文學史 必携』, 學燈社, 1987.

ローマン・ヤーコブソン, 「翻譯の言語學的側面について」, 川本茂雄 譯, 『一般言語學』, みすず書房, 1973.

ロジェ・シャルチェ, 福井憲彦 譯, 『讀書の文化史－テクスト・書物・讀解』, 新曜社, 1992.

_____, 長谷川輝夫 譯, 『書物の秩序』, ちくま學芸文庫, 1996.

ロラン・バルト, 花輪光 譯, 『物語の構造』, みすず書房, 1979.

_____, 諸田和治 譯, 「映畫におけるローマ人」, 『ロラン・バルト映畫論集』, ちくま學芸文庫, 1989.

渡辺保, 『歌舞伎－過剰なる記号の森』, ちくま學芸文庫, 1993.

渡辺拓, 「『不如歸』についての二、三の視点」, 『論樹』9號, 東京都立大學大學院人文科學研究科, 1995.9.

和田謹吾, 『描寫の時代－ひとつの自然主義文學論』, 北海道大學図書刊行會, 1975.

和田守, 「民友社の歴史的位相－その成立と展開」, 西田毅 他, 『民友社とその時代：思想・文學・ジャーナリズム集団の軌跡』, ミネルバ書房, 2003.

スタンリー・フィッシュ, 小林昌夫 譯, 『このクラスにテクストはありますか』, みすず書房, 1992.

ブァルター・ベンヤミン, 「翻譯者の使命」, 野村修 譯, 『ベンヤミン・コレクション』2, ちくま學芸文庫, 筑摩書房, 1996.

『ドキュメント日本人4支配者とその影』, 學藝書林, 1969.

『日本近代文學大辭典』3卷, 講談社, 1975.

『日本國語辭典』19卷, 小學館, 1976.

『漢文學者總覽』, 汲古書院, 1979.

「明治期の文學と出版」, 『國文學研究資料館展示パンフレット』, 2000.11.

Ito, Ken K, "The Family and the Nation in Tokutomi Roka's Hototogisu."

Harvard Journal of Asiatic Studies Vol.60.2, 2000.

Jakobson Roman, "On Linguistic Aspects of Translation", R. A. Brower (ed), *On Translation*, Harvard University Press, 1959.

Smiles Samuel, *Duty, with ilustrations of Courage, Patience, and endurance*. London∷John Murray, 1880. London∷ Routledge, 1997.

Tokutomi, Roka. *Nami-ko∶A Realistic Novel*. Trans.Sakae Shioya. Tokyo Yurakusha, 1905.

|부록 2-구성 대조표|

『小説 不如歸』	『家庭新詩 不如歸の歌』	『脚本 不如歸』	『두견성』	『불여귀』
상편(1) 1	1		제1회	상편 제1회 1
(1) 2			제2회	제1회 2
(1) 3			제3회	제1회 3
(2)			제4회	제2회 1
(3)1	2	서막	제5회	제3회 1
(3)2	2		제6회	제3회 2
(3)3	2		제7회	제3회 3
(4)1			제8회	제4회 1
(4)2	3		제9회	제4회 2
(4)3	3	2막	제10회	제4회 3
(4)4	3		제11회	제4회 4
(5)1			제12회	제5회 1
(5)2			제13회	제5회 2
(5)3			제14회	제5회 3
(5)4			제15회	제5회 4
(6)1			제16회	제6회 1
(6)2	4		제17회	제6회 2
(7)1	4		제18회	제7회 1
(7)2	4		제19회	제7회 2
중편(1)1	5		제20회	제8회 1
(1)2	6	서막	제21회	제8회 2
(2)1		서막	제22회	제9회 1
(2)2		서막	제23회	제9회 2
(3)1	7		제24회	제10회 1
(3)2	7	5막	제25회	제10회 2
(4)1	8		제26회	제11회 1
(4)2			제27회	제11회 2
(4)3	9	3막	제28회	제11회 3
(4)4	10		제29회	제11회 4
(5)1	11	2막	제30회	제12회 1

(5)2		2막	제30회	제12회 2
(6)1	11	2막	제31회	제13회 1
(6)2		2막	제32회	제13회 2
(6)3		2막	제33회	제13회 3
(6)4	12	2막	제34회 제35회	제13회 4
(7)1	13		(하)제36회	(하)제1회 1
(7)2			제37회	제1회 2
(7)3			제38회	제1회 3
(8)1		4막	제39회	제2회 1
(8)2			제39회	제2회 2
(9)1	14	5막	제40회	제3회 1
(9)2	15	5막	제41회	제3회 2
(10)	16		제42회	제4회 1
하편(1)1	17		제43회	제5회 1
하편(1)2			제44회	제5회 2
(1)3	18		제44회	제5회 3
(1)4	19		제44회	제5회 4
(1)5			제45회	제5회 5
(2)1			제46회	제6회 1
(2)2			제47회	제6회 2
(2)3	20	6막 2	제48회	제6회 3
(2)4			제49회	제6회 4
(3)1	20	6막 3	제50회	제7회 1
(3)2	21, 22		제51회	제7회 2
(4)1	22		제52회	제8회 1
(4)2	22		제52회	제8회 2
(4)3	23		제53회	제8회 3
(4)4	24		제54회	제8회 4
(5)1	25		제54회	제9회 1
(5)2			제54회	제9회 2
(5)3			제55회	제9회 3
(6)1	25		제56회	제10회 1
(6)2	25		제56회	제10회 2
(7)1	25		제57회	제11회 1
(7)2	25		제57회	세11회 2
(8)1	25	6막 1	제58회	제12회 1
(8)2	26		제58회	제12회 2
(9)1	28		제59회	제13회 1
(9)2	28	7막	제60회	제13회 2
(9)3	28		제60회	제13회 3
(10)1			제61회	제14회 1
(10)2	29	대단원	제62회	제14회 2

|부록 3- 호토토기스[不如歸]의 '속서' 목록|

발행년도	제목	작가	출판사	비고
1905(明治38).7	家庭新詩 不如歸の歌	溝口白羊	福岡新三 岡村壓兵衛	作詞
1906(明治39).8	家庭小說 新不如歸	篠原嶺葉	大學館	권두화
1907(明治40).10	家庭小說 嫁と姑	篠原嶺葉	大學館	권두화
1907(明治40).12	家庭小說 後の新不如歸	篠原嶺葉	東京大學館	
1908(明治41).3	後の不如歸	なにがし	紅葉堂	
1908(明治41)	俗體長詩 不如歸	中林武雄	東京靑年俱樂部	作詩
1909(明治42).1	小說 新ほとゝぎす	みかつき	東京堂書店	硏山 권두화
1909(明治42)	新體長詩 不如歸	激浪子	東京靑年俱樂部	신체시
1909(明治42).2	不如歸の詩	岡本默山	里昇進堂東生万卷堂	尾竹國觀 畵 作詩
1909(明治42).2	小說 新不如歸	小林紫軒	盛林堂	鏑木淸方 畵(권두화)
1909(明治42).3	小說 續後の不如歸	なにがし	博盛堂	新井寬方 畵(권두화)
1909(明治42).3	新調 不如歸の歌	綠葉山人	秀美堂	俗謠
1909(明治42).5	小說 浪子	なにがし	博盛堂	鏑木淸方 畵(권두화)
1909(明治42).5	新調 不如歸の歌	天紅山人 (市原小五郎)	內田梅造	俗謠
1909(明治42).5	浪子	山崎琴書 講演 山田都一郎 速記	島之內同盟館(大阪)	권두화
1909(明治42).5	不如歸後編浪子	山崎琴書 講演 山田都一郎 速記	島之內同盟館(大阪)	권두화
1909(明治42).6	小說 續新不如歸	小林紫軒	盛林堂	鏑木淸方 畵(권두화)
1909(明治42).6	新作小說ホトゝギス	吉賀天香	至誠堂(東京) 梁江堂書店(大阪)	권두화
1909(明治42).6	血に啼く不如歸	有本天浪	自省堂	尾竹竹坡/尾竹國觀 (권두화)
1909(明治42).7	新曲不如歸之琵琶歌	靑年琵琶會 佐藤綠葉	二葉堂	俗謠
1909(明治42).10	實說 不如歸	伊藤淸子	武田博盛堂	권두화
1909(明治42).11	不如歸 新作琵琶歌	神長瞭月	讚美界雜誌社	俗謠

1910(明治43).3	なには潟 不如歸	堀内秋葉	大阪東京 井上一書堂	권두화
1910(明治43).4	新調 不如歸の歌	翠葉散史	春江堂	俗謠
1911(明治44).1	不如歸畵譜	中澤弘光	佐久良書房	화보
1911(明治44)	小說 後の不如歸	なにがし	博盛堂	권두화
1911(明治44).6	小說 ほとゝぎす + 後の武男	海の人	日新堂書店	권두화
1911(明治44).5	ホヽトギス	浪之迂人	堀田航盛館本店	권두화
1911(明治44).9	小說 殘る武男	秋葉生	武田博盛堂	권두화
1911(明治44).9	小說 ほととぎす 後の武男	海の人	日新堂書店	芳廣 口繪
1911(明治44).10	實話 浪子の家	須磨虎男	東京堂書店(東京)	권두화
1912(明治45).1	不如歸集		文學同好會	여러 작품 수록
1912(明治45).4	家庭お伽噺不如歸の話	綠葉山人	河野成光館書店	권두화, 삽화
1912(明治45).6	新派浪花節	榎本松之助	榎本書店	不如歸외 8 수록 권두화
1912(明治45).7	戱作 滑稽 不如歸	大島宝水	子文社	浦生俊彦(권두화)
1912(大正1).10	講談 不如歸	石田蘆舟	東京岡崎屋書店	講演者 石田傳吉
1917(大正2).6	小說 裏面不如歸	黑法師	三芳屋書店	
1913(大正2)	小說 逗子物語	永代靜雄	紅葉堂書店 明文館書店	不如歸小說叢書 (권두화)
1913(大正2).2	小說 前篇 不如歸	靑木若葉	博盛堂	
1915(大正4).4	小說 終篇 不如歸	永代湘南	明治出版協會	
1917(大正6).6	不如歸の歌	八雲山人	雄玉堂	俗謠
1917(大正9).10	不如歸 續篇	紫作	田村榮太郎	「續新不如歸」(紫作), 「黃金世界」(紫山作), 「飛田心中明け鳥」 (西岡文雄作), 「遊女初花」(鳥五郎編), 「新戰場」(秋山楓谷作)

36, 39, 40, 48, 49, 50, 59, 60, 61, 62, 70, 71, 72, 73, 78, 82, 83, 84, 86, 87, 88, 89, 90, 91, 92, 93, 94, 95, 96, 97, 98, 99, 100, 101, 103, 104, 105, 106, 107, 113, 114, 115, 116, 118, 119, 120, 128, 142, 155, 156, 165, 166, 167, 168, 169, 170, 171, 172, 183, 185, 186, 187, 188, 189, 191, 193, 194, 196, 197, 199,

200, 201, 202, 203, 204, 205, 206, 207, 208, 209, 210, 211, 212, 281, 296, 302, 305, 313, 328, 337, 377, 379, 380, 388, 389, 391, 404, 405

히로츠 류로[広津柳浪]   15, 47

영문 ─────────────

Duty   55, 56, 57, 58, 103, 403